RUDOLF STEINER GESAMTAUSGABE

VORTRÄGE

VORTRÄGE ÜBER MEDIZIN

RUDOLF STEINER

Geisteswissenschaft und Medizin

Zwanzig Vorträge,
gehalten in Dornach vom 21. März bis 9. April 1920
vor Ärzten und Medizinstudierenden

1976
RUDOLF STEINER VERLAG
DORNACH / SCHWEIZ

Nach vom Vortragenden nicht durchgesehenen Nachschriften
herausgegeben von der Rudolf Steiner-Nachlaßverwaltung

Die Herausgabe besorgte Dr. med. Hans W. Zbinden

1. Auflage als Manuskriptdruck «Vortragszyklus für Ärzte und Medizinstudierende» in zwanzig Einzelheften, Stuttgart o. J.

2. Auflage Manuskriptdruck «Vortragszyklus für Ärzte und Medizinstudierende» in zwei Heften, herausgegeben von der Medizinischen Sektion am Goetheanum, Dornach o. J.

3. Auflage unter dem Titel «Geisteswissenschaft und Medizin», Basel 1937

4. Auflage Gesamtausgabe Dornach 1961

5. Auflage (fotomechanischer Nachdruck) Gesamtausgabe Dornach 1976

Bibliographie-Nr. 312

Zeichnungen im Text nach Tafelzeichnungen Rudolf Steiners
ausgeführt von Assja Turgenieff †

Printed in Switzerland by Buchdruckerei Meier & Cie AG Schaffhausen

ISBN 3-7274-3120-2 (Ln) 3-7274-3121-0 (Kt)

Über den Charakter dieser Privatdrucke äußert sich Rudolf Steiner in seiner Selbstbiographie «Mein Lebensgang» (35. und 36. Kapitel, März 1925) folgendermaßen:

«Als mündliche, nicht zum Druck bestimmte Mitteilungen waren die Inhalte dieser Drucke gemeint ...

Es ist nirgends auch nur in geringstem Maße etwas gesagt, was nicht reinstes Ergebnis der sich aufbauenden Anthroposophie wäre ... Wer diese Privatdrucke liest, kann sie im vollsten Sinne eben als das nehmen, was Anthroposophie zu sagen hat. Deshalb konnte ja auch ohne Bedenken ... von der Einrichtung abgegangen werden, diese Drucke nur im Kreise der Mitgliedschaft zu verbreiten. Es wird eben nur hingenommen werden müssen, daß in den von mir nicht nachgesehenen Vorlagen sich Fehlerhaftes findet.

Ein Urteil über den Inhalt eines solchen Privatdruckes wird ja allerdings nur demjenigen zugestanden werden können, der kennt, was als Urteils-Voraussetzung angenommen wird. Und das ist für die allermeisten dieser Drucke *mindestens* die anthroposophische Erkenntnis des Menschen, des Kosmos, insofern sein Wesen in der Anthroposophie dargestellt wird, und dessen, was als ‹anthroposophische Geschichte› in den Mitteilungen aus der Geist-Welt sich findet.»

INHALT

ERSTER VORTRAG

Dornach, 21. März 1920

Es ist ja ziemlich selbstverständlich, daß von dem, was Sie wahrscheinlich alle erwarten von der Zukunft des medizinischen Lebens, nur ein sehr geringer Teil in diesem Kursus wird angedeutet werden können, denn Sie alle werden ja mit mir darinnen übereinstimmen, daß ein wirkliches, zukunftssicheres Arbeiten auf dem medizinischen Felde von einer Reform des medizinischen Studiums als solchem abhängt. Man kann nicht mit dem, was man in einem Kursus mitteilen kann, eine solche Reform des medizinischen Studiums auch nur im entferntesten anregen, höchstens in der Weise, daß in einer Anzahl von Menschen der Drang entsteht, mitzutun bei einer solchen Reform. Allein, was man auch heute auf medizinischem Felde bespricht, es hat ja immer zu seinem anderen Pol, zu seinem Hintergrunde die Art und Weise, wie die medizinische Arbeit vorbereitet wird durch Betrachtungen der Anatomie, Physiologie, der ganzen Biologie, und durch diese Vorbereitungen werden die Gedanken der Mediziner von vorneherein in eine bestimmte Richtung gebracht, und diese Richtung ist es vor allen Dingen, von der abgekommen werden muß.

Dasjenige, was in diesen Vorträgen beigebracht werden soll, das möchte ich erreichen dadurch, daß ich in einer Art von Programm verteile das zu Betrachtende in der folgenden Weise: Erstens möchte ich Ihnen einiges geben, das hinweist auf die Hindernisse, die im heutigen gebräuchlichen Studium bestehen gegen eine wirklich sachgemäße Erfassung des Krankheitswesens als solchen. Zweitens möchte ich dann andeuten, in welcher Richtung eine Erkenntnis des Menschen zu suchen ist, die eine wirkliche Grundlage für das medizinische Arbeiten abgeben kann. Drittens möchte ich auf die Möglichkeiten eines rationellen Heilwesens hinweisen durch die Erkenntnis der Beziehungen des Menschen zur übrigen Welt. Ich möchte dann in diesem Teil die Frage beantworten, ob Heilung überhaupt möglich und zu denken ist. Viertens – und ich denke, das wird vielleicht das wichtigste Glied der Betrachtungen sein, das sich aber mit den anderen drei Gesichtspunkten wird verschlingen müssen – möchte ich, daß jeder von den Teilnehmern mir bis morgen oder übermorgen auf einem Zettel seine besonderen Wünsche aufschreibt, das heißt aufschreibt, was er gern hören möchte, worüber er wünscht, daß in diesem Kursus gesprochen werden soll. Diese Wünsche können sich auf alles mögliche erstrecken. Ich möchte durch diesen vierten Teil des Programms, der aber, wie gesagt, hineingearbeitet werden soll dann in die anderen drei Teile, erreichen, daß Sie von diesem Kursus nicht hinwegzugehen brauchen mit dem Gefühl, Sie hätten vielleicht gerade dasjenige nicht gehört, was Sie zu hören wünschten. Deshalb werde ich den Kursus so gestalten, daß all das, was Sie als Fragen, als Wünsche aufzeichnen, in dem Kurse verarbeitet wird. Ich bitte Sie also, womöglich bis morgen oder, wenn das nicht sein kann, bis übermorgen bis zu dieser Stunde hier Ihre Aufzeichnungen über das von Ihnen Gewünschte zu machen. So werden wir, denke ich, am besten eine Art von Vollständigkeit, wie sie im Rahmen dieser Veranstaltungen liegt, erreichen können.

Heute möchte ich nur eine Art von Einleitung geben, eine Art von orientierender Betrachtung. Ausgehen möchte ich davon, daß ja hauptsächlich von mir angestrebt wird, alles dasjenige zusammenzutragen, was gewissermaßen aus geisteswissenschaftlichen Betrachtungen heraus für Ärzte gegeben werden kann. Ich möchte nicht, daß verwechselt werde das, was ich versuchen werde, mit einem medizinischen Kursus, der es ja sein wird; aber es soll alles dasjenige, was von überallher für Ärzte wichtig sein kann, hauptsächlich berücksichtigt werden. Denn eine wirkliche ärztliche Wissenschaft oder Kunst, wenn ich so sagen darf, wird ja doch nur dadurch erreicht, daß alle die Dinge, die in dem angedeuteten Sinne in Betracht kommen, für den Aufbau einer solchen ärztlichen Wissenschaft oder Kunst wirklich berücksichtigt werden.

Nur von einigen orientierenden Betrachtungen möchte ich heute ausgehen. Sie werden wahrscheinlich, wenn Sie nachgedacht haben über dasjenige, was Ihnen als Arzt zur Aufgabe gestellt ist, wohl des öfteren gestolpert sein über die Frage: Was ist denn Krankheit und was ist denn der kranke Mensch überhaupt? Selten findet man eigentlich eine andere Erklärung über Krankheit und den kranken Menschen als die – wenn sie auch maskiert ist durch diese oder jene scheinbar sachlichen Einschiebsel –, daß der Krankheitsprozeß eine Abweichung ist vom normalen Lebensprozeß, daß durch gewisse Tatsachen, die auf den Menschen wirken und für die der Mensch in seinem normalen Lebensprozeß zunächst nicht angepaßt ist, Veränderungen in dem normalen Lebensprozeß und in der Organisation hervorgerufen werden und daß die Krankheit in diesen mit den Veränderungen verbundenen, funktionellen Beeinträchtigungen der Körperteile besteht. Nun werden Sie sich aber zugestehen müssen, daß dies nichts weiter ist als eine negative Bestimmung der Krankheit. Es ist ja nicht irgend etwas, was einem helfen kann, wenn man es mit Krankheiten zu tun hat, und auf dieses Praktische möchte ich hier vor allen Dingen hinarbeiten, was einem helfen kann, wenn man es mit Krankheiten zu tun hat. Um auf das auf diesem Gebiete Maßgebliche zu kommen, scheint es mir doch gut zu sein, auf gewisse Ansichten hinzuweisen, welche im Laufe der Zeit über das Kranksein entstanden sind, nicht so sehr deshalb, weil ich das unbedingt für nötig halte für die gegenwärtige Erfassung der Krankheitserscheinungen, sondern weil es möglich ist, sich leichter zu orientieren, wenn man ältere Anschauungen, die ja doch zu den gegenwärtigen geführt haben, über das Kranksein berücksichtigen kann.

Sie alle wissen, daß man gewöhnlich, wenn man die Geschichte der Medizin betrachtet, hinweist auf die Entstehung der Medizin im alten Griechenland im fünften und vierten Jahrhundert, daß man auf *Hippokrates* hinweist, und man kann sagen, wenigstens das Gefühl wird dann hervorgerufen, als ob mit demjenigen, was bei Hippokrates als Anschauung auftritt und dann zur sogenannten Humoralpathologie geführt hat, die im Grunde genommen bis ins neunzehnte Jahrhundert herein noch eine Rolle gespielt hat, ein Erstes für die Entwickelung des medizinischen Wesens im Abendlande gegeben sei. Das ist aber schon der erste Fundamentalirrtum, den man begeht und der eigentlich im Grunde genommen nachwirkt so, daß er verhindert, heute noch zu einer unbefangenen Anschauung über das Krankheitswesen zu kommen. Mit diesem Fundamentalirrtum sollte zunächst aufgeräumt werden. Für den, der unbefangen gerade auf die Anschauungen des Hippokrates hinschaut, die, wie Sie ja vielleicht schon bemerkt haben werden, bis zu *Rokitansky* herauf, also ins neunzehnte Jahrhundert hinein, eine Rolle spielen, sind diese Anschauungen nicht ein bloßer Anfang, sondern sie sind zugleich, und zwar in einem sehr bedeutenden Maße, ein Ende alter medizinischer Anschauungen. Es tritt uns in dem, was von Hippokrates ausgeht, ich möchte sagen, ein letzter filtrierter Rest von uralten medizinischen Anschauungen entgegen, von Anschauungen, die nicht gewonnen worden sind auf den Wegen, auf denen man heute sucht, auf dem Wege der Anatomie, sondern die gewonnen worden sind auf dem Wege des alten atavistischen Schauens. Und man würde, wenn man zunächst abstrakt charakterisieren sollte die Stellung der Hippokratischen Medizin, eigentlich am besten sagen: mit ihr vollzieht sich das Aufhören der alten, auf einem atavistischen Schauen beruhenden Medizin. Äußerlich gesprochen – aber es ist eben nur äußerlich gesprochen –, kann man sagen: die Hippokraten suchten alles Kranksein in einer nicht gehörigen Mischung derjenigen Flüssigkeitskörper, die im menschlichen Organismus zusammenwirken. Sie wiesen darauf hin, daß in einem normalen Organismus die Flüssigkeitskörper in einem bestimmten Verhältnisse stehen müssen, daß sie in dem kranken Körper eine Abweichung von diesen ihren Mischungsverhältnissen erleiden. Als Krasis bezeichnete man die richtige Mischung, als Dyskrasis die unrichtige Mischung. Nun suchte man selbstverständlich dann einzuwirken auf die unrichtige Mischung, um sie wieder zurückzuführen in die richtige Mischung. Die vier Bestandteile, die man in der Außenwelt sah als konstituierend alles physische Sein, das waren ja Erde, Wasser, Luft und Feuer – Feuer aber war dasselbe, was wir heute einfach Wärme nennen. Für den menschlichen Organismus – auch für den tierischen – sah man spezialisiert diese vier Elemente als schwarze Galle, gelbe Galle, Schleim und Blut. Und man dachte sich, daß aus Blut, Schleim, schwarzer und gelber Galle in der richtigen Mischung der menschliche Organismus funktionieren müsse.

Nun, wenn der heutige Mensch, so, wie man es sein kann, wissenschaftlich vorbereitet an so etwas herantritt, so denkt er sich zunächst: indem sich Blut, Schleim, gelbe und schwarze Galle mischen, mischen sie sich in Gemäßheit desjenigen, was ihnen als Eigenschaft innewohnt und was man so angeordnet als ihre Eigenschaft durch eine mehr oder weniger niedere oder höhere Chemie feststellen kann. Und eigentlich in diesem Lichte, als wenn die Hippokraten auch gesehen hätten Blut, Schleim und so weiter nur in dieser Weise, stellt man sich eigentlich vor, daß diese Humoralpathologie ihren Ausgangspunkt genommen hat. Das ist aber eben nicht der Fall, sondern bloß von einem einzigen Bestandteile, von der schwarzen Galle, die eigentlich als das Hippokratischeste erscheint für den heutigen Betrachter, dachte man sich, daß die gewöhnlichen chemischen Eigenschaften das sind, was auf das andere wirkt. Von allem übrigen, von weißer oder gelber Galle, von Schleim, von Blut, dachte man nicht etwa bloß an die Eigenschaften, die man durch chemische Reaktionen feststellen kann, sondern man dachte bei diesen flüssigen Bestandteilen des menschlichen Organismus – und ich werde mich immer auf diesen beschränken, auf den tierischen Organismus zunächst keine Rücksicht nehmen –, daß diese Flüssigkeiten gewisse ihnen innewohnenden Eigenschaften von Kräften haben, die außerhalb unseres irdischen Bestandes liegen. So daß also, wie man sich das Wasser, die Luft, die Wärme als abhängig dachte von den Kräften des außerirdischen Kosmos, man sich auch diese Bestandteile des menschlichen Organismus als durchdrungen von Kräften, die von außerhalb der Erde kommen, dachte.

Dieses Hinschauen auf Kräfte, die von außerhalb der Erde kommen, das hat man ja im Laufe der Entwickelung der abendländischen Wissenschaft ganz verloren. Und für den heutigen Wissenschafter erscheint es geradezu kurios, wenn man ihm zumutet, zu denken, das Wasser solle nicht nur diejenigen Eigenschaften haben, welche ihm zukommen als chemisch nachweisbar, sondern es soll auch, indem es in den menschlichen Organismus hineinwirkt, Eigenschaften haben, die es hat als Angehöriger des außerirdischen Kosmos. Es werden also durch die Flüssigkeitsbestandteile, die in dem menschlichen Organismus sind, in diesen Organismus, nach der Ansicht der Alten, Kräftewirkungen hineingetragen, die aus dem Kosmos selber stammen. Auf diese Kräftewirkungen, die aus dem Kosmos selber stammen, wurde eben nach und nach nicht mehr die geringste Rücksicht genommen. Dennoch hat man aufgebaut das medizinische Denken bis ins fünfzehnte Jahrhundert hinein auf dasjenige, was gewissermaßen übriggeblieben war von der filtrierten Anschauung, die bei Hippokrates uns entgegentritt. Und daher ist es so schwierig für den heutigen Wissenschafter, überhaupt zu verstehen ältere Werke der Medizin, die vor dem fünfzehnten Jahrhundert liegen, denn es muß schon gesagt werden: die meisten der Menschen, die da geschrieben haben, haben selbst gar nicht einmal ordentlich verstanden, was sie geschrieben haben. Sie haben geredet über die vier Grundbestandteile des menschlichen Organismus, aber warum sie sie in dieser oder jener Weise charakterisierten, das führte zurück auf ein Wissen, das eigentlich mit Hippokrates schon untergegangen war. Man sprach noch über die Nachwirkungen dieses Wissens, über die Eigenschaften der Flüssigkeiten, die den menschlichen Organismus zusammengesetzt haben. Daher ist im Grunde genommen dasjenige, was entstanden ist durch *Galen* und dann bis ins fünfzehnte Jahrhundert nachgewirkt hat, ein Zusammenstellen von alten Erbschaften, die unverständlicher und unverständlicher geworden sind. Aber einzelne Menschen gab es immer, welche eben einfach aus dem, was da war, noch erkennen konnten: da ist auf irgend etwas hinzuweisen, was nicht sich erschöpft in dem chemisch Feststellbaren oder in dem physisch Feststellbaren, in dem rein Irdischen. Und zu diesen Menschen, die wußten: da ist auf etwas hinzuweisen im menschlichen Organismus, wodurch die flüssigen Substanzen in ihm anders wirken, als man es chemisch konstatieren kann, zu diesen Bekämpfern also der landläufigen Humoralpathologie gehören vorzugsweise – ich könnte auch andere Namen nennen – *Paracelsus* und *van Helmont,* die gerade um die Wende des fünfzehnten, sechzehnten Jahrhunderts ins siebzehnte Jahrhundert hinein einen neuen Zug gebracht haben in das medizinische Denken, indem sie einfach, könnte man sagen, etwas versuchten zu formulieren, was die anderen schon nicht mehr formuliert haben. Aber in der Formulierung war etwas enthalten, was man eigentlich nur noch verfolgen konnte, wenn man etwas hellseherisch war, wie es ja Paracelsus und van Helmont ganz entschieden waren. Wir müssen uns schon alle diese Dinge klarmachen, sonst werden wir uns nicht verständigen können über dasjenige, was auch heute noch der medizinischen Terminologie anhaftet, was aber gar nicht mehr seinem Ursprung nach erkennbar ist. So haben denn Paracelsus und später unter seinem Einfluß andere angenommen als die Grundlage für das Wirken der Flüssigkeiten im Organismus den Archäus. Den Archäus hat er angenommen, so wie wir etwa sprechen von dem Ätherleib des Menschen.

Wenn man so wie Paracelsus von dem Archäus spricht, wenn man so spricht, wie wir sprechen von dem Ätherleib des Menschen, so faßt man eigentlich etwas zusammen, das da ist, das man aber seinem eigentlichen Ursprunge nach nicht verfolgt. Denn würde man es seinem eigentlichen Ursprunge nach verfolgen, so müßte man in der folgenden Art vorgehen. Man müßte sagen: Der Mensch hat einen physischen Organismus (siehe Zeichnung Seite 20), der ist im wesentlichen aus Kräften konstituiert, die aus dem Irdischen wirken, und er hat einen ätherischen Organismus (siehe Zeichnung Seite 20 rot), der ist im wesentlichen aus Kräften konstituiert, die aus dem Umkreise des Kosmos wirken. Unser physischer Organismus ist gewissermaßen ein Ausschnitt der ganzen Organisation der Erde. Unser Ätherleib und auch der Paracelsussche Archäus ist ein Ausschnitt aus demjenigen, was nicht zur Erde gehört, was also von allen Seiten des Kosmos ins Irdische hereinwirkt. So daß also Paracelsus dasjenige, was man früher einfach als das Kosmische im Menschen bezeichnete und was mit der hippokratischen Medizin untergegangen ist, zusammengefaßt sah in seiner Anschauung eines ätherischen Organismus, der dem physischen zugrunde liegt. Er hat

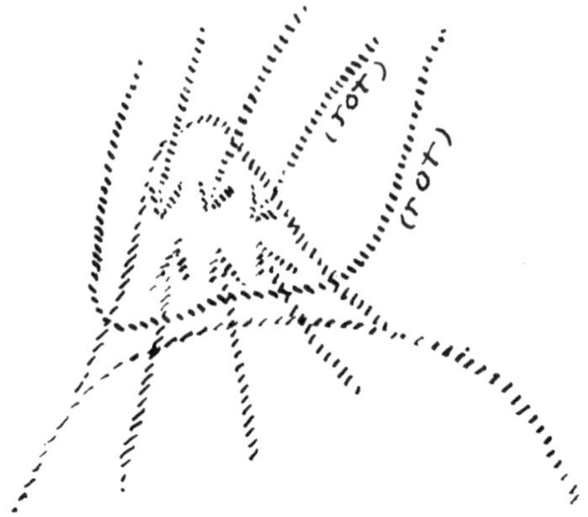

dann nicht weiter untersucht – er hat ja im einzelnen zwar hingedeutet, aber eben nicht weiter untersucht –, mit welchen außerirdischen Kräften das im Zusammenhang steht, was in diesem Archäus eigentlich wirkt.

Nun kann man sagen: Immer weniger und weniger ist verständlich geblieben dasjenige, was da eigentlich gemeint ist. Das zeigt sich ja ganz besonders, wenn wir dann vorrücken bis ins siebzehnte, achtzehnte Jahrhundert und uns entgegentritt die *Stahlsche* Medizin, welche nichts mehr versteht von diesem Hereinwirken des Kosmischen in das Terrestrische. Die Stahlsche Medizin nimmt alle möglichen Begriffe zu Hilfe, die rein in der Luft schweben, Begriffe von Lebenskraft, Begriffe von Lebensgeistern. Während noch Paracelsus und van Helmont mit einer gewissen Bewußtheit sprachen von etwas, was zwischen dem eigentlich Geistig-Seelischen des Menschen und der physischen Organisation liegt, reden Stahl und seine Anhänger so, als ob das Bewußt-Seelische nur in einer anderen Form hineinspiele in die Strukturgebung des menschlichen Leibes. Dadurch riefen sie natürlich eine starke Reaktion hervor. Denn wenn man in dieser Weise vorgeht und eine Art von hypothetischem Vitalismus begründet, dann kommt man eigentlich in rein willkürliche Aufstellungen hinein. Gegen diese willkürlichen Aufstellungen ist namentlich das neunzehnte Jahrhundert dann angegangen. Man kann sagen: Nur so große Geister wie zum Beispiel *Johannes Müller,* der 1858 gestorben ist, der Lehrer von *Ernst Haeckel,* kamen darüber hinaus, all die Schädlichkeiten einigermaßen zu überwinden, die von dieser unklaren Sprechweise über den menschlichen Organismus herrührten, die darin bestand, daß man einfach wie von seelischen Kräften von Lebenskräften gesprochen hat, die wirken sollen im menschlichen Organismus, ohne daß man sich deutlich vorzustellen hätte, wie sie wirken sollen.

Nun kam aber, während all das geschah, eine ganz andere Strömung herauf. Wir haben gewissermaßen jetzt die auslaufende Strömung verfolgt bis in ihre letzten Ausläufer hinein. Aber mit der neueren Zeit kam eben dasjenige herauf, was nun in einer anderen Weise ausschlaggebend geworden ist für die medizinische Begriffsbildung namentlich des neunzehnten Jahrhunderts. Das fällt im Grunde zurück auf ein einziges ungemein stark ausschlaggebendes Werk des achtzehnten Jahrhunderts erst, das «De sedibus et causis morborum per anatomen indagatis» von *Morgagni,* dem Arzt in Padua, mit dem etwas ganz Neues heraufgekommen ist, etwas, das im wesentlichen den materialistischen Zug in der Medizin eingeleitet hat. Man muß diese Dinge ganz objektiv charakterisieren, nicht mit Sympathien und Antipathien. Denn dasjenige, was mit diesem Werk heraufkam, das ist die Hinlenkung des Blickes auf die Folgen des Krankseins im menschlichen Organismus. Der Leichenbefund wurde ausschlaggebend. Eigentlich erst von dieser Zeit an kann man sagen: Der Leichenbefund wurde ausschlaggebend. Man sah an der Leiche, daß wenn diese oder jene Krankheit, gleichgültig, wie man sie benannte, gewirkt hat, so muß dieses oder jenes Organ diese oder jene Veränderung erfahren. Man fing nun an, diese oder jene Veränderung eben aus dem Leichenbefund heraus zu studieren. Eigentlich beginnt da erst die pathologische Anatomie, während alles dasjenige, was früher in der Medizin da war, auf einem gewissen Fortwirken noch des alten hellseherischen Elementes beruhte.

Interessant ist es nun, wie mit einem Ruck, möchte ich sagen, sich der große Umschwung dann endgültig vollzogen hat. Man kann ja geradezu auf zwei Jahrzehnte hinweisen – und das ist interessant –, in denen sich der große Umschwung vollzogen hat, durch den verlassen wurde alles das, was noch als Erbschaft vom alten da war, und durch den begründet wurde auch die atomistisch-materialistische Anschauung im modernen Medizinwesen. Wenn Sie sich einmal die Mühe nehmen und die im Jahre 1842 erschienene «Pathologische Anatomie» von Rokitansky durchnehmen, dann werden Sie finden: Bei Rokitansky ist noch immer vorhanden ein Rest der alten Humoralpathologie, noch ein Rest von der Anschauung, daß auf einem nicht normalen Zusammenwirken der Säfte das Kranksein beruht. Diese Anschauung, daß man hinwenden müsse den Blick auf diese Säftemischung – das kann man aber nur, wenn man noch Erbschaften hat der Anschauung über die außerirdischen Eigenschaften der Säfte –, wurde sehr geistreich zusammen verarbeitet durch Rokitansky mit dem Beobachten der Veränderungen der Organe. So daß eigentlich in dem Buch von Rokitansky immer zugrunde liegt die Beobachtung der Organveränderung durch den Leichenbefund, aber verbunden damit ein Hinweis darauf, daß diese spezielle Organveränderung unter dem Einfluß einer abnormen Säftemischung zustande gekommen ist. Da haben Sie 1842, ich möchte sagen, das letzte, was auftritt von der Erbschaft der alten Humoralpathologie. Wie sich hineinstellten in dieses Untergehen der alten Humoralpathologie die nach der Zukunft hinweisenden Versuche, mit umfassenderen Krankheitsvorstellungen zu rechnen, wie zum Beispiel der Versuch von *Hahnemann,* davon wollen wir dann in den nächsten Tagen sprechen, denn das ist zu wichtig, um es bloß in einer Einleitung darzustellen. Ähnliche Versuche müssen im Zusammenhang besprochen werden, dann in den Einzelheiten.

Jetzt will ich aber darauf aufmerksam machen, daß nun die zwei nächsten Jahrzehnte nach dem Erscheinen der «Pathologischen Anatomie» von Rokitansky die eigentlich grundlegenden Jahrzehnte geworden sind für die atomistisch-materialistische Betrachtung des medizinischen Wesens. Es spielt das Alte noch ganz merkwürdig in die Vorstellungen, die in der ersten Hälfte des neunzehnten Jahrhunderts sich gebildet haben, hinein. Da ist es interessant, zu beobachten, wie zum Beispiel *Schwann,* der ja, man könnte sagen, der Entdecker der Pflanzenzelle ist, noch die Ansicht hat, daß zugrunde liegt der Zellbildung eine Art ungeformter Flüssigkeitsbildung, was er als Blastem bezeichnet, wie sich da aus dieser Flüssigkeitsbildung heraus verhärtet der Zellkern und herumgliedert das Zellprotoplasma. Es ist interessant zu beobachten, wie Schwann noch zugrunde legt ein flüssiges Element, das in sich Eigenschaften hat, die darauf hinauslaufen, sich zu differenzieren, und wie durch dieses Differenzieren dann das Zellige entsteht. Es ist interessant, zu verfolgen, wie später dann die Anschauung sich nach und nach allmählich herausbildet, die man zusammenfassen kann in die Worte: Der menschliche Organismus baut sich aus Zellen auf. Das ist ja eine Anschauung, die heute ungefähr gang und gäbe ist, daß die Zelle eine Art Elementarorganismus ist und daß sich der menschliche Organismus aus Zellen aufbaut.

Nun, diese Anschauung, die noch Schwann, ich möchte sagen, ganz gut zwischen den Zeilen hat, sogar mehr als zwischen den Zeilen, ist im Grunde genommen der letzte Rest des alten medizinischen Wesens, denn sie geht nicht auf das Atomistische. Sie betrachtet dasjenige, was atomistisch auftritt, das Zellenwesen, als hervorgehend aus etwas, das man niemals, wenn man es ordentlich betrachtet, atomistisch betrachten kann, aus einem flüssigen Wesen, das Kräfte in sich hat und das Atomistische erst aus sich heraus differenziert. Also in diesen zwei Jahrzehnten, in den vierziger und fünfziger Jahren des neunzehnten Jahrhunderts, geht die alte Anschauung, die universeller ist, ihrem letzten Ende entgegen und dämmert dasjenige auf, was atomistische medizinische Anschauung ist. Und das ist voll da, als 1858 erscheint die «Zellularpathologie» von *Virchow.* Zwischen diesen zwei Werken muß man eigentlich einen ungeheuer sprunghaften Umschwung in dem neueren medizinischen Denken sehen, zwischen der «Pathologischen Anatomie» 1842 von Rokitansky und der «Zellularpathologie» 1858 von Virchow. Durch diese Zellularpathologie wird im Grunde genommen alles, was auftritt im Menschen, abgeleitet von Veränderungen der Zellenwirkung. Im Grunde genommen betrachtet man es dann in der offiziellen Anschauungsweise als ein Ideal, alles aufzubauen auf die Veränderungen der Zelle. Man sieht geradezu darin das Ideal, die Veränderung der Zelle im Gewebe eines Organs zu studieren und aus der Veränderung der Zelle heraus die Krankheit begreifen zu wollen. Man hat es ja leicht mit dieser atomistischen Betrachtung, denn nicht wahr, sie liegt im Grunde, ich möchte sagen, auf der flachen Hand. Man kann alles so hinstellen, leicht begreiflich. Und trotz allen Fortschritten der neueren Wissenschaft geht diese neuere Wissenschaft eigentlich immer darauf aus, möglichst alles leicht zu begreifen und nicht zu bedenken, daß das Naturwesen und das Weltenwesen überhaupt etwas außerordentlich Kompliziertes ist.

Nicht wahr, man kann so leicht experimentell zeigen, daß zum Beispiel eine Amöbe im Wasser ihre Form verändert, die armartigen Gebilde, Fortsätze, ausstreckt, wieder einzieht. Man kann dann die Flüssigkeit, in der die Amöbe schwimmt, erwärmen. Man wird dann sehen, daß das Ausstrecken und ebenso das Einziehen der Fortsätze lebhafter wird, bis man die Temperatur zu einem gewissen Punkt bringt. Dann zieht sich die Amöbe zusammen und kann nicht mehr weiter mitgehen mit diesen Veränderungen, die in dem umgebenden Medium vorgehen. Man kann dann in die Flüssigkeit hineinleiten einen Strom: man beobachtet dann die Amöbe, sie bildet ihren Körper kugelartig aus und platzt zum Schluß, wenn der Strom zu stark hineingeleitet wird. Also man kann studieren selbst wie die einzelne Zelle sich verändert unter dem Einfluß der Umgebung, und man kann dann daraus eine Theorie bilden, wie durch Veränderung des Zellwesens sich nach und nach das Krankheitswesen aufbaut.

Was ist das Wesentliche all dessen, was da heraufgekommen ist durch den Umschwung, der sich in zwei Jahrzehnten vollzogen hat? Was da heraufgezogen ist, es lebt eigentlich fort in allem, was heute die offizielle medizinische Wissenschaft durchdringt. In dem, was da heraufgezogen ist, lebt eben doch nichts anderes als der allgemeine Zug, die Welt atomistisch zu begreifen, wie er sich eben im materialistischen Zeitalter herausgebildet hat.

Nun bitte ich Sie, doch das Folgende zu beachten. Ich ging aus davon, daß ich Sie aufmerksam machte, daß derjenige, der es heute mit dem Arbeiten in der Medizin zu tun hat, sich ganz notwendigerweise doch die Frage vorlegen muß: Was sind denn eigentlich die Krankheiten für Prozesse? Wie unterscheiden sie sich denn von den sogenannten Normalprozessen des menschlichen Organismus? Denn nur mit einer positiven Vorstellung über diese Abweichung kann man doch arbeiten, während die Darstellungen, die man gewöhnlich findet und die gegeben werden in der offiziellen Wissenschaft, eigentlich nur negativ sind. Es wird nur darauf hingewiesen, daß eben solche Abweichungen da sind. Und dann probiert man, wie man etwa die Abweichungen beseitigen könne. Aber eine durchgreifende Anschauung über das Menschenwesen ist ja eigentlich nicht vorhanden. Und an dem Mangel einer solchen durchgreifenden Anschauung über das Menschenwesen krankt im Grunde genommen unsere ganze medizinische Anschauung. Denn was sind denn die Krankheitsprozesse? Sie werden doch nicht umhin können, sich zu sagen, daß es Naturprozesse sind. Sie können doch nicht einen abstrakten Unterschied konstruieren ohne weiteres zwischen irgendeinem Naturprozeß, der draußen verläuft und dessen Folgen Sie verfolgen, und zwischen einem Krankheitsprozesse. Den Naturprozeß, Sie nennen ihn normal, den Krankheitsprozeß nennen Sie abnorm, ohne eigentlich darauf hinzuweisen, warum nun dieser Prozeß im menschlichen Organismus ein abnormer ist. Man kann ja zu keiner Praxis kommen, wenn man nicht wenigstens sich Aufschluß darüber geben kann, warum der Prozeß abnorm ist. Dann erst kann man irgendwie nachforschen danach, wie man ihn aufheben kann. Denn man kann dadurch erst darauf kommen, aus welcher Ecke des Weltendaseins das Hinwegschaffen eines solchen Prozesses möglich ist. Schließlich ist sogar das Bezeichnen als abnorm ein Hindernis. Denn warum sollte denn mancher Prozeß im Menschen abnorm genannt werden? Selbst wenn ich mich in den Finger schneide, so ist das nur relativ abnorm für den Menschen, denn wenn ich mich nicht in den Finger schneide, sondern ein Stück Holz schneide zu irgendeiner Form, so ist das ein normaler

Prozeß. Just, wenn ich mich in den Finger schneide, so nenne ich das einen abnormen Prozeß. Damit, nicht wahr, daß man gewöhnt ist, just andere Prozesse zu verfolgen, als sich in den Finger zu schneiden, ist ja gar nichts gesagt, es sind bloß Wortspiele eigentlich in die Welt gesetzt. Denn dasjenige, was geschieht, wenn ich mich in den Finger schneide, ist von einer gewissen Seite her ähnlich in seinem Verlauf, ganz ebenso normal wie irgendein anderer Naturprozeß.

Die Aufgabe ist, nun wirklich darauf zu kommen, welcher Unterschied besteht zwischen den Prozessen im menschlichen Organismus, die wir als Krankheitsprozesse bezeichnen und die doch im Grunde genommen ganz normale Naturprozesse sind, nur eben durch bestimmte Ursachen hervorgerufen sein müssen, und denjenigen Prozessen, die wir gewöhnlich als die gesunden bezeichnen und die die alltäglichen sind. Dieser durchgreifende Unterschied muß gefunden werden. Er wird nicht gefunden werden, wenn man nicht eingehen kann auf eine Betrachtungsweise des Menschen, die zum menschlichen Wesen wirklich führt. Dazu möchte ich Ihnen in dieser Einleitung wenigstens die ersten Elemente aufzeichnen, die wir dann im einzelnen im Detail weiter ausführen wollen.

Sie werden es begreifen, daß ich hier in diesen Vorträgen, die ja nur in einer beschränkten Anzahl gehalten werden können, hauptsächlich dasjenige gebe, was Sie sonst in Büchern oder Vorträgen eben nicht finden, und dasjenige voraussetze, was man eben sonst finden kann. Ich glaube nicht, daß es besonders wertvoll wäre, wenn ich Ihnen irgendeine Theorie geben würde in Aufstellungen, die Sie sonst auch finden könnten. Daher verweise ich Sie an diesem Punkt an dasjenige, was sich Ihnen ergeben kann, wenn Sie einfach miteinander vergleichen das, was Sie sehen, wenn Sie vor sich stellen ein Menschenskelett und das Skelett, sagen wir eines Gorillas, eines sogenannt hochstehenden Affen. Wenn Sie diese zwei Skelette rein äußerlich miteinander vergleichen, so werden Sie bemerken als Wesentliches, daß beim Gorilla vorhanden ist einfach der Masse nach eine besondere Ausbildung des ganzen Unterkiefersystems. Das Unterkiefersystem steht gewissermaßen als Lastendes im ganzen Kopfskelett drinnen, und man hat das Gefühl, wenn man den Gorillakopf ansieht (siehe Zeichnung Seite 27, links) mit seinem mächtigen Unterkiefer, daß dieses Unterkiefersystem in irgendeiner Weise lastet, nach vorne drückt das ganze Skelett, daß der Gorilla, ich möchte sagen, mit einer gewissen Anstrengung sich aufrecht erhält gegen dieses Lastende, das da wirkt, namentlich im Unterkiefer.

Aber dasselbe Lastsystem finden Sie gegenüber dem menschlichen Skelett, wenn Sie das Skelett der Vorderarme mit den daranhängenden Vorderhänden ins Auge fassen. Die wirken schwer, da ist alles massig beim Gorilla, während beim Menschen alles fein und zart gegliedert ist. Die Masse tritt da zurück. Gerade in diesem Teil, im Unterkiefersystem und im Vorderarmsystem mit dem Fingersystem, da tritt das Massige beim Menschen zurück, während es beim Gorilla auftritt. Der, der sich dann den Blick geschärft hat für diese Verhältnisse, der wird dasselbe auch noch verfolgen können beim Fuß- und Untergliedmaßenskelett. Auch da ist gewissermaßen noch ein Lastendes vorhanden, das nach einer bestimmten Richtung hin drückt. Ich möchte schematisch diese Kraft, die man sehen kann – man kann sie sehen im Unterkiefersystem, im Armsystem und im Bein-, im Fußsystem –, durch diese Linie bezeichnen (siehe Zeichnung Seite 28: Pfeile).

Wenn Sie dies ins Auge fassen, was sich als Unterschied ergibt rein aus der Anschauung zwischen dem Gorillaskelett und dem Menschenskelett, wo zurücktritt, nicht mehr lastet das Unterkieferskelett, wo fein ausgebildet ist das Arm- und Fingerskelett, so werden Sie nicht umhin können, sich zu sagen: beim Menschen tritt diesen Kräften überall ein Aufwärtsstrebendes entgegen (Pfeile). Sie werden dasjenige konstruieren müssen, was beim Menschen formbildend ist aus einem gewissen Kräfteparallelogramm, das sich Ihnen ergibt aus derselben Kraft, die nach aufwärts geht und die der Gorilla sich nur äußerlich aneignet – man sieht es an der Mühe, mit der er sich aufrecht hält, mit der er sich aufrecht halten will. Dann bekomme ich ein Kräfteparallelogramm, das in diesen Linien verläuft (siehe Zeichnung Seite 29).

Nun ist das höchst Eigentümliche dieses, daß wir uns ja gewöhnlich heute darauf beschränken, zu vergleichen die Knochen oder die Muskeln der höheren Tiere mit den Knochen und Muskeln der Menschen, aber dabei nicht das nötige Gewicht legen auf diese Formumwandelung. In der Anschauung dieser Formumwandelung muß man ein Wesentliches und Wichtiges suchen. Denn sehen Sie, diese Kräfte, die müssen ja dasein, die entgegenwirken den Kräften, die beim Gorilla die Gestalt bilden. Diese Kräfte müssen ja dasein,

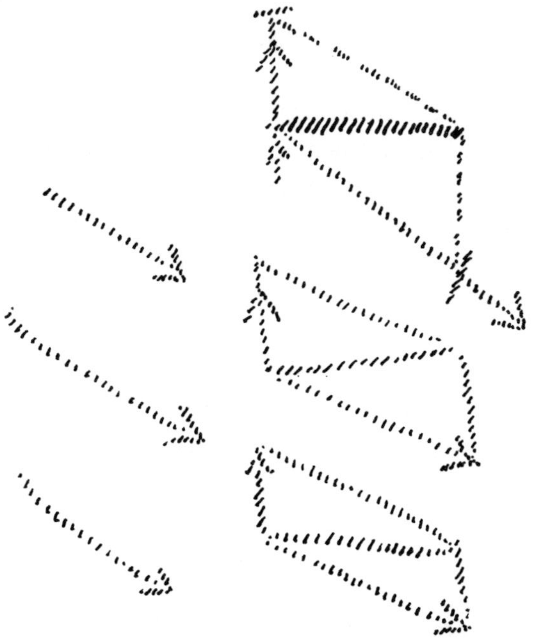

diese Kräfte müssen ja wirken. Wenn wir diese Kräfte suchen werden, werden wir wieder finden dasjenige, was verlassen worden ist, indem die alte Medizin filtriert worden ist vom hippokratischen System. Wir werden wiederum finden, daß diese Kräfte im Kräfteparallelogramm irdischer Natur sind und diejenigen Kräfte, die sich mit diesen irdischen Kräften im Kräfteparallelogramm vereinigen, so daß eine Resultierende entsteht, die nun nicht-irdischen Kräften ihren Ursprung verdankt, sondern außerirdischen, außerterrestrischen Kräften, diese Kräfte müssen wir außerhalb des Irdischen suchen. Wir müssen Zugkräfte suchen, die den Menschen zur Aufrichtestellung bringen, aber nicht nur zur Aufrichtestellung bringen, wie sie beim höheren Tier vorhanden ist zuweilen, sondern so zur Aufrichtestellung bringen, daß die in der Aufrichtestellung wirkenden Kräfte zugleich Bildekräfte sind. Es ist ja ein Unterschied, ob der Affe, der aufrecht geht, dennoch Kräfte hat, die massig entgegenwirken, oder ob der Mensch sein Knochensystem schon so ausbildet, daß diese Ausbildung in der Richtung von Kräften wirkt, die nicht-irdischen Ursprungs sind. Man kann einfach, wenn man richtig anschaut die Form des menschlichen Skeletts, sich nicht darauf beschränken, den einzelnen Knochen zu beschreiben und ihn zu vergleichen mit dem Tierknochen, sondern wenn man das Dynamische im Aufbau des menschlichen Skeletts verfolgt, dann kann man sich sagen: das findet man in den übrigen Reichen der Erde nicht, da treten uns Kräfte auf, die wir mit den übrigen zu dem Kräfteparallelogramm vereinigen müssen. Es entstehen Resultierende, die wir nicht finden können, wenn wir bloß auf die Kräfte Rücksicht nehmen, die außerhalb des Menschen vorhanden sind. Es wird sich also darum handeln, einmal diesen Sprung vom Tier zum Menschen ordentlich zu verfolgen. Dann wird man nicht nur beim Menschen, sondern auch beim Tier den Ursprung des Krankheitswesens finden können. Ich kann Sie nur nach und nach auf diese Elemente hinweisen, wir werden aber aus ihnen, weitergehend, sehr vieles finden können.

Nun, im Zusammenhange mit dem, was ich Ihnen eben dargelegt habe, möchte ich Ihnen jetzt das Folgende erwähnen. Gehen wir über vom Knochensystem zum Muskelsystem, so finden wir ja diesen bedeutsamen Unterschied im Wesen des Muskels, daß der ruhende Muskel alkalisch reagiert, wenn wir auf seine gewöhnliche chemische Wirkung Rücksicht nehmen; aber man kann doch nur sagen: ähnlich wie alkalisch, denn die alkalische Reaktion ist nicht eine absolut so klar ausgesprochene beim ruhenden Muskel, wie sonst alkalische Reaktionen sind. Beim tätigen Muskel tritt ebenso eine nicht ganz klare saure Reaktion in Tätigkeit. Nun bedenken Sie, daß ja selbstverständlich zunächst stoffwechselgemäß der Muskel zusammengesetzt ist aus dem, was der Mensch aufnimmt, daß er also in gewisser Weise ein Ergebnis ist der Kräfte, die in den irdischen Stoffen vorhanden sind. Aber indem der Mensch zur Tätigkeit übergeht, wird ja klarer und klarer dasjenige überwunden, was der Muskel in sich dadurch hat, daß er bloß dem gewöhnlichen Stoffwechsel unterliegt. Es treten im Muskel eben Veränderungen ein, die man zuletzt mit nichts anderem vergleichen kann gegenüber den gewöhnlichen stoffwechselgemäßen Veränderungen, als mit den Kräften, die die Bildung des Knochensystems beim Menschen bewirken. Wie diese Kräfte beim Menschen hinausgehen über dasjenige, was er von außen hat, wie sie sich terrestrisch durchdringen und sich mit ihnen zu einer bloßen Resultierenden vereinigen, so muß man auch mit dem, was im Muskel als wirkend im Stoffwechsel auftritt, etwas sehen, was nun hineinwirkt auch chemisch in die irdische Chemie. Hier haben wir, könnte man sagen, in die irdische Mechanik und Dynamik etwas hineinwirkend, was wir nicht mehr im Irdischen finden. Beim Stoffwechsel haben wir in die irdische Chemie etwas hineinwirkend, was nicht-irdische Chemie ist, was andere Wirkungen hervorbringt, als sie nur unter dem Einfluß der irdischen Chemie auftreten können.

Von diesen Betrachtungen, die auf der einen Seite Formbetrachtungen, auf der anderen Seite Qualitätsbetrachtungen sind, werden wir auszugehen haben, wenn wir finden wollen dasjenige, was eigentlich im Menschenwesen liegt. Da wird man wiederum einen Rückweg sich eröffnen können zu dem, was verloren worden ist und was man ganz offenbar braucht, wenn man nicht stehenbleiben will bei einem bloßen formalen Definieren des Krankheitswesens, mit dem man dann in der Praxis eigentlich nicht viel anfangen kann. Denn denken Sie, daß ja eine sehr wichtige Frage auftaucht. Wir haben ja im Grunde genommen nur irdische Mittel, aus der Umgebung des Menschen, mit denen wir wirken können auf den menschlichen Organismus, wenn er Veränderungen erfährt. Aber im Menschen wirken nicht-irdische Prozesse oder wenigstens Kräfte, die seine Prozesse zu nicht-irdischen Prozessen machen. Und es entsteht also die Frage: Wie können wir eine Wechselwirkung, die hinführt vom Kranksein zum Gesundsein, hervorrufen zwischen dem, was wir als Wechselverhältnis bewirken zwischen dem kranken Organismus und seiner physischen Erdenumgebung? Wie können wir ein solches Wechselverhältnis hervorrufen, so daß nun wirklich durch dieses Wechselverhältnis beeinflußt werden können auch diejenigen Kräfte, die im menschlichen Organismus tätig sind und die nicht aufgehen in dem, worinnen die Prozesse aufgehen, aus denen heraus wir unsere Arzneimittel wählen können, selbst wenn diese Prozesse Anordnungen zur Diät sind und so weiter.

Sie sehen, wie innig zusammenhängt mit einer richtigen Auffassung des Wesens des Menschen dasjenige, was schließlich zu einer gewissen Therapie führen kann. Und ich habe gerade die ersten Elemente, die uns befähigen sollen, zu einer Lösung dieser Frage aufzusteigen, hergenommen von Unterscheidungen des Menschen vom Tiere, mit vollem Bewußtsein, trotzdem der Einwand sehr leicht sein kann – wir werden ihn später beheben –, daß ja auch die Tiere erkranken, sogar Pflanzen eventuell erkranken – neuerdings hat man ja auch von Erkrankungen der Mineralien gesprochen – und daß daher gerade für das Kranksein der Unterschied des Menschen von dem Tiere nicht gemacht werden sollte. Man wird diesen Unterschied schon bemerken, wenn man sehen wird, wie wenig der Arzt auf die Dauer doch haben wird von der bloßen Untersuchung des Tierwesens mit dem Ziele, in der menschlichen Medizin weiterzukommen. Man kann – und das wird sich uns ergeben, warum das ist – ganz gewiß einiges erreichen für menschliche Heilung aus dem Tierversuch, aber nur dann, wenn man sich gründlich klar darüber ist, welch ein durchgreifender Unterschied bis in die einzelnsten Details hinein doch zwischen der tierischen und der menschlichen Organisation ist. Daher wird es sich darum handeln, gerade die Bedeutung des Tierversuches in der entsprechenden Weise immer mehr und mehr für die Entwickelung der Medizin klarlegen zu können.

Weitergehend möchte ich Sie dann noch darauf aufmerksam machen, daß ja allerdings dann, wenn man auf solche außerirdischen Kräfte hinweisen muß, die Persönlichkeit des Menschen viel mehr in Anspruch genommen wird, als wenn man auf sogenannte objektive Regeln, objektive Naturgesetze immer hinweisen kann. Es wird sich allerdings darum handeln, daß man das medizinische Wesen viel mehr nach dem Intuitiven hin arbeitet und daß man darauf kommt, daß von dem Talent, aus Formerscheinungen heraus auf das Wesen des menschlichen Organismus, des individuellen menschlichen Organismus, der in einer gewissen Beziehung krank oder gesund sein kann, Schlüsse zu ziehen, daß dieses intuitive Eingeschultsein auf Formbeobachtung eine immer größere Rolle spielen muß in der Entwickelung der Medizin und nach der Zukunft hin.

Diese Dinge sollten, wie gesagt, nur zu einer Art von Einleitung, von orientierender Einleitung dienen. Denn das, worauf es hier ankam heute, das war, zu zeigen, daß die Medizin wiederum hinwenden müsse ihren Blick auf dasjenige, was sich durch Chemie oder auch durch die gewöhnliche vergleichende Anatomie nicht erreichen läßt, was nur erreicht werden kann, wenn man zu einer geisteswissenschaftlichen Betrachtung der Tatsachen übergeht. In bezug darauf gibt man sich ja heute noch mancherlei Irrtümern hin. Man denkt, daß es sich hauptsächlich darum handeln müsse, für eine Vergeistigung der Medizin an die Stelle der materiellen Mittel geistige zu setzen. Aber so berechtigt das auf gewissen Gebieten ist, so unberechtigt ist es in seiner Gänze. Denn es handelt sich vor allen Dingen auch darum, auf geistige Art zu erkennen, welcher Heilwert in einem materiellen Mittel stecken könnte, Geisteswissenschaft also schon anzuwenden auf die Bewertung der materiellen Mittel. Das wird namentlich die Aufgabe sein desjenigen Teiles, den ich bezeichnet habe: die Möglichkeiten der Heilung durch die Erkenntnis der Beziehung des Menschen zu der übrigen Welt aufzusuchen.

Ich möchte ja, daß die Dinge, die ich werde zu sagen haben über spezielle Heilprozesse, möglichst gut fundiert seien und möglichst alle darauf hintendieren, daß bei jeder einzelnen Krankheit eigentlich eine Anschauung gewonnen werden kann über den Zusammenhang des sogenannten abnormen Prozesses, der auch ein Naturprozeß sein muß, mit den sogenannten normalen Prozessen, die ja auch wiederum nichts anderes sind als Naturprozesse. Wo immer diese Frage, diese Fundamentalfrage aufgetaucht ist – das möchte ich nur gleichsam als einen kleinen Anhang bemerken –: Wie kommt man eigentlich damit zurecht, daß die Krankheitsprozesse doch auch Naturprozesse sind? – da sucht man sich so bald wie möglich immer wiederum um die Sache zu drücken. Interessant war mir zum Beispiel ja, daß *Troxler,* der in Bern gelehrt hat, sehr intensiv schon in der ersten Hälfte des neunzehnten Jahrhunderts darauf hingewiesen hat, daß man gewissermaßen die Normalität der Krankheit untersuchen müsse und daß man dadurch in einer Richtung geführt wird, die zuletzt landet in der Anerkennung einer gewissen Welt, die mit der unseren verbunden ist und die nur wie durch unberechtigte Löcher sich hereinschiebt in unsere Welt und daß man dadurch auf irgend etwas in bezug auf die Krankheitserscheinungen kommen könne. Denken Sie sich – ich will das jetzt nur gewissermaßen grob schematisch andeuten –, es gäbe so irgendeine Welt im Hintergrunde, die zu ihren Gesetzen die ganz berechtigten Dinge hätte, die bei uns die Krankheitserscheinungen bewirken, dann könnten durch gewisse Löcher, durch die diese Welt hereindringt in unsere, diese Gesetze, die in einer anderen Welt ganz berechtigt sind, bei uns Unheil anrichten. Auf dieses wollte Troxler hinarbeiten. Und so unklar und undeutlich er sich auch in mancher Beziehung ausgesprochen hat, so merkt man doch, wie er auf einem Wege in der Medizin war, der hinarbeitet gerade auf eine gewisse Gesundung der medizinischen Wissenschaft.

Ich habe dann mit einem Freunde einmal nachgesucht, da der Troxler doch in Bern gelehrt hat, wie er angesehen war unter seinen Kollegen, was man aus seiner Anregung gemacht hat, und wir konnten in dem Lexikon, das viele Dinge verzeichnet aus der Geschichte der Universität, bei Troxler nur herausfinden, daß er sehr viele Krache an der Universität gemacht hat! Das war dasjenige, was behalten worden ist. Und über seine wissenschaftliche Bedeutung konnte man gar nichts Besonderes herausfinden.

Nun, ich wollte, wie gesagt, heute nur auf die Dinge hinweisen, und ich bitte Sie recht sehr, damit ich durchschießen kann dasjenige, was ich darstellen will aus meinen Absichten heraus mit dem, was in Ihren Wünschen liegt, mir bis morgen oder übermorgen alle Ihre Wünsche aufzuschreiben. Dann werde ich erst aus diesen Wünschen heraus dem Vortragszyklus die nötige Form geben. Ich glaube, so kommen wir dann am allerbesten zurecht. Ich bitte, das nur ganz ausgiebig zu machen.

ZWEITER VORTRAG

Dornach, 22. März 1920

Wir werden von solchen Ausgangspunkten wie den gestern gewählten weiterschreiten und allmählich auch in das Wesen des Menschen weiter vordringen, indem wir aufmerksam werden auf gewisse Polaritäten, die da herrschen. Sie werden schon gestern bemerkt haben, daß wir genötigt sind, die noch bei dem Tier lastenden Kräfte zu einem Parallelogramm zu verbinden mit gewissermaßen senkrecht gerichteten Kräften, und daß wir entsprechend ein Analogon dazu haben in der Muskelreaktion. Wenn diese beiden Gedanken beim Studium des menschlichen Knochensystems und des menschlichen Muskelsystems weiterverfolgt werden, wenn bei ihrer Verfolgung alles zu Hilfe genommen wird, was die Erfahrung heute schon geben kann, so wird man wahrscheinlich aus der Knochen- und Muskellehre etwas ja bald für die Medizin Bedeutsameres machen können, als man bisher gemacht hat. Ganz besonders schwierig wird aber die Verbindung der Menschenerkenntnis mit dem, was die Medizin braucht, wenn heute ausgegangen werden soll von der Herzlehre. Ich möchte sagen: Was sich bei der Knochen- und Muskellehre erst in der Anlage zeigt, ist bei der Anschauung, die sich herausgebildet hat über die Lehre vom Herzen, gründlich herausgekommen. Denn was hat man denn eigentlich so landläufig von dem menschlichen Herzen – wir wollen zunächst uns auf dieses beschränken – für eine Ansicht? Man hat die Ansicht, daß es eine Art von Pumpe sei, welche das Blut in die verschiedenen Organe hineinpumpt. Man hat auch allerlei interessante mechanische Konstruktionen ausgedacht, welche dieses Pumpwerk «Herz» erklären sollen. Nun widersprechen zwar diese mechanischen Konstruktionen durchaus der Embryologie, aber man ist nicht aufmerksam darauf geworden, diese mechanische Herztheorie wirklich einmal für fragwürdig zu halten, sie noch einmal zu kontrollieren, wenigstens nicht sie zu kontrollieren in der landläufigen Wissenschaft. Dasjenige – ich werde die Dinge zunächst skizzieren, und das, was wir in den nächsten Tagen uns vorführen werden, wird ja stückweise immer eine Bestätigung dessen sein, was ich genötigt bin, zuerst als Gesichtspunkt anzugeben –, dasjenige, was man vor allen Dingen berücksichtigen muß bei der Herzanschauung, ist, daß dieses Herz ganz und gar nicht ist, was man vor allen Dingen eine Art tätigen Organismus nennen kann. Denn die Herztätigkeit ist nicht eine Ursache, sondern sie ist eine Folge. Verstehen werden Sie diesen Satz nur dann, wenn Sie ins Auge fassen die Polarität, die besteht zwischen all denjenigen Tätigkeiten im menschlichen Organismus, die zusammenhängen mit der Nahrungsaufnahme, mit der weiteren Verarbeitung der Nahrung, mit ihrer Überleitung entweder direkt oder durch Gefäße ins Blut, denn Sie verfolgen, ich möchte sagen, von unten nach oben gehend, im Organismus die Nahrungsverarbeitung bis zu der Wechselwirkung, welche zunächst besteht zwischen dem Blute, das die Nahrung aufgenommen hat, und der Atmung, durch die die Atemluft aufgenommen wird. Wenn Sie sich die Vorgänge, die dabei in Betracht kommen, ganz ordentlich ansehen – man braucht sie wirklich nur ordentlich anzusehen –, so werden Sie finden, daß ein gewisser Gegensatz besteht zwischen all dem, was im Atmungsprozesse liegt, und dem, was im weitesten Umfange im Verdauungsprozesse liegt. Es will da etwas sich ausgleichen. Es will da etwas, was, ich möchte sagen, zueinander hindurstet, sich aneinander sättigen. Man könnte selbstverständlich auch andere Ausdrücke wählen, allein, wir werden uns ja im Laufe der Zeit immer besser verstehen. Es findet eine Wechselwirkung statt, die zunächst besteht zwischen den flüssig gewordenen Nahrungsstoffen und zwischen dem, was luftförmig von dem Organismus durch die Atmung aufgenommen wird. Diese Wechselwirkung, sie ist genau zu studieren. Diese Wechselwirkung besteht in ineinanderspielenden Kräften. Und dasjenige, was da ineinanderspielt, das, möchte ich sagen, staut sich vor seinem gegenseitigen Ineinanderspiel im Herzen. Das entsteht als ein Stauorgan zwischen dem, was ich nun ferner nennen möchte die untere Betätigung des Organismus, Nahrungsaufnahme,

Nahrungsverarbeitung, und den oberen Tätigkeiten des Organismus, zu deren unterster wiederum ich rechnen möchte die Atmung. Ein Stauorgan ist eingeschaltet, und das Wesentlichste dabei ist, daß die Herztätigkeit eine Folge der Wechselwirkung ist zwischen dem flüssig gewordenen Nahrungsstoff, also zwischen der Nahrungsflüssigkeit und der von außen aufgenommenen Luft. Alles dasjenige, was sich im Herzen ausdrückt, was man im Herzen beobachten kann, muß als eine Folge betrachtet werden und ist zunächst einmal mechanisch zu nehmen.

Der einzige hoffnungsvolle Anfang, der gemacht worden ist, wenigstens diese mechanische Grundlage der Herztätigkeit – mehr allerdings nicht – einmal ins Auge zu fassen, der ist gemacht worden von einem österreichischen Arzte Dr. *Karl Schmid,* der Arzt in der nördlichen Steiermark war und der darüber eine Veröffentlichung hat erscheinen lassen in der «Wiener Medizinischen Wochenschrift» 1892, Nr. 15–17, «Über Herzstoß und Pulskurven». Es ist nicht sehr viel noch in dieser Abhandlung enthalten, aber man muß sich sagen, daß wenigstens da einmal jemand aus seiner medizinischen Praxis heraus bemerkt hat, daß man es nicht zu tun hat mit dem Herzen als mit einer gewöhnlichen Pumpe, sondern mit dem Herzen als einem Stauapparat. Schmidt denkt sich den ganzen Vorgang der Herzbewegung und des Herzstoßes wie die Tätigkeit des hydraulischen Widders, der durch die Strömungen in Bewegung gesetzt wird. Darinnen liegt das Wahre, was den Ausführungen des Dr. Karl Schmid innewohnt. Aber man ist erst bei dem Mechanischen, wenn man alles so auffaßt, was die Herztätigkeit ist, als die Folge dieser ineinandergehenden – ich kann sie jetzt symbolisch Strömungen nennen –, der flüssigen Strömungen und der luftförmigen Strömungen. Denn letzten Endes, was ist das Herz? Letzten Endes ist das Herz nämlich ein Sinnesorgan, und wenn wir auch dasjenige, was die Sinnestätigkeit des Herzens ist, nicht unmittelbar im Bewußtsein haben, wenn es auch zu den unterbewußten Sinnestätigkeiten gehört, was im Herzen vorgeht, so ist deshalb doch das Herz dazu da, daß gewissermaßen die oberen Tätigkeiten wahrnehmen, empfinden können die unteren Tätigkeiten des Menschen. So, wie Sie mit Ihren Augen wahrnehmen die äußeren Farbenvorgänge, so nehmen Sie, aber allerdings im dumpfen Unterbewußtsein, durch das Herz wahr dasjenige, was in Ihrem Unterleibe sich vollzieht. Ein Sinnesorgan zum inneren Wahrnehmen ist zuletzt das Herz. Als solches ist es anzusprechen.

Nur dann versteht man die Polarität im Menschen selbst, wenn man weiß, daß es sich handelt darum, daß der Mensch eigentlich ein solches dualgebautes Wesen ist, das von seiten seines Oberen wahrnimmt sein Unteres. Nun muß ich allerdings das Folgende hinzufügen: Die unteren Tätigkeiten, also den einen Pol des ganzen Menschenwesens, haben wir allerdings gegeben, wenn wir Nahrungsaufnahme, Nahrungsverarbeitung im weiteren Sinne studieren bis zum Ausgleich mit der Atmung. Der Ausgleich mit der Atmung erfolgt dann mit einer rhythmischen Tätigkeit. Wir werden von der Bedeutung unserer rhythmischen Tätigkeit noch zu sprechen haben. Aber verschlungen mit der Atmungstätigkeit, dazugehörig zu der Atmungstätigkeit, müssen wir die Sinnes-Nerven-Tätigkeit ansehen, alles dasjenige, was sich bezieht auf die äußere Wahrnehmung und auf die Fortsetzung dieser äußeren Wahrnehmung, auf ihre Verarbeitung durch die Nerventätigkeit. Wenn Sie also auf der einen Seite sich vorstellen alles dasjenige, was zusammenhängend ist: Atmungstätigkeit, Sinnes-Nerven-Tätigkeit, so haben Sie gewissermaßen den einen Pol der menschlichen Organisation. Wenn Sie zusammennehmen alles dasjenige, was auf der anderen Seite Nahrungsaufnahme, Nahrungsverarbeitung, Stoffwechsel im gewöhnlichen Sinne des Wortes ist, so haben Sie den anderen Pol der Prozesse in der menschlichen Organisation. Das Herz ist im wesentlichen dasjenige Organ, welches in seinen beobachtbaren Bewegungen der Ausdruck ist des Ausgleiches zwischen diesem Oberen und Unteren, welches psychisch oder vielleicht besser gesagt, unterpsychisch das Wahrnehmungsorgan ist, das vermittelt zwischen diesen beiden Polen der menschlichen Organisation. Sie können alles dasjenige, was Ihnen Anatomie, Physiologie, Biologie bieten, studieren auf dieses Prinzip hin, und Sie werden sehen, daß dadurch erst Licht kommt in die menschliche Organisation. Solange Sie nicht unterscheiden zwischen diesem Oberen und Unteren, das durch das Herz vermittelt ist, werden Sie den Menschen nicht verstehen können, denn es ist ein Grundunterschied zwischen alledem, was in der unteren Organisationstätigkeit des Menschen vorgeht, und dem, was in der oberen Organisationstätigkeit vorgeht.

Will man in einer einfachen Weise diesen Unterschied ausdrücken, so könnte man etwa sagen: alles dasjenige, was im Unteren vorgeht, hat sein Negativ, sein negatives Gegenbild im Oberen. Es ist immer so, daß man zu allem, was mit dem Oberen zusammenhängt, ein Gegenbild finden kann im Unteren. Nun ist aber das Bedeutsame dieses, daß eigentlich eine materielle Vermittlung zwischen diesem Oberen und Unteren nicht stattfindet, sondern ein Entsprechen. Man muß immer das eine im Unteren auf das andere im Oberen richtig zu beziehen verstehen, nicht darauf ausgehen, eine materielle Vermittlung zu wollen. Nehmen wir ein ganz einfaches Beispiel, nehmen wir den Hustenreiz und den wirklichen Husten, wie er zusammenhängt mit dem Oberen, also insofern er dem Oberen angehört, so werden wir dafür das entsprechende Gegenbild im Unteren in der Diarrhöe haben. Wir finden immer ein entsprechendes Gegenbild für ein Oberes in dem Unteren. Und nur dadurch kommt man recht auf ein Begreifen des Menschen, daß man diese Entsprechungen – es werden uns viele solche im Laufe der Betrachtungen vor Augen treten – richtig ins Auge fassen kann.

Nun besteht aber nicht bloß ein solches abstraktes Entsprechen, sondern es besteht zu gleicher Zeit im gesunden Organismus ein inniges Zusammengehören des Oberen und des Unteren. Es besteht ein solches Zusammengehören im gesunden Organismus, daß das Obere, irgendeine obere Tätigkeit, sei es eine Tätigkeit, die zusammenhängt mit dem Atmen, sei es eine Tätigkeit, die zusammenhängt mit dem Nerven-Sinnes-Apparat, irgendwie ein Unteres bezwingen muß, mit einem Unteren in vollem Einklang sich abspielen muß. Und es besteht sofort – und das wird uns später führen auf ein wirkliches Begreifen des Krankheitsprozesses – eine Unregelmäßigkeit im Organismus, wenn irgendwie die Vorherrschaft gewinnt, die Oberherrschaft gewinnt ein Unteres, so daß es zu stark ist für die entsprechende Tätigkeit im Oberen, oder ein Oberes, so daß es zu stark ist für eine entsprechende Tätigkeit im Unteren. Es müssen sich immer die Tätigkeiten des Oberen zu den Tätigkeiten des Unteren so verhalten, daß sie in einer gewissen Weise einander entsprechen, daß sie einander bezwingen, daß sie so zueinander verlaufen, wie sie, ich möchte sagen, zueinander orientiert sind. Da gibt es eine ganz bestimmte Orientierung. Sie ist individuell für die verschiedenen Menschen, aber es gibt eine ganz bestimmte Orientierung des ganzen oberen Verlaufes der Prozesse zu dem ganzen unteren Verlauf der Prozesse.

Nun handelt es sich darum, daß man den Übergang finden könne von diesem gesund wirkenden Organismus, in dem das Obere dem Unteren entspricht, zu dem kranken Organismus. Wenn man, ich möchte sagen, ausgeht von den Andeutungen des Kranken in dem, was der *Paracelsus* Archäus genannt hat, was wir Ätherleib nennen, oder wenn Sie es so frisieren wollen, daß es Ihnen von außen, von den Leuten, die nichts wissen wollen von diesen Dingen, nicht übelgenommen wird, so können Sie ja auch sagen, Sie wollen reden zunächst von den Andeutungen des Krankseins im Funktionellen oder Dynamischen, also von den Anflügen, die gewissermaßen erst da sind zum Kranksein – wenn wir von diesen ausgehen, wenn wir davon reden, was sich zuerst im Ätherleib oder im bloßen Funktionellen ankündet, so kann man auch von einer Polarität reden, aber einer Polarität, die schon das Nicht-Entsprechende, die Unregelmäßigkeit in sich trägt. Und das entsteht auf die folgende Weise.

Nehmen wir an, daß im Unteren, also im Nahrungsaufnehmen und im Verdauungsapparat im weiteren Sinne, präponderiert dasjenige, was die inneren chemischen oder auch organischen Kräfte der aufgenommenen Nahrung sind. Im gesunden Organismus muß es so sein, daß alle diejenigen Kräfte, welche in den Nahrungsmitteln selber wirken, welche den Nahrungsmitteln immanent sind, die wir also außen im Laboratorium an den Nahrungsmitteln untersuchen, durch das Obere überwunden sind, daß sie für die Wirksamkeit des Inneren im Organismus gar nicht in Betracht kommen, daß da gar nichts von äußerer Chemie, von äußerer Dynamik und dergleichen geschieht, sondern alles das ganz überwunden ist. Aber es kann so kommen, daß das Obere nicht stark genug ist in seinem Entsprechen, um das Untere wirklich ganz zu durchfassen, um es gewissermaßen ganz zu durchkochen, ich könnte auch sagen, zu durchätherisieren, das würde etwas genauer gesprochen sein, dann ist im menschlichen Organismus ein eigentlich nicht zu ihm gehöriger präponderierender Vorgang, der ein Vorgang ist, wie er sich sonst in der Außenwelt abspielt, wie er sich nicht abspielen sollte im menschlichen Organismus. Es zeigt sich ein solcher Vorgang, weil nicht gleich der physische Leib voll ergriffen wird von solchen Unregelmäßigkeiten, zunächst in dem, was man eben das Funktionelle nennen könnte, in dem Ätherleib, dem Archäus. Wenn wir einen gebräuchlichen Ausdruck wählen wollen, der nur genommen ist, ich möchte sagen, von bestimmten Formen dieser Unregelmäßigkeit, so müssen wir den Ausdruck Hysterie wählen. Hysterie wollen wir wählen als Ausdruck – wir werden später noch sehen, daß der Ausdruck nicht schlecht gewählt ist –, als Terminus für das zu große Selbständigwerden der Stoffwechselprozesse. Die eigentlich hysterischen Erscheinungen im engeren Sinne sind ja nichts anderes als ein Bis-zur-Kulmination-Treiben dieses unregelmäßigen Stoffwechsels. In Wirklichkeit haben wir auch in dem bis zu den sexuellen Symptomen hinreichenden hysterischen Prozesse im wesentlichen nichts anderes vorliegen als solche Unregelmäßigkeiten des Stoffwechsels, die eigentlich Außenprozesse sind ihrem Wesen nach, die nicht im menschlichen Organismus sein sollten, Prozesse also, denen gegenüber sich das Obere zu schwach erweist, um sie zu bewältigen. Das ist der eine Pol.

Dann, wenn solche Erscheinungen mit dem hysterischen Charakter auftreten, dann haben wir es zu tun mit einem Zu-stark-Werden der außermenschlichen Tätigkeit in den unteren Teilen der menschlichen Organisation. Aber es kann dieselbe Unregelmäßigkeit der Wechselwirkung auch eintreten dadurch, daß der obere Prozeß nicht richtig verläuft, daß er so in sich verläuft, daß er die obere Organisation zu stark in Anspruch nimmt. Er ist der entgegengesetzte, gewissermaßen das Negativ der unteren Prozesse, er nimmt die oberen

Prozesse zu stark in Anspruch. Er hört gleichsam auf, bevor er sich durch das Herz vermittelt mit der unteren Organisation. Er ist also zu stark geistig, zu stark – wenn ich den Ausdruck gebrauchen darf – organisch intellektuell. Dann tritt der andere Pol dieser Unregelmäßigkeiten auf, die Neurasthenie. Diese beiden, ich möchte sagen, noch im Funktionellen steckenden Unregelmäßigkeiten der menschlichen Organisation müssen vor allen Dingen ins Auge gefaßt werden. Denn sie sind gewissermaßen die Defekte, die sich ausdrücken im Oberen, ausdrücken im Unteren. Und man wird allmählich verstehen müssen, wie die Polarität in der menschlichen Organisation dem einen oder dem anderen Mangel unterliegt. Man hat also in der Neurasthenie ein Funktionieren des Oberen, das zu stark die Organe des Oberen in Anspruch nimmt, so daß dasjenige, was eigentlich, vermittelt durch das Herz von oben aus, im Unteren geschehen soll, schon im Oberen geschieht, schon da abgemacht wird, so daß die Tätigkeit nicht hinunterdringt, vermittelt durch die Stauung im Herzen, in die untere Strömung. Sie sehen auch, daß es wichtiger, viel wichtiger ist, ich möchte sagen, die äußere Physiognomie des Krankheitsbildes zu beobachten als durch die Autopsie die defekt gewordenen Organe. Denn was die Autopsie in den defekt gewordenen Organen zeigt, sind doch nur Folgeerscheinungen. Das Wesentliche ist, das ganze Bild, die Physiognomie der Krankheit ins Auge zu fassen. Diese Physiognomie wird Ihnen immer geben in einer gewissen Weise ein nach der einen oder der anderen Richtung zunächst inklinierendes Bild nach dem Neurasthenischen oder nach dem Hysterischen. Aber natürlich, man muß diese Ausdrücke erweitern gegenüber dem gewöhnlichen Wortgebrauch.

Nun, hat man sich ein genügendes Bild gemacht von diesem Zusammenwirken des Oberen und des Unteren, dann wird man von da ausgehend allmählich erkennen, wie das, was zunächst nur funktionell vorliegt, also – wie wir sagen würden – im Ätherischen sich abspielt, ergreift das Organisch-Physische, indem es gewissermaßen in seinen Kräften dichter wird, und wie man davon sprechen kann, daß dasjenige, was zuerst nur als hysterische Andeutung vorhanden ist, in verschiedenen Unterleibserkrankungen gewissermaßen physische Gestalt annehmen kann, wie nach der anderen Seite in Halskrankheiten, Kopfkrankheiten die Neurasthenie organische Gestalt annehmen kann. Dieses, ich möchte sagen, Abdrücken dieser zunächst funktionellen physischen Erscheinungen im Neurasthenischen und Hysterischen zu studieren, das wird außerordentlich wichtig sein für die zukünftige Medizin. Es wird die Folge der, ich möchte sagen, organisch gewordenen Hysterie sein: Unregelmäßigkeiten in dem ganzen Verdauungsvorgang, überhaupt in allen Vorgängen des Unterleibes. Aber dasjenige, was so in einem Organismus vorgeht, das wirkt doch wiederum auf den ganzen Organismus zurück. Das darf nicht außer acht gelassen werden, daß dasjenige, was als Unregelmäßigkeiten vor sich geht, wiederum auf den ganzen Organismus zurückwirkt.

Nun denken Sie sich einmal, so etwas, was, wenn man es zunächst im Funktionellen beobachten könnte, einfach eine hysterische Erscheinung wäre, kommt funktionell überhaupt nicht zum Ausdruck. Es kann das durchaus sein. Es kommt funktionell nicht zum Ausdruck. Der Ätherleib drückt es sogleich in den physischen Leib hinein. Es erscheint auch nicht als eine ausgesprochene Erkrankung irgendwie in den Unterleibsorganen, aber es ist drinnen. Es ist also in den Unterleibsorganen, sagen wir, etwas, was wie ein Stempelabdruck der Hysterie ist. Dadurch, daß es sich in das Physische hinein abgedrückt hat, kommt es nicht psychisch als hysterische Erscheinung zum Vorschein, aber es ist auch noch nicht stark genug, um eine belästigende Krankheit, physische Krankheit zu sein. Aber es ist dann stark genug, um doch im ganzen Organismus zu wirken. Dann haben wir die eigentümliche Erscheinung, daß so etwas, was, ich möchte sagen, schwebt zwischen Krankheit und Gesundheit, daß das vom Unteren aufs Obere hinaufwirkt, aufs Obere zurückwirkt, das Obere gewissermaßen ansteckt und in seinem Negativ erscheint. Diese Erscheinung, wo gewissermaßen der erste physische Folgezustand des Hysterischen in seiner Wirkung auf die Gebiete erscheint, die sonst, wenn sie einseitig, unregelmäßig werden, der Neurasthenie unterliegen, diese Erscheinung, die gibt die Anlage zur Tuberkulose.

Das ist ein interessanter Zusammenhang. Die Anlage zu Tuberkulose ist eine Rückwirkung der Ihnen eben geschilderten Tätigkeit im Unteren auf das Obere. Diese ganz merkwürdige Wechselwirkung, die da entsteht dadurch, daß ein nicht ganz auslaufender Prozeß, wie ich ihn geschildert habe, zurückwirkt auf das Obere, gibt die Anlage zu Tuberkulose. Man wird nicht finden irgend etwas, was rationell der Tuberkulose beikommt, wenn man nicht auf diese, ich möchte sagen, Ur-Anlage des menschlichen Organismus zurückgeht. Denn daß die Parasiten Platz greifen im menschlichen Organismus, das ist nur eine Folgeerscheinung jener Ur-Anlagen, von denen ich Ihnen jetzt eben gesprochen habe. Das widerspricht nicht der Tatsache, daß, wenn die nötigen Voraussetzungen dazu da sind, so etwas wie die Tuberkulose ansteckend ist. Natürlich müssen die nötigen Voraussetzungen dazu dasein. Aber es ist schon so, daß bei einem furchtbar großen Teile der heutigen Menschheit dieses Prädominierende der unteren organischen Tätigkeit leider vorliegt, so daß die Disposition zur Tuberkulose in einer erschrekkenden Weise heute eigentlich ausgebreitet ist.

Nun, Ansteckung ist deshalb doch ein gültiger Begriff auf diesem Gebiete, denn derjenige, der in einem höheren Grade tuberkulosekrank ist, wirkt schon auf seine Mitmenschen. Und wenn man dem ausgesetzt ist, in dem der Tuberkulosekranke drinnen lebt, so tritt eben das ein, daß, was sonst bloß Wirkung ist, wiederum zur Ursache werden kann. Ich versuche immer mit einem Vergleich, mit einer Analogie diese Beziehung zwischen dem primären Entstehen einer Krankheit und der Ansteckung klarzumachen, indem ich etwa sage: Nehmen wir an, ich treffe auf der Straße einen Freund, dessen menschliche Beziehungen mir sonst nicht naheliegen. Er kommt traurig, er hat einen Grund, traurig zu sein, denn es ist ihm ein Freund gestorben. Ich habe keine direkten Beziehungen zu dem Freunde, der ihm gestorben ist. Indem ich ihm aber begegne und er mir seine Traurigkeit meldet, werde ich mit ihm traurig. Er wird traurig durch die direkte Ursache, ich durch eine Ansteckung. Aber dabei bleibt es doch richtig, daß nur die gegenseitige Beziehung zwischen mir und ihm die Voraussetzung zu dieser Ansteckung ist.

Also die beiden Begriffe: primäres Entstehen und Ansteckung, haben durchaus ihre Berechtigung, und sie haben insbesondere bei der Tuberkulose eine starke Berechtigung. Nur sollte man sie im rationellen Sinne wirklich verwenden. Die Tuberkuloseanstalten sind ja manchmal gerade Brutanstalten für die Tuberkulose. Wenn man die Tuberkulösen schon zusammenpfercht in Tuberkuloseanstalten, so sollte man diese Tuberkuloseanstalten, soviel man kann, immer wiederum abbrechen und durch andere ersetzen. Nach einer bestimmten Zeit sollten Tuberkuloseanstalten eigentlich immer entfernt werden. Denn das ist das Eigentümliche, daß die Tuberkulösen selber die allergrößte Anlage haben, angesteckt zu werden, das heißt, daß ihre vielleicht sonst ausbesserbare Krankheit vielleicht schlimmer wird, wenn sie in der Nähe von schwereren Tuberkulosekranken sind. Aber ich wollte ja vorläufig zunächst nur auf das Wesen der Tuberkulose hinweisen. Wir sehen gerade bei der Tuberkulose als an einem Beispiel, wie gewissermaßen ineinandergreifen müssen die verschiedenen Prozesse am menschlichen Organismus, die ja, wie Sie sich denken können, immer unter dem Einflusse dieser Tatsache stehen müssen, daß wir es eben mit der oberen und mit der unteren Organisation zu tun haben, die einander so entsprechen, wie positives Bild und negatives Bild einander entgegengesetzt sind. Man kann an den, ich möchte sagen, ganz auffälligsten Erscheinungen, welche die Tuberkulose zunächst vorbereiten, indem eine solche Konstitution des Organismus vorhanden ist, wie ich sie dargelegt habe, in ihrem Verlaufe dann weiter studieren, wie überhaupt das Krankheitswesen anzuschauen ist.

Nehmen wir die gebräuchlichste Erscheinung eines Menschen, der etwa ein angehender Tuberkulosekranker ist, bei dem also die Tuberkulose eigentlich erst in der Zukunft liegt, sich vorbereitet. Da werden wir vielleicht wahrnehmen, daß er hustet. Wir werden wahrnehmen, daß er Hals-Brust-Schmerzen, vielleicht auch Gliedschmerzen hat. Wir werden wahrnehmen gewisse Ermüdungszustände bei ihm, wir werden namentlich wahrnehmen Nachtschweiße.

Was ist das alles? Wenn wir diese Erscheinungen uns vor Augen führen, was sind sie eigentlich alle? Dies alles, was ich Ihnen jetzt vorgeführt habe, ist zunächst etwas, was als Folge von den geschilderten inneren unregelmäßigen Wechselwirkungen auftritt. Aber es ist zu gleicher Zeit ein Kampf, den der Organismus eingeht gegen dasjenige, was da als tiefere Grundlage vorliegt. Sehen Sie, Husten – betrachten wir solche einfache Dinge zunächst, wir werden schon auch zu den komplizierteren kommen –, Husten immer unter allen Umständen zu bekämpfen, ist ganz gewiß nicht gut. Manchmal kann es sogar der Organismus nötig machen, vielleicht Husten künstlich hervorzurufen. Wenn die untere Organisation des Menschen irgendwie so ist, daß sie von der oberen Organisation nicht bezwungen werden kann, dann ist das, was als Hustenreiz auftritt, eine gesunde Reaktion des menschlichen Organismus, um gewisse Dinge, die sonst eindringen, nicht eindringen zu lassen. Und unter allen Umständen Husten einfach direkt zu unterbinden, kann unter Umständen von Unheil sein, denn dann nimmt der Körper Schädlichkeiten auf. Er hustet aus dem Grunde, weil er in dieser zeitweiligen Disposition diese Schädlichkeiten nicht vertragen kann und sie sich fortschaffen will. Der Hustenreiz ist gerade die Anzeige dafür, daß irgend etwas im Organismus los ist, so daß die Nötigung vorliegt, die entsprechenden Eindringlinge, die sonst ganz gut in den Organismus eindringen können, nicht eindringen zu lassen.

Aber auch die anderen Erscheinungen, die wir angeführt haben, sind ein Wehren, ein Kampf des Organismus gegen dasjenige, was heraufzieht in der Tuberkuloseanlage. Halsschmerzen, Gliederschmerzen zeigen einfach an, daß der Organismus diejenigen Prozesse nicht vor sich gehen läßt, die nicht bezwungen werden können als untere Prozesse von den oberen. Wiederum könnte es zum Beispiel, wenn rechtzeitig die Tuberkuloseanlage bemerkt wird, gut sein, den Organismus dadurch zu unterstützen, daß man Hustenreize in mäßiger Art hervorruft, daß man insbesondere – wir werden sehen, wie man das machen kann, in den folgenden Vorträgen – die Folgeerscheinungen hervorruft, ja auch durch eine gewisse Diät – man kann das, wie wir sehen werden – sogar die Müdigkeitserscheinungen hervorruft. Auch wenn zum Beispiel Abmagerung eintritt, so ist das auch nur ein Abwehrmittel. Denn der Prozeß, der dann vor sich geht, wenn man nicht abmagert, ist vielleicht gerade dasjenige im Unteren, was vom Oberen nicht bezwungen werden kann, so daß der Organismus sich dadurch wehrt, daß er abmagert, damit dasjenige, was nicht bezwungen werden kann, zeitweilig nicht da ist.

Es ist also außerordentlich wichtig, solche Dinge im einzelnen zu studieren, nicht etwa, wenn jemand einer Abmagerung unterliegt, ohne weiteres ihn einer Fettkur zu unterwerfen, denn diese Abmagerung kann ihren sehr guten Sinn haben in dem, was sich gerade zeitweilig im Organismus ausdrückt.

Und insbesondere sind sehr lehrreich, bei dem noch nicht Tuberkulosekranken, bei dem aber die Tuberkulose in Aussicht steht, die Nachtschweiße. Denn die Nachtschweiße sind nichts anderes als eine während des Schlafes vollzogene Tätigkeit des Organismus, die eigentlich im Wachen unter der vollen geistig-physischen Tätigkeit vor sich gehen sollte. Dasjenige, was eigentlich bei Tag bei vollem Wachen vor sich gehen sollte, das geht nicht vor sich und schafft sich seinen Ausdruck in der Nacht. Es ist eine Folgeerscheinung und zu gleicher Zeit ein Abwehrmittel. Während der Organismus entlastet ist von seiner geistigen Tätigkeit, schafft er sich die Tätigkeit, die in dem Nachtschweiße zum Ausdruck kommt.

Man muß allerdings, um diese Tatsache voll würdigen zu können, ein wenig wissen darüber, daß alle Ausscheidungsvorgänge, auch die Schweißbildung, in innigem Zusammenhang stehen mit dem, was sonst seelische und geistige Tätigkeit in sich schließt. Die aufbauenden Prozesse, die eigentlichen vitalischen Aufbauungsprozesse, sind nämlich bloß die Grundlage des Unbewußten. Dasjenige, was entspricht den wachen, bewußten seelisch-organischen Tätigkeiten, das sind überall Ausscheidungsprozesse. Auch unserem Denken entsprechen nicht etwa Aufbauprozesse des Gehirns, sondern Ausscheidungsprozesse, Abbauprozesse des Gehirns. Und das Auftreten von Nachtschweißen ist eben ein Ausscheidungsprozeß, der eigentlich im normalen Leben parallel gehen müßte einer geistig-seelischen Tätigkeit. Weil aber das Obere mit dem Unteren nicht in dem richtigen Wechselverhältnis steht, so spart sich so etwas dann für die Nacht auf, wo der Organismus entlastet ist von der geistig-seelischen Tätigkeit.

So sehen Sie, wie ein sorgfältiges Studieren aller Vorgänge, die mit dem ganzen Wachsen und Werden des gesund-kranken menschlichen Organismus zusammenhängen, doch dazu führt, daß man sagen kann: es besteht auch eine Wechselwirkung zwischen Krankheitserscheinungen. Abmagern ist zunächst eine Krankheitserscheinung. Aber in seiner Beziehung zur Tuberkuloseanlage, also zur schon doch etwas wirkenden Tuberkulose, ist das Abmagern etwas, was dazugehört. Und es besteht, ich möchte sagen, eine Organisation, eine ideelle Organisation der Krankheitserscheinungen. Eine Krankheitserscheinung gehört in gewissem Sinne zur anderen Krankheitserscheinung dazu. Das bedingt dann, daß es ganz rationell ist, wenn durch andere Bedingungen des Organismus hervortritt so etwas wie eine Reaktion – bleiben wir bei der Tuberkuloseanlage –, der Organismus aber selbst nicht die Kraft hat, diese Reaktion hervorzurufen, daß man ihm zu Hilfe kommt und sie dann gerade hervorruft, daß man dann gerade der einen Krankheit die andere folgen läßt. Die alten Ärzte haben dieses ausgesprochen als eine, ich möchte sagen, bedeutungsvolle Erziehungsregel für den Arzt. Sie haben gesagt: Das ist das Gefährliche beim Arztsein, daß er nicht bloß in der Lage sein muß, Krankheiten zu vertreiben, sondern auch Krankheiten hervorzurufen. – Und in demselben Maße, als der Arzt Krankheiten heilen kann, kann er sie auch hervorrufen. So daß also die Alten, die noch etwas mehr gewußt haben über solche Zusammenhänge aus ihrem atavistischen Hellsehen heraus, in dem Arzt zu gleicher Zeit gesehen haben den, der, wenn er böswillig wird, die Menschen nicht nur gesund, sondern auch krank machen kann. Aber es hängt das zusammen mit der Notwendigkeit, gewisse Erkrankungszustände hervorzurufen, um sie in das rechte Verhältnis zu anderen Erkrankungszuständen zu bringen. Aber es sind doch eben Krankheitszustände. Und all das: Husten, Halsschmerz, Brustschmerz, Abmagerungserscheinungen, Ermüdungserscheinungen, Nachtschweiße, sind doch eben Krankheitserscheinungen.

Man muß sie hervorrufen, aber sie sind doch eben Krankheitserscheinungen.

Das wird dazu führen, natürlich leicht einzusehen, daß man nun doch, wenn man dann halb geheilt hat, das heißt diese Krankheitserscheinungen hervorgerufen hat, den Kranken nicht seinem Schicksal überlassen kann, sondern daß dann die zweite Partie des Heilungsprozesses erst eintreten muß. Es muß dann wiederum dafür gesorgt werden, daß nicht bloß diese Reaktionen da sind, nicht bloß dasjenige, was man hervorgerufen hat, um die Krankheit abzuwehren, sondern es muß dann dasjenige erfolgen, was wiederum die Reaktion heilt und den ganzen Organismus wieder auf den richtigen Weg bringt. Also man müßte dafür sorgen, daß zum Beispiel dann, wenn als natürliche oder vielleicht auch künstlich hervorgerufene Abwehr gegen die Tuberkuloseanlage Hustenreize hervorgerufen worden sind, Halsschmerzen auftreten oder hervorgerufen worden sind, man dafür sorgt, daß der Verdauungsprozeß, der dann stets etwas von Verstopfungen, Obstipationen aufweisen wird, in Ordnung kommt. Man wird das schon in irgendeiner Weise bemerken, daß dieser Verdauungsprozeß in einen Abführprozeß, in eine Art Diarrhöe übergeführt werden muß. Es ist immer notwendig, daß man den Hustenerscheinungen, auch den Halsschmerzen und dergleichen, solche Diarrhöeprozesse folgen lasse. Das weist eben darauf hin, wie man dasjenige, was einfach im Oberen auftritt, nicht als etwas für sich betrachten darf, wie man sehr häufig auch die Heilung desjenigen, was im Oberen auftritt, durch Vorgänge im Unteren suchen muß, wenn auch keine materielle Vermittlung, sondern nur ein Entsprechen da ist. Das ist etwas, was vor allen Dingen berücksichtigt werden müßte.

Ermüdungserscheinungen – ich möchte sie eben nicht bloß subjektive Ermüdungserscheinungen nennen, sondern schon ganz organisch bedingte Ermüdungserscheinungen, die eigentlich immer auf Prädominieren des Stoffwechsels beruhen –, wie sie stark auftreten bei einem Stoffwechsel, der nicht von dem Oberen bezwungen wird, solche Ermüdungserscheinungen, weil sie nun wirklich bei Tuberkulose hervorgerufen werden müssen, müßten hinterher in dem nötigen Zeitpunkte dadurch bekämpft werden, daß man durch eine entsprechende Diät dafür sorgt – wir werden von dem Speziellen einer solchen Diät noch zu sprechen haben –, daß überwiegende Verdauung stattfindet, daß also besser als gewöhnlich von demselben Menschen verdaut wird, also ich möchte sagen, daß dasjenige, was leichter aufgearbeitet wird, durch den Verdauungsprozeß aufzuarbeiten ist. Abmagerung wird man später durch eine Diät zu bekämpfen haben, die eben wiederum zu einer gewissen Fettbildung führt, zu etwas, was Einlagerung ist in die Organe, in die Organgewebe. Die Nachtschweiße muß man später dadurch bekämpfen, nachdem man sie zuerst geradezu hervorgerufen hat, daß man versucht, dem Menschen anzuweisen eine Tätigkeit, in der er tatsächlich durch durchgeistigte Anstrengungen, also durch etwas, was durchdachte Anstrengungen sind, in Schweiß gerät, so daß er wiederum einläuft in eine gesunde Schweißbildung.

Sie sehen, versteht man zuerst durch ein richtiges Auffassen der Herztätigkeit, wie Oberes und Unteres im Menschen korrespondiert, versteht man dann das erste Auftreten, ich möchte sagen, die Anflüge des Krankseins im Funktionellen, im Ätherischen, wie in der Neurasthenie und in der Hysterie, so kann man dazu übergehen, auch dasjenige, was dann im Organischen, im Physischen sich abdrückt, zu verstehen, und man wird durch das Studium der Physiognomie des zusammengehörigen Krankheitsbildes dazu kommen – auch dasjenige, was man selbst erst hervorruft –, zuerst, ich möchte sagen, einen Verlauf der Krankheit nach einer Richtung, nach einem vielleicht sogar stärker oder schwächer abgeleiteten Kranksein hervorzurufen, um dann, wenn die Zeit dazu da ist, den ganzen Prozeß wiederum zum Gesundwerden zurückzuführen.

Natürlich, die größten Hindernisse für eine schon damit ein wenig charakterisierte Behandlung sind ja erstens die Verhältnisse, die sozialen Verhältnisse. Daher ist Medizin durchaus auch eine soziale Frage. Auf der anderen Seite sind es die Kranken selbst, die die stärksten Hindernisse bilden, denn die Kranken verlangen natürlich zunächst, daß man irgend etwas, wie sie sagen, wegbringt. Aber, wenn man so direkt etwas, was sie haben, wegbringt, so kann es sehr leicht geschehen, daß man sie viel kränker macht, als sie schon sind. Das muß man auch berücksichtigen, daß man sie viel kränker macht, als sie sind, aber sie müssen dann abwarten, bis man wiederum in der Lage ist, sie gesund zu machen. Aber dann sind sie einem wohl oftmals zumeist, wie viele von Ihnen mir Recht geben werden, davongelaufen!

Das ist dasjenige, worauf gerade ein richtiges Betrachten des gesunden und kranken Menschen führt, daß der Arzt auch die Nachkur durchaus in der Hand haben muß, wenn die ganze Kur überhaupt einen richtigen Wert haben soll. Auf solche Dinge muß eben einfach öffentlich hingewirkt werden. In unserer Zeit des Autoritätsglaubens dürfte es nicht schwer sein, wenn solche Bewegungen nur eingeleitet würden, auf solche Notwendigkeiten hinzuweisen. Aber natürlich sind es – verzeihen Sie, daß ich in Ihrer Gegenwart das sage – nicht immer bloß die Patienten, bloß die Verhältnisse, manchmal auch die Herren Ärzte, die es nicht opportun finden, die Krankheit wirklich bis zu ihren letzten Ausläufern zu verfolgen, sondern mehr oder weniger damit zufrieden sind, wenn sie irgend etwas einfach weggebracht haben.

Aber Sie werden sehen, wie uns nach und nach diese richtige Verfolgung der Stellung des Herzens im menschlichen Organismus in das Krankheitswesen hineinführt. Nur werden Sie eben den radikalen Unterschied beachten müssen, der besteht zwischen den unteren organischen Tätigkeiten, die in einer gewissen Beziehung zwar dasjenige überwunden haben, was nur äußerliche chemische Tätigkeit ist, aber die eben doch noch in einer gewissen Weise auch ähnlich sind der oberen Tätigkeit, die ganz entgegengesetzt ist. Es ist außerordentlich schwierig, diesen Dualismus im menschlichen Organismus genügend zu definieren, weil unsere Sprache fast keine Mittel hat, um dasjenige, was den physischen und den organischen Prozessen entgegengesetzt ist, anzudeuten. Aber vielleicht werden Sie mich gut verstehen – und ich scheue nicht davor zurück, vielleicht bei einigen von Ihnen auch auf das oder jenes Vorurteil zu stoßen –, wenn ich durch folgende Analogie zunächst – wir werden ja über diese Dinge mehr zu sprechen haben – klarmachen möchte, wie eigentlich dieser Dualismus zwischen den unteren und den oberen Prozessen ist. Wenn Sie sich die Eigenschaften irgendeines Stoffes denken, so wie diese Eigenschaften des Stoffes sind, die zur Wirksamkeit führen, wenn er uns in irgendeiner Weise vorliegt, so haben Sie zunächst dasjenige, was, wenn es vom Organismus überwunden wird, wie es bei der Verdauung geschieht, also aufgenommen wird in die untere menschliche Tätigkeit. Nun kann man aber auch, wenn ich so sagen darf, homöopathisieren. Man kann das Aggregieren, die Kohärenz des Stoffes aufheben. Das geschieht, wenn man den Stoff in irgendeiner Weise verdünnt, wenn man, wie gesagt, homöopathische Dosen macht. Sehen Sie, da tritt etwas zutage, was überhaupt in unserer gegenwärtigen Naturwissenschaft nicht ordentlich betrachtet wird, und die Menschen sind so geneigt, alles abstrakt zu betrachten. Daher sagen sie, wenn wir hier eine Lichtquelle haben, dann breitet sich Licht nach allen Seiten aus, und sie stellen sich vor – sie stellen sich das auch vor von der Sonne –, daß sich das nach allen Seiten ausbreite und dann verschwinde in der Unendlichkeit. Das ist aber nicht wahr. Nirgends verschwindet eine solche Tätigkeit in der Unendlichkeit, sondern sie geht nur bis zu einer begrenzten Sphäre, und dann schlägt sie wie elastisch zurück, wenn auch die Qualität, das Quale, oftmals verschieden ist von dem, was das Quale vom Hingange ist (siehe Zeichnung Seite 53). Es gibt in der Natur nur rhythmische Verläufe, es gibt nicht in die Unendlichkeit verlaufende Verläufe, es gibt nur dasjenige, was rhythmisch wiederum in sich selbst zurückschlägt.

Das ist nicht nur bei den quantitativen Ausbreitungen der Fall, sondern das ist auch bei den qualitativen Ausbreitungen der Fall. Wenn Sie anfangen, einen Stoff zu teilen, so hat er zunächst beim Ausgangspunkt Eigenschaften. Diese Eigenschaften nehmen nicht ins Unendliche ab, sondern, wenn man bei einem bestimmten Punkte angekommen ist, schlagen sie zurück und werden die entgegengesetzten Eigenschaften. Und auf diesem inneren Rhythmus beruht auch dasjenige, was der Gegensatz ist zwischen unterer Organisation und oberer Organisation. Unsere obere Organisation

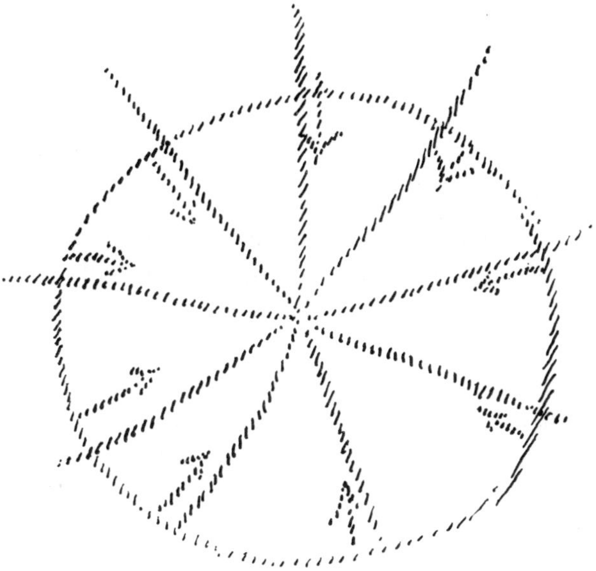

ist etwas Homöopathisierendes. Sie ist etwas, was in einer gewissen Weise dem gewöhnlichen Verdauungsprozesse schnurstracks entgegengesetzt ist, das Gegenteil, das Negativ davon bildet. Und so könnte man sagen, daß, indem der homöopathische Apotheker die Verdünnungen herstellt, er eigentlich in Wirklichkeit die Eigenschaften, die sich sonst auf die untere menschliche Organisation beziehen, zu ihr eine Beziehung haben, überleitet in Eigenschaften, die dann zu der oberen menschlichen Organisation eine Beziehung haben. Das ist ein sehr interessanter innerer Zusammenhang, und wir werden dann in den nächsten Tagen von diesem Zusammenhang weiter sprechen.

DRITTER VORTRAG

Dornach, 23. März 1920

Ich werde alle die Wünsche, die mir vorgelegt worden sind, im Laufe der Vorträge selbst verarbeiten. Es ist dazu natürlich, da einiges in Wiederholung auftritt, notwendig, daß wenigstens bis zu einem gewissen Teile die Wünsche alle beisammen sind, und dann ist es auch nicht einerlei, ob man die Dinge, die hier gefragt oder angedeutet sind, bespricht, bevor man eine gewisse Grundlage geschaffen hat, oder nachher. Daher werde ich möglichst heute schon mit Berücksichtigung dessen, was ich in Ihren Wünschen bemerkt habe, noch versuchen, für alle folgenden Betrachtungen eine Grundlage zu schaffen.

Sie haben gesehen, daß von mir versucht worden ist, für die erste Betrachtung von der Formung und inneren Wirksamkeit des Knochen- und Muskelsystems auszugehen, und daß wir gestern schon vorgedrungen sind wenigstens zunächst zur exempelartigen Betrachtung des Krankheitsprozesses und den Notwendigkeiten des Heilverfahrens und daß wir, um an einem Exempel die entsprechende Betrachtung anknüpfen zu können, von der Zirkulation in dem Herzsystem ausgehen mußten.

Nun möchte ich heute einiges auch noch prinzipiell Einleitendes ausführen über eine Anschauung, die man gewinnen kann aus einer tieferen Menschheitsbetrachtung über die Möglichkeit und das Wesen des Heilens überhaupt. Auf Spezielles soll dann in den folgenden Betrachtungen eingegangen werden, aber ich möchte diese prinzipiellen Auseinandersetzungen vorausschicken.

Wenn man sich vorstellt, wie eigentlich das heutige medizinische Studium geartet ist, so wird man doch wenigstens in der Hauptsache finden, daß die Therapie neben der Pathologie einhergeht, ohne daß ein klar durchschaubarer Zusammenhang zwischen den beiden besteht. Insbesondere in der Therapie ist ja die bloße empirische Methode vielfach heute das Alleinherrschende. Etwas Rationelles, etwas, worauf man im Praktischen nun wirklich mit Prinzipien aufbauen könnte, ist insbesondere in der Therapie kaum zu finden. Wir wissen, daß diese Mängel der medizinischen Denkweise im Laufe des neunzehnten Jahrhunderts sogar zu der Schule des medizinischen Nihilismus geführt haben, der alles auf die Diagnose legte und eigentlich damit zufrieden war, wenn Krankheiten erkannt wurden, und sich im allgemeinen recht skeptisch gegenüber irgendeiner Ratio in der Heilung verhalten hat. Nun müßte man, wenn man rein, ich möchte sagen, vernunftgemäß Forderungen an das medizinische Wesen stellt, doch eigentlich sagen, es muß mit der Diagnose zusammen schon etwas gegeben sein, was auf die Heilung hinweist. Es darf nicht bloß ein äußerer Zusammenhang zwischen Therapie und Pathologie herrschen. Man muß gewissermaßen das Wesen der Krankheit doch schon so erkennen können, daß man aus dem Wesen der Krankheit heraus sich eine Anschauung über den Heilungsprozeß bilden kann.

Das hängt natürlich zusammen mit der Frage: Inwiefern kann es überhaupt im ganzen Zusammenhang der Naturprozesse Heilmittel und Heilprozesse geben? Es wird ja sehr häufig ein ganz interessanter Spruch von *Paracelsus* zitiert: Der Arzt müsse durch der Natur Examen gehen. Aber man kann nicht sagen, daß die neuere Paracelsus-Literatur gerade mit einem solchen Ausspruch viel anzufangen weiß, denn sie müßte doch sonst darauf aus sein, der Natur selbst Heilungsprozesse abzulauschen. Nun gewiß, es wird das versucht, wenn Krankheitsprozesse vorliegen, gegen die sich die Natur selbst einen Rat schafft. Aber es geht doch wiederum darauf hinaus, die Natur in bezug auf ihre Heilverfahren auch nur gewissermaßen in Ausnahmefällen, wenn schon Schädigungen da sind und die Natur sich hilft, zu beobachten, während eine wirkliche Naturbeobachtung doch diejenige ist, daß man normale Prozesse beobachtet. Und die Frage müßte entstehen: Gibt es denn eine Möglichkeit, normale Prozesse in der Natur zu beobachten, gewissermaßen das, was man normale Prozesse nennt, um an ihnen irgend etwas von einer Anschauung über das Heilverfahren zu gewinnen? – Sie werden ja sogleich bemerken, daß das mit einer etwas bedenklichen Frage zusammenhängt. Man kann natürlich in der Natur nur Heilungsprozesse beobachten in normaler Weise, wenn Krankheitsprozesse in der Natur normal vorhanden sind. Und die Frage tritt vor uns auf: Sind denn in der Natur als solcher schon Krankheitsprozesse vorhanden, so daß man durch der Natur Examen gehen kann und durch sie heilen lernen kann? – Der Beantwortung dieser Frage, die sich natürlich erst im Laufe der Vorträge vollständig geben lassen wird, werden wir uns aber heute wenigstens um ein Stück zu nähern versuchen. Aber man kann dabei gleich sagen, daß eigentlich durch die naturwissenschaftliche Grundlegung der Medizin, wie sie heute üblich ist, der Weg, der hier vorgezeichnet wird, überschüttet wird. Er läßt sich bei den gegenwärtigen Voraussetzungen außerordentlich schwer gehen, denn es ist sehr merkwürdig, daß gerade die materialistische Tendenz im neunzehnten Jahrhundert dazu geführt hat, nun das nächste System, das ich hier dem Knochen-, Muskel- und Herzsystem anfügen muß, eigentlich in seinen Funktionen vollständig zu verkennen, nämlich das Nervensystem.

Es ist nach und nach üblich geworden, dem Nervensystem sozusagen alles Seelische aufzuhalsen und alles Seelisch-Geistige, das sich im Menschen vollzieht, in Parallelvorgänge aufzulösen, die dann im Nervensystem zu finden sein sollen. Nun wissen Sie, daß ich Einspruch erheben mußte gegen diese Art von Naturbetrachtung in meinem Buche «Von Seelenrätseln», in dem ich zunächst zu zeigen versuchte – und vieles, was beizubringen ist aus der Erfahrung zur Erhärtung dieser Wahrheiten, wird sich uns gerade bei diesen Betrachtungen ergeben –, daß nur die eigentlichen Vorstellungsprozesse mit dem Nervensystem zusammenhängen, während nicht in indirekter, sondern in direkter Weise alle Gefühlsprozesse zusammenhängen mit den rhythmischen Vorgängen im Organismus. Der heutige Naturwissenschafter denkt eigentlich normalerweise so, daß Gefühlsprozesse unmittelbar nichts mit dem rhythmischen System zu tun haben, sondern nur dadurch, daß sich diese rhythmischen Prozesse auf das Nervensystem übertragen, denkt er, daß sich das Gefühlsleben auch durch das Nervensystem auslebe. Und ebenso versuchte ich zu zeigen, daß das gesamte Willensleben direkt, nicht indirekt durch das Nervensystem, zusammenhängt mit dem Stoffwechselsystem. So daß für das Nervensystem auch in bezug auf die Willensprozesse nichts übrigbleibt als die Wahrnehmung dieser Willensprozesse. Durch das Nervensystem wird nicht irgendein Wille in Szene gesetzt, sondern dasjenige, was durch den Willen geschieht in uns, wird wahrgenommen. Alles dasjenige, was da von mir geltend gemacht worden ist, kann durchaus belegt werden mit den entsprechenden Tatsachen der Biologie, währenddem die entgegengesetzte Anschauung von der alleinigen Zuordnung des Nervensystems zum Seelenleben eben gar nicht belegt werden kann. Ich möchte nur einmal sehen, wie bei völlig gesunder Vernunft die Tatsache, daß man einen sogenannten motorischen Nerv durchschneidet, einen sensitiven Nerv durchschneidet, sie dann zusammenwachsen lassen kann und daß dann daraus wiederum ein einheitlicher Nerv entsteht, in Zusammenhang gebracht werden sollte mit der anderen Annahme, daß es sensitive und motorische Nerven gebe. Die gibt es eben nicht, sondern dasjenige, was man motorische Nerven nennt, sind nichts anderes als sensitive Nerven, die die Bewegungen unserer Glieder wahrnehmen, also dasjenige, was im Stoffwechsel unserer Glieder vor sich geht, wenn wir *wollen.* Wir haben also auch in den motorischen Nerven in Wahrheit sensitive Nerven, die nur in uns selber wahrnehmen, während die eigentlich sensitiv genannten Nerven die Außenwelt wahrnehmen.

In dieser Richtung liegt etwas, was für die Medizin von ungeheurer Bedeutung ist, was aber erst gewürdigt werden kann, wenn man den Tatbestand selbst ordentlich ins Auge fassen wird. Denn gerade den Krankheitserscheinungen gegenüber, von denen ich gestern zur Gewinnung des Beispiels der Tuberkulose ausgegangen bin, ist es ja schwer, mit der Teilung in sensitive und motorische Nerven auszukommen. Vernünftige Naturforscher haben daher schon angenommen, daß jeder Nerv eine Leitung habe nicht nur von der Peripherie nach innen oder umgekehrt, sondern immer auch eine Leitung von der Peripherie nach dem Zentrum, beziehungsweise von dem Zentrum nach der Peripherie. Ebenso würde dann jeder motorische Nerv zwei Leitungen haben, das heißt: wenn man vom Nervensystem aus irgend etwas erklären will, wie zum Beispiel die Hysterie, so hat man schon nötig, zwei Leitungen, die zueinander im entgegengesetzten Sinne laufen, anzunehmen. Also man hat, sobald man auf Tatsachen eingeht, durchaus schon nötig, solche Eigenschaften der Nerven anzunehmen, die eigentlich den Hypothesen über das Nervensystem vollständig widersprechen. Dadurch, daß man so über das Nervensystem denken lernte, hat man eigentlich alles das zugeschüttet, was man wissen sollte über dasjenige, was im Organismus sonst unter dem Nervensystem liegt, was zum Beispiel bei der Hysterie vorgeht. Wir haben es gestern charakterisiert durch Vorgänge im Stoffwechsel, was zum Beispiel bei der Hysterie vorgeht und was durch die Nerven bloß wahrgenommen wird. Man hätte auf das sehen müssen. Statt dessen hat man die Hysterie nur gesucht in einer Art Erschütterbarkeit und Erschütterung des Nervensystems allein und hat alles in das Nervensystem verlegt.

Dadurch ist noch etwas anderes gekommen. Man kann ja nicht leugnen, daß unter den etwas ferneren Ursachen der Hysterie auch seelische Ursachen liegen, Kummer, auch erlittene Enttäuschungen, irgendwelche erfüllbaren oder unerfüllbaren inneren Erregungen, die dann auslaufen in hysterische Erscheinungen. Damit, daß man gewissermaßen den ganzen übrigen Organismus vom Seelenleben abgetrennt hat und nur das Nervensystem mit dem Seelenleben in einen eigentlichen direkten Zusammenhang bringt, ist man genötigt, alles auf das Nervensystem abzuladen. Dadurch kam eine Anschauung heraus, die sich erstens dann nicht im allergeringsten eigentlich mehr mit den Tatsachen deckt und die zweitens gar keine Handhabe bietet, das Seelische noch heranzubringen an den menschlichen Organismus. Man bringt es eigentlich nur heran an das Nervensystem. Man bringt es nicht heran an den ganzen menschlichen Organismus. Höchstens dadurch, daß man eben motorische Nerven erfindet, die es gar nicht gibt, und daß man von den Funktionen der motorischen Nerven dann eine Beeinflussung der Zirkulation und so weiter erwartet, die nun immer im äußersten Maße zum Hypothetischen gehört.

Was ich da auseinandergesetzt habe, hat namentlich auch dahin geführt, die gescheitesten Leute auf Irrpfade zu leiten, als so etwas auftauchte wie die Suggestion und die Hypnose. Da hat man es erleben können – es liegt jetzt schon wiederum etwas zurück –, daß hysterische Damen die allergescheitesten Ärzte irregeführt haben, an der Nase herumgeführt haben, weil man einfach hereingefallen ist auf alles mögliche, was solche Leute den Ärzten vorgemacht haben, und nicht hat eingehen können auf dasjenige, was eigentlich im Organismus vorliegt. Es ist doch vielleicht nicht uninteressant, in diesem Zusammenhange darauf hinzuweisen – obwohl es sich dabei nicht um eine hysterische Dame, sondern um einen hysterischen Mann handelt –, in welchen Irrtum *Schleich* verfallen ist, verfallen mußte, der über solche Dinge ja eigentlich ganz gut nachzudenken gewöhnt war, als zu ihm als Arzt ein Mann kam, der sich mit der tintigen Feder in den Finger gestochen hatte und sagte, das werde ganz gewiß in der nächsten Nacht zum Tode führen, eine Blutvergiftung werde eintreten und der Arm müsse amputiert werden. Es ist selbstverständlich, daß Schleich als Chirurg die Amputation nicht vornehmen konnte. Er konnte den Mann nur beruhigen und die nötigen Dinge machen, die da gemacht werden: Aussaugung der Wunde und so weiter, aber er konnte selbstverständlich ihm den Arm nicht abschneiden auf dessen bloße Aussage hin, daß er in der nächsten Nacht eine Blutvergiftung haben werde. Der betreffende Patient ging dann noch zu einer Autorität, die ihm selbstverständlich den Arm auch nicht abschnitt. Aber Schleich wurde die Sache etwas unheimlich. Gleich am Morgen erkundigte er sich – der Patient war in der Nacht wirklich gestorben. Und Schleich konstatierte: Tod durch Suggestion.

Es liegt so nahe, es liegt so furchtbar nahe, zu konstatieren: Tod durch Suggestion. Aber bei einer Einsicht in die menschliche Wesenheit geht es einfach nicht, diesen Tod durch Suggestion in dieser Weise zu denken, sondern es handelt sich darum, daß hier, wenn man Tod durch Suggestion diagnostiziert, sofort eine gründliche Verwechslung von Ursache und Wirkung eintritt. Es trat auch keine Blutvergiftung ein – das hat die Sektion ergeben –, sondern der

Betreffende starb, wie es schien, an einer Ursache, die den Ärzten nicht bekanntgeworden ist, aber für jemanden, der die Sache durchschauen kann, ganz unbedingt an einer Ursache, die tief im Organismus begründet war. Und diese Ursache, die tief im Organismus begründet war, hat diesen Menschen schon am vorhergehenden Tag etwas tapperig und unsicher gemacht, so daß er sich, was man sonst nicht tut, mit der tintigen Feder in den Finger stach. Das war schon eine Folge seiner Tapperigkeit. Aber während er äußerlich-physisch tapperig wurde, wurde sein inneres Schauvermögen etwas erhöht, und unter dem Einflusse der Krankheit hatte er eine prophetische Voraussicht seines in der Nacht eintretenden Todes. Dieser Tod hing nicht im geringsten zusammen mit dem, daß er sich mit der tintigen Feder in den Finger stach, sondern der Tod war die Ursache dessen, was er fühlte dadurch, daß er die Todesursache in sich trug, und alles, was vor sich gegangen ist, ist eben nichts anderes als etwas, was ganz äußerlich zusammenhängt mit den eigentlichen inneren Prozessen, die den Tod herbeigeführt haben. Es ist gar keine Rede davon, daß hier «Tod durch Suggestion» eingetreten ist. Denn auch der Glaube und alles das, was der Mann hatte, hatte nichts zu tun mit der Herbeiführung seines Todes, sondern hatte tiefere Ursachen. Aber er sah den Tod voraus und interpretierte alles dasjenige, was geschah, in diese Voraussicht des Todes hinein. Sie sehen an diesem Beispiel zugleich, wie ungemein vorsichtig man sein muß, wenn man über die komplizierten Vorgänge in der Natur ein sachgemäßes Urteil gewinnen will. Man kann da nicht ausgehen von dem Allereinfachsten.

Nun wird man aber die Frage aufwerfen müssen: Gibt uns die Sinneswahrnehmung und alles, was der Sinneswahrnehmung ähnlich ist, einen Anhaltspunkt für, ich möchte sagen, die etwas anders gearteten Einflüsse, die von Heilmitteln auf den menschlichen Organismus ausgehen sollen?

Nicht wahr, wir haben dreierlei Einflüsse auf den menschlichen Organismus im Normalzustande: Erstens denjenigen durch die Sinneswahrnehmungen, der sich dann im Nervensystem fortsetzt. Zweitens denjenigen durch das rhythmische System, das Atmen und die

Zirkulation, und drittens denjenigen durch den Stoffwechsel. Diese drei normalen Beziehungen, die müssen irgendwelche Analoga haben in den abnormen Beziehungen, die wir herstellen zwischen den Heilmitteln, die wir ja auch in irgendeiner Weise aus der äußeren Natur nehmen müssen, und dem menschlichen Organismus. Am deutlichsten tritt allerdings dasjenige, was zwischen der Außenwelt und dem menschlichen Organismus geschieht, in dem Einfluß auf das Nervensystem auf. Wir müssen uns daher fragen: Wie können wir uns rationell einen Zusammenhang denken zwischen dem Menschen selbst und dem, was außermenschliche Natur ist und was wir verwenden wollen, sei es als Vorgänge, sei es substantiell als Heilmittel, zur menschlichen Heilung? Wir müssen eine Ansicht darüber gewinnen, wie das Wechselverhältnis des Menschen zur außermenschlichen Natur ist, aus der wir unsere Heilmittel nehmen. Denn selbst wenn wir Kaltwasserkuren anwenden, so wenden wir etwas Außermenschliches an. Alles, was angewendet wird, ist angewendet vom Außermenschlichen auf die menschlichen Prozesse, und wir müssen uns eine rationelle Ansicht darüber verschaffen, wie der Zusammenhang zwischen dem Menschen und den außermenschlichen Prozessen ist.

Da kommt man allerdings auf ein Kapitel, wo wiederum statt eines organischen Zusammenhanges in unserem gebräuchlichen medizinischen Studium das reine Aggregat herrscht. Der Mediziner hört zwar vorbereitende Naturwissenschaft vortragen, dann wird aber auf diese vorbereitende Naturwissenschaft das allgemeine und spezielle Pathologische, das allgemeine Therapeutische aufgebaut und so weiter, und es ist nicht mehr viel zu vernehmen, wenn die eigentlichen medizinischen Vorträge anfangen, von dem, wie sich diese Prozesse, die in den eigentlich medizinischen Vorträgen besprochen werden, und namentlich wie sich die Heilmaßnahmen verhalten zu den Vorgängen in der äußeren Natur. Ich glaube, die durch die heutige medizinische Schulung gegangenen Ärzte werden dies nicht nur äußerlich verstandesmäßig als einen Mangel empfinden, sondern sie werden es gar stark in der Empfindung, die sich ihnen dann aufdrängt, wenn sie praktisch eingreifen sollen in die Krankheitsprozesse, als ein Gefühl in sich tragen, als ein gewisses Gefühl der Unsicherheit, wenn das oder jenes verwendet werden soll. Es ist doch sehr selten eine wirkliche Erkenntnis der Beziehung des zu verwendenden Heilmittels zu dem, was im Menschen vorgeht, in Wirklichkeit vorhanden. Hier handelt es sich darum, daß geradezu durch die Natur der Sache selbst auf eine ganz notwendige Reform des medizinischen Studiums hingewiesen wird.

Nun möchte ich heute zunächst davon ausgehen, an gewissen Prozessen der außermenschlichen Natur anschaulich zu machen, wie verschieden in vieler Beziehung diese Prozesse von den Prozessen der menschlichen Natur sind. Ich möchte ausgehen von den Prozessen, die wir zunächst an niederen Tieren und Pflanzen beobachten können, um von da aus dann den Weg zu jenen Prozessen zu finden, die hervorgerufen werden können durch das Außermenschliche überhaupt, das wir dem Pflanzenreich oder dem Tierreich und namentlich dem Mineralreich entnehmen. Aber wir werden uns dieser Charakteristik der reinen mineralischen Substanzen erst nähern können, wenn wir eben von ganz elementaren naturwissenschaftlichen Vorstellungen ausgehen, dann zu dem aufsteigen, was zum Beispiel geschieht, wenn wir, sagen wir, Arsen oder Zinn oder irgend etwas anderes als Heilmittel in den menschlichen Organismus einführen. Da muß zunächst darauf hingewiesen werden, daß ganz anders, als das bei der menschlichen Natur selbst der Fall ist, die Wachstumsmetamorphosen bei außermenschlichen Wesen liegen.

Wir werden nicht umhin können, das eigentliche Prinzip des Wachsens, des lebendigen Wachsens im Menschen irgendwie zu denken und es auch zu denken bei den außermenschlichen Wesenheiten. Aber die Differenz, die da auftritt, ist von einer grundlegenden Bedeutung. Betrachten Sie, zum Beispiel etwas sehr Naheliegendes, die gewöhnliche sogenannte falsche Akazie, die Robinia pseudacacia. Wenn Sie dieser die Blätter an den Blattstielen abschneiden, so entsteht das Interessante, daß die Blattstiele durch eine Metamorphose etwas umgewandelt werden und daß dann diese umgewandelten knolligen Blattstiele die Funktion der Blätter übernehmen. Da ist in einem hohen Maße etwas tätig, was wir zunächst hypothetisch eine Kraft nennen wollen, die in der ganzen Pflanze steckt und die sich dann äußert, wenn wir die Pflanze verhindern, ihr normal ausgebildetes Organ für bestimmte Funktionen zu verwenden. Daß, ich möchte sagen, noch ein Rest von dem vorhanden ist, was da in ganz ausgesprochenem Maße bei der einfacher wachsenden Pflanze der Fall ist, das zeigt sich daran, daß, sagen wir, bei einem Menschen, der durch irgend etwas verhindert ist, den einen Arm oder die eine Hand zu irgendwelchen Funktionen zu gebrauchen, die andere kräftiger sich ausbildet, stärker sich ausbildet und auch physisch größer wird und so weiter. Wir müssen schon solche Dinge miteinander verbinden, denn das ist der Weg, der zur Erkenntnis der Möglichkeit einer Heilweise führt.

Nun, bei der außermenschlichen Natur geht die Sache sehr weit. Man kann zum Beispiel folgendes beobachten: Nehmen wir an, es wachse eine Pflanze auf einem Bergabhange, so geschieht es, daß solche Pflanzen gewisse Blattstiele so entwickeln, daß sie die Blätter unausgebildet lassen; die bleiben weg. Dagegen biegt sich

der Blattstiel um und wird zum Stützorgan. Die Blätter verkümmern (siehe Zeichnung Seite 63), der Blattstiel biegt sich um, wird zum

Stützorgan, stützt sich auf: Pflanzen mit umgebildeten Blattstielen, bei denen die Blätter verkümmern. Das weist auf innere Bildungskräfte der Pflanze hin, die bewirken, daß die Pflanze in einer weitgehenden Weise sich an die durch ihre Umgebung bedingte Lebensweise anpassen kann. Nun, die Kräfte, die dadrinnen wirksam sind, treten uns aber namentlich bei niederen Organismen in einer ganz interessanten Art entgegen.

Wenn Sie zum Beispiel irgendeinen Embryo nehmen, der bis zum Gastrulastadium vorgerückt ist, so können Sie die Gastrula zerschneiden, in der Mitte auseinanderschneiden, und jedes Stück rundet sich wiederum und bildet in sich die Möglichkeit aus, die drei Stücke von Vorder-, Mittel- und Enddarm für sich auszubilden. Wir schneiden also die Gastrula auseinander und finden, daß sich jedes Stück so verhält, wie sich das unzerschnittene Ganze verhalten haben würde. Sie wissen, daß man diesen Versuch ausdehnen kann bis zu niederen Tieren, sogar Regenwürmern, und daß, wenn man gewissen niederen Tieren Stücke abschneidet, sich das wiederum ergänzt, so daß es aus seinen inneren Bildungskräften heraus wiederum dasjenige bekommt, was wir ihm abgeschnitten haben. Auf diese Bildungskräfte muß sachlich hingewiesen werden, nicht hypothetisch, indem man irgendeine Lebenskraft annimmt, sondern es muß sachlich auf diese Bildungskräfte hingewiesen werden. Denn, wenn man genauer zusieht, wenn man wirklich verfolgt, was da eigentlich vorliegt, so sieht man zum Beispiel folgendes: Man sieht, daß, wenn man, sagen wir, einem Froschorganismus in einem sehr frühen Stadium etwas abschneidet, sich der übrige Organismus, der abgeschnittene Organismus wieder ansetzt. Wer etwas materialistisch in seiner Denkweise geartet ist, der wird sagen: Nun ja, in der Wunde, da liegen Spannkräfte, und durch diese Spannkräfte in der Wunde setzt sich dasjenige, was da neuerdings wächst, an. – Aber das kann nicht so der Fall sein. Denn wäre das der Fall, daß wenn ich einen Organismus hier abschneide (siehe Zeichnung Seite 65) und sich hier an der Wunde Neues ansetzt durch die Spannkraft, die ja hier liegt – dann müßte sich doch hier das ansetzen, was das nächste Stück wäre, also dasjenige,

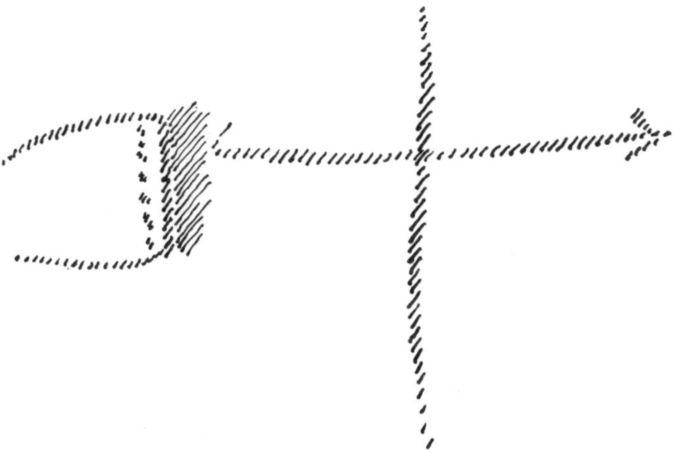

was unmittelbar benachbart ist im vollkommenen Organismus. Das ist ja aber nicht der Fall in Wirklichkeit, sondern in der Wirklichkeit erscheinen, wenn man etwas abschneidet bei Froschlarven, Endorgane, der Schwanz oder Kopf sogar, bei anderen Tieren Fühlfäden, also diejenigen, die gar nicht hier angrenzen, sondern diejenigen, die der Organismus zunächst braucht, wachsen da heraus. Es ist also ganz unmöglich, daß durch die unmittelbar hier innewohnenden Spannkräfte sich dasjenige hier ansetzt, was sich hier ausbildet, sondern es ist notwendig, anzunehmen, daß bei diesen Ansätzen der ganze Organismus in irgendeiner Weise beteiligt ist.

So kann man wirklich dasjenige verfolgen, was in niederen Organismen vor sich geht. Sie können nun, da ich Ihnen den Weg angegeben habe, wie man so etwas verfolgt, wenn Sie das ausdehnen über all die Erfahrungen, die bis heute in der Literatur verzeichnet sind, überall sehen, wie man nur auf diesem Wege überhaupt zu einer Anschauung über diese Sache kommt. Sie werden kaum einen anderen Gedanken hegen können als den: Beim Menschen ist das nun eben nicht so. – Es wäre ja sehr niedlich, wenn man ihm einen Finger oder Arm abschneiden könnte und er den Finger oder Arm wieder ersetzen würde. Er tut es eben nicht. Es ist die Frage: Ja, wie ist es denn mit den Kräften, die nun einmal Wachstumsbildungskräfte sind und die sich hier ganz deutlich zeigen, wie ist es denn mit diesen Kräften im menschlichen Organismus? Sind sie da verlorengegangen, sind sie da gar nicht vorhanden?

Wer sachgemäß die Natur zu beobachten versteht, der weiß, daß man nur auf diesem Wege überhaupt zu einer naturgemäßen Anschauung über den Zusammenhang des Geistigen und Physischen beim Menschen kommen kann. Beim Menschen sind nämlich diese Kräfte, die wir hier, ich möchte sagen, als plastische kennenlernen, die hier unmittelbar Formen aus der Substanz heraus ausbilden, einfach herausgehoben aus den Organen und sind nur in dem, was bei ihm seelisch-geistig ist, vorhanden. Da sind sie nämlich vorhanden. Dadurch, daß sie aus den Organen herausgehoben sind, daß sie nicht Bildungskräfte der Organe geblieben sind, hat sie der Mensch extra. Er hat sie in seinen geistig-seelischen Funktionen. Wenn ich denke oder fühle, so denke ich und fühle ich mit denselben Kräften, die da in dem niederen Tier oder in der Pflanzenwelt plastisch tätig sind. Ich könnte eben nicht denken, wenn ich nicht mit denselben Kräften, die ich aus der Materie herausgezogen habe, das Denken und das Fühlen und das Wollen vollziehen würde. Schaue ich also auf die niederen Organismen hinaus, so muß ich mir sagen: Das, was da drinnen steckt, was die plastischen Kräfte sind, das ist dasselbe, was ich auch in mir trage. Aber ich habe es aus meinen Organen herausgenommen, habe es für sich und denke und fühle und will mit denselben Kräften, die da draußen in der niederen Organismenwelt plastisch tätig sind.

Wer nun ein Psychologe werden will mit Substanz in seinen psychologischen Aufstellungen, nicht mit bloßen Worten, wie man heute Psychologie konstruiert, der müßte eigentlich die Denk- und Fühl- und Willensprozesse so verfolgen, daß er in ihnen aufzeigt, nur eben geistig-seelisch verlaufend, dieselben Vorgänge, die da unten in den plastischen Gestaltungen erscheinen. Sehen Sie nur einmal nach, wie wir innerlich in unserem seelischen Prozeß tatsächlich das ausführen können, was wir im Organismus nicht mehr ausführen können: Gedankenreihen, die uns verlorengegangen sind, aus anderen heraus zu ergänzen, und wie wir da so ähnlich verfahren, wie ich das hier gesagt habe, daß nicht das unmittelbar Angrenzende, sondern das weit davon Abliegende erscheint.

Es besteht ein vollständiger Parallelismus zwischen dem, was wir innerlich-seelisch erleben, und dem, was in der äußeren Welt gestaltende Naturkräfte, gestaltende Naturprinzipien sind. Ein vollständiger Parallelismus besteht da. Auf diesen Parallelismus muß man hinweisen und zeigen, daß der Mensch in der Außenwelt im Grunde genommen als Gestaltungsprinzipien das hat, was er innerlich als sein seelisch-geistiges Leben aus seinem eigenen Organismus herausgenommen hat, was daher bei seinem eigenen Organismus nicht mehr der Materie, der Substanz zugrunde liegt. Aber nun, wir haben es nicht aus allen Teilen des Organismus gleich stark herausgenommen, wir haben es in verschiedener Weise herausgenommen. Und erst, wenn man gewissermaßen ausgerüstet ist mit solch einer Vorkenntnis, wie wir sie jetzt entwickelt haben, kann man an den menschlichen Organismus in entsprechender Weise herantreten. Denn betrachten Sie all dasjenige, was unser Nervensystem zusammensetzt, Sie werden das Eigentümliche finden: gerade was man gewöhnlich als Nervenzellen und dasjenige, was man als Nervengewebe und so weiter bezeichnet, das sind eigentlich Gebilde, verhältnismäßig auf frühen Entwickelungsstadien zurückgeblieben, nicht sehr vorgeschrittene Zellgebilde sind das, so daß man sagen könnte: man müßte eigentlich erwarten, daß gerade diese sogenannten Nervenzellen den Charakter früherer primitiver Zellbildungen zeigen. Das tun sie in anderer Beziehung wiederum ganz und gar nicht, denn sie sind zum Beispiel nicht fortpflanzungsfähig. Nervenzellen, ebenso wie Blutzellen, sind unteilbar, wenn sie ausgebildet sind, sie sind nicht fortpflanzungsfähig. Es ist ihnen also in einem verhältnismäßig frühen Stadium eine Fähigkeit, die den außermenschlichen Zellen zukommt, entzogen; die ist ihnen entzogen. Sie bleiben auf einer frühen Entwickelungsstufe stehen, werden gewissermaßen auf dieser Entwickelungsstufe abgelähmt. Das, was in ihnen abgelähmt wird, das sondert sich ab als Seelisch-Geistiges. So daß wir in der Tat mit unserem seelisch-geistigen Prozesse zurückkehren zu dem, was einmal in der organischen Substanz sich gebildet hat, das wir aber nur dadurch erreichen, daß wir in uns die Nervensubstanz tragen, die wir in einem verhältnismäßig frühen Stadium abtöten, ablähmen wenigstens.

Auf diese Weise kann man sich dem eigentlichen Wesen der Nervensubstanz nähern. Man bekommt dann heraus, warum diese Nervensubstanz diese Eigentümlichkeit an sich trägt, daß sie auf der einen Seite eigentlich ziemlich den primitiven Bildungen ähnlich sieht, sogar in dem, was sie weiter ausbildet, den primitiven Bildungen ähnlich sieht, und doch dem dient, was man gewöhnlich beim Menschen das Höchste nennt, der geistigen Tätigkeit.

Ich glaube – das ist nur ein Einschiebsel, das soll nicht zur eigentlichen Betrachtung gehören –, daß schon die oberflächliche Betrachtung des menschlichen Hauptes, in dem der Mensch seine verschiedenen Nervenzellen umschließt, in diesem Umschlossensein von Zellen durch einen festen Panzer, eher erinnert an niedere Tiere als an hochentwickelte Tiere. Gerade unser Kopf erinnert eigentlich, ich möchte sogar sagen, an vorweltliche Tiere. Er erscheint nur umgebildet. Und wenn wir von niederen Tieren sprechen, so sagen wir gewöhnlich: Die haben ein Außenskelett, während die höheren Tiere und der Mensch ein Innenskelett haben; aber nur unser Kopf, da, wo wir am höchsten entwickelt sind, hat ein Außenskelett. Das ist immerhin etwas, was wenigstens eine Art Leitmotiv sein könnte für das, was eben angeführt worden ist.

Nun denken Sie sich nur, wenn wir dasjenige, was wir so unserem Organismus entzogen haben, durch irgend etwas, das wir eine Krankheit nennen – ich werde noch genauer darauf zu sprechen kommen – veranlaßt, ihm zuführen – also denken Sie, diese Bildungskräfte, die in der außermenschlichen Natur vorhanden sind, die wir unserem Organismus entzogen haben, weil wir sie für das Geistig-Seelische verwenden, wenn wir diese dadurch, daß wir eine Pflanze oder so etwas verwenden, als Heilmittel dem Organismus wieder zuführen, so verbinden wir den Organismus mit dem, was ihm zunächst fehlt. Wir kommen ihm zu Hilfe, indem wir ihm das zusetzen, was wir ihm erst dadurch, daß wir Mensch geworden sind, genommen haben.

Sie sehen hier schon zunächst etwas aufdämmern, was man als Heilprozeß bezeichnen kann: das Zuhilfenehmen derjenigen Kräfte in der Natur draußen, die wir als normaler Mensch nicht haben, wenn wir sie gebrauchen, damit irgend etwas in uns stärker wird, als es beim normalen Menschen ist. Nehmen wir also, um einmal konkret zu sprechen, aber nur beispielsweise, irgendeines unserer Organe, sagen wir meinetwillen unsere Lunge oder so etwas; es würde sich auch bei solchen Organen herausstellen, daß wir ihnen Bildungsprinzipien entnommen haben, um sie für das Geistig-Seelische zu haben. Kommen wir nun gerade im Pflanzenreich auf diejenigen Kräfte, die wir da aus der Lunge herausgenommen haben, und führen sie bei irgendeiner Störung des Lungensystems dem Menschen zu, so kommen wir seiner Lungentätigkeit zu Hilfe. Sie sehen, es würde die Frage entstehen: Welche Kräfte in der außermenschlichen Natur sind den Kräften ähnlich, die den menschlichen Organen zugrunde liegen, die aber zur geistig-seelischen Tätigkeit herausgezogen sind? – Sie sehen hier einen Weg, von der bloßen Probiermethode der Therapie zu einer Art Ratio in der Therapie zu kommen.

Nun liegt aber neben den Irrtümern, denen man sich hingegeben hat in bezug auf das Nervensystem, die Irrtümer in bezug auf das Innermenschliche sind, ein sehr beträchtlicher Irrtum vor in bezug auf die außermenschliche Natur, den ich heute nur andeuten, später aber noch näher ausführen will. Man ist allmählich dazu gekommen im materialistischen Zeitalter, eine Art Evolution der äußeren Wesen zu denken von dem sogenannten Einfachsten bis zu dem Kompliziertesten hin. Man hat dann, nachdem man zuerst seine Betrachtung ausgedehnt hat über die niederen Organismen, die Umwandelung der Formen studiert bis zu den kompliziertesten Organismen, dann auch ins Auge gefaßt das, was nicht Organismen sind, zum Beispiel das mineralische Reich. Das mineralische Reich hat man so ins Auge gefaßt, daß man sich gesagt hat: Das mineralische Reich ist eben einfacher als das Pflanzenreich. – Das hat schließlich dazu geführt, all die sonderbaren Fragen aufkommen zu lassen über die Entstehung des Lebens aus dem mineralischen Reich, über irgendein einmal vorhandenes Bedingtsein des Zusammenkommens der Substanzen aus ihrem bloßen unorganischen Agieren zu einem organischen Agieren. Die Generatio aequivoca ist dasjenige, was viele Diskussionen hervorgerufen hat.

Nun, einer unbefangenen Betrachtungsweise ergibt sich aber durchaus nicht das Richtige dieser Anschauung, sondern man muß sich sagen: In einer gewissen Weise läßt sich überhaupt ebenso, wie sich eine Art Evolution denken läßt von den Pflanzen hin durch die Tiere zum Menschen, wiederum eine Art Evolution denken von den Organismen, also von den Pflanzen hin zu den Mineralien, indem ihnen das Leben genommen wird. – Wie gesagt, ich will das heute nur andeuten, es wird in den folgenden Betrachtungen deutlicher herauskommen. Man kommt nur zurecht, wenn man die Evolution gar nicht so denkt, daß man vom Mineral heraufgeht über das Pflanzliche durch das Tierische zum Menschen, sondern wenn man den Ausgangspunkt in der Mitte nimmt und irgendwo eine Evolution denkt, die vom Pflanzlichen heraufgeht durch das Tierische zum Menschen, und eine andere Evolution, die hinuntergeht zum Mineralischen, wenn man also den Anfang nicht im Mineral setzt, sondern wenn man ihn mitten in die Natur hineinsetzt, so daß das eine entsteht durch eine aufsteigende, das andere durch eine niedersteigende Evolution. Dadurch aber wird man dazu kommen, einzusehen, daß, indem man von der Pflanze zum Mineral hinuntergeht und namentlich, wie wir sehen werden, zu dem ganz besonders bedeutsamen Mineral, dem Metall, daß da in der niedergehenden Evolution Kräfte auftreten können, die nun in einem ganz besonderen Verhältnisse zu dem Spiegelbild, der aufgehenden Evolution, stehen.

Kurz, die Frage stellt sich uns vor die Seele: Was sind in den Mineralien für ganz besondere Kräfte vorhanden, die wir nur studieren können, wenn wir hier diese Bildungskräfte, die wir an den niederen Organismen studiert haben, studieren? – Bei den

Mineralien sehen wir sie auftreten in der Kristallisation. Die Kristallisation zeigt uns ganz entschieden etwas, was auftritt, wenn wir die niedergehende Evolution betrachten, was irgendwie nur im Zusammenhang stehen kann, aber nicht das gleiche ist, mit dem, was auftritt an Gestaltungskräften, wenn wir die aufsteigende Evolution betrachten. Führen wir daher dem Organismus dasjenige zu, was als Kräfte in den Mineralien ist, so entsteht eine neue Frage. Wir haben antworten können auf eine ähnliche Frage: Wenn wir die bildenden Kräfte, die wir durch das Geistig-Seelische unserer Organisation weggenommen haben, dem menschlichen Organismus aus dem pflanzlichen, tierischen Reiche zuführen, so helfen wir dem Organismus. Was aber tritt ein, wenn wir die andersartigen Kräfte, die in der absteigenden Evolution, also im Mineralreich liegen, nun dem menschlichen Organismus zuführen würden? Das ist die Frage, die ich heute hinstellen will und die sich uns im Laufe der Betrachtungen eingehend beantworten soll.

Nun aber, bei alledem sind wir ja noch nicht dahin gekommen, irgend etwas beitragen zu können im rechten Sinne zu der Frage, die wir heute an die Spitze der Betrachtung gestellt haben: ob wir der Natur nun selber einen Heilungsprozeß ablauschen können. Bei einer solchen Frage handelt es sich immer darum, daß man mit den richtigen Einsichten – und wir haben ja versucht, solche Einsichten wenigstens skizzenhaft uns zu verschaffen über solche Dinge – an die Natur herangeht, daß sich dann gewisse Vorgänge in ihrer Wesenheit erst enthüllen. Darauf kommt es an.

Nun, sehen Sie, gibt es im menschlichen Organismus zwei Prozesse – es gibt sie auch im Tierischen, aber das kann uns jetzt weniger interessieren –, die sich in gewissem Sinne, wenn wir sie ausgerüstet mit den Ideen, die wir jetzt gewonnen haben, betrachten, als entgegengesetzte Prozesse darstellen. Diese beiden entgegengesetzten Prozesse sind nicht ganz – ich betone das ausdrücklich und bitte das zu beachten, damit dies, was ich jetzt ausführe, nicht mißverstanden werden könne –, aber bis zu einem hohen Grade polarische Prozesse. Und diese Prozesse sind: die Blutbildung und die Milchbildung, wie sie im menschlichen Organismus auftreten. Blutbildung und Milchbildung – schon äußerlich unterscheiden sich die Blut- und Milchbildung in ganz wesentlicher Weise. Die Blutbildung ist, ich möchte sagen, sehr stark in die verborgene Seite des menschlichen Organismus zurückverlegt. Die Milchbildung ist etwas, was zuletzt mehr nach der Oberfläche tendiert. Aber der wesentlichste Unterschied zwischen der Blutbildung und der Milchbildung ist doch der, daß die Blutbildung sehr stark die Fähigkeit in sich trägt, selbst Bildungskräfte zu bilden, wenn wir den Menschen selbst betrachten. Das Blut ist ja dasjenige, dem wir bildende Kräfte zuschreiben müssen im ganzen Haushalt des menschlichen Organismus, wenn wir den philiströsen Ausdruck gebrauchen dürfen. Das Blut hat also in einer gewissen Beziehung noch die Bildungskräfte, die wir hier in dem niederen Organismus wahrnehmen; die hat das Blut in sich. Aber gerade die neuere Wissenschaft könnte sich hier auf etwas sehr Wichtiges stützen, wenn sie das Blut betrachtet, tut es aber bis heute nicht eigentlich in einem wirklich vernünftigen Sinn. Sie könnte sich darauf stützen, daß der Hauptbestandteil des Blutes die roten Blutkörperchen sind, die wiederum nicht vermehrungsfähig sind, die wiederum die Eigentümlichkeit haben, daß sie nicht vermehrungsfähig sind. Das haben sie mit den Nervenzellen gemeinschaftlich. Aber wenn man eine solche gemeinsame Eigenschaft hervorhebt, so kommt es immer darauf an, ob der Grund, warum das ist, in beiden Fällen derselbe ist. Der Grund kann nicht derselbe sein, denn aus dem Blute haben wir nicht in demselben Maße herausgenommen die Bildefähigkeit, wie wir sie aus der Nervensubstanz herausgenommen haben. Die Nervensubstanz, die ja gerade dem Vorstellungsleben zugrunde liegt, entbehrt in einem hohen Grade die innere Bildungsfähigkeit. Die Nervensubstanz wird beim Menschen noch während seines Lebens nach der Geburt weit hinaus von den äußeren Eindrücken abhängig nachgebildet. Also die innere Bildungsfähigkeit weicht da zurück gegenüber der Fähigkeit, sich den äußeren Einflüssen einfach anzupassen. Beim Blute ist das anders. Das Blut hat sich in hohem Grade die innere Bildungsfähigkeit bewahrt. Diese innere Bildungsfähigkeit, sie ist ja, wie Sie aus den Tatsachen des Lebens wissen, auch in einem gewissen Sinne bei der Milch vorhanden. Denn wäre sie bei der Milch nicht vorhanden, so würden wir nicht die Milch gerade als gesundes Nahrungsmittel den Säuglingen geben können. Dasjenige, was die Säuglinge brauchen, ist die Milch. Es ist in ihr eine ähnliche Bildefähigkeit wie im Blute. So daß also mit Bezug auf die Bildefähigkeit eine gewisse Ähnlichkeit besteht zwischen dem Blute und der Milch.

Nun ist aber ein sehr beträchtlicher Unterschied. Die Milch, sie hat diese Bildefähigkeit. Sie hat aber etwas nicht, was das Blut zu seinem Bestande im höchsten Maße braucht, wenigstens hat sie das nur in sehr geringem Maße, in verschwindend geringem Maße: Eisen, das einzige Metall im Grunde genommen im menschlichen Organismus, das in seinen Verbindungen im Menschen, im menschlichen Organismus selbst ordentliche Kristallisationsfähigkeit zeigt. Also wenn die Milch auch andere Metalle in geringen Mengen hat, so ist der Unterschied jedenfalls da, daß das Blut zu seinem Bestande das Eisen braucht, ein ausgesprochenes Metall. Die Milch, die die Bildungsfähigkeit auch hat, braucht dieses Eisen nicht. Nun entsteht die Frage: Warum braucht das Blut das Eisen?

Das ist eigentlich eine Kardinalfrage der ganzen medizinischen Wissenschaft. Das Blut braucht das Eisen nämlich. Wir werden die Materialien schon herbeitragen zu diesen Tatsachen, die ich heute hingeworfen habe; ich will zunächst erhärten, wie das Blut diejenige Substanz im menschlichen Organismus ist, die einfach durch ihre eigene Wesenheit krank ist und fortwährend durch das Eisen geheilt werden muß. Das ist bei der Milch nicht der Fall. Wäre die Milch in demselben Sinne krank wie das Blut, so würde die Milch in solcher Art, wie es geschieht, nicht ein Bildemittel sein können für den Menschen selber, ein äußerlich ihm zugefügtes Bildemittel sein können.

Betrachtet man das Blut, so betrachtet man dasjenige, welches im Menschen einfach um der menschlichen Konstitution willen, um der Organisation willen fortwährend etwas Krankes ist. Das Blut ist einfach durch seine eigene Wesenheit krank und muß fortwährend kuriert werden durch den Eisenzusatz. Das heißt, wir haben in dem Prozesse, der in unserem Blute sich vollzieht, einen fortwährenden Heilungsprozeß in uns. Will der Arzt durch der Natur Examen gehen, so muß er vor allen Dingen nicht einen schon abnormen Prozeß der Natur betrachten, sondern einen normalen Prozeß. Und der Blutprozeß ist sicher ein normaler, aber er ist zu gleicher Zeit ein solcher, wo fortwährend die Natur selbst heilen muß, wo fortwährend die Natur durch das zugesetzte Mineral, durch das Eisen heilen muß. So daß wir, wenn wir uns dasjenige graphisch darstellen wollten, was mit dem Blute geschieht, sagen müssen: Dasjenige, was das Blut durch seine eigene Konstitution ohne das Eisen hat, ist eine Kurve oder eine Linie, die abwärts führt und die ankommen würde zuletzt bei der vollständigen Auflösung des Blutes (siehe Zeichnung Seite 74, rot), während dasjenige, was das Eisen im Blute bewirkt, es fortwährend aufwärts führt, es fortwährend heilt (gelbe Linie).

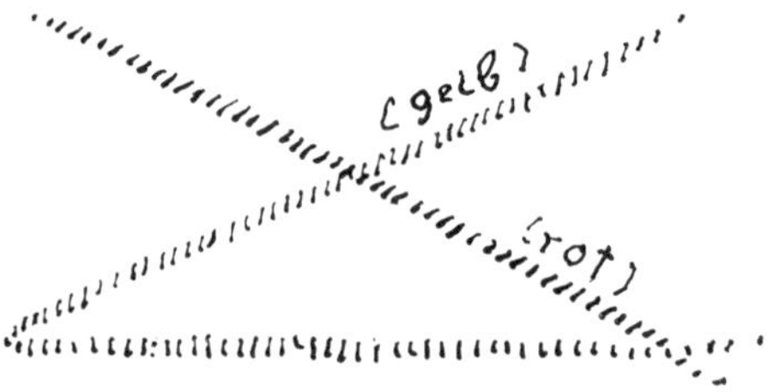

Wir haben in der Tat da einen Prozeß, der ein normaler ist und der zu gleicher Zeit ein solcher ist, der nachgebildet werden muß, wenn wir überhaupt an Heilungsprozesse denken wollen. Da können wir wirklich durch der Natur Examen gehen, denn da sehen wir, wie die Natur Prozesse vollführt, indem sie dasjenige, was außermenschlich ist, das Metall mit seinen Kräften, dem Menschlichen zuführt. Und wir sehen zu gleicher Zeit, wie dasjenige, was im Organismus unbedingt bleiben will, wie das Blut, geheilt werden muß, und wie das, was aus dem Organismus herausstrebt, wie die Milch, nicht geheilt zu werden braucht, wie sie, wenn sie Bildekräfte enthält, in gesunder Weise Bildekräfte in den anderen Organismus überführen kann. Das ist eine gewisse Polarität, und ich sage: eine gewisse, nicht eine ganze Polarität zwischen dem Blute und der Milch, die aber ins Auge gefaßt werden muß, denn man kann daran eben sehr viel studieren. Da wollen wir dann morgen fortsetzen.

Ich mußte dieses alles vorausschicken, weil ich an den Fragen gesehen habe, daß sie sich in ganz anderer Weise beantworten werden, wenn man eben die Begriffe, die Grundlagen für die Beantwortung hat.

VIERTER VORTRAG

Dornach, 24. März 1920

Die Auseinandersetzung gestern nachmittag hier war gewiß außerordentlich interessant, doch im Zusammenhange mit der Frage, die ich eben jetzt hier sehe, bin ich genötigt, doch noch einmal, was ich ja schon getan habe, zu betonen, daß eine zulängliche Methode, um den Zusammenhang zwischen den einzelnen Heilmitteln und den einzelnen Krankheitserscheinungen aufzufinden, erst wird gegeben werden können, nachdem wir vorher in diesen Betrachtungen gewisse Vorfragen werden erledigt haben, die uns erst in den Stand setzen, die Tragweite von Erkenntnissen über den Zusammenhang zwischen dem Menschen und dem Außermenschlichen zu ermessen, also auch jenem Außermenschlichen, aus dem die Heilmittel entnommen werden. Insbesondere ist es nicht möglich, ohne Erledigung solcher Vorfragen über den Zusammenhang einzelner Heilmittel mit einzelnen Organen zu sprechen, aus dem einfachen Grunde, weil dieser Zusammenhang kein vollständig einfacher, sondern ein etwas komplizierter ist und man seinen eigentlichen Sinn erst ermessen kann, wenn man eben gewisse Vorfragen, die wir heute und vielleicht auch noch zum Teil morgen werden zu erledigen haben, erledigt hat. Dann wird sich aber die Möglichkeit ergeben, wirklich einen konkreten Zusammenhang zwischen einzelnen Heilmitteln und namentlich Heilverfahren und einzelnen Organerkrankungen auseinanderzusetzen. Im besonderen möchte ich aber gleich heute einleitungsweise noch etwas sagen, was ich Sie bitte, doch vorläufig aus dem Grunde hinzunehmen, weil von da aus auf manches ein gewisses Licht fallen könnte. Und weil natürlich solche Dinge zunächst schockieren, muß ich schon betonen, daß sie eben etwas schockierend *sind.* Ich möchte gerade in Anknüpfung an das gestern nachmittag hier Erörterte sagen, daß ich Sie bitten möchte, die andere Seite der Sache ins Auge zu fassen.

Zu gewiß unserer tiefsten Befriedigung sind gestern hier zahlreiche sehr lehrreiche Fälle angeführt worden von ganz bestimmten Heilungen. Nun kann ich Ihnen ein sehr einfaches Mittel angeben, wodurch diese Heilungen viel seltener und seltener werden würden. Aber nur aus dem Grunde möchte ich dieses Mittel angeben, damit Sie es nicht gerade gebrauchen – und es liegt so nahe, es zu gebrauchen. Ich kann von diesem Mittel natürlich nur in einem Kreise von anthroposophisch vorgebildeten Persönlichkeiten sprechen. Dieses Mittel würde darinnen bestehen, daß Sie alle Hebel in Bewegung setzen würden, um die *Rittersche* Therapie zu einer allgemeinen Angelegenheit zu machen. Sie berücksichtigen bei den Heilerfolgen nicht, daß Sie als einzelne Ärzte dastehen. Ja, vielleicht mag gewiß der Einzelne sich dessen bewußt sein, daß Sie als einzelne Ärzte dastehen, zu kämpfen haben gegen die große Masse der anderen Ärzteschaft und daß Sie in dem Augenblicke, wo Sie die Rittersche Therapie zu einer Universitätsangelegenheit machen, wo Sie durchsetzen würden, daß Sie nicht mehr in der Opposition ständen, sondern daß von – ich will gar nicht einmal sagen allen –, sondern von sehr vielen so geheilt werden würde, Sie die Erfahrung machen würden, daß Ihre Heilerfolge sich beträchtlich zurückzögen. So sonderbar sind die Dinge im wirklichen Leben. Die Dinge sind nämlich zuweilen ganz anders, als man sich sie vorstellt. Als einzelner Arzt hat man selbstverständlich das größte Interesse, den einzelnen Menschen zu heilen, und die moderne materialistische Medizin hat sich in dieser Weise sogar, ich möchte sagen, eine Art Rechtsgrund ausgesucht, um nur ja darauf losgehen zu müssen, den einzelnen Menschen zu heilen. Ja, aber dieser Rechtsgrund besteht darin, daß man sagt: Es gibt überhaupt keine Krankheiten, sondern kranke Menschen. Selbstverständlich, wenn die Menschen auch in bezug auf die Krankheit so isoliert wären, wie das äußerlich aussieht heute, dann würde dieser Rechtsgrund ein wirklicher Grund sein. Aber das, was wirklich stattfindet, ist, daß die Menschen tatsächlich nicht so isoliert sind, daß solche Dinge eine große Bedeutung haben, wie das gestern von Ihnen, Herr Dr. E., Angeführte, daß gewisse Krankheitsspannungen ganze breite Territorien umfassen, und daß Sie niemals konstatieren können, wenn Sie einen Einzelnen geheilt haben, wie vielen anderen Sie vielleicht die Krankheit in einem anderen Falle aufgehalst haben. Sie stellen sich nicht den einzelnen Krankheitsfall in den ganzen Prozeß hinein, und daher sind solche Dinge im einzelnen außerordentlich frappierend. Aber derjenige, der das Ganze des Heiles der Menschheit im Auge hat, der muß, ich möchte sagen, doch aus einer anderen Ecke heraus sprechen.

Das ist dasjenige, was eben notwendig macht, daß man nicht einseitig, bloß therapeutisch sich orientiert, sondern daß man die Therapie vollständig herausarbeitet aus der Pathologie. Das ist es gerade, was wir hier versuchen wollen, daß eine gewisse Ratio hineinkommt in dasjenige, was sonst doch nur ein empirisch-statistisches Denken ist.

Nun wollen wir heute ausgehen von einer allbekannten Tatsache, die aber durchaus im Zusammenhange des naturwissenschaftlichen medizinischen Denkens nicht gewürdigt wird und welche die Grundlage abgeben kann für eine Beurteilung des Verhältnisses des Menschen zu der außermenschlichen Natur. Das ist die Tatsache, daß der Mensch als ein dreigliedriges Wesen, als Nerven-Sinneswesen, als Zirkulationswesen, als rhythmisches Wesen also, und als Stoffwechselwesen, durch sein Stoffwechselwesen in einem negativen Verhältnis steht zu dem, was draußen in der Natur, in der Pflanzenwelt vorgeht. Sie wollen sich bitte die Tatsache vor die Seele rücken, daß draußen in der Natur, wenn wir zunächst nur die Pflanzenwelt innerhalb dieser Natur beobachten, in der Flora sich die Tendenz bemerkbar macht, gewissermaßen den Kohlenstoff zu konzentrieren, den Kohlenstoff zur Grundlage der gesamten Flora zu machen. Wir sind umgeben, indem wir von Pflanzen umgeben sind, von Organismen, von Formgebilden, deren Wesenheit auf der Konzentration des Kohlenstoffes beruht. Vergessen Sie nicht, daß dasjenige, was dieser Bildung zugrunde liegt, auch im menschlichen Organismus auftritt, daß aber der menschliche Organismus es in seinem Wesen hat, diese Bildung in der Bildung, gewissermaßen in einem weitergehenden Status nascendi, aufzuheben, zu zerstören und die entgegengesetzte Bildung an deren Stelle zu setzen. Wir haben den Anfang dieses Prozesses in uns in dem, was ich in diesen Tagen den unteren Menschen genannt habe. Wir setzen den Kohlenstoff ab, beginnen gewissermaßen aus unseren eigenen Kräften heraus den Prozeß des Pflanzenwerdens und müssen uns, veranlaßt durch unsere obere Organisation, gegen dieses Pflanzenwerden wehren. Wir heben es auf, indem wir dem Kohlenstoff den Sauerstoff entgegensetzen, ihn zur Kohlensäure verarbeiten und dadurch in uns den entgegengesetzten Prozeß des Pflanzenwerdens ausbilden müssen.

Auf diese Gegenprozesse gegen die äußere Natur bitte ich Sie überall zu achten. Denn wenn Sie darauf achten, so werden Sie zu einem gründlicheren und gründlicheren Verständnis des wirklichen Menschen kommen. Sie verstehen den Menschen als solchen nicht, wenn Sie ihn abwiegen – das nur symbolisch gesprochen für das andere Untersuchen nach physikalischen Untersuchungsmethoden –, Sie verstehen aber sofort etwas selbst über die Mechanik des Menschen, wenn Sie erwägen, daß das Gehirn sein bekanntes Gewicht hat von, sagen wir durchschnittlich 1300 Gramm, daß es aber nicht mit diesem Gewichte auf die untere Fläche des Schädels drücken kann, denn wir würden sofort alles das, was da an feinen Äderchen sich ausbreitet, zerdrückt bekommen, wenn wir das Gehirn drückend hätten mit seinem eigenen Gewicht. Das Gehirn drückt höchstens mit etwa zwanzig Gramm auf seine Unterlage. Das rührt davon her, daß das Gehirn nach dem bekannten archimedisch-hydraulischen Prinzip einen Auftrieb erfährt, indem es eigentlich in Wirklichkeit im Gehirnwasser schwimmt, so daß die ganze überwiegende Masse des Gehirngewichtes einfach nicht wirkt, sondern durch den Auftrieb aufgehoben wird. Wie da die Schwere überwunden wird und wir nicht in dem physischen Gewichte unseres Organismus leben, sondern in der Aufhebung, in der dem physischen Gewicht entgegengesetzten Kraft, so ist es auch bei den anderen Prozessen des Menschen. Wir leben in der Tat nicht in dem, was die Physik mit uns macht, sondern in dem, was von der Physik aufgehoben wird. Und so leben wir auch in Wahrheit nicht in den Prozessen, welche wahrgenommen werden als Prozesse, die auch in der äußeren Natur sind, die im Pflanzenreiche ihre Endglieder erleben, sondern wir leben von der Aufhebung des Pflanzenwerdeprozesses. Das kommt natürlich ganz wesentlich in Betracht, wenn wir die Brücke schlagen wollen zwischen dem menschlichen Organismus in seinem Kranksein und den Pflanzenheilmitteln.

Nun könnte man, ich möchte sagen, diese Sache schön novellistisch ausführen. Man könnte sagen, wenn wir unseren Blick richten auf all das, was uns umgibt als schöne Flora der Welt, so sind wir hoch erfreut, ganz hoch erfreut, mit Recht. Anders, wenn wir ein Schaf öffnen und unmittelbar nach dem Öffnen gleich von einer anderen Flora erfahren, die ganz entschieden auch ihre Entstehungsursache in ähnlicher Art hat, wie die Entstehungsursachen der äußeren Flora sind, wenn wir dadurch, daß wir ein Schaf öffnen nach dem Tode, den ganzen Verwesungsgeruch des Inneren dieses Schafes auf uns zuduftend finden, da sind wir über die Entstehung der intestinalen Flora, der Darmflora, ganz gewiß weniger erfreut. Und darauf ist es nötig, sein Hauptaugenmerk zu richten. Denn da ist es handgreiflich, wie einfach dieselben Ursachen, die draußen in der außermenschlichen Natur die Flora in die Wege leiten, im Menschen bekämpft werden müssen, wie da die intestinale Darmflora nicht entstehen darf. Denn hier eröffnet sich ein außerordentlich weites Forschungsgebiet, und jüngeren Medizinern, die noch im Studium sind, möchte ich es empfehlen, für ihre Doktorarbeiten ja recht viel aus diesem Gebiete zu verwenden, vor allen Dingen viel aus diesem Gebiete der vergleichenden Forschung über die Darmgestaltung bei den Formen der verschiedenen Tiere, über die Säugetiere herauf bis zum Menschen. Da wird sich ein außerordentlich reiches Feld ergeben, denn auf diesem Gebiete ist noch vieles außerordentlich Wichtige nicht erforscht. Versuchen Sie vor allen Dingen einmal, dahinter zu kommen, warum ein Schaf durch seine Darmflora, wenn wir es öffnen, so furchtbaren Verwesungsgeruch ausduftet und warum das selbst bei den aasfressenden Vögeln nicht der Fall ist, die, wenn man sie öffnet, verhältnismäßig angenehm sogar riechen.

In diesen Dingen liegt ungeheuer viel, was bis heute ganz und gar wissenschaftlich noch nicht durchgearbeitet ist. Es liegt ferner sehr viel auf diesem Gebiete für eine Untersuchung der Darmformen. Bedenken Sie einmal, daß das ganze Vogelgeschlecht einen wesentlichen Unterschied von dem Säugetiergeschlecht und auch von dem Menschen aufweist. Bei dem Vogelgeschlechte findet sich – und materialistische Ärzte, wie zum Beispiel der Pariser Arzt *Metschnikoff,* haben die größten Irrtümer gerade über diese Dinge gedacht – ein außerordentlich kümmerliches Entwickeln der Blase und des Dickdarms. Erst da, wo die Vögel zu Laufvögeln werden, sehen wir, daß sich die Dickdarmformen, auch gewisse Ausbuchtungen in Blasenform ausbilden. So daß wir auf die wichtige Tatsache hingewiesen werden, daß die Vögel nicht die Gelegenheit dazu haben, ihre Ausscheidungen abzulagern, eine Weile im Organismus zu behalten, um sie dann bei willkürlicher Gelegenheit auszuschalten, sondern es findet ein kontinuierliches Ausgleichen zwischen dem Aufnehmen und dem Ausscheiden statt.

Es ist eine der oberflächlichsten Anschauungen, wenn man in der ganzen Flora und, wie wir sehen werden, auch in der Fauna, die im Darm auftritt, die überhaupt im menschlichen Organismus auftritt, so etwas sieht wie die Ursache des Krankseins. Es ist schon wirklich eigentlich schrecklich, wenn man heute an die Prüfung der pathologischen Literatur herangeht und bei jedem Kapitel aufs neue darauf stößt: für diese Krankheit ist *der* Bazillus entdeckt, für jene Krankheit ist *der* Bazillus entdeckt und so weiter. Das sind alles außerordentlich interessante Tatsachen für die intestinale Botanik und Zoologie des menschlichen Organismus, aber für das Kranksein hat das keine andere Bedeutung als höchstens die eines Erkennungszeichens, eines Erkennungszeichens insofern nämlich, als man sagen kann: Wenn die oder jene Krankheitsform zugrunde liegt, so ist im menschlichen Organismus die Gelegenheit geboten, daß sich diese oder jene interessanten kleinen Tier- oder kleinen Pflanzenformen auf einem solchen Unterboden entwickeln, aber sonst weiter nichts. Mit der wirklichen Krankheit hat diese Entwickelung der kleinen Fauna und kleinen Flora in einem sehr geringen Maße etwas zu tun, höchstens in einem indirekten Maße. Denn sehen Sie, die Logik, die hier entfaltet wird innerhalb der heutigen Medizin, ist eine höchst eigentümliche. Denken Sie einmal, Sie entdecken eine Landschaft, in welcher Sie eine große Anzahl vorzüglich genährter und gut aussehender Kühe finden. Werden Sie dann sagen: weil diese Kühe irgendwie hereingeflogen sind, weil die Landschaft angesteckt worden ist durch diese Kühe, ist das alles, was Sie da sehen, so wie es ist? Es wird Ihnen wohl kaum einfallen, nicht wahr, sondern Sie werden genötigt sein, zu untersuchen, warum in dieser Landschaft fleißige Leute sind, warum ein besonders geeigneter Boden für diese oder jene Tierpflege da ist, kurz, Sie werden wohl bei allem möglichen, was die Ursache sein kann, daß da gut gepflegte Kühe sind, mit Ihren Gedanken Halt machen. Aber es wird Ihnen nicht einfallen, zu sagen: Dasjenige, was da geschieht, kommt davon her, daß die Landschaft angesteckt worden ist durch den Einzug von gut gepflegten Kühen. – Nicht anders aber ist die Logik, welche die heutige medizinische Wissenschaft mit Bezug auf Mikroben und dergleichen eigentlich entwickelt. Man sieht aus der Anwesenheit dieser interessanten Geschöpfe nichts weiter, als daß ein guter Mutterboden da ist, und auf die Betrachtung dieses Mutterbodens hat man selbstverständlich die Aufmerksamkeit zu richten. Daß dann indirekt das eine oder das andere vorkommen kann, wenn man zum Beispiel nun sagt: Hier in dieser Gegend sind gut gepflegte Kühe, geben wir ein paar mehr her, dann werden sich vielleicht einige Leute mehr noch dazu aufraffen, nun auch fleißig zu sein. – Das kann natürlich nebenbei eintreten. Es kann natürlich geschehen, daß ein gut vorbereiteter Mutterboden durch den Einzug von Bazillen angeregt wird, seinerseits nun auch in irgendwelche Krankheitsprozesse zu verfallen. Aber mit der eigentlichen Betrachtung des Krankseins hat diese gegenwärtige Betrachtung des Bazillenwesens in Wirklichkeit nicht das allergeringste zu tun. Würde man nur auf den Ausbau einer gesunden Logik Bedacht nehmen, so würde niemals eigentlich so etwas entstehen können wie das, was da zur Verheerung des gesunden Denkens gerade von offiziell betriebener Wissenschaft ausgeht.

Dasjenige, was sehr in Betracht kommt, das ist, daß durch eine gewisse Beziehung des Oberen und Unteren im Menschen, wie ich sie in diesen Tagen charakterisiert habe, eben die Veranlassung gegeben werden kann, daß nicht das richtige Wechselverhältnis besteht zwischen dem Oberen und dem Unteren. So daß also durch eine zu geringe Gegenwirkung des oberen Menschen in dem unteren Menschen Kräfte tätig sein können, welche nicht aufhalten können den, ich möchte sagen, veranlagten und aufzuhaltenden Vegetationsprozeß, den Prozeß des Pflanzenwerdens. Dann ist auch die Gelegenheit zur Entstehung einer reichlichen Darmflora gegeben und dann wird die Darmflora zur Anzeige dafür, daß eben der Unterleib des Menschen nicht in entsprechender Weise arbeitet.

Nun besteht das Eigentümliche, daß beim Menschen die Tätigkeiten, welche sich nach unteren Niveaus abspielen sollen, zurückgestaut werden, wenn sie sich dort nicht abspielen können. Wenn also im Unterleibe die Unmöglichkeit vorhanden ist, daß sich gewisse Prozesse, für die dieser Unterleib organisiert ist, abspielen, so werden diese Prozesse zurückgeschoben. Das mag manchem laienhaft ausgedrückt sein, ist aber wissenschaftlicher ausgedrückt als manches, was in den heute gebräuchlichen Pathologien steht. Es werden diese Prozesse, die sich regulär in den unteren Teilen des Menschen abspielen sollen, zurückgeschoben in die oberen Teile, und man hat den Ursprung sogar von Ausscheidungen der Lunge und anderer nach oben gelegener Teile wie Rippenfell und dergleichen durchaus so zu verfolgen, daß man nachsieht, wie es sich mit den normalen oder abnormen Ausscheidungsprozessen des menschlichen Unterleibes verhält. Das ist außerordentlich wichtig, daß man dieses Zurückschieben der organischen Prozesse durch den Unterleib nach dem Oberleib ordentlich ins Auge faßt, daß also vieles, was im Oberleibe vor sich gehen kann, nichts anderes als die zurückgeschobenen Prozesse des Unterleibes sind. Wenn nicht das richtige Wechselverhältnis zwischen dem oberen Menschen und dem unteren stattfindet, dann schieben sich diese Prozesse zurück.

Nun beachten Sie zu diesem hinzu etwas anderes. Sie wissen ja wohl aus der gewöhnlichen Erfahrung, daß eine Tatsache besteht, wiederum eine Tatsache, die nur nicht genügend ausgewertet wird, und auf das Auswerten dieser Tatsache kommt es bei einer gesunden Wissenschaft an. Es besteht die Tatsache, daß in dem Augenblicke, wo Sie Gedanken haben über ein bestimmtes Organ, besser gesagt Gedanken, die mit irgendeinem bestimmten Organ zusammenhängen, eine gewisse Tätigkeit dieses Organes auftritt. Studieren Sie – und hier ist wiederum reiches Gebiet für künftige Doktordissertationen –, studieren Sie einmal den Zusammenhang gewisser im Menschen auftretender Gedanken mit, sagen wir, der Speichelabsonderung, der Schleimabsonderung im Darm, der Absonderung der Milch, der Absonderung des Urins, der Absonderung des Samens, studieren Sie, wie da auftreten gewisse Gedanken, deren Auftreten parallel geht mit diesen organischen Erscheinungen.

Was haben Sie da für eine Tatsache vorliegend? Nicht wahr, in Ihrem Seelenleben treten die bestimmten Gedanken auf: organische Erscheinungen vollziehen sich als Parallelprozesse. Was heißt das? Das, was in Ihren Gedanken auftritt, das ist ganz in den Organen darinnen. Wenn Sie also einen Gedanken haben und irgendeine parallelgehende Drüsenabsonderung, so haben Sie die Tätigkeit, die dem Gedanken zugrunde liegt, die dem Denken zugrunde liegt, herausgeholt aus der Drüse. Sie verrichten sie abgesondert von der Drüse, Sie überlassen die Drüse ihrem eigenen Schicksal, und die Drüse widmet sich ihrer eigenen Tätigkeit, sie sondert ab. Dieses Absondern ist verhindert, das heißt dasjenige, was sonst von der Drüse entlassen wird, bleibt mit der Drüse vereinigt dadurch, daß der Gedanke es vereinigt hat. Sie haben also hier, ich möchte sagen, handgreiflich das Heraustreten der Bildetätigkeit aus dem Organ in den Gedanken hinein. Sie können sich sagen: Hätte ich nicht so gedacht, so hätte meine Drüse nicht abgesondert. Das heißt, ich habe die Kraft der Drüse entzogen, habe sie in mein Seelenleben versetzt, diese Kraft, und die Drüse sondert ab. – Da haben Sie im menschlichen Organismus selbst den offenkundigsten Beweis für das, was ich gesagt habe in den vorhergehenden Betrachtungen, daß dasjenige, was wir im Geistig-Seelischen erleben, eigentlich nichts anderes ist als die abgesonderten Bildungskräfte für dasjenige, was wir in der übrigen Naturordnung vor uns haben. Was draußen in der übrigen Natur vor sich geht durch dasjenige, was sich in der äußeren Natur als äußere Flora gegenüber unserer Darmflora parallel entwickelt, in dem stecken einfach drinnen die Bildungskräfte, die wir aus unserer Darmflora herausziehen. Sehen Sie draußen auf die Flora der Berge, auf die Flora der Wiesen, so müssen Sie sich eigentlich sagen: Da drinnen stecken dieselben Kräfte, die Sie in Ihren Gedanken entwickeln, wenn Sie im Vorstellen, im Fühlen leben. – Und Ihre Darmflora ist deshalb eine andere als die Flora draußen, weil der Flora draußen die Gedanken nicht weggenommen zu werden brauchen. Die bleiben in den Pflanzen drinnen stecken wie ihre Stengel, Blätter, Blüten. Hier bekommen Sie einen Begriff von der Verwandtschaft desjenigen, was in den Blüten, in den Blättern waltet, mit demjenigen, was in Ihnen selbst vorgeht, wenn Sie eine Darmflora entwickeln, der Sie nun nicht die Bildungskräfte lassen, sondern der Sie sie wegnehmen, indem Sie, wenn Sie sie nicht wegnehmen würden, kein denkender Mensch wären. Sie nehmen Ihrer Darmflora das weg, was draußen die Flora hat.

Nicht minder ist es so der Fall bei der Fauna. Ebensowenig wie man ohne Einsicht in diese Dinge zu einem Zusammenhang zwischen dem Menschen und dem Pflanzenheilmittel kommen kann, ebensowenig kann man, ohne ein Bewußtsein davon, daß man als Mensch wegnimmt seiner eigenen Darmfauna die Kräfte, die draußen in der Tierwelt formgebend sind, einen richtigen Begriff bekommen von der Anwendung der Heilsera.

Sie sehen daraus, daß eine Ratio, eine Systematik dieser Dinge erst möglich ist, wenn man so den Zusammenhang des Menschen mit seiner Umgebung wirklich ins Auge faßt. Dann möchte ich Sie aber noch auf etwas aufmerksam machen, was außerordentlich bedeutend ist. Ich weiß nicht, ob viele unter Ihnen sind, die noch miterlebt haben, wie außerordentlich gräßlich es geworden ist, als vor einiger Zeit die lächerlichsten Spuckverbote überall geherrscht haben. Durch diese Spuckverbote wollte man die Tuberkulose, wie Sie wissen, bekämpfen. Nun, diese Spuckverbote sind aus dem

Grunde lächerlich, weil jeder wissen sollte, daß schon das allergewöhnlichste diffuse Sonnenlicht in der kürzesten Zeit die Bazillen, die Tuberkelbazillen tötet, so daß also, wenn Sie ein Sputum nach einiger Zeit, nach ganz kurzer Zeit untersuchen, keine Tuberkelbazillen mehr drinnen sind. Das Sonnenlicht tötet sofort diese Bazillen. So daß also, selbst wenn die Voraussetzung der gewöhnlichen Medizin richtig wäre, selbst dann noch dieses Spuckverbot etwas außerordentlich Lächerliches sein würde. Solche Verbote haben höchstens einen Sinn für die ganz gewöhnliche Reinlichkeit, aber nicht für die Hygiene im weitesten Sinne.

Aber für den, der nun wiederum anfängt, Tatsachen richtig zu werten, hat das eine sehr, sehr große Bedeutung, denn es weist uns ja darauf hin, daß der Angehörige der Tuberkel-Fauna oder -Flora, der Bazillus, am Sonnenlicht sich nicht halten kann. Er kann sich am Sonnenlicht nicht halten. Das paßt ihm nicht. Wann kann er sich halten? Wenn er im Innern des menschlichen Leibes ist. Und warum kann er sich da drinnen just halten? Nicht als ob er der eigentliche Schädiger wäre, aber dasjenige, was da drinnen tätig ist, das ist das, was man aufsuchen muß. Und da beachtet man etwas nicht. Wir sind fortwährend vom Licht umgeben, von dem Licht, das – wie Sie aus der Naturwissenschaft wohl behalten haben – die größte Bedeutung für die Entwickelung der außermenschlichen Wesen hat, namentlich die größte Bedeutung hat für die Entwickelung der gesamten außermenschlichen Flora. Wir sind von diesem Lichte umgeben. An der Grenze zwischen uns und der Außenwelt geschieht aber mit diesem Lichte, also mit etwas rein Ätherischem, etwas sehr Bedeutsames: es wird umgewandelt. Und es muß umgewandelt werden. Sehen Sie, gerade so, wie der Pflanzenwerdeprozeß vom Menschen aufgehalten wird, wie dieser Pflanzenwerdeprozeß, ich möchte sagen, abgebrochen wird und wie ihm entgegengearbeitet wird durch den Prozeß der Entstehung der Kohlensäure, so wird auch dasjenige, was im Lichtleben ist, im Menschen abgebrochen. Suchen wir daher das Licht im Menschen, so muß es etwas anderes sein, so muß es eine Metamorphose des Lichtes sein. Wir finden in dem Augenblicke, wo wir die Grenze des Menschen nach innen überschreiten, eine Metamorphose des Lichtes. Das heißt, der Mensch wandelt in sich nicht nur die gewöhnlichen äußeren ponderablen Naturvorgänge um, sondern der Mensch wandelt auch das Imponderable um, das Licht. Er macht es zu etwas anderem. Wenn sich nun der Tuberkelbazillus im Menschen wohl befindet, während er am Sonnenlichte sofort krepiert, so bezeugt eine solche Tatsache, wenn man sie richtig wertet, einfach, daß in dem Umwandelungsprodukt des Lichtes, das im Innern des Menschen auftritt, das Lebenselement dieses Bazillus schon ist, daß also, wenn er darinnen zu viel gedeiht, mit diesem umgewandelten Lichte es irgendwie nicht richtig stehen muß. Und Sie bekommen von da ausgehend eine Einsicht in die Tatsache, daß in den Ursachen der Tuberkulose es auch liegen muß, daß mit diesem umgewandelten Lichte, mit dieser Metamorphose des Lichtes, in dem Menschen etwas vorgeht, was eigentlich nicht vorgehen sollte, sonst würde er nicht zu viel von den ja immer vorhandenen Tuberkelbazillen aufnehmen. Sie sind ja immer da, nur daß sie sonst in einer ungenügenden Anzahl vorhanden sind; sie sind überreichlich vorhanden, wenn der Mensch der Tuberkulose unterliegt. Sonst würde sich der Tuberkelbazillus nicht überall vorhanden zeigen, wenn nicht etwas Unnormales da wäre in bezug auf die Entwickelung dieses metamorphosierten Sonnenlichtes.

Nun wird es ja nicht schwer sein, wiederum durch eine genügende Anzahl von Dissertationen und Privatdozentenabhandlungen auf diesem Gebiete herauszubekommen – das empirische Material wird Ihnen nur so zufliegen für die Dinge, die ich hier natürlich nur als Gesichtspunkte geben kann –, daß dasjenige, was da eintritt, wenn der Mensch ein geeigneter Mutterboden für die Tuberkelbazillen wird, darinnen besteht, daß der Mensch entweder nicht genügend fähig ist, Sonnenlicht aufzunehmen, oder durch seine Lebensweise nicht genügend bekommt, so daß nicht ein ordentlicher Ausgleich zwischen dem auf ihn eindringenden Sonnenlicht und seiner Verarbeitung des Sonnenlichtes zu einer Metamorphose besteht, sondern daß er genötigt ist, Reserven zu holen aus dem immer in ihm aufgespeicherten metamorphosierten Licht.

Das bitte ich Sie durchaus zu berücksichtigen, daß der Mensch einfach dadurch, daß er Mensch ist, fortwährend aufgespeichertes metamorphosiertes Licht in sich hat. Das ist nötig zu seiner Organisation. Vollzieht sich der Wechselprozeß zwischen dem Menschen und dem äußeren Sonnenlicht nicht in der richtigen Weise, dann wird ebenso, wie bei der Abmagerung dem Körper Fett entnommen wird, das er für sich braucht, ihm unter solchen Einflüssen das metamorphosierte Licht entzogen. Und der Mensch steht in einem solchen Falle vor einem Dilemma, entweder sein Oberes erkranken zu machen oder seinem Unteren zu entziehen dasjenige, was er für das Obere braucht, das heißt: das Untere erkranken zu machen, indem er ihm das metamorphosierte Licht entzieht.

Sie sehen daraus, daß der Mensch einfach zu seiner Organisation nicht nur die von außen her kommenden und umgewandelten ponderablen Substanzen braucht, sondern daß eine richtige Betrachtung des Menschen uns darauf hinweist, daß in ihm auch imponderable Substanzen, ätherische Substanzen vorhanden sind, aber in Metamorphose. Daraus ersehen Sie aber, wie wir durch solche Grundlagen die Möglichkeit schaffen, gerade eine richtige Anschauung auszubauen für die heilende Wirkung des Sonnenlichtes, zum Beispiel auf der einen Seite dadurch, daß wir den Menschen direkt dem Sonnenlichte aussetzen, um wiederum zu regulieren seinen in Unordnung gekommenen Wechselprozeß mit dem umgebenden Sonnenlicht, oder ihn andererseits auszusetzen innerlich solchen Substanzen, welche dasjenige ausgleichen, was sich in Unregelmäßigkeit abspielt als Entziehen des metamorphosierten Lichtes. Dieses Entziehen des metamorphosierten Lichtes muß man paralysieren mit dem, was aus den Heilmitteln kommen kann. Da können Sie hineinschauen in die menschliche Organisation.

Nun besteht für den, der überhaupt die Welt betrachten kann, das Eigentümliche, daß er – verzeihen Sie, wenn ich mich etwas undiplomatisch ausdrücke – nach einiger Zeit – es ist aber ganz objektiv, eigentlich ohne Sympathie und Antipathie gemeint, obwohl man scheinbar dem widersprechen könnte, was ich sage – eine gewisse Wut bekommt auf alles Mikroskopieren, auf alles

Untersuchen im Kleinen, weil das Mikroskopieren eigentlich eher wegführt von einer gesunden Auffassung des Lebens und seiner Störungen, als es zu ihr führen kann. Denn alle wirklichen Prozesse, die uns angehen im Menschen in seinem Gesund- und in seinem Kranksein, können wir viel besser studieren im Makroskopischen als im Mikroskopischen. Wir müssen nur im Makrokosmos die Gelegenheiten aufsuchen, um diese Dinge zu studieren.

Da bitte ich Sie zu beachten, daß das Vogelgeschlecht infolge seiner mangelhaften Harnblase und seines mangelhaften Dickdarms einen fortwährenden kontinuierlichen Ausgleich hat zwischen Aufnehmen und Abscheiden. Der Vogel kann im Fluge abscheiden, er hält die Nahrungsüberreste nicht in sich auf, er lagert das nicht ab. Er hat dazu keine Gelegenheiten. Und würde er sie ablagern, so wäre es sogleich eine Krankheit, die ihn ruinieren würde. Insofern wir Menschen sind, physische Menschen sind, sind wir gewissermaßen – wie man entgegenkommend der heutigen Anschauung sagen kann – über den Vogel hinausgeschritten in seiner Entwickelung, wie man richtiger sagen könnte: unter den Vogel heruntergestiegen. Für den Vogel ist tatsächlich nicht nötig, daß er jene starken Kämpfe entwickelt gegen eine Darmflora, die in ihm gar nicht vorhanden ist, wie sie nötig ist beim höheren Tiere oder beim Menschen. Aber in bezug auf eine, ich möchte sagen, etwas höher gelegene Tätigkeit bei uns, in bezug auf die Tätigkeit der Umwandelung des Ätherischen zum Beispiel, was ich jetzt besprochen habe, der Umwandelung des Lichtes in seiner Metamorphose, da stehen wir auf dem Standpunkt des Vogels. Wir haben einen physischen Dickdarm und eine physische Blase, aber wir sind Vögel in bezug auf unseren Ätherleib, was diese Organe anbetrifft. Die sind tatsächlich im Kosmos dynamisch nicht vorhanden. Da sind wir darauf angewiesen, daß wir unmittelbar, indem wir das Licht empfangen, es auch verarbeiten und die Ausscheidungsprodukte wiederum abgeben. Und tritt da eine Störung ein, so ist sie eine Störung, der gar kein Organ entspricht, die wir also ohne Schädigung der Gesundheit nicht ohne weiteres ertragen können. So daß wir, wenn wir den Vogel mit seinem kleinen

Gehirn betrachten, uns klar sein müssen, daß er im Makrokosmischen ein Abbild unserer feineren Organisation ist. Wollen Sie daher den Menschen studieren in bezug auf das, was als feinere Organisation sich abdrückt in seiner gröberen Organisation, die unter den Vogel heruntergeschritten ist, dann müssen Sie eben makrokosmisch die Vorgänge der Vogelwelt studieren.

Nur möchte ich sagen – in der Klammer sei das bemerkt –: es wäre tatsächlich sehr traurig um das Leben der Menschen bestellt, wenn sie in ihrem ätherischen Organismus dieselbe Eigentümlichkeit gegenüber dem Vogelgeschlecht hätten, wie sie sie in ihrem physischen Organismus haben, da der ätherische Organismus nicht in dieser Weise von der Außenwelt abgeschlossen sein kann. Es würde bei der Ablagerung, sagen wir, des metamorphosierten Lichtes, wenn es dafür auch Geruchsorgane gäbe, etwas ganz Furchtbares herauskommen im Zusammenleben der Menschen. Doch, wie gesagt, das soll nur in Klammer bemerkt sein. Es würde das auftreten, was wir erleben, wenn wir eben ein Schaf nach seinem Tode öffnen und das Innere dann zu genießen haben, während wir tatsächlich in bezug auf unser Ätherisches als Menschen einander so gegenüberstehen, daß es sich vergleichen läßt mit dem durchaus nicht unangenehmen Geruch, der zum Beispiel beim Öffnen selbst eines aasfressenden Vogels – verhältnismäßig, relativ ist alles – auftritt, gegenüber dem Geruch, der auftritt, wenn wir namentlich einen Wiederkäuer öffnen, aber auch ein Tier, das erst die Anlage zum Wiederkäuer hat, wie zum Beispiel das Pferd – es ist kein wirklicher Wiederkäuer, aber es hat in seiner Organisation die Anlage zum Wiederkäuer.

Es handelt sich also darum, nun zu untersuchen die Entsprechungen desjenigen, was in der äußeren Flora und Fauna vor sich geht, mit dem, was im menschlichen Organismus in der intestinalen Fauna und Flora vor sich geht, aber bekämpft werden muß. Und wollen wir den Zusammenhang zwischen irgendeinem Heilmittel und einem Organ feststellen, dann müssen wir von der allgemeinen Charakteristik, die wir heute entwickelt haben, zu der besonderen Charakteristik der folgenden Vorträge übergehen.

Aber nun gehen Sie von hier aus, wie wir auf der einen Seite zu der Bekämpfung gehen mußten der innermenschlichen, der intestinalen Fauna und Flora, indem wir im Zirkulationsprozeß etwas entgegengesetzt finden ein Kämpfen gegen das Entstehen des Pflanzenwerdens, nun über zu dem eigentlichen Nerven-Sinnesmenschen. Er ist doch viel bedeutender für das Gesamtleben des Menschen, als man gewöhnlich glaubt. Dadurch, daß man die Wissenschaft zu einer solchen Abstraktion erhoben hat, hat man gar nicht die Möglichkeit gehabt, das in der entsprechenden Weise zu berücksichtigen, daß dieser Nerven-Sinnesmensch, durch den zum Beispiel das Licht und die mit ihm verbundene Wärme eigentlich doch eindringt, mit dem inneren Leben innig zusammenhängt, weil die Imponderabilien, die da mit dem Lichte eindringen, in den Organen metamorphosiert werden müssen und die Imponderabilien ebenso organbildend sind wie dasjenige, was in dem ponderablen Reiche existiert. Man hat gar nicht berücksichtigt, daß der Nerven-Sinnesmensch für die Organisation des Menschen von besonderer Bedeutung ist. Aber während wir, wenn wir tiefer hineinsteigen in den unteren Menschen, aus der Darmflora bildenden Kraft in die Darmfauna bildende Kraft hinuntersteigen, kommen wir, wenn wir mehr hinaufsteigen in den Menschen, aus der Region, wo bekämpft wird die innere Flora, in das Gebiet, wo bekämpft werden muß fortwährend das Mineralischwerden des Menschen, ich möchte sagen, das Sklerotischwerden des Menschen. Sie können da, ich möchte sagen, schon äußerlich an der stärkeren Verknöcherung des Hauptes studieren, wie der Mensch, je mehr er sich nach oben entwickelt, durch seine Organisation eben zum Mineralischwerden neigt.

Dieses Mineralischwerden, das hat aber für die ganze Organisation des Menschen eine große Bedeutung; denn sehen Sie, hier ist es, wo man immer wiederum darauf aufmerksam machen muß – ich habe das sogar in öffentlichen Vorträgen schon getan –, daß man, wenn man den Menschen nun teilt in die drei Glieder: Kopfmensch, Rumpfmensch, Gliedmaßenmensch, man ja doch wahrhaftig nicht denken soll, daß diese drei Glieder so nebeneinander stehen und äußere räumliche Grenzen haben. Der Mensch ist natürlich ganz Kopfmensch, qualitativ eingeteilt. Dasjenige, was Kopf ist, dehnt sich wiederum über den ganzen Menschen aus, ist nur hauptsächlich im Kopfe. Ebenso ist es mit den anderen, Zirkulation, Gliedmaßen und Stoffwechsel, es dehnt sich immer über den ganzen Menschen aus. So daß selbstverständlich dasjenige, was für den Kopf- oder Hauptesmenschen vorhanden sein muß, als Anlage im ganzen Menschen vorhanden ist, und diese Anlage des Mineralischwerdens im ganzen Menschen bekämpft werden muß. Da liegt eben durchaus ein Gebiet, wo, wenn der heutige Mensch alte Werke aufschlägt, die noch aus atavistischem Hellsehen hervorgegangen sind, er gar nichts mehr verstehen kann. Denn schließlich die wenigsten lesen heute noch was Ordentliches heraus, wenn sie beim *Paracelsus* vom Salzprozesse lesen. Aber der Salzprozeß liegt auf dem Gebiete, das ich jetzt eben charakterisiere, geradeso wie der Schwefelprozeß auf dem Gebiete liegt, das ich vorhin charakterisiert habe.

Also es handelt sich darum, daß der Mensch in sich die Tendenz hat, sich zu mineralisieren. Nun, geradeso aber, wie gewissermaßen selbständig werden kann dasjenige, was dem Fauna- und Floraprozeß zugrunde liegt, so kann für den ganzen Menschen diese Mineralisierungstendenz selbständig werden. Dieser Mineralisierungstendenz, wie ist ihr entgegenzuarbeiten? Ihr ist nicht anders entgegenzuarbeiten als dadurch, daß man sie zersprengt, daß man in sie gewissermaßen fortwährend kleine Keile hineintreibt. Und hier haben Sie das Gebiet, wo Sie betreten müssen den Übergang von der Serumtherapie durch die Pflanzentherapie zu der Mineraltherapie, ohne die Sie doch nicht auskommen, weil Sie nur in den Beziehungen der Mineralien zu dem, was im Menschen selbst Mineral werden will, einen Anhaltspunkt haben, um all dasjenige zu unterstützen, was unterstützt werden muß in dem Kampfe des Menschen gegen die mineralisierende Tendenz, gegen das allgemeine Sklerotischwerden. Da können Sie nun nicht auskommen – und dieses Kapitel muß dann ausführlich besprochen werden –, indem Sie einfach das Mineral in seinem äußeren Zustande in den menschlichen Organismus einführen. Da tritt dasjenige ein, was auf irgendein homöopathisches Prinzip in irgendeiner Form hinweist, was darauf hinweist, daß gerade aus dem Mineralreich diejenigen Kräfte bloßgelegt werden müssen, welche der Wirksamkeit des äußeren Mineralreiches entgegengesetzt sind.

Es ist ja aufmerksam darauf gemacht worden, und es ist richtig, daß man einfach den Blick hinzuwerfen braucht auf den ganz geringen mineralischen Gehalt mancher Quellen, die heilwirkend sind, und man hat in diesen Quellen einen Homöopathisierungsprozeß, der ganz auffällig ist, der eben zeigt, daß tatsächlich in dem Augenblicke, wo man befreit den mineralischen Zusammenhang von den Kräften, die wir äußerlich überschauen, ganz andere Kräfte herauskommen, die man erst besonders loslösen muß dadurch, daß man eben homöopathisiert. Doch dieses, wie gesagt, soll in einem besonderen Kapitel besprochen werden. Aber dasjenige, was ich Ihnen doch heute noch sagen möchte, das ist nun das Folgende. Wenn Sie wirklich das ausführen – den jüngeren Herren lege ich das besonders ans Herz –, daß Sie vergleichende Studien machen über die Umformung des ganzen Darmsystems, sagen wir, von den Fischen herauf über die Amphibien, Reptilien – besonders die Beziehungen der Amphibien, Reptilien in bezug auf das Darmsystem sind außerordentlich interessant –, hinauf zu dem Vogel auf der einen Seite, zu dem Säugetiere und dann bis herauf zum Menschen auf der anderen Seite, so werden Sie finden, daß merkwürdige Umformungen der Organe stattfinden, das Auftreten zum Beispiel der Blinddärme, desjenigen, was dann beim Menschen zum Blinddarm wird, bei niederen Säugetieren oder da, wo die Vogelorganisation etwas aus sich herausfällt und Blinddarmansätze beim Vogel auftreten; die ganze Art und Weise dann, wie sich aus dem bei den Fischen ja ganz und gar nicht vorhandenen Dickdarme – man kann nicht reden von einem Dickdarm bei den Fischen –, durch den Heraufgang durch sogenannte vollkommenere Ordnungen das ergibt, was Dickdarm ist, was dann Blinddärme und beim Menschen Blinddarm ist – gewisse andere Tiere haben mehrere Blinddärme –: da finden Sie ein merkwürdiges Wechselverhältnis.

Auf dieses Wechselverhältnis müßte eigentlich ein vergleichendes Studium sehr scharf hinweisen. Sie können einfach äußerlich fragen – ja, Sie wissen, wie oft gefragt wird: Wozu ist denn nun überhaupt so etwas, was sich dann nach außen abschließt, wie der Blinddarm beim Menschen vorhanden? Es wird oftmals nach dieser Sache gefragt. Wenn man eine solche Frage aufwirft, so beachtet man gewöhnlich das Folgende nicht: daß sich tatsächlich der Mensch als eine Dualität offenbart und daß, was entsteht, auf der einen Seite im Unteren immer das Parallelorgan ist für etwas, was entsteht im Oberen, daß im Oberen gewisse Organe nicht entstehen könnten, wenn sich nicht die Parallelorgane, gewissermaßen die entgegengesetzten Pole im Unteren entwickeln könnten. Und je mehr das Vorderhirn in der Tierreihe die Gestalt annimmt, welche es beim Menschen dann entwickelt, desto mehr gestaltet sich der Darm gerade nach der Seite hin aus, die zur Ablagerung der Nahrungsüberreste führt. Es ist ein inniger Zusammenhang zwischen der Darmbildung und der Gehirnbildung, und würde nicht im Laufe der Tierreihe Dickdarm, Blinddarm auftreten, so könnten auch nicht zuletzt denkende Menschen entstehen physischer Natur, weil der Mensch sein Gehirn, sein Denkorgan auf Kosten, durchaus auf Kosten seiner Darmorgane hat. Und die Darmorgane sind die getreue Reversseite der Gehirnorgane. Damit Sie auf der einen Seite entlastet werden von physischer Tätigkeit für das Denken, müssen Sie auf der anderen Seite Ihren Organismus belasten mit demjenigen, wozu Veranlassung ist zur Belastung durch den ausgebildeten Dickdarm und die ausgebildete Blase. So daß gerade die in der menschlichen physischen Welt vorkommende höchste geistigseelische Tätigkeit, insoferne sie gebunden ist an eine vollkommene Ausbildung des Gehirnes, zugleich gebunden ist an die dazu gehörige Ausbildung des Darmes. Das ist ein außerordentlich bedeutsamer Zusammenhang, ein Zusammenhang, der auf das ganze Schaffen der Natur ungeheuer viel Licht wirft. Denn Sie können sich, wenn es auch etwas paradox klingt, nun sagen: Warum haben denn die Menschen einen Blinddarm? – Damit sie in entsprechender Weise menschlich denken können, können Sie sich zur Antwort geben. Denn dasjenige, was sich da im Blinddarm ausbildet, das hat sein Entgegengesetztes im menschlichen Gehirn. Alles auf der einen Seite entspricht dem anderen.

Das sind Dinge, die man auf eine neue Art des Erkennens sich wiederum erobern muß. Wir können natürlich heute nicht den alten Ärzten nachplappern, die noch auf atavistischem Hellsehen gefußt haben; denn wir würden da nicht zu viel kommen. Aber wir müssen uns diese Dinge wieder erobern. Für die Eroberung dieser Dinge ist zunächst die reine materialistische Ausbildung der Medizin, die solche Beziehungen überhaupt nicht sucht, eigentlich ein rechtes Hindernis. Für die heutige Naturwissenschaft und Medizin ist halt das Gehirn ein Eingeweide und ist auch das, was im Unterleib ist, ein Eingeweide. Daß man da denselben Fehler macht eben, wie wenn man sagen würde: positive und negative Elektrizität sind halt dasselbe, sind Elektrizität, das beachtet man gar nicht. Und es ist um so wichtiger, das zu beobachten, weil geradeso, wie zwischen positiver und negativer Elektrizität Spannung entsteht, die sich Ausgleiche sucht, fortwährend im Menschen Spannung vorhanden ist zwischen dem Oberen und dem Unteren. In der Beherrschung dieser Spannung liegt eigentlich dasjenige, was man vorzugsweise auf medizinischem Felde zu suchen hat. Diese Spannung, sie drückt sich auch aus – ich will das heute andeuten, Sie werden das in späteren Betrachtungen hier weiter ausgeführt finden – in den Kräften, die auf zwei Organe konzentriert sind, in der Zirbeldrüse und in der sogenannten Schleimdrüse. In der Zirbeldrüse drücken sich alle diejenigen Kräfte aus, die die oberen Kräfte sind, und stehen gespannt gegenüber den Kräften der Schleimdrüse, der Hypophysis cerebri, die die unteren Kräfte sind. Da ist ein wirkliches Spannungsverhältnis. Würde man aus dem Gesamtbefinden des Menschen immer sich eine Ansicht bilden über dieses Spannungsverhältnis, dann hätte man sehr gute Grundlagen für den weiteren Heilungsprozeß.

Davon wollen wir dann morgen weiter reden. Sie werden schon sehen, daß ich die Fragen alle hineinarbeite. Aber ich muß eben, wie schon gesagt, dazu Grundlagen schaffen.

FÜNFTER VORTRAG

Dornach, 25. März 1920

Indem wir in diesen Betrachtungen immer weiter vordringen zu jenem speziellen Gebiete, wo die Pathologie in die Therapie eindringen und zwischen beiden eine Brücke geschlagen werden soll, wird es notwendig sein, allerlei Dinge zu erwähnen, die gewissermaßen für die Behandlung nur eine Art Ideal darstellen können und die nicht im vollen Umfange überall verwertet werden können. Aber dennoch wird man, wenn man einen Überblick hat über dasjenige, was alles in Betracht käme bei Krankenbehandlung, aus den Einzelheiten das eine oder das andere herausnehmen können und wenigstens wissen, wie man eben fragmentarische Befunde über die Krankheit zu bewerten hat.

Vor allen Dingen ist es notwendig, den Blick darauf zu werfen, wie bedeutsam für die Behandlung auch des speziellsten Falles die Erkenntnis des gesamten Menschen, den man vor sich hat, ist. Diese Erkenntnis des gesamten Menschen sollte sich auf wichtigste Lebensmomente eigentlich immer erstrecken. Und da mir manchmal Krankenbehandler Vertrauen geschenkt haben, mit mir über das oder jenes gesprochen haben, war ich zum Beispiel oftmals erstaunt, wenn ich gleich nach einigen Worten gefragt habe: Wie alt ist der Kranke eigentlich? – und der Krankenbehandler keine rechte Auskunft darüber geben konnte, das heißt, sich nicht Rechenschaft darüber gegeben hat, wie alt der betreffende Kranke ist. Es ist, wie wir gerade in den nächsten Tagen sehen werden, etwas, was zum Wesentlichsten gehört, daß man vor allen Dingen mit einer ziemlichen Genauigkeit über das Alter des Patienten sich unterrichte, denn die Therapie ist in hohem Grade von dem Alter des Patienten abhängig. Und wenn vorgestern hier von gewissen Dingen angeführt wurde, daß sie in einzelnen Fällen außerordentlich gut helfen, in anderen Fällen nicht, so liegt bei solchen Aussprüchen die Frage außerordentlich nahe: Wie hängt mit dem

Nichthelfen das Lebensalter des betreffenden Patienten zusammen? – Darüber, über die Wirkungsweise des Lebensalters, müßten vor allen Dingen bei Heilmitteln ganz genaue Aufnahmen gemacht werden.

Dann aber handelt es sich um folgendes: Man sollte immer genau ins Auge fassen, wie der betreffende Patient eigentlich gewachsen ist, ob er kurz und gedrungen oder lang und aufgeschossen ist, und es ist von einer großen Bedeutung, schon aus diesem, dem Kurz- und Gedrungensein und dem Lang- und Aufgeschossensein, zu entnehmen, welche Kräfte dasjenige hat, was wir den Ätherleib im Menschen nennen. Es läßt sich – ich habe viel darüber nachgedacht – nicht vermeiden, und Sie werden es wahrscheinlich auch gar nicht wünschen, diese Ausdrücke, die nun schon einmal zur Realität des Menschen gehören, diese Ausdrücke «Ätherleib» und so weiter zu gebrauchen. Man könnte sie ja durch solche, die bei Nichtanthroposophen beliebter sind, ersetzen; allein, das werden wir vielleicht am Schlusse können. Jetzt wollen wir zur besseren Verständigung daran festhalten, wo es nötig ist, doch solche Ausdrücke zu gebrauchen. Den Ätherleib also in seiner, ich möchte sagen, Intensität des Wirkens kann man daraus beurteilen, wie gewachsen der betreffende Mensch ist. Aber man sollte sich auch womöglich – wie gesagt, ich will alles anführen; es ist nicht immer möglich, alles zu berücksichtigen, da man einfach die Daten nicht bekommt, aber es ist gut, von allem zu wissen – vor allen Dingen erkundigen, ob im Jugendalter der Betreffende langsam oder schnell gewachsen ist, das heißt, ob er lange klein geblieben ist oder ob er in verhältnismäßig jungen Jahren schon hoch aufgeschossen war und später dann mit dem Wachsen zurückgeblieben ist. Alle diese Dinge weisen auf dasjenige hin, was man nennen könnte Verhalten des ätherischen Leibes, also sagen wir der funktionellen Äußerungen des Menschen zu seinem physischen Leibe. Und das muß berücksichtigt werden, wenn man ein Verhältnis erkennen will zwischen dem Menschen und seinen Heilmitteln.

Ferner ist es auch notwendig, das Verhältnis des physischen und des ätherischen Leibes zu den höheren Gliedern der menschlichen

Wesenheit zu erkennen, zu dem, was wir den astralischen Leib, also das eigentlich Seelische, und das Ich, das eigentlich Geistige, nennen. Es ist notwendig, daß man das von dem Patienten herausbekommt. So zum Beispiel sollte man nicht vermeiden, die Frage an ihn zu stellen, ob er viel oder wenig Traumleben hat. Wenn ein Patient viel Traumleben hat, so ist das für seine ganze Konstitution außerordentlich bedeutend, denn es bezeugt, daß der astralische Leib und das Ich eine Tendenz haben, eine eigene Tätigkeit zu entfalten, also sich nicht allzu stark und nicht allzu eingehend mit dem physischen Leibe beschäftigen wollen, daß also die eigentlich menschlich-seelischen Bildungskräfte nicht in das Organsystem des Menschen einfließen.

Ferner sollte man sich, wenn das vielleicht auch unbehaglich ist, erkundigen darüber, ob der betreffende Mensch beweglich, fleißig ist oder ob er zur Trägheit neigt. Denn Persönlichkeiten, welche zur Trägheit neigen, haben eine starke innere Beweglichkeit des astralischen Leibes und des Ich. Es kann das paradox erscheinen, aber diese Beweglichkeit wird ja nicht bewußt, sie ist unbewußt. Und daher, weil sie unbewußt ist, ist der betreffende Mensch dann nicht etwa irgendwie im Bewußtsein fleißig, sondern er ist im Ganzen träge. Denn das, was ich hier als das Gegenteil von Trägheit bezeichne, ist die organische Fähigkeit, mit seinem höheren Menschen in den niederen Menschen einzugreifen, also von seinem astralischen Leibe und von seinem Ich aus wirklich die Tätigkeit überzuleiten auf den physischen Leib und den Ätherleib. Und diese Fähigkeit ist beim Trägen eine sehr geringe. Der Träge ist eigentlich, geisteswissenschaftlich genommen, ein schlafender Mensch.

Dann sollte man sich erkundigen darüber, ob der betreffende Mensch kurzsichtig oder weitsichtig ist. Kurzsichtige Menschen sind solche, welche ebenfalls eine gewisse Zurückhaltung ihres Ich und ihres astralischen Leibes haben gegenüber dem physischen Leib, und die Kurzsichtigkeit ist gerade eines der wichtigsten Zeichen dafür, daß man es mit einem Menschen, dessen Geistig-Seelisches nicht in das Leiblich-Physische eingreifen will, zu tun hat.

Dann möchte ich auf etwas hinweisen, was vielleicht einmal ausführbar sein könnte, was außerordentlich wichtig wäre für die Krankenbehandlung und was, wie ich glaube, dann, wenn mehr soziales Gefühl auch in die einzelnen Berufsstände einziehen würde, schon irgendeine praktische Bedeutung gewinnen könnte. Das ist: Es wäre außerordentlich wichtig, wenn Zahnärzte ihre Kenntnis vom Zahnsystem, Verdauungssystem und alledem, was damit zusammenhängt, in der Weise ausnützen würden – natürlich muß man die betreffenden Patienten dafür gewinnen, aber wie gesagt, bei einigem sozialem Gefühle ließe sich das vielleicht erreichen –, daß sie gewissermaßen eine Art Schema ihren Patienten bei jeder Behandlung mitgeben, in dem sie notifizieren, wie sie die Wirksamkeit alles dessen, was mit dem Zahnwuchs zusammenhängt, befunden haben, ob frühe Neigung zu Zahnkaries vorhanden ist und dergleichen, ob die Zähne sich bis in ein späteres Alter gut erhalten. Das ist, wie wir in den nächsten Tagen sehen werden, außerordentlich bedeutsam für die Beurteilung der Gesamtorganisation des Menschen. Und würde der Arzt, der einen einzelnen Krankheitsfall zu behandeln hat, solch eine Signatur, ich möchte sagen, Gesundheitssignatur des Menschen aus dem Zahnbefund bekommen, so würde ihm das ein außerordentlich wichtiger Anhaltspunkt sein können.

Dann wäre es außerordentlich wichtig, bei den Patienten, wenn ich so sagen darf, ihre physischen Sympathien und Antipathien kennenzulernen. Besonders bedeutsam ist es, zu konstatieren, ob irgendein Mensch, den man zu behandeln hat, zum Beispiel gierig ist auf Salz oder gierig ist auf irgend etwas anderes. Man müßte herausbekommen, nach welchen Nahrungsmitteln der Betreffende besonders gierig ist. Ist er gierig auf alles Salzartige, dann hat man es mit einem Menschen zu tun, bei dem eine zu starke Verbindung des Ich und des astralischen Leibes mit dem physischen Leib und dem Ätherleib vorhanden ist, bei dem gewissermaßen eine zu starke Affinität des Geistig-Seelischen mit dem Physisch-Leiblichen vorliegt. Ebenso sprechen für eine solche starke Affinität die durch äußere mechanische Vorgänge, zum Beispiel durch schnelles Drehen des Körpers, hervorgerufenen Schwindelanfälle. Man sollte sich also überzeugen, ob der Mensch leicht Schwindelanfälle bekommt, wenn er mechanische Bewegungen seines Körpers ausführt.

Ferner sollte man sich immer unterrichten, und das ist ja wohl ziemlich allgemein bekannt, über die Störungen der Absonderung, über die gesamte Drüsentätigkeit des Menschen, denn wo Störungen der Absonderungen vorliegen, liegt immer auch eine Störung in dem Zusammenhalt des Ich und astralischen Leibes mit dem Ätherleib und physischen Leib vor.

So habe ich Ihnen einzelnes angegeben, was im Grunde genommen immer zunächst gekannt werden müßte, wenn man einem Patienten gegenübertritt. Es ist einzelnes herausgegriffen, aber Sie werden ja sehen, in welcher Richtung die betreffenden Dinge gehen, insofern sie sich auf die Konstitution des Körpers selbst beziehen. Im Laufe der Zeit werden wir auch davon sprechen, wie man sich informieren soll über die Lebensweise, über die Möglichkeit, gesunde oder schlechte Luft zu atmen und so weiter. Das kann mehr bei der Besprechung der einzelnen Kapitel betrachtet werden. Nun, auf diese Weise wird man zunächst eine Art Einblick bekommen in die Art, wie der Mensch ist, den man zu behandeln hat. Denn nur dann, wenn man das weiß, wird man im speziellen in der Lage sein, festzustellen, wie man irgendein Heilmittel mischen soll.

Nun möchte ich zunächst im allgemeinen darauf hinweisen, was ja schon aus einzelnen Betrachtungen der vorhergehenden Tage hervorgeht, daß eine innere Verwandtschaft des Menschen zu der ganzen außermenschlichen Welt besteht. Geisteswissenschaftlich wird es oftmals so ausgesprochen, obwohl es zunächst abstrakt ausgesprochen ist, daß der Mensch die übrigen Reiche im Laufe der Entwickelung aus sich herausgesetzt hat und daß daher dasjenige, was außer ihm ist, eine gewisse Verwandtschaft zu seinem eigenen Wesen hat. Wir werden gegenüber dieser abstrakten Manifestation dieses Verhältnisses auf ganz spezielle solche Verwandtschaften immer und immer wieder bei der Organtherapie hinzuweisen haben. Zunächst aber wollen wir uns vor allen Dingen darüber klar sein, worauf nun das Heilverhältnis des Menschen zu der außermenschlichen Natur überhaupt beruht.

Sie wissen ja, daß auf diesem Gebiete viel herumgestritten wird, daß Heilmethoden, die wir ja im Laufe der Zeit auch noch genauer besprechen werden, miteinander hart im Kampfe liegen. Insbesondere ist einer von diesen Kämpfen hinlänglich bekannt, derjenige zwischen den homöopathisch gesinnten Ärzten und den allopathisch gesinnten Ärzten. Nun würde es Sie vielleicht interessieren, in welcher Weise Geisteswissenschaft in diesen Streit eingreifen soll. Aber das, dieses Eingreifen – ich will heute zunächst ein Allgemeines darüber sagen, bei den einzelnen Dingen näher darauf eingehen –, ist eigentlich ein ziemlich eigentümliches. Denn im Grunde genommen gibt es für dasjenige, was sich der Geisteswissenschaft herausstellt, eigentlich gar keine Allopathen. Es gibt in Wirklichkeit gar keine Allopathen, denn auch dasjenige, was allopathisch als Heilmittel verordnet wird, macht im Organismus einen Homöopathisierungsprozeß durch und heilt eigentlich nur durch diesen Homöopathisierungsprozeß. So daß eigentlich jeder Allopath eine Unterstützung seines allopathischen Verfahrens findet durch die Homöopathisierung des eigenen Organismus, der eigentlich dasjenige vollzieht, was der Allopath unterläßt: die Aufhebung des Zusammenhanges der einzelnen Teile der Heilmittel. Allerdings ist deshalb doch ein beträchtlicher Unterschied, ob man dem Organismus diese Art des Homöopathisierens abnimmt oder nicht, aus dem einfachen Grunde, weil dasjenige, was Heilprozesse im Organismus sind, wohl zusammenhängt mit den Zuständen, in die allmählich die Heilmittel kommen, wenn sie homöopathisiert sind. Der Organismus hat aber in dem, was sonst die Körper der Außenwelt haben, etwas sich gegenüber, mit dem er keine Heilverwandtschaft hat, das er also als einen Fremdkörper in sich hineinbekommt, so daß er eigentlich eine furchtbare Arbeitslast und eine Störung auferlegt bekommt, wenn man ihn beschwert mit all den Kräften, die sich dann äußern, wenn man ihm die Arznei im allopathischen Zustande beifügt. Von den Fällen, wo es unmöglich ist, dem Körper diese Homöopathisierung abzunehmen, wollen wir noch besonders sprechen.

Nun, so sehen Sie, daß im Grunde genommen das Homöopathisieren etwas ist, was der Natur selber in einem gewissen Grade eigentlich sehr sorgfältig abgelauscht ist, wenn auch der Fanatismus dabei, wie wir auch noch sehen werden, bedeutsame Sprünge gemacht hat. Nun handelt es sich aber darum, kennenzulernen, wie man einen Weg finden kann für die Einzelheiten des Zusammenhanges des Menschen mit der außermenschlichen Umgebung. Und da können wir natürlich, wie ich schon gestern in einem anderen Falle sagte, nicht einfach dasjenige nachplappern, was die alten Ärzte geäußert haben, obwohl ein verständiges Sichvertiefen in ältere medizinische Werke nützlich sein kann, sondern wir müssen uns zum Beispiel darauf einlassen, mit allen Mitteln der modernen Wissenschaft in dieses Wechselverhältnis des Menschen und seiner außermenschlichen Umgebung einzugehen. Da ist zunächst daran festzuhalten, daß man mit der chemischen Untersuchung der Substanzen, also mit einer Art Eingehen in dasjenige, was die einzelnen Substanzen im Laboratorium offenbaren, nicht sehr viel ausrichten kann. Ich habe schon angedeutet, daß man eigentlich dieses Mikroskopieren – das ist ja eine Art Mikroskopieren – ersetzen sollte durch die makroskopische Beobachtung, durch dasjenige, was sich aus der Beobachtung des Kosmos selber ergibt.

Ich werde heute zunächst signifikante Anordnungen vor Sie hinstellen, die uns gewissermaßen angeben können, in welcher Weise die außermenschliche Welt in einer Art von Dreigliederung entspricht dem dreigliedrigen Menschen. Da müssen wir unseren Blick vor allem richten auf alles dasjenige, was sich löslich zeigt. Sehen Sie, die Löslichkeit ist nämlich die letzte Eigenschaft, die im Entwickelungsprozesse unseres Erdenplaneten von besonderer Bedeutung war. Dasjenige, was sich in der Erde als Festes abgesondert hat, ist ja zu einem großen Teil im Grunde genommen zurückzuführen auf einen kosmischen Lösungsprozeß, der überwunden worden ist und abgetötet, abgesetzt hat die festen Teile. Und bloß an das mechanische Ablagern von Sedimenten zu denken und darauf die Geognosie und Geologie zu gründen, ist ja eine Äußerlichkeit. Es handelt sich schon bei dem, was Erdenbildung ist, was überhaupt die Eingliederung fester Bestandteile in den Erdkörper ist, im wesentlichen um spezielle Fälle des aus der Lösung Sich-Herauskristallisierens oder aus der Lösung Sich-Absetzens. So also, können wir sagen, daß dasjenige, was im Lösungsprozeß lebt, etwas ist, was, insofern es in der äußeren Natur, in der außermenschlichen Natur sich vollzieht, auch der Mensch aus sich herausgesetzt hat. Da geht irgend etwas draußen beim Lösen vor, was der Mensch aus sich herausgesetzt hat. So daß es sich darum handeln wird, nachzuforschen, welche Beziehung Lösungsprozesse im außermenschlichen Kosmos zu den inneren Vorgängen des menschlichen Organismus haben.

Von einer fundamentalen Bedeutung ist dasjenige, was ich erwähnt habe, daß gewisse Menschen, die eine zu starke Verbindung ihres Geistig-Seelischen mit dem Physisch-Ätherischen haben, organisch nach Salz dürsten oder hungern, daß sie also in ihrem Organismus den Prozeß des Absetzens von Salzen rückgängig machen wollen, das heißt, daß sie aufheben wollen diesen Erdbildungsprozeß, also im wesentlichen das Salz wiederum zurückführen wollen in einen früheren Zustand der Erdbildung, als derjenige ist, wo sich die Erde verfestigt hat. Auf solche Dinge hinzuschauen, ist von einer ganz besonderen Wichtigkeit. Dadurch blickt man wirklich hinein in die Zusammenhänge zwischen dem menschlichen Organismus und der außermenschlichen Natur. Man kann sich sagen: Diese menschliche Natur hat in sich selber eine Art organisches Bedürfnis, gewisse Prozesse, die in der Außenwelt sich vollziehen, rückgängig zu machen, gegen sie anzukämpfen. Sie wissen, ich habe gestern erwähnt, daß sogar angekämpft wird gegen die Schwere durch die Entstehung des Auftriebes zum Tragen des menschlichen Gehirnes. So ist überhaupt eine Tendenz dieses Ankämpfens da.

Es handelt sich nun darum: Was bedeutet dieses Ankämpfen zunächst gegen den Erdbildungsprozeß? Es bedeutet das im Grunde nichts Geringeres als ein Freimachen des unteren Menschen von dem Geistig-Seelischen, ein Hinaustreiben des Geistig-Seelischen aus dem unteren Menschen zunächst etwa in den oberen Menschen hinein. In allen Fällen also, wo eine Gier nach Salz vorliegt, läßt uns diese Gier nach Salz erkennen, daß sich in einer gewissen Weise der untere Mensch befreien will von der zu starken Wirksamkeit des Geistig-Seelischen in ihm, daß er diese Wirksamkeit des Geistig-Seelischen gewissermaßen nach dem oberen Menschen abfließen lassen will.

Nehmen wir an, daß Störungen des unteren Menschen vorliegen, Störungen, die sich erkennen lassen. Wir werden später die Mittel sehen, durch die man sie erkennt, und die einzelnen Krankheiten, zu denen sie führen. Was wird man tun können?

Nun möchte ich hier eine Betrachtung einschieben, die für diejenigen vielleicht von Bedeutung sein könnte, welche gar zu sehr nach einer gewissen Einseitigkeit in dem Gebrauch von Heilmitteln tendieren. Es besteht auch bei gewissen Menschen eine Art von Abneigung gegen mineralische Heilmittel. Diese Abneigung ist nicht berechtigt, denn wir werden sehen, daß die reinen Pflanzenheilmittel doch nur in ganz bestimmten Grenzen ihre Wirksamkeit haben können und daß gerade in ernsteren Fällen die mineralischen Heilmittel von einer großen Bedeutung sind. Ich bitte Sie also, sich nicht daran zu stoßen, wenn ich gerade bei dieser prinzipiellen Betrachtung von den mineralischen Heilmitteln ausgehe, allerdings, ich möchte sagen, von der Eingliederung der Wirksamkeit dieser mineralischen Heilmittel schon in das Leben, in das organische Leben. Sie können nämlich eine starke Aufklärung erhalten über gewisse Behandlungsweisen des menschlichen Unterleibes in seinem Verhältnis zum Oberleibe, wenn Sie die Auster studieren. Die Auster mit ihrer Schalenbildung, die ist etwas außerordentlich Interessantes. Denn sehen Sie, die Auster treibt ihr kohlensaures Kalkgehäuse eben von innen nach außen. Wenn Sie – da muß allerdings nun die Geisteswissenschaft bei der Untersuchung etwas zu Hilfe kommen – die Auster geisteswissenschaftlich untersuchen, so kommen Sie dazu, anzuerkennen, daß diese Auster zwar ein sehr niedriges Lebewesen ist in der Tierreihe, daß sie aber im gesamten Kosmos doch eine verhältnismäßig hohe Stelle einnimmt. Sie nimmt dadurch eine solche Stelle ein, daß dasjenige, was der

Mensch in sich als sein Denken trägt, von ihr abgesondert wird. Gewissermaßen zeigen die Kräfte, welche die Schale bilden und von innen nach außen leiten, den Weg, wie aus der Auster dasjenige abgeführt wird, was dann, wenn es sich mit ihrem organischen Wachstum verbinden würde, die Auster sehr gescheit machen würde, was die Auster eben zu einem sehr hohen tierischen Wesen gestalten würde. Das wird nach außen geleitet, das wird abgeleitet. Und Sie können förmlich, ich möchte sagen, handgreiflich sehen an diesem Entstehen der Austernschale die Arbeit des kohlensauren Kalkes, der Calcarea carbonica, diese Arbeit, die aus dem Organismus heraus die zu starke geistig-seelische Tätigkeit leitet.

Finden Sie nun, daß eine überschüssige geistig-seelische Tätigkeit im Unterleibe sich geltend macht, was auch bei bestimmten Krankheitsformen eben auftritt, die wir weiter charakterisieren werden, so werden Sie zu dem Heilmittel greifen müssen, das Sie den Austernschalen oder ähnlichen, ich möchte sagen, durch die geheimnisvollen Kräfte des kohlensauren Kalkes von innen nach außen wirkenden Substanzen zu danken haben. Es wird also etwas Wesentliches in der Heilbehandlung davon abhängen, daß man sich klar ist darüber: in diesem Von-innen-nach-außen-Treiben liegen gewisse Heilkräfte. Sehen Sie, all das, was sich knüpft an solche Heilmittel wie Calcarea carbonica, und das, was mit verwandten Heilmitteln zusammenhängt, wird rationell nur studiert werden können, wenn man es in einem solchen Zusammenhange sieht.

Nun verhält sich zu dem, was in den Kräften des kohlensauren Kalkes liegt, wie polarisch entgegengesetzt alles dasjenige, was in den Kräften, sagen wir, zum Beispiel des Phosphors liegt. Wenn – und die Ausdrücke, die ich gebrauche, sind wahrhaftig in ihrer wirklichen Bedeutung nicht weniger wissenschaftlich als dasjenige, was heute oftmals als Wissenschaft figuriert – sich alles Salzartige gewissermaßen so verhält, daß es sich hingibt an die Umgebung, so liegt der Grund darinnen, daß alles Salzartige dadurch entsteht, daß die entsprechenden Substanzen entblößt sind, befreit sind von der inneren Wirkung der Imponderabilien, des Lichtes und anderer

Imponderabilien. Ich möchte sagen, alles dasjenige, was salzartig ist, hat durch seinen Entstehungsprozeß das Imponderable so von sich abgestoßen, daß das ihm nicht innerlich eignet.

Das ganz Entgegengesetzte ist beim Phosphor der Fall. Und alte atavistische Erkenntnisse haben deshalb wirklich nicht ganz unberechtigt diesen Phosphor als Lichtträger bezeichnet, weil sie ganz richtig gesehen haben, daß er das Imponderable, das Licht, wirklich trägt. Dasjenige, was das Salz von sich weghält, das trägt dieser Phosphor in sich. Die also dem Salze polarisch entgegengesetzten Substanzen sind diejenigen, die gewissermaßen das Imponderable, namentlich das Licht, aber auch anderes Imponderable, die Wärme und dergleichen, verinnerlichen, es zu ihrem innerlichen Eigentum machen. Auf diesem Umstande beruht die Heilwirksamkeit alles desjenigen, was im Phosphor liegt und was mit dem Phosphor irgendwie in bezug auf den Heilungsprozeß verwandt ist. Daher ist der Phosphor, der die Imponderabilien verinnerlicht, ganz besonders geeignet dazu, den astralischen Leib und das Ich, wenn sie nicht recht heranmögen an den Menschen, zum Menschen zurückzudrängen.

Haben Sie also bei irgendeinem Patienten eine Krankheit – und von den einzelnen Krankheiten werden wir eben noch sprechen –, und Sie bekommen heraus, daß der Patient, sagen wir, an gesteigerten Träumen leidet, das heißt also, daß sich der astralische Leib gern vom physischen Leibe absondert, sich mit seiner eigenen Tätigkeit beschäftigt, bekommen Sie von ihm außerdem heraus, daß er zum Beispiel organisch zu peripherischen Entzündlichkeiten neigt, was wiederum ein Beweis dafür ist, daß der astralische Leib und das Ich nicht ordentlich im physischen Leib drinnen sitzen, dann werden Sie die Kraft, mit der der Phosphor seine Imponderabilien hält, dazu benützen können, um diesen astralischen Leib und dieses Ich des Menschen dazu zu bringen, daß sie sich mehr mit dem physischen Leibe beschäftigen. Man wird geradezu bei denjenigen Menschen, die ein unruhiges Schlafleben haben, für die allerverschiedensten Krankheitszustände den Phosphor anwenden können, weil er die Tendenz hat, das Ich und den astralischen Leib in den physischen Leib und in den Ätherleib in der entsprechenden Weise zurückzuführen.

So sind in einer gewissen Weise Phosphoriges und Salziges einander polarisch entgegengesetzt. Und ich mache Sie darauf aufmerksam, daß man viel mehr darauf achten muß, wie diese Substanzen im ganzen Weltenprozeß drinnenstehen, als auf die einzelnen speziellen Namen, die, sagen wir, von der modernen Chemie den einzelnen Substanzen gegeben werden. Wir werden nämlich noch im Laufe der Zeit sehen, wie man schon auch Phosphor in phosphorähnlich wirkenden Substanzen als Heilmittel benützen kann.

Sehen Sie, damit haben Sie in der äußeren Natur zwei einander entgegengesetzte Zustände statuiert, das salzartig Wirkende und das phosphorisch Wirkende. Zwischen beiden steht drinnen das merkurial Wirkende. So wie der Mensch ein dreigliedriges Wesen ist: das Nerven-Sinneswesen, das Zirkulationswesen, das Stoffwechselwesen, so wie das Zirkulationswesen vermittelnd steht zwischen dem Stoffwechsel und der Nerven-Sinnestätigkeit, so steht vermittelnd in der äußeren Natur alles dasjenige, was weder in starkem Maße sich hingibt wie das Salzartige noch auch in starkem Maße Imponderabilien in sich verinnerlicht, sondern was, ich möchte sagen, die Waage hält zwischen diesen beiden Tätigkeiten, indem es sich in der Tropfenform ausleben will. Denn im Grunde genommen ist das Merkuriale immer dasjenige, was durch seinen inneren Kräftezusammenhang zur Tropfenform neigt. Auf das kommt es an beim Merkurialen, nicht darauf, daß man die Substanzen, die man heute als Quecksilber bezeichnet, als das Merkuriale anspricht, sondern auf den Kräftezusammenhang, der die Waagschale hält zwischen dem Zerfließen des Salzigen und dem Insichgedrungensein, in dem Zusammenhalten der Imponderabilien. Also darauf kommt es an, den Kräftezustand zu studieren, welcher eben am anschaulichsten in allem Merkurialen enthalten ist. Daher werden Sie auch finden, daß dieses Merkuriale im wesentlichen zusammenhängt mit alledem, was darauf berechnet sein soll, einen Ausgleich herbeizuführen zwischen den Tätigkeiten, für die das Phosphorige geeignet ist, und den Tätigkeiten, für die das Salzartige geeignet ist. Daß die Wirkung im Organismus diesem nicht widerspricht, was ich eben gesagt habe, das werden wir noch sehen, wenn wir speziell von den syphilitischen und ähnlichen Erkrankungen sprechen werden.

Nun habe ich Ihnen mit der Besprechung dieses Phosphorigen, Merkurialischen und Salzartigen gewissermaßen die besonders anschaulichen Typen aus dem Mineralischen hingestellt. Sie haben allerdings gesehen, daß man beim Salzartigen schon sprechen muß von dem Organprozeß, der in der Austernschalenbildung liegt und der dahintersteht. Dieser Prozeß, der ist in einem gewissen Sinne auch vorhanden, wenn das Imponderable konzentriert wird im Phosphor. Aber da hier alles verinnerlicht wird, ist es eben weniger anschaulich nach außen zu demonstrieren. Nun handelt es sich darum, daß man von der Anschauung dieses typisch in der Außenwelt Gestalteten zu dem geht, was, ich möchte sagen, zu einer anderen Zeit der Mensch aus sich herausgesondert hat, zu dem Pflanzlichen.

Das Pflanzliche stellt, wie wir schon gestern aus anderen Gesichtspunkten her gesehen haben, gewissermaßen den Gegensatz dar zu dem, was als Tätigkeit im Menschenorganismus vorhanden ist. Aber in der Pflanze selbst können wir deutlich unterscheiden zwischen dreierlei. Dieses Unterscheiden zwischen dreierlei, das drängt sich Ihnen besonders deutlich auf, wenn Sie auf der einen Seite sehen dasjenige, was sich der Erde zu als Wurzel entfaltet, und dasjenige, was in Samen, Früchte und Blüten schießt, was nach oben geht. Schon, ich möchte sagen, in der äußeren Richtung können Sie diesen Gegensatz des Pflanzlichen und des Menschlichen – nicht des Tierischen in diesem Falle – sehen. Ja, es ist sogar hier etwas außerordentlich Wichtiges und Bedeutsames vorhanden. Die Pflanze senkt sich mit ihren Wurzeln in die Erde hinein und strebt mit ihrer Blüte, das heißt mit den Befruchtungsorganen, nach oben. Der Mensch bildet den vollen Gegensatz auch in bezug auf sein Stehen im Kosmos dazu: er wurzelt sich gewissermaßen mit seinem Kopfe in der Richtung nach oben ein, und er strebt mit seinen Befruchtungsorganen nach unten, der Pflanze direkt entgegen. So daß Sie wirklich gar nicht unsinnig tun, wenn Sie sich als ein Bild vorhalten beim Menschen eine Pflanze, die in ihm ruht, die nach oben wurzelt und ihre Blüte nach unten, nach den Befruchtungsorganen, entwickelt. Es ist in besonderer Form das Pflanzliche auf diese Art gerade in den Menschen eingegliedert. Und wiederum ist ein wichtiges Unterscheidungskennzeichen für den Menschen und das Tier dasjenige, daß in der Regel beim Tiere die Pflanze, die in es eingegliedert ist, horizontal gelagert ist, also im rechten Winkel steht zu der Richtung der Pflanze, während der Mensch, ich möchte sagen, gegenüber der Pflanze in seiner Stellung im Kosmos eine vollständige Drehung ausgeführt hat, eine Drehung von 180 Grad. Das ist etwas, was zu dem Lehrreichsten gehört, das man überhaupt finden kann in der Betrachtung des Verhältnisses des Menschen zu der äußeren Welt. Und wenn unsere Medizinstudierenden mehr eingehen würden auf solche makrokosmischen Dinge, so würden sie mehr finden auch über die Kräfte, die noch zum Beispiel in den Zellen wirken, als wenn sie mikroskopieren. Denn bei dem Mikroskopieren kommt doch wirklich sehr wenig heraus, weil die wichtigsten Kräfte, die auch in den Zellen wirken – und Unterschiede sind da, je nachdem das Wesen eine Pflanze oder ein Tier oder ein Mensch ist –, im Makrokosmischen betrachtet werden können. Man kann die Menschenzelle viel besser studieren, wenn man das Zusammenwirken des vertikal nach aufwärts, vertikal nach abwärts Gehenden und des in dem Waagehalten Liegenden studiert. Diese Kräfte, die im Makrokosmos zu beobachten sind, wirken bis in das Zellige hinein. Und das, was in den Zellen wirkt, ist im Grunde genommen nichts anderes als ein Abbild dieser makrokosmischen Wirkung.

Nun aber, wenn Sie das Pflanzenwesen der Erde betrachten, so müssen Sie vor allen Dingen dieses Pflanzenwesen nicht so ansehen, wie es gewöhnlich angesehen wird, daß Sie so über die Erde hingehen und eine Pflanze neben der anderen betrachten, sie fein spezialisieren, einen zwei- oder dreigliedrigen Namen ersinnen, um dann diese Pflanze in ein Schema eingereiht zu haben, sondern Sie müssen darauf bedacht sein, daß die ganze Erde ein einziges Wesen ist und daß – zwar nicht so, wie es bei den Haaren der Fall ist, die gleich sind untereinander, wenigstens in gewisser Beziehung, während die Pflanzen voneinander verschieden sind – doch die gesamte Pflanzenwelt so sehr zu dem Organismus der Erde gehört, wie Ihre Haare zu Ihrem Organismus gehören. Sie können ebensowenig die einzelne Pflanze als etwas für sich betrachten, wie Sie das einzelne Haar als einen Organismus für sich betrachten können. Daß die Pflanzen verschieden sind, beruht nur darauf, daß die Erde in ihrer Wechselwirkung mit dem übrigen Kosmos nach den verschiedensten Richtungen hin Kräfte entwickelt und dadurch die Pflanzen verschieden organisiert werden. Aber allem Pflanzenwachstumsleben liegt ein Einheitliches in der Erdenorganisation zugrunde. Daher ist es von ganz besonderer Wichtigkeit, auf gewisse Dinge seine Aufmerksamkeit zu richten. Sie finden zunächst, sagen wir, wenn Sie die Pilze betrachten, daß für diese Pilze die Erde selbst eine Art von Standort, eine Art von Mutterboden ist. Sie finden dann, wenn Sie zu den höheren krautartigen Pflanzen übergehen, daß da auch noch die Erde eine Art von Mutterboden ist, daß aber schon dasjenige, was außerirdisch ist, auf diese krautartige Pflanze einen gewissen Einfluß hat, das Licht und so weiter in der Gestaltung der Blüten, auch der Blätter und so weiter. Aber das besonders Interessante ist, daß, wenn Sie Ihre Aufmerksamkeit, sagen wir, dem Baume zuwenden, Sie sehen werden, daß in der Stammbildung des Baumes, die den Baum zu der mehrjährigen Pflanze macht, eine Fortsetzung desjenigen vorhanden ist, was sonst für die Pflanze, die unmittelbar auf der Erde aufsitzt, die ganze Erde ist. Denn sehen Sie, Sie müssen sich die Sache so vorstellen: Denken Sie sich, Sie haben hier die Erde; aus der Erde sprießt die Pflanze hervor. Dann können wir in der Erde selbst Kräfte suchen, welche dem Pflanzenwachstum zugrunde liegen, die in Wechselwirkung treten mit dem, was aus dem Kosmos hereinströmt. Wenn aber ein Baum wächst, so stülpt sich – bitte jetzt nicht zu stark schockiert zu sein von dem, was ich sagen werde, denn es ist wirklich so – in einer gewissen Weise die Erde über dasjenige, was früher von der Erde direkt in die Pflanze hineingeflossen ist; das schießt in den Stamm hinein, und alle Stämme sind im Grunde genommen Auswüchse der Erde. Daß man es nicht so betrachtet, das rührt nur von der wirklich grauenhaften heutigen materialistischen Vorstellung her, daß man die Erde nur als eine aus Mineral zusammengesetzte vorstellt, also gar nicht dazu vordringt, daß das ja eine unmögliche Vorstellung ist, diese mineralische Erde. Sie hat in sich, diese Erde, neben dem, daß sie das Mineralische absondert, auch die Kräfte, die in das Pflanzenhafte schießen. Das stülpt sich auf und wird zum Stamme. Und dasjenige, was dann am Stamm wächst, das ist in bezug auf den Stamm zu vergleichen mit dem, was in den niederen und krautartigen Pflanzen direkt auf der Erde aufsteht. Ich möchte sagen: Von niederen und krautartigen Pflanzen ist die Erde selber Stamm, und die Pflanzen machen sich einen Extrastamm, die in ihren Blüten- und Samenorganen auf dem Stamm aufsitzen. Daraus ersehen Sie, daß ein gewisser Unterschied vorliegt, ob ich eine Blüte nehme von einem Baum oder ob ich eine Blüte nehme von einem krautartigen Gewächs.

Ferner beachten Sie von diesem Gesichtspunkte aus die Parasitenbildung bei den Pflanzen, namentlich die Mistelbildung. Da haben Sie dasjenige, was sonst noch mit der Pflanze organisch verbunden bleibt, das Aufsitzen der blüten- und samentragenden Organe auf dem Stamm, wie eine äußere Absonderung, wie einen Vorgang für sich. So daß Sie also in der Mistelbildung eine Steigerung, verbunden mit einer Art Abtrennung von den Erdenkräften, desjenigen zu sehen haben, was sonst in der Blüten- und Samenbildung vorliegt. Es emanzipiert sich gewissermaßen dasjenige, was in der Pflanze unirdisch ist, gerade in der Mistelbildung. So daß wir das von der Erde Aufstrebende, das sich in Wechselwirkung stellt mit dem Außerirdischen, allmählich in der Blüten- und Samenbildung sich von der Erde absondern sehen und in der Mistelbildung zu einer ganz besonders stark sich individualisierenden Emanzipation kommen sehen.

Wenn Sie nun das zusammenhalten mit dem, was Sie als Gestaltungen bei den Pflanzen wahrnehmen, so werden Sie sich sagen:

Da muß also in bezug auf die Pflanzenwelt ein beträchtlicher Unterschied vorliegen, je nach dem die Pflanze mehr zur Wurzelbildung hinneigt, also vorzugsweise in der Wurzelbildung ihre Wachstumsverhältnisse zum Ausdrucke bringt und kleine oder verkümmerte Blütenbildungen zeigt. Solche Pflanzen neigen mehr zu dem Irdischen hin. Diejenigen Pflanzen, welche sich von diesem Irdischen emanzipieren, sind dann diejenigen, welche eben in Samenbildungen, in Blütenbildungen aufgehen, aber insbesondere die, welche sich als Parasiten geltend machen im Pflanzenreich. Aber die Pflanzen haben die Tendenz, jedes ihrer Organe gewissermaßen zum Hervorstechendsten zu machen – betrachten Sie die Ananas, wie sie den Stamm zum Hervorstechendsten machen will, oder irgendwelche andere Pflanze –, so können Sie sagen: Jedes von den Hauptorganen der Pflanze, Wurzel, Stengel, Blätter, Blüten, Früchte, wird von irgendeiner Pflanzenform zum Hauptorgan erstrebt. Nehmen Sie Pflanzen wie, sagen wir, Equisetum. Sie sehen, wie ihr Bestreben ist, in der Stengelbildung aufzugehen. Andere Pflanzen haben das Bestreben, in der Blattbildung aufzugehen, andere Pflanzen, Stengelbildung und Blattbildung verkümmern zu lassen und in der Blütenbildung aufzugehen.

Nun stellt sich heraus, daß eine gewisse Parallelität besteht zwischen diesen verschiedenen Tendenzen des Pflanzenwachstums und dem, was ich heute als die drei Typen der mineralischen Wirksamkeit in der außermenschlichen Natur angegeben habe. Wenn man dasjenige ins Auge faßt, was insbesondere in der sich emanzipierenden Pflanzentätigkeit liegt, in dem, was dann kulminiert in der inneren Wirksamkeit der Parasiten, so hat man etwas, was hinneigt nach der Verinnerlichung der Imponderabilien. Dasjenige, was als Imponderabilien von dem Kosmos der Erde zuströmt, das wird in diesen Organen, wenn sie prädominieren, ebenso konserviert wie in der Phosphorsubstanz. So daß wir also sagen können: In einer gewissen Weise sind phosphorisch die Blüten und Samen und alles dasjenige, was zur Mistelbildung und dergleichen hinneigt. Und umgekehrt finden wir, wenn wir den Verwurzelungsprozeß studieren, dasjenige, was die Pflanze entwickelt, indem sie die Erde als ihren Muttergrund betrachtet, innig verwandt mit der Salzbildung. So daß gerade in der Pflanze uns diese beiden Polaritäten entgegentreten. Und in der vermittelnden Tätigkeit der Pflanze, die Sie ja immer sehen zwischen dem nach aufwärts strebenden Blütigen, Fruchtigen und dem nach unten Festwurzelnden, da haben Sie den Merkurialprozeß drinnen, dasjenige, was den Ausgleich herbeiführt. So daß Sie, wenn Sie nun die umgekehrte Stellung der Pflanze zum Menschen in Betracht ziehen, Sie sich sagen werden, daß alles dasjenige, was innerlich veranlagt ist zur Blüten- und Fruchtbildung, sehr stark Verwandtschaft haben muß mit den Organen des menschlichen Unterleibes und allen den Organen, die von dem menschlichen Unterleib aus orientiert werden, daß dann auch das Phosphorige sehr starke Verwandtschaft haben muß zu den Organen des menschlichen Unterleibes. Daß das durchaus richtig ist, werden wir in den nächsten Tagen sehen. Dagegen alles dasjenige, was in den Pflanzen nach dem Wurzelhaften hinstrebt, das wird besondere Verwandtschaft haben zu alledem, was sich nach oben organisiert. Aber Sie müssen natürlich dabei ins Auge fassen, daß man nicht einfach nach einem äußeren Schema den Menschen in drei Glieder teilen kann, sondern daß dasjenige, was zum Beispiel dem untersten Gliede angehört, das Verdauungssystem, durchaus seine, ich möchte sagen, Fortsetzung anstrebt auch nach dem Haupte. Es ist ja eine ganz, man möchte schon fast sagen, alberne Ansicht, daß in der grauen Hirnsubstanz im wesentlichen die Denksubstanz gegeben ist, denn das ist nicht der Fall. Die graue Hirnsubstanz ist im wesentlichen zur Ernährung des Gehirnes da und ist eigentlich eine Kolonie der Verdauungswerkzeuge zur Ernährung des Gehirnes, während gerade dasjenige, was weiße Hirnsubstanz ist, von einer großen Bedeutung als Denksubstanz ist. Daher werden Sie auch in der anatomischen Beschaffenheit der grauen Hirnsubstanz schon etwas finden, was viel mehr zusammenhängt mit einer totalen Tätigkeit als mit dem, was ihr gewöhnlich zugeschrieben wird. Also Sie sehen, daß, wenn man von Verdauung spricht, man nicht bloß vom Unterleib sprechen kann. Aber es gilt das durchaus, daß, wenn man die Verwandtschaft des Wurzelhaften ins Auge faßt, man es da zu tun hat mit dem, was sich bezieht nicht bloß auf den oberen Menschen, sondern auch auf den übrigen Menschen. Alles dasjenige in der Pflanze, was den Ausgleich bewirkt zwischen dem Blühenden, Fruchtenden und dem Wurzelhaften, was also gewissermaßen in den Blättern und dergleichen im gewöhnlichen Kraut zum Ausdrucke kommt, das wird von einer ganz besonderen Bedeutung sein, auch dann, wenn es im Auszug gewonnen wird, für alles das, was sich auf Störungen der Zirkulation, also auch auf den rhythmischen Ausgleich zwischen dem oberen und unteren Menschen bezieht. Wenn man vorher hingestellt hat Imponderabilien verinnerlichende Mineralien, und die Imponderabilien sich fern haltenden Mineralien, und das, was dazwischen liegt, so sehen Sie, daß man das parallelisieren kann mit, ich möchte sagen, der ganzen Konfiguration der Pflanze. Und damit haben Sie das erste rationelle Mittel, um aus der Pflanze selbst, je nachdem sie Wert darauf legt, dieses oder jenes Organ zur Entwickelung zu bringen, ein Wechselverhältnis herzustellen zum menschlichen Organismus. Wie sich das weiter spezialisiert, das wollen wir noch sehen.

Wir haben bis jetzt darauf hinweisen können, daß solche Wechselverhältnisse bestehen zwischen Pflanzlichem, Mineralischem und zwischen Menschlichem. In der neueren Zeit ist ja, ich möchte sagen, wie etwas sehr Hoffnungsreiches dann hinzugetreten dasjenige, was Verwandtschaft sein soll, Wechselverhältnis sein soll zwischen dem Menschen und dem Tierischen. Allein, ganz abgesehen davon, daß beim Aufkommen der Serumbehandlung in einer merkwürdigen Weise vorgegangen worden ist, muß auch Prinzipielles geltend gemacht werden gerade gegen diese übliche Serumbehandlung. Sehen Sie, beim Aufkommen der Serumbehandlung, da ist ja in der Tat in einer ganz merkwürdigen Weise von *Behring* vorgegangen worden. Wenn man nämlich verfolgte die Reden, die gehalten worden sind, und die Veröffentlichungen, die mehr so an der Peripherie sich bewegt haben, die bloß darüber gesprochen haben, was das Serum helfen soll, dann bekam man den Eindruck, als wenn es sich wirklich um eine Reform des ganzen medizinischen Wesens handeln würde. Nun, ging man aber ein auf dasjenige, was die grundlegenden Arbeiten beschrieben, die da gemacht worden sind, so stellte sich das Merkwürdige heraus – und das ist keine Übertreibung, wahrscheinlich weiß es der eine oder andere von Ihnen auch –, daß die Behandlung, die man der Meerschweinchenuntersuchung entnehmen wollte, um sie auf den Menschen zu übertragen, bei einer «merkwürdig großen» Anzahl von Meerschweinchen sich als ungünstig erwiesen hat. Nämlich von der ganzen großen Anzahl von Meerschweinchen, die man mit dem Serum behandelt hat, ist ein einziges gewesen, das einen günstigen Erfolg aufzuweisen hatte; ein einziges Meerschweinchen in seinem also maskierten Tierheilungsprozeß – in dem Momente, als man schon anfing, für die Serumbehandlung die große Trommel zu schlagen! Das möchte ich nur als eine Tatsache anführen. Ich glaube, daß es einige von Ihnen wohl wissen werden. Und diese, ich möchte sagen, außerordentliche Lottrigkeit in einem wissenschaftlichen Auftreten verdient denn doch eigentlich in der Wissenschaftsgeschichte genauer berücksichtigt zu werden.

Aber was prinzipiell angeführt werden soll heute zum Schlusse und morgen oder in den nächsten Tagen ausgeführt werden soll, das ist doch dieses, daß Sie gesehen haben, daß nicht diejenigen Prozesse des außermenschlichen Wesens die unmittelbar im Menschen wirksamen sind, die so unmittelbar an der Oberfläche liegen, sondern diejenigen, die man erst aus dem tieferen Wesen hervorholen muß.

Nun ist der Mensch eben in einer gewissen Weise verwandt mit dem, was er herausgesetzt hat, dem Phosphorprozeß, dem Salzprozeß, dem Blütenprozeß, dem Fruchtprozeß, dem Verwurzelungsprozeß, dem Blattentstehungsprozeß, aber so, daß er zu alledem eben in einer wirklichen Umkehrung lebt, daß er in sich trägt die Tendenz, dasjenige, was in dieser außermenschlichen Natur zur Darstellung kommt, aufzuheben, ins Gegenteil umzukehren.

Das ist nicht dasselbe gegenüber dem Tiere. Denn das Tier hat schon auf halbem Wege diesen Prozeß durchgemacht. Der Mensch steht nicht in demselben Sinne entgegengesetzt zum Tiere. Er steht gewissermaßen zum Tiere im rechten Winkel, während er zur

Pflanze im Winkel von 180 Grad steht. Und das ist etwas, was im höchsten Maße in Betracht kommt, wenn die Frage entsteht nach der Anwendung solcher tierischer Mittel, wie es Serum oder dergleichen ist.

SECHSTER VORTRAG

Dornach, 26. März 1920

Bezüglich dessen, was heute auszuführen ist, habe ich eigentlich etwas Sorge. Denn könnte ich ein Vierteljahr darauf verwenden, diese Dinge auszuführen, so würde es nicht leicht sein, sie bloß für Phantasien zu halten. Aber da ich sie gewissermaßen nur um das Folgende, das dann auf die speziellen Seiten des Heilens eingehen soll, völlig verständlich zu machen, kursorisch durchführen kann in dieser heutigen Stunde, so wird manches wie, ich möchte sagen, bloß hingestellt erscheinen. Dennoch werde ich mich bemühen, in der Art, wie ich darstelle, zu zeigen, daß diese Dinge alle gut und sogar besser fundiert sind als diejenigen Dinge, die die heutige Naturwissenschaft zu ihren Grundlagen hat. Da möchte ich heute zunächst davon ausgehen, Ihnen den Pflanzenbildungsprozeß als solchen in seinem kosmischen Zusammenhange hinzustellen. Wir haben ja darauf aufmerksam gemacht, wie im Menschen gewissermaßen funktionell der umgekehrte Prozeß tätig ist, der sich im Pflanzenwerdeprozeß offenbart. Es ist daher notwendig, um die direkte Beziehung der Pflanzenwelt zum Menschen zu finden, diesen Pflanzenwerdeprozeß wenigstens andeutungsweise hier vorzuführen. Wenn Sie die Pflanze sich ansehen, so werden Sie finden, daß sie ganz entschieden zwei entgegengesetzte Tendenzen in ihrem ganzen Bildeprozeß hat. Die eine geht nach der Erde hin. Und ich habe ja schon gestern angedeutet, daß gewissermaßen bei den baumartigen Pflanzen in dem Stamm die Erde gewissermaßen aufgestülpt ist, so daß die Blüten beim Baum mit den dazugehörigen Blättern im Stamm so wurzeln, wie sonst die bloß krautartigen Pflanzen oder gar die niederen Pflanzen in der Erde wurzeln.

Nun werden wir da hingewiesen auf der einen Seite zu der Tendenz der Pflanzen nach der Erde. Aber auf der anderen Seite strebt die Pflanze von der Erde weg. Sie strebt nicht nur von der Erde weg wie durch eine mechanische Kraft, die sich der Anziehungskraft der Erde entgegensetzt, sondern sie strebt von der Erde in ihrem ganzen, auch inneren Bildungsprozeß weg. Die Vorgänge in der Blüte werden andere als die Vorgänge in der Wurzel. Die Vorgänge in der Blüte werden viel abhängiger von dem Außerirdischen, von dem Außertellurischen als die Vorgänge in der Wurzel. Und auf diese Abhängigkeit der Blütenbildung von den nicht eigentlich irdischen Kräften müssen wir zunächst hinsehen. Denn wir werden finden, daß dieselben Kräfte, die von der Pflanze gebraucht werden, um den Blüten- und Samenbildungsprozeß außen in der Blüte einzuleiten, daß dieselben Prozesse notwendig werden wegen der Ihnen in den vorhergehenden Vorträgen angedeuteten funktionellen Umkehrung des Pflanzenprozesses im Menschen, im menschlichen Unterleibe und in all dem, was die Entleerungen, die Absonderungen und auch was die Grundlage der Sexualität betrifft, zu finden sind. So werden wir gerade, wenn wir diese Beziehung des Menschen zur Pflanze aufsuchen, auch im einzelnen auf den außertellurischen Prozeß der Pflanze ebensogut verwiesen wie auf den tellurischen.

Ich möchte nicht versäumen, Sie darauf aufmerksam zu machen, daß dasjenige, was ich hier vortrage, nicht entlehnt ist älteren medizinischen Schriften, sondern auf durchaus gegenwärtiger geisteswissenschaftlicher Forschung beruht. Nur muß versucht werden, zuweilen in der Terminologie auf die ältere Literatur zurückzugreifen, weil ja die neuere Literatur eine Terminologie nach dieser Richtung hin noch nicht ausgebildet hat. Aber derjenige, der glauben würde, daß irgend etwas hier vorgetragen wird, was nur älteren Schriften entnommen ist, der würde sich eben sehr irren.

Wenn Sie das Pflanzenwachstum verfolgen, wie es von dem Irdischen aufwärts geht, so werden Sie zunächst verwiesen werden müssen auf den spiraligen Gang in der Entstehung, in dem Bildeprozeß der Blätter und auch der Blüte. Gewissermaßen befolgen die Bildekräfte der Pflanze eine Art spiraligen Gang um den Stengel herum. Dieser spiralige Gang kann nicht aus inneren Spannkräften etwa der Pflanze abgeleitet werden, sondern er ist zurückzuführen auf die Einwirkung des Außertellurischen, namentlich in seiner

Hauptsache auf die Einwirkungen des, sagen wir, scheinbaren – denn es ist ja doch die Bewegung der Erde zur Sonne nur relativ zu nehmen –, also des scheinbaren Sonnenweges. Man kann in einer gewissen Beziehung durchaus studieren nach besseren Anhaltspunkten, als die galileisch-mathematischen sind, den Gang der Sterne aus dem Gang der Bildeprozesse bei der Pflanze. Denn was die Sterne tun, das bildet die Pflanze getreulich nach.

Nun aber würde man ganz fehlgehen, wenn man glauben würde, daß nur dieser von der Erde nach aufwärts gehende, von der Sonne abhängige Bildungsgang in der Pflanze tätig sei, sondern es wirken die Sterne zunächst zu einer Resultierenden zusammen mit den durch die Sonne bewirkten Bewegungen unseres Planetensystems, und zwar so, daß gewissermaßen die Sonnenkraft die Pflanze ganz sich aneignen und sie fortwährend fortsetzen würde ins Unendliche,

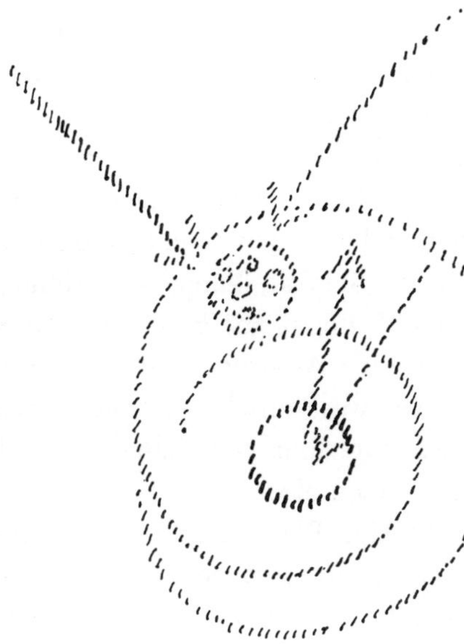

wenn dieser Sonnenkraft nicht entgegentreten würden die sogenannten äußeren Planetenkräfte wiederum mit ihren Spiralen (siehe Zeichnung Seite 119). Denn in Wirklichkeit bewegen sich die Planeten nicht in Ellipsen, sondern in Spiralen. Die ganze kopernikanische

Weltanschauung müßte ja eigentlich heute schon geprüft und durch eine andere ersetzt werden. Die sogenannten äußeren Planeten, zu denen wir zu rechnen haben Mars, Jupiter und Saturn – Uranus und Neptun sind nur astronomisch zu unserem System zu zählen, sie gehören nicht in Wirklichkeit zu unserem System, sie sind dadurch in unser System hineingekommen, daß sich Fremdkörper, die außerhalb dieses Systems lagen, gewissermaßen diesem System angeschlossen haben, so daß man schon richtig spricht, wenn man von diesen erst von unserem Planetensystem eingeladenen Körpern, die da mitkommen, die eigentlich Gäste sind, absieht –, diese äußeren planetarischen Kräfte, die bewirken einen Rückgang der nach oben gerichteten Kraft, indem sie dasjenige, was sonst bloß in der Blattspirale zum Ausdruck kommen würde, zurückstauen und die Blüten- und Samenbildung bewirken. Wenn Sie also von der Blattbildung an das Werden der Pflanze nach oben betrachten, so müssen Sie seinen Ursprung zuschreiben denjenigen Kräften, die aus dem Zusammenwirken entstehen des Sonnigen mit dem Marshaften, Jupiterhaften und Saturnhaften.

Nun wirken aber nicht nur diese zwei Elemente zusammen, sondern ihnen wiederum wirkt entgegen dasjenige, was namentlich vom Monde ausgeht und von den sogenannten unteren Planeten, von Merkur und Venus. Merkur, Venus und Mond sind dasjenige, was in der Pflanze die Tendenz zur Erde, nach unten, erzeugt und was seinen bezeichnendsten Ausdruck findet in der Wurzelbildung. So daß alles dasjenige, was irdisch erscheint, eigentlich zugleich beeinflußt ist von den untersonnigen Planeten mit dem Monde im Zusammenhange. Sie haben also in der Pflanze, ich möchte sagen, das ganze zu uns gehörige Planetensystem ausgedrückt. Ehe man nicht kennt, wie sich in der Pflanze das ganze zu uns gehörige Planetensystem ausdrückt und wie es sich andererseits im Menschen wiederum ausdrückt, kann man eigentlich den Zusammenhang zwischen dem Pflanzensystem und dem Menschensystem gar nicht durchschauen.

Sie brauchen nun ja nur hinzusehen auf die Tatsache, daß, wenn Sie Pflanzen verbrennen, welche nach dem Wurzelhaften hinneigen, welche also den Prozeß der Blüten- und Samenbildung weniger durchmachen als diejenigen Pflanzen, die nach der Blütenbildung hinneigen, oder überhaupt Pflanzenwurzeln verbrennen, daß da wesentlich mehr Aschenbestandteile sind, als wenn Sie Blüten verbrennen, oder auch wenn Sie Misteln oder baumartige Pflanzen verbrennen. Der Unterschied rührt einfach davon her, daß das Untersonnige, das Mondhafte, das Merkurhafte, das Venushafte mehr wirkt auf solche Pflanzen, die nach der Wurzelbildung hin die starke Tendenz zeigen. Da finden Sie in der Asche Eisen, Mangan, Kiesel, also Bestandteile, welche ja direkte Heilmittel darstellen, und die dann als Heilmittel auch auftreten, wenn man irgend etwas aus der Pflanze verwendet. Dagegen finden Sie wenig Aschenbestandteile, wenn Sie die entgegengesetzte Art von Pflanzen verbrennen. Das, was sich da im Verbrennungsprozeß ausdrückt, das ist ja zunächst dasjenige, was, ich möchte sagen, ein richtiges äußeres Dokument ist für diese Zugehörigkeit der Pflanze zum ganzen Kosmos, nicht bloß zu dem, was auf der Erde zu finden ist.

Betrachten Sie den Pflanzenprozeß noch vollständiger. Er bricht gewissermaßen, wenn wir es nur mit den einjährigen Pflanzen zu tun haben, in einer bestimmten Jahreszeit ab mit der Samenbildung. Diese Samenbildung haben wir also vorzugsweise auf das Außerirdische zurückzuführen. Aber sie wird abgebrochen und sie wird dem Irdischen übergeben und gewissermaßen auf einer niedrigeren Stufe muß sich im neuen Jahre das wiederum fortsetzen, was im alten Jahre auf einer gewissen höheren Stufe angelangt ist. So daß Sie einen merkwürdigen Gang beobachten können in dem ganzen Pflanzenwuchs. Denken Sie sich, das sei die Erdoberfläche, dann haben Sie die ganze Pflanze herausgewachsen aus der Erde, entgegen dem Außerirdischen (siehe Zeichnung Seite 122). Dasjenige aber, was im Außerirdischen gebildet ist, wird wiederum zurückversetzt in die Erde, und der Kreislauf beginnt von neuem. So daß sich, wenn Sie das ganze Pflanzenwachstum betrachten, eigentlich jedes Jahr die Himmelskräfte unter die Erde hineinversenken, damit sie sich verbinden mit den Kräften der Erde und neuerdings sich dieser Kreislauf vollzieht. Sie senken also jedes Jahr hinunter das Blüten-Fruchthafte in das Wurzelhafte und erreichen dadurch jene Zyklen, denen das ganze Pflanzenwachstum unterworfen ist.

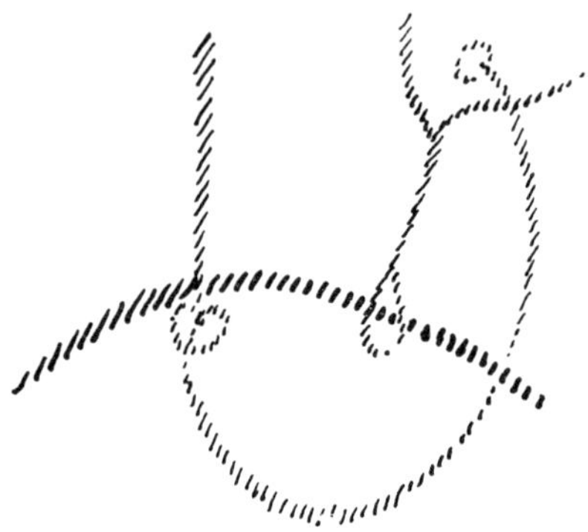

Sehen Sie, das weist Sie zunächst darauf hin, daß wir es in dem, was wir als die Erdenflora bezeichnen, in der Tat mit etwas zu tun haben, was eine Wechselwirkung der Erde selbst in ihrer Vollständigkeit mit dem Außertellurischen darstellt. Das erstreckt sich nun nicht bloß auf die Gestalt, sondern auch auf den inneren Chemismus und auf das ganze Organsystem. Denn geradeso wie überwunden wird dasjenige, was erdenhaft ist, durch das Kosmische im Mechanischen in der Gestalt, so wird auch gewissermaßen der Erdenchemismus in der Pflanze überwunden durch das Außerirdische, und wenn er bis zu einem gewissen Grade überwunden ist, muß er wiederum zurückversetzt werden in das Irdische, um irdischen Chemismus darzustellen. Sie haben dann nicht weit, sich klarzumachen, daß der irdische Chemismus sich äußerlich zeigt in all dem, was im Aschenhaften sich ausdrückt, daß sich der irdische Chemismus also ausdrücken läßt durch dasjenige, was ausfällt von dem Lebendigen. Das aber unterliegt der Schwere, während das Nachhinaufwachsen der Pflanze ein fortwährendes Überwinden der Schwere und der anderen erdgebundenen Kräfte ist, so daß wir sprechen können von einem polarischen Gegensatz zwischen der Schwere und dem Lichte. Das Licht ist dasjenige, was fortwährend die Schwere überwindet. Und in diesen Kampf zwischen Schwere und Licht, zwischen demjenigen, was nach der Asche hindrängt, und demjenigen, was nach dem Feuer hindrängt, in diesen Prozeß ist die Pflanze in einer gewissen Weise eingespannt. Und wir werden da verwiesen auf diesen polarischen Gegensatz des Aschewerdens und desjenigen, was im Feuer sich offenbart, auf den Gegensatz des Ponderablen und Imponderablen. Nun, da haben wir auf der einen Seite die Pflanzenwelt in ihrem kosmischen Zusammenhange.

Wenn Sie den Menschen betrachten, so werden Sie ja schon nach den Auseinandersetzungen der vorangehenden Tage nicht finden können, daß Sie mit ihm zurecht kommen, wenn Sie ihn nicht nun auch polarisch orientiert denken. Denn ich habe Ihnen einerseits dargestellt, daß dasjenige, was in der Pflanze von unten nach oben wächst, beim Menschen von oben nach unten wächst, so daß in dem Sexuellen und in den Ausscheidungsprozessen beim Menschen das Blütenhafte und Samenhafte nach unten geht, während das Einwurzelnde nach oben geht. Nur ist es beim Menschen funktionell, bei der Pflanze ist es ein materieller Prozeß.

Daraus sehen Sie schon, daß wir im Menschen etwas Entgegengesetztes haben von dem, was in der Pflanze vorliegt. Aber wir haben nicht bloß im Menschen das Entgegengesetzte, sondern wir haben auch den Träger des Entgegengesetzten. So daß Sie sich sagen müssen: Sie haben auf der einen Seite im Menschen funktionell gewissermaßen das nach oben sich Einwurzelnde, das nach unten Wachsende, Pflanzenhafte, und darum herum sein Materielles, das nun wiederum die Tendenz von unten nach oben hat. So daß wir dasjenige, was eigentlich bei der Pflanze künstlich gemacht wird, das Herausnehmen aus der Sphäre des Oberen und das Hineinsenken in die Sphäre des Unteren, beim Menschen kontinuierlich haben. Da wirkt immer zusammen eine Tendenz in den Prozessen von oben nach unten und von unten nach oben. Und in diesem Wechselspiel besteht eigentlich das menschliche gesunde und kranke Leben. Und sehen Sie, man versteht wirklich die komplizierten Prozesse des Menschen ganz und gar nicht, wenn man nicht ins Auge faßt, daß die Dinge so sind, wie ich sie eben jetzt dargestellt habe, daß auf der einen Seite ein Träger vorhanden ist, der von der Erde nach oben wirkt, und von der anderen Seite etwas sich einschiebt in diesen Träger, was von oben nach unten wirkt.

Wie in dem Zusammenspiel dieser Kräfte das Menschenleben im gesunden und kranken Zustand besteht, das kann man leicht einsehen, wenn man, ich möchte sagen, mit halber Verzweiflung vor einer sehr wichtigen Tatsache steht, daß nämlich der menschliche Organismus ganz anders behandelt werden muß, sobald seine oben gelegenen Teile in Betracht kommen und sobald seine gewissermaßen unter dem Herzen gelegenen Teile in Betracht kommen. Da muß der Mensch sogar nach verschiedenen Prinzipien betrachtet werden. Das drückt sich aus in Tatsachen wie zum Beispiel dem für viele rätselhaften Verhalten, sagen wir, der Kraniotabes zu der gewöhnlichen Rachitis, zwei Dinge, die für den, der den Menschen als Einheit betrachtet, so nahe beieinander liegen, während sie eben dadurch, daß sie ihre Ausgänge haben von verschiedenen Gebieten des Menschen, die polarisch entgegengesetzt sind, auch durchaus nach verschiedenen Prinzipien hin angeschaut werden müssen. Das erstreckt sich in bedeutsamer Weise auf den Heilungsprozeß. Daher werden Ärzte, die bei der Rachitis in irgendeiner Weise gewisse Erfolge verzeichnen durch eine Phosphorbehandlung, wahrscheinlich bei der Kraniotabes nicht die geringsten Erfolge verzeichnen bei der Behandlung, sondern es muß da die entgegengesetzte Behandlung durch eine Therapie mit vielleicht irgendeinem kohlensauren Kalk oder dergleichen eintreten. Das ist aber, ich möchte sagen, nur der Ausdruck für eine ganz allgemeine Tatsache, die auszusprechen schon etwas unbehaglich ist, aber die doch durchaus wahr ist. Das ist nämlich diese, daß da, wo es sich um Menschenbehandlung handelt, wo man also auf das medizinische Gebiet kommt, wenn irgend etwas gesagt wird, das Gegenteil davon auch immer für gewisse Fälle richtig sein kann – und das ist das Fatale, sehen Sie. Es ist durchaus möglich, daß irgend jemand einen durchaus richtigen Heilweg für das oder jenes angibt und daß für scheinbar ganz dieselben Erscheinungen am Organismus dieser Heilweg angewendet durchaus kein Heilweg ist, sondern daß der entgegengesetzte eingeschlagen werden muß. So daß man immer in der Medizin die eine Heiltheorie durch eine andere aus dem Felde schlagen kann, wenn man sich nicht dessen bewußt ist, daß eben nur ein Teil des Menschen mit einer Heilmethode behandelt werden kann und ein anderer Teil des Menschen mit einer anderen Heilmethode behandelt werden muß. Das ist dasjenige, was wir gerade hier durchschauen müssen.

Nun aber handelt es sich darum, daß wir dasjenige, was gewissermaßen bei der Pflanze uns gesondert entgegentritt, was beim Menschen eine Seite seiner Organisation ausmacht, ordentlich ins Auge fassen. Ich habe Sie gestern aufmerksam gemacht auf die drei gewissermaßen der außermenschlichen Natur eigenen Bildungsimpulse, den salzigen Bildungsimpuls, den merkurialen Bildungsimpuls und den Bildungsimpuls, der darinnen besteht, daß gewisse Körper, wie Phosphor oder Schwefel, in sich aufbewahren die Kräfte der Imponderabilien, Träger der Imponderabilien sind.

Welches ist denn mit Bezug auf dasjenige, was ich heute gesagt habe, der Unterschied zwischen diesen drei verschiedenen inneren Bildungsimpulsen der außermenschlichen Natur? Alles dasjenige, was salzartig ist in seinem Prozeß, also, besser gesagt, zur Salzbildung führt in seinem Prozeß, das ist dasjenige, was überführt die inneren Vorgänge in den Bereich der Schwere. Diejenigen, welche alte medizinische Werke lesen, die würden gut tun, wenn sie überall da, wo vom Salzigwerden der Substanzen geredet wird in alten Schriften, immer hinzudenken würden: Da wird durch diesen Prozeß unterworfen die betreffende Substanz der Kraft der Schwere; während durch den entgegengesetzten Prozeß, durch den Lichtprozeß entzogen werden allerdings dann die Imponderabilien der Kraft dieser Schwere. – So daß also, wenn wir für die übrigen Imponderabilien als Stellvertreter, als Repräsentanten das Licht setzen, wir immer auch in der außermenschlichen Natur durchgehend zu denken haben den Kampf zwischen dem Licht und der Schwere, zwischen demjenigen, was nach dem Außerirdischen strebt, und demjenigen, was die irdischen Substanzen nach dem Mittelpunkt hin tendieren läßt. Wir haben darinnen zunächst den Gegensatz Schwere–Licht und das pendelnde, fortwährende

Gleichgewichtsuchen zwischen Schwere und Licht, was sich in dem Merkurialen zum Ausdruck bringt. In dem Merkurialen ist nichts anderes enthalten als dasjenige, was das fortwährende Suchen des Gleichgewichtszustandes darstellt zwischen dem Licht und der Schwere.

Nun handelt es sich darum, diesen Gegensatz zwischen dem Salzhaften, dem Phosphorischen und dem Merkurialen in der Tat hineinzustellen in den ganzen Kosmos, in das Schwere, in das Lichthafte und in den Gegensatz zwischen beiden, das heißt in das Ausgleichsuchen zwischen beiden. Nun sehen Sie, in diesen vollen Gegensatz ist in einer merkwürdigen Weise hineingestellt die ganze menschliche Herztätigkeit. Das ist ja, ich möchte sagen, das Schreckliche in der gegenwärtigen naturwissenschaftlichen Anschauung, daß man sich – abgesehen von jenem Pump-System, das man auf das Herz anwendet und dessen Unhaltbarkeit ich Ihnen schon dargestellt habe – heute alles so vorstellt, als ob es sich erschöpfen würde in seiner Tätigkeit, die gewissermaßen mit der Haut des betreffenden Wesens nach außen abgeschlossen wäre. Man stellt sich ja heute nicht viel anders vor, als daß das Herz in irgendeinem Zusammenhang halt steht mit dem, was da durch den Körper pulsiert. Aber es ist nicht so, sondern als Organwesen ist der Mensch in den ganzen Weltprozeß eingeschaltet, und das menschliche Herz ist nicht nur ein Organ, das in seinem Organismus ist, sondern es ist etwas, was zum ganzen Weltenprozesse gehört. Und dasjenige, was sich in der Pflanze abspielt, das Zusammenwirken des Obersonnigen und des Untersonnigen, das spielt sich im Menschen ab und findet seinen Ausdruck in den Herzbewegungen. Die Herzbewegungen sind nicht nur ein Abdruck desjenigen, was im Menschen geschieht, sondern durchaus auch ein Abdruck außermenschlicher Verhältnisse. Wenn Sie das Herz des Menschen in Betracht ziehen, so spiegelt sich darinnen, ich möchte sagen, im Grunde genommen der ganze Weltenprozeß. Der Mensch ist eigentlich nur als geistig-seelisches Wesen individualisiert. Er ist eingeschaltet in den ganzen Weltenprozeß dadurch, daß zum Beispiel sein Herz in seinen Schlägen tatsächlich ein Ausdruck ist nicht für das, was im Menschen vorgeht, sondern für jenen Kampf, der zwischen Licht und Schwere sich im ganzen Kosmos abspielt.

Ich habe öfter für die Laienwelt dieses Hineingestelltsein des Menschen in den Kosmos durch das gröbste Anschauliche darzulegen versucht, indem ich folgende Rechnung angestellt habe. Wenn Sie annehmen, daß der Mensch ungefähr in der Minute achtzehn Atemzüge hat, dann werden Sie finden, daß die Anzahl dieser Atemzüge in einem Tage, in vierundzwanzig Stunden, eine bestimmte ist: Sie bekommen 25920 Züge. Nehmen Sie einen einzigen menschlichen Lebenstag und betrachten Sie, daß Sie im Jahre 365 Tage haben, nehmen Sie an, der Mensch erreicht eine mittlere höchste Lebensdauer – man kann natürlich viel älter werden – von 71 Jahren, so bekommen Sie genausoviele Lebenstage für den menschlichen Lebenslauf als Atemzüge im einzelnen vierundzwanzigstündigen Tag – 25915. Und wenn Sie den ganzen Umlauf der Sonne um den Tierkreis herum nehmen, also ein platonisches Jahr, diejenige Zeit, welche die Sonne braucht, um, sagen wir, wenn sie im Widder aufgeht im Frühlingspunkt, wiederum zurückzukommen, so bekommen Sie 25920 Jahre. Da haben Sie ein merkwürdiges Zahlenbeispiel für den Zusammenhang des Menschen mit dem ganzen Weltenall, denn es stellt Ihnen in Jahren der Sonnenlauf, das platonische Jahr, etwas dar, was durch dieselbe Zahl auszudrücken ist wie die Lebenstage des Menschen. Das, sehen Sie, ist recht anschaulich darzustellen, aber es weist in außerordentliche Tiefen des Weltbestandes hinein. Sie brauchen sich ja nur dasjenige, was wir in der Anthroposophie auch betonen müssen, vor Augen zu halten, daß, wenn der Mensch einschläft, sein Ich und sein astralischer Leib herausrücken aus dem physischen Leib und Ätherleib und beim Aufwachen wiederum hineinrücken. Sie brauchen sich das nur vorzustellen als eine Art von Aus- und Einatmen des Geistig-Seelischen durch den physischen Leib, so haben Sie solche Atemzüge, die da vollzogen werden durch dieses Aus- und Einatmen während eines menschlichen Lebenslaufes, der also für irgend etwas ein Tag sein muß, 25915 oder 25920 – nicht wahr, es sind Schalttage, dadurch kommt dieser Unterschied von fünf wieder heraus. Und wiederum muß irgend etwas im Weltenall sein, was nach derselben Zahl mit einem Sonnenumlauf, scheinbaren Sonnenumlauf zusammenhängt. Da haben Sie einen Rhythmus im Weltengang drinnen, der sich im Großen ausdrückt, der sich ausdrückt im einzelnen menschlichen Lebenslauf und der sich ausdrückt in den Atmungsprozessen des einzelnen Tages. Es wird Ihnen nicht mehr so wunderbar erscheinen, daß aus dem alten atavistischen Anschauen heraus die Vorwelt gesprochen hat von Tagen und Nächten des Brahma, von einem Aus- und Einatmen der Welt, weil sie gefunden hat, daß dieses Aus- und Einatmen der Welt sein kleines mikrokosmisches Bild in dem täglichen Lebensprozeß des Menschen hat.

Durch solche Dinge, wahrhaftig nicht durch irgendwelche Sympathien und Antipathien, sondern durch solche Dinge, die auf sehr Konkretem beruhen, kommt man eigentlich erst zu einer wahren Verehrung der Urweisheit. Ich kann Ihnen die Versicherung geben, ich wäre kein Verehrer der Urweisheit, wenn ich mich nicht in unzähligen Fällen überzeugt hätte, daß man heute zur Entdeckung von Dingen kommt, die sich in der Urweisheit wiederum finden und die ganz verschwunden sind zwischen dem, was die Menschen der Urweisheit wußten, und dem, was wir heute wiederum erreichen können. Nicht aus einem allgemeinen Hindrängen zur Urweisheit geht das hervor, was derjenige, der wirklich nach Erkenntnis strebt, sich als eine Verehrung der Urweisheit erzieht, sondern es kann gerade aus einem Durchschauen bestimmter, ganz konkreter Verhältnisse hervorgehen.

Nun, so haben wir, wenn wir das Lichthafte suchen wollen, unseren Blick hinzurichten auf all das, was gewissermaßen in unserem Planetensystem im Obersonnigen ist, im Marshaften, Jupiterhaften, Saturnhaften. Und da alles dasjenige, was auf der Erde geschieht, eine Wirkung in gewissem Sinne desjenigen ist, was außerirdisch vorhanden ist, so müssen wir im Irdischen eben diese Wirkungen desjenigen auffinden, was da im Kosmos vor sich geht. Das führt dahin, in den irdischen Substanzen nicht in einer so abstrakten, phantastischen Weise die Gründe für ihre Konfiguration oder für ihre

Aggregatzustände zu suchen, wie es die heutige Molekular-Physik oder Molekular-Atom-Chemie tut. Diese Atom-Chemie schaut gewissermaßen in dasjenige hinein, wohinein man nicht schauen kann, in das Innere der Körperkonstitution, ersinnt allerlei schöne Ahnungen von Atom und Molekül und spricht dann – vielleicht heute schon weniger, aber man hat vor ein paar Jahrzehnten sehr stolz gesprochen – von «astronomischer Erkenntnis» desjenigen, was da im Innern der Körperstruktur vor sich geht. Man hat vor einiger Zeit davon gesprochen. Heute photographiert man diese Dinge, wie ich im vorgestrigen öffentlichen Vortrage gesagt habe; auch in spiritistischen Kreisen photographiert man – Geister. Und da die Naturforscher heute nicht geneigt sind, an die Geisterphotographien zu glauben, so müssen sie es den anderen, die diese Dinge durchschauen, schon gestatten, daß *sie* nicht an ihre Atomphotographien glauben; denn diese unterliegen demselben wie die Geisterphotographien.

Dasjenige, mit dem man es zu tun hat in den Pflanzen, das sind nicht die Kräfte, die an die Atome und Moleküle gebunden sind, sondern die Kräfte, die von außerhalb der Erde wirken und die in die irdische Substanz hineinwirken. Also wenn wir eine irdische Substanz konfiguriert haben, so sind es nicht darinnen diese kleinen Dämonen, die Atome und Moleküle, die die Konfiguration bewirken, sondern es sind die kosmischen Kräfte, die in irgendeiner Weise wirken. Wenn, sagen wir, eine Konstellation im Außertellurischen besteht, daß auf einen Punkt der Erde besonders günstig wirken kann, sagen wir, aus unserem Planetensystem der Saturn, er dann günstig wirken kann, wenn möglichst von seiner Wirkungslinie weit weg sind – wenn also hier dieses die Erde ist und der Saturn auf die Erde wirkt (siehe Zeichnung Seite 130) – die andern Wirkungslinien, also Sonnenwirkung, Marswirkung und so weiter nicht in seiner Bahn oder nahe außerhalb seiner Bahn liegen, sondern möglichst weit weg sind, so daß gewissermaßen der Saturn allein wirkt, so wird, da unsere Erde durch andere Gründe spezifiziert ist, wenn gerade an dieser Stelle der Erde eine günstige Disposition vorliegt für diese Saturnkräfte, die nur wenig in diesem Falle beeinflußt werden von andern außerirdischen Kräften, in der irdischen Substanz eine Struktur bewirkt, die eben anders ist, als wenn zum Beispiel der Mars unter denselben Verhältnissen wirkt. Wir sehen in den irdischen Substanzen eben nichts anderes als die Produkte des Zusammenwirkens der Sternenkräfte. So daß in dem Falle, den ich herausgeschnitten habe hier, wo der Saturn auf gewisse Stellen der Erde besonders günstig und durch lange Zeiten wirkt, uns die Wirkung in dem Produkt dann ersichtlich wird, indem wir es da zu tun haben mit der Entstehung von Blei.

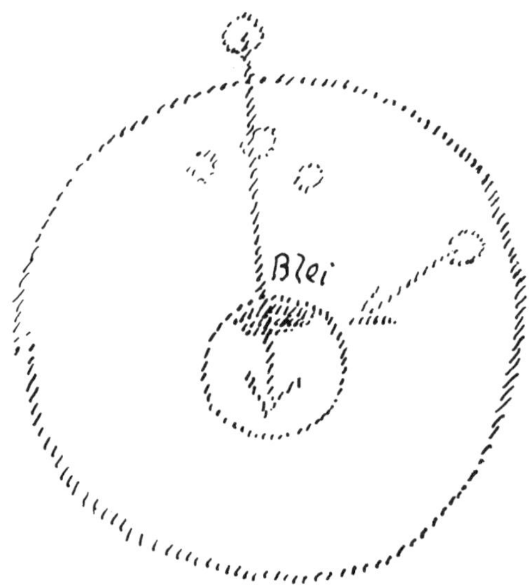

Das ist der Grund, warum man gewisse irdische Substanzen namentlich metallischer Art mit gewissen Konstellationen im außertellurischen Kosmos zusammenbringen muß. Da kann man eben nicht anders, als dasjenige, was die heutige Forschung, die heutige Geisteswissenschaft bieten kann, wiederum in einen Parallelismus zu bringen mit dem, was früher aus der Urweisheit heraus dargeboten worden ist, was eigentlich erst verstanden werden kann, wenn man es wieder entdeckt. Denn es sind die älteren Schriften für den heutigen chemisch oder physikalisch denkenden Menschen eigentlich im Grunde genommen unmöglich zu lesen. Das kann das Beispiel lehren, das ein nordischer sehr gescheiter Gelehrter in einer Geschichte der Alchemie verzeichnet hat, wo er einen Prozeß darstellt, der, wie er ganz recht sagt, nach den heutigen chemischen Begriffen ein Unsinn ist, denn man findet nichts heraus. Es ist ein Bleiprozeß. Aber der gute Herr hat nicht erkannt, daß damit der Samenbildungsprozeß erklärt wird. Er hat geglaubt, es ist damit der Prozeß im Laboratorium erklärt. Da ist es natürlich ein Unsinn. Daß man aber vollständig die Terminologie, ich möchte sagen, auf einen anderen Plan bringen muß, daß man bei manchen Ausdrükken etwas ganz anderes denken muß, weiß eben der Herr nicht, daher ist es für ihn ein Unsinn. Er hat ebenso recht, wie er unrecht hat, natürlich.

Man kann also nicht anders, als die irdischen Substanzen in Zusammenhang bringen mit den Kräften, die aus der Umgebung der Erde auf die Erde hereinwirken. Da ergibt das Studium namentlich der Metalle, wenn es so getrieben wird, wie ich es Ihnen auch in diesen Vorträgen andeuten will, eben ganz bestimmte Zusammenhänge, so daß wir zuordnen müssen zum Beispiel das Blei vorzugsweise den durch anderes nicht gestörten Saturnwirkungen, das Zinn den durch anderes nicht gestörten Jupiterwirkungen, das Eisen den durch anderes nicht gestörten Marswirkungen, das Kupfer den durch anderes nicht gestörten Venuswirkungen, das Quecksilber, wie wir es heute in der Chemie so bezeichnen, den durch anderes nicht gestörten Merkurwirkungen – die Alten haben deshalb *den* Merkur und *das* Merkur gleich bezeichnet – und wir werden eine Verwandtschaft erkennen müssen zwischen allem Silbrigen – ich sage hier ausdrücklich Silbrigen – und demjenigen, was ungestörte Mondwirkungen sind. Es ist wirklich sehr nett, wenn man in der heutigen Literatur liest, daß in älteren Zeiten die Verwandtschaft des Silbers mit dem Mond konstatiert worden ist dadurch, daß der Mond silberglänzend aussieht, und daß man sich rein nach dieser äußeren Eigenschaft gerichtet hätte. Wer weiß, wie in ihrer Art allerdings sorgfältig die Studien über die einzelnen Metalle waren, die da gemacht worden sind, der wird einem solchen Irrtum nicht unterliegen können. Allein, Sie sehen daraus, daß reichlich

Gelegenheit geboten ist nun zu anderen Substanzen. Denn das, was ich Ihnen genannt habe: Blei, Zinn, Eisen, Kupfer, Quecksilber und Silber, sind ja nur die ausgezeichnetsten Substanzen. Es ist reichlich Gelegenheit geboten zu anderen Substanzen dadurch, daß allerlei andere planetarische Wirkungen mit den angedeuteten nun eben in Konkurrenz treten, daß also zum Beispiel in die Linie der Saturnwirkung hineinfallen die Linien der Marswirkung und so weiter. Dadurch entstehen eben die weniger repräsentativen Metalle. Jedenfalls aber haben wir in der Metallwelt der Erde das Ergebnis außertellurischer Kräftewirkungen zu sehen. Damit aber wird in einer gewissen Weise dasjenige, was wir in der Metallwirkung zum Ausdrucke gebracht haben, zusammengeschlossen mit dem, was wir in der Pflanzenbildung sehen. Denn nehmen Sie dasjenige, was in den Agentien von Blei, Zinn und Eisen liegt, so haben Sie ungefähr alles dasjenige zusammen, was nun auch liegen muß in alledem, was zusammenhängt mit der Blüten- und Samenbildung der Pflanzen, insofern sie außer dem Irdischen über der Oberfläche der Erde geschehen, mit alledem, was kupferig, merkurial, silberhaft ist, muß zusammenhängen alles dasjenige, was mit der Wurzelbildung der Pflanze zusammenhängt.

Während auf der einen Seite das Merkuriale als ein gewisser Ausgleich vorliegt, kommen Sie ja selbstverständlich dazu, auf der anderen Seite einen anderen Ausgleich suchen zu müssen. Denn sehen Sie, das Merkuriale ist der Ausgleich zwischen dem Tellurischen und dem gewissermaßen Übertellurischen. Aber unser ganzes Weltenall ist ja in Wirklichkeit durchsetzt von Geist. Und da stellt sich, ich möchte sagen, eine andere Polarität ein. Wenn Sie sich hier das Irdische vorstellen, dann das Außerirdische, so haben Sie den Gegensatz von Licht und von Schwerkraft im Irdischen und Außerirdischen. Aber damit haben Sie nur die Möglichkeit, auf einen Gleichgewichtszustand hinzublicken zwischen dem Irdischen und Außerirdischen.

Aber nun gibt es einen anderen Gleichgewichtszustand zwischen dem, was nun gleichmäßig alles Irdische und Außerirdische durchdringt, und diesem selbst, nämlich zwischen dem Geistigen und dem

Materiellen, ob das Materielle nun imponderabel oder ponderabel ist. In jedem Punkte des Materiellen muß wiederum das Gleichgewicht gehalten werden zwischen dem Geistigen und diesem Materiellen; aber auch im Weltenall. Das nächste, wo es für uns im Weltenall gehalten wird, ist die Sonne selbst. Die Sonne hält den Gleichgewichtszustand zwischen dem Geistigen im Weltenall und dem Materiellen im Weltenall. Daher entspricht die Sonne, ich möchte sagen, zu gleicher Zeit einem Weltenkörper, der Ordnung hält im planetarischen System, aber auch die Ordnung bewirkt von den Kräften her, die in unser materielles System hereindringen. So wie man feststellen kann den Zusammenhang der einzelnen Planeten mit den Metallen, so wie ich es vorhin charakterisiert habe, so kann man auch feststellen den Zusammenhang zwischen der Sonne und dem Golde. Aber auch hier ist es so, daß die Alten wahrhaftig nicht das Gold geschätzt haben um seines ahrimanischen Wertes willen, sondern um seines Zusammenhanges mit der Sonne willen, um seines Zusammenhanges mit dem Gleichgewicht zwischen Geist und Materie.

Nun ist das Wichtige, immer den Blick darauf hinzurichten, daß in der Natur eigentlich dasjenige immer in irgendeiner Weise vereinigt ist, was wir trennen sowohl in unseren Gedanken wie auch in dem, was wir schließlich auf der Erde selbst vollbringen. Wir trennen in Gedanken dasjenige, was der Schwerkraft unterliegt, was also zur Salzbildung neigt, von dem, was Lichtträger wird, was also nach der Lichtwirkung hinneigt, und wiederum von dem, was dem Gleichgewichte zwischen beiden unterliegt.

Aber so ist das nicht in der Natur überall getrennt, sondern in der Natur sind diese Wirkungsweisen miteinander verbunden, ineinandergefügt, so daß sie da sehr künstliche Gebäudesysteme bilden, und das künstliche Gebäudesystem ist schon im Golde enthalten im Leuchten, weil durch das Gold das Geistige gewissermaßen rein in die äußere Welt hereinschaut. Wir werden da auf etwas aufmerksam, was ich Ihnen, ich möchte sagen, in Parenthese sagen möchte, weil Sie ja doch vielleicht ganz fruchtbar darauf hinarbeiten können, die Anregungen, die man schon noch gewinnen könnte aus der alten Literatur, in der neuen Literatur zu verwerten. Wenn Sie die gestern angeführten Dissertationen machen, werden Sie manche Anregungen aus der alten Literatur gewinnen können, wenn Sie nur diese alte Literatur richtig verstehen können. Da ist es außerordentlich wichtig, zu sehen, wie eigentlich die alte Literatur in jeder Substanz alle drei Prinzipien in irgendeiner Zusammenfügung sieht, das Salzhafte, das Merkuriale und das Phosphorige oder Sulfurartige, und wie man bemüht ist, in älteren Zeiten diese drei herauszutrennen aus irgendeiner Substanz. Man war also der Ansicht: Blei entsteht schon auf einem solchen Wege, wie wir es angedeutet haben, aber Blei enthält ebenso wie Gold oder wie Kupfer alle drei Prinzipien, das Salzhafte, das Merkuriale und das Phosphorartige. Und es handelt sich darum, daß, damit wir mit dem Salzigen, Merkurialen, mit dem Phosphorigen den Menschen behandeln können, wir das herausbringen, daß wir es also in einer gewissen Weise abtrennen von dem, womit es verbunden ist. Und auf diesen Prozeß wurde in der älteren Chemie die größte Sorgfalt verwendet. Diesen Prozeß fand man am schwierigsten beim Golde. Daher der römische Ausspruch, der wirklich auch so etwas ist, was wiederum zur Verehrung des Alten führt: «Facilius est aurum facere quam destruere» – «Leichter ist es, Gold zu machen, als Gold zu zerstören.» Denn man dachte sich, daß im Golde die drei wesenhaften Naturprinzipien, das Salzartige, das Merkuriale, das Phosphorige, so fest miteinander verbunden sind, daß man sie aus dem Golde am allerschwersten herausbekommt.

Nun ist es ja durchaus wahr, wenn man sich genau so verhalten wollte, wie das die Alten in diesem Prozesse für das Herausarbeiten der drei Naturprinzipien getan haben, würde man heute kaum leicht zurecht kommen. Aber wenn man ganz absieht von dem Alten, wie es eben gerade in diesen Vorträgen geschehen soll, wo nur zuweilen Licht geworfen wird auf die alte Literatur, und auf dasjenige eingeht, was heute noch erforscht werden kann, so kommt man eben auch darauf, daß man, um nun herauszubekommen dasjenige, was man braucht von diesen drei Prinzipien, die ich Ihnen gestern und heute charakterisiert habe aus den Natursubstanzen, da tatsächlich in einer gewissen Weise mit den Natursubstanzen den Verbrennungsprozeß vollziehen muß, wodurch man zum Beispiel das Feuertragende, Lichttragende erst abscheidet, daß man dann versuchen muß, aus den Natursubstanzen das Merkuriale zu gewissen Zwekken auch herauszubekommen, so daß einem bloß das nach dem Salzigen Hindrängende zurückbleibt. Das kann man dann mit irgend etwas Säureartigem ausziehen, und man wird ein wirkliches salzartiges Heilmittel, sei es aus Pflanzen, sei es aus Mineralien, bekommen. Auf das Spezielle werde ich dann noch weiter eingehen. Wir werden also in der Natur entweder dasjenige zu suchen haben, was lichttragend ist, um das Außertellurische zu gewinnen, oder wir werden zu suchen haben, aus den irdischen Substanzen dieses Außertellurische hinwegzubekommen und das Tellurische zurückzubehalten, dann werden wir das eigentlich wahre Salzartige haben, oder wir werden versuchen, etwas zu gewinnen, was den Gleichgewichtszustand zwischen beiden darstellt.

Nun aber kann man da, ich möchte sagen, zwei Wege einschlagen, die in ihrer Art verschieden sind, von denen ein jeder bis zu einem gewissen Grade zum Ziele führt. Man kann eigentlich beide Wege einschlagen. Man kann sich auf den Standpunkt stellen, auf den sich die alten Ärzte gestellt haben, die immer darauf ausgingen, aus den bekannten Substanzen dasjenige herauszuschälen, was nach ihrer Art Phosphor oder Salz oder Merkur war, und die dann das Betreffende verwendeten. Für sie ergab sich die verschiedene, die spezifische Wirkung der Heilmittel dadurch, daß es etwas anderes war, ob sie aus dem Blei oder aus dem Kupfer die betreffenden Dinge bekommen haben. Sie haben also auf den Ursprung Rücksicht genommen. Wenn sie also ein Salz aus Blei herstellten, so war das für sie etwas anderes als das Salz aus Kupfer. So daß sie also, auch wenn sie vom Salz gesprochen haben, eigentlich davon gesprochen haben, daß sie in diesem Salz hier etwas haben bei den verschiedenen Salzen, was allerdings dadurch, daß es Salz ist, irdisch ist, aber dadurch, daß es Salz ist, das hergeleitet ist, sagen wir, aus verschiedenen Metallen, etwas Außertellurisches ist und Beziehung hat zu dem Verschiedensten im Menschen, was wir dann genauer gleich morgen charakterisieren können. Man kann diesen Weg zum Beispiel zur Herstellung des Salzartigen in der Heilkunde einschlagen. Man kann dann den Weg einschlagen, den man eingeschlagen hat, nachdem der andere Weg der Alten versandet war, aber eingeschlagen hat aus einem noch deutlichen Gefühl heraus, daß ja wirklich der Mensch nicht bloß eine Retorte ist, sondern mehr ist. Und das ist der Weg, wo man einfach versucht, durch Hinnahme desjenigen, was da ist, und durch Potenzieren dessen, was da ist, die Kräfte, die den schon vorhandenen Substanzen zugrunde liegen, nutzbar zu machen. Das ist der Weg, der im wesentlichen der *Hahnemannschen* Richtung innegewohnt und der, ich möchte sagen, eine Art Neuaufstieg darstellt aus dem gesamten menschlichen medizinischen Streben heraus, nachdem der alte Weg bereits versandet war, indem man nichts mehr gewußt hat von irgendwelchen außertellurischen oder sonstigen Zusammenhängen.

Das ist ja eigentlich dasjenige, was, ich möchte sagen, in den Verzweiflungen des modernen Ärztetums liegt, daß man in der modernen Medizin nicht mehr hinschaut auf dasjenige, was eigentlich dem Irdischen zugrunde liegt, auf das Außerirdische, und daß man immer zurechtkommen will mit demjenigen, was nur im Irdischen daliegt. Über das strebt das homöopathische System hinaus; über das strebt natürlich auch die physikalische Heilweise hinaus, die eben, weil sie den Weg nicht mehr hat, den Lichtträger in der richtigen Weise zu verwenden, Phosphor, oder den Luftträger in der richtigen Weise zu verwenden, Merkur, Licht und Luft direkt verwendet. Das ist selbstverständlich auch eine dritte Möglichkeit.

Aber ein wirklicher, günstiger Weg wird sich nur wieder eröffnen, wenn man durch Geisteswissenschaft eindringt in den Zusammenhang zwischen dem Mineralischen und dem Außertellurischen, zwischen dem Pflanzlichen und dem Außertellurischen und dem Tierischen und dem Außertellurischen. Wenn man beim Tierischen ankommt – ich habe das ja schon gestern angedeutet –, kommt man schon in bedenkliche Nähe des Menschen. Da haben die Alten eine Grenze gemacht, die wir wiederum aus neueren Forschungen heraus suchen wollen. Sie haben nämlich gesagt:

Pflanzen – die stehen im Bereich des Planetensystems; Mineralien – die stehen im Bereich des Planetensystems; wenn man aber in die Tierwelt heraufkommt, kommt man aus dem Planetensystem heraus, da wird die Sache so, daß man viel weniger mit den Dingen spielen darf, als wenn man innerhalb des Planetarischen, Außertellurischen stehenbleibt. Die Kräfte liegen viel weiter im Weltenall noch zerstreut, die zu der Tierbildung und dann besonders zur Menschenbildung führen, als die Kräfte in den Mineralien und Pflanzen. Sie haben den Tierkreis gezogen, damit man nicht jenseits dessen, was im Pflanzlichen oder Mineralischen liegt, die Heilkräfte sucht oder wenigstens aufmerksam ist darauf, daß da in ein bedenkliches Gebiet eingetreten wird.

Nun ist allerdings in dieses Gebiet eingetreten worden auf dem Wege, den ich Ihnen schon gestern anfing zu charakterisieren, den wir auch noch genauer besprechen müssen, wenn wir in das Spezielle der Pathologie und der Serumtherapie hineinkommen. Solche Wege sind gewöhnlich so, daß sie, weil sie zu Einzelnem führen, recht starke Illusionen hervorrufen, durch die dann das vollständig übertüncht wird, was als Gefährliches hinter diesen Dingen steht.

SIEBENTER VORTRAG

Dornach, 27. März 1920

Ich habe Sie gestern auf einiges aufmerksam gemacht, das wir zunächst zugrunde legen müssen in bezug auf die Anpassung des Menschen an die tellurischen und kosmischen Verhältnisse, das mehr räumlicher Natur war. Aber dasjenige, was mehr räumlicher Natur ist, müssen wir mit dem Zeitlichen verbinden, denn wir dürfen niemals vergessen, daß der Mensch als Wesen in seiner Ganzheit betrachtet werden muß, das heißt, daß der ganze Mensch gewissermaßen Kind und reifer Mensch und Greis ist und daß er so organisiert ist, daß diese drei Werdeglieder seines Wesens eigentlich wiederum in jedem einzelnen drinnenstecken. Das, was wir auf diese Weise heute gewinnen werden, werden wir dann zusammenzufügen haben mit dem Übersinnlichen, dann erst werden wir uns dem nähern können, was die speziellen Betrachtungen sind. Vor allen Dingen mache ich Sie darauf aufmerksam, daß ebenso wie für das Jugendalter die Pädagogik gezwungen ist, Rücksicht zu nehmen auf die Verschiedenheit der Lebensalter, also von der Geburt bis zum Zahnwechsel, vom Zahnwechsel bis zur Geschlechtsreife und dann weiter, eigentlich alles dasjenige, was auf die Medizin hinausläuft, die Notwendigkeit hat, auf den ganzen Menschen Rücksicht zu nehmen, das heißt auf den Menschen von der Geburt bis zum Tode. Ich will zunächst, wie ich schon gesagt habe, unsere als Anthroposophen uns gebräuchlichen Ausdrücke gebrauchen und werde dann zuletzt darauf eingehen, wie man bei Außenstehenden diese Ausdrücke etwa übersetzen könnte. Es wird uns dieses Übersetzen dann leichter werden, wenn wir eine Weile weiter fortgeschritten sind in unserer Betrachtung. Vor allen Dingen wird man sich, wenn wir zum Beispiel das kindliche Lebensalter betrachten, klar sein müssen, daß in diesem kindlichen Lebensalter erst in den Menschen dasjenige eingearbeitet wird, was funktionell liegt in dem eigentlichen Ich und in dem astralischen Leibe, wie wir die

Dinge bezeichnen. Dieses Funktionelle wird erst so eingearbeitet in das Organische im kindlichen Alter, daß es dann wirklich arbeiten kann mit der biegsamen und elastischen organischen Substanz. Es ist daher nicht zu verwundern, daß gerade im Kindesalter Störungen auftreten, die zusammenhängen mit dieser Einarbeitung des höheren Menschlichen in das niedere Menschliche, insbesondere in dem Lebensalter vom 7. bis 14., 15., 16. Lebensjahr, wo sich der Ätherleib gegenüber dem physischen Leib seine Stellung erobern muß, damit die Geschlechtsreife eintreten kann. Da ist vielfach eine Möglichkeit vorhanden, daß die Elastizität des physischen Leibes und des Ätherleibes nicht zusammenfallen. Es ist ja im wesentlichen die Aufgabe des astralischen Leibes, den Ausgleich dieser Elastizitäten des physischen Leibes und des Ätherleibes zu bewirken. Wenn sie nicht zusammenarbeiten, so wird der astralische Leib oftmals genötigt, seine Kräfte zu verstärken. Hat er dann nicht genügend Kräfte, so treten eben Krankheitserscheinungen ein, denen zu Hilfe gekommen werden muß durch äußere Maßnahmen. Deshalb werden Sie auch finden, daß im kindlichen Lebensalter Krankheitserscheinungen eintreten, die sich gerade, ich möchte sagen, in physischen Entladungen zeigen, wie zum Beispiel bei der Chorea. Alle Erkrankungen, die auf diesen Symptomenkomplex hinauslaufen, das heißt neben dem, was im Organischen selbst vor sich geht, diese Symptomenkomplexe, also diese psychischen Störungen zeigen, alle diese Erkrankungen mit psychischen Störungen hängen eben zusammen mit der dem Astralleib nicht ganz gewohnten Arbeit, die er in bezug auf die Ausgleichung von Elastizität in bezug auf physischen und ätherischen Leib zu leisten hat.

Wenn Sie dann ähnliche Erscheinungen wie Chorea auftreten sehen bei Schwangeren, so wird Ihnen das nur allzu begreiflich sein, denn durch die Schwangerschaft wird selbstverständlich dieses Zusammenklingen der Elastizität des physischen und des Ätherleibes unterbrochen, und Sie haben dann wiederum dem astralischen Leib zuzumuten dasjenige, was Sie ihm gerade im kindlichen Alter zuzumuten haben. Daher werden wir bei Krankheiten, die in diesem kindlichen Lebensalter auftreten und die bei Schwangeren manchmal Begleiterscheinungen der Schwangerschaft sind, nach Mitteln trachten müssen, die den astralischen Leib – das sind die Fragestellungen, die in den nächsten Tagen vorgelegt sein sollen – in seiner ganzen Wirksamkeit so stärken, daß seine Funktionen auch in die Richtung hineinfallen, die er eben gerade mit der Elastizität des physischen und des ätherischen Leibes mit Bezug auf das Ausgleichen zu vollziehen hat.

Dagegen werden Sie finden – und deshalb habe ich betont, daß es so wichtig ist, auf die Lebensalter Rücksicht zu nehmen –, daß Krankheiten, welche hintendieren irgendwie nach der Polyarthritis oder nach irgendwelchen damit verwandten Erscheinungen, ihre wesentliche Erscheinungszeit haben erst vom 14., 15., 16. Lebensjahre bis zum Ende der Zwanzigerjahre. Da hat ja der Astralleib selber sich in das richtige Verhältnis zum physischen Leib und Ätherleib zu versetzen, und wenn er nicht genügend dazu vorbereitet ist, wenn man zum Beispiel im kindlichen Alter nicht das Nötige getan hat, um ihn in der richtigen Weise vorzubereiten, so wird er sein richtiges Verhältnis nicht hervorrufen können, und die Folge davon wird sein, daß entweder schon in diesem Alter Krankheitserscheinungen auftreten oder aber, daß Krankheitserscheinungen in dem folgenden Lebensalter als Gefolge auftreten. Und das ist das Wichtige, daß man die Zeit gewissermaßen in das Krankheitsstudium hereinbezieht, daß man – wenn ich mich jetzt etwas einseitig ausdrücken darf – nicht voraussetzt, daß die Natur den menschlichen Organismus möglichst bequem eingerichtet hat, damit man an ihm möglichst leicht und bequem ablesen kann, wie man ihn kurieren soll. So ist der menschliche Organismus nicht eingerichtet, daß man an ihm möglichst bequem ablesen kann, wie man ihn kurieren kann. Daß man möglichst bequem ablesen sollte, wie man ihn kurieren kann, das wird zu stark vorausgesetzt.

Der Grundsatz ist in einer gewissen Beziehung richtig: Ähnliches soll durch Ähnliches geheilt werden. – Aber es kann sich darum handeln, daß der hauptsächlichste Symptomenkomplex, den man als das Ähnliche bezeichnet zu dem, was der Symptomenkomplex der Heilung ist, den man aufsucht, in einem anderen

Lebensalter liegt als der andere, daß zum Beispiel vor den Zwanzigerjahren ein Symptomenkomplex da ist, der meinetwillen durch den Einfluß äußerer Mittel hervorgerufen werden kann, und daß dann diese Mittel, die vor den Zwanzigerjahren den Krankheitsprozeß hervorrufen, in einer gewissen Weise zum Heilmittel werden nach den Zwanzigerjahren. Das ist also das, was bei diesem so oftmals betonten Satze: Ähnliches kann durch Ähnliches geheilt werden, berücksichtigt werden muß.

Dann ist aber vor allen Dingen, wenn man den Gesamtzustand des Menschen, ob gesund oder krank, ins Auge fassen will, wichtig, daß der Mensch gewissermaßen in zwei einander polarisch entgegengesetzten Lebensaltern lebt, daß er in der Jugend anderen Einflüssen ausgesetzt ist, daß er in der Jugend mehr ausgesetzt ist den obersonnigen Einflüssen, dem Saturn-, Jupiter-, Marseinfluß, daß er im späteren Alter mehr ausgesetzt ist den untersonnigen Einflüssen, dem Venus-, Merkur-, Mondeneinfluß, wenn ich sie bezeichnen soll nach dem, was wir gestern gesagt haben. Der Mondeneinfluß tritt ja aber verhältnismäßig am frühesten und am deutlichsten auf.

Das weist uns wieder darauf hin, daß wir das Räumliche bei der Betrachtung des Menschen mit dem Zeitlichen stets verbinden müssen. Erst dann, wenn man dieses tut, kommt man dazu, gewisse Erscheinungen, die im Leben des Menschen auftreten, im richtigen Lichte zu sehen. Und wir werden bei den Einzelheiten auch ein wenig immer berühren, wie man eigentlich vorzugehen hat, um die Verhältnisse zur Menschenerkenntnis in dem richtigen Lichte zu sehen.

Sehen Sie, dasjenige, was auf den Menschen wirkt, beginnt im Grunde genommen schon vor der Geburt, eigentlich schon vor der Empfängnis. Und ich habe mich oftmals gefragt bei der Erforschung dieser Dinge: Woher kommt es denn eigentlich, daß so viele Krankheitsprozesse in der gebräuchlichen medizinischen Literatur als «unbekannten Ursprunges», als irgend etwas bezeichnet werden, auf dessen Ursprung man nicht so recht verweisen kann. Das rührt davon her, daß man eben ganz außer acht läßt, daß der Komplex von Kräften, auf den wir gestern als außertellurischen hingewiesen haben, schon da ist, wenn sich der Mensch sogar seiner Empfängnis nähert, nicht nur seiner Geburt, und daß alles das, was so auf den Menschen wirkt, dann umgekehrte Gegenwirkungen erzeugt, daß also gewisse Prozesse, die eigentlich schon liegen vor der Konzeption, Gegenwirkungen erzeugen nach der Konzeption oder namentlich nach der Geburt. Und manchmal kann man im menschlichen Leben nur dasjenige beobachten, was dann nach der Geburt eintritt und eine Art Gegenwirkung ist gegen dasjenige, was schon vor der Konzeption im ganzen Zusammenhang des Naturdaseins da war.

Das, was ich jetzt sagte, bezieht sich insbesondere in sehr hohem Grade auf alles dasjenige, was mit der Ossifikation und mit der Sklerose zusammenhängt. Die Sklerose und auch das Ossifizieren sind eigentlich Prozesse, welche ihre Gegenprozesse schon vor der Konzeption haben. Sie wirken entgegen ganz normal als organische Formprozesse demjenigen, was im Menschen vor der Konzeption als Zerstäubungsprozesse, als Ausbreitungsprozesse wirkt. Das ist außerordentlich wichtig, daß man das ins Auge faßt. Man wird den Skleroseprozeß nicht beherrschen können, wenn man ihn nicht in dieser Weise beziehen kann auf das Außertellurische, auch insoferne es von der Geburt oder von der Konzeption an im Menschen selber auftritt, wenn man ihn nicht beziehen kann auf einen außermenschlichen und außertellurischen Prozeß, der vor der Konzeption liegt.

Nun aber können alle diese Prozesse, die eintreten müssen, über eine gewisse Grenze, gewissermaßen über ihre Schwingungsmitte hinausgehen. Solche Prozesse, wie die Sklerotisierung oder die Ossifikation, sind gewissermaßen Schwingungen gegen eine Mittellage hin, und sie können übergreifen, sie können also zu stark werden. Sie treten dann in ganz anderer Form auf. Zunächst treten sie auf in Form von Dispositionen. Und in den Dispositionen müssen wir eigentlich viel Wesentliches vom Wesen des Menschen suchen. Wenn dasjenige, was in der Ossifikation und in der Sklerose normal ist oder erst abnorm auf seinem eigenen Felde im Laufe des

Lebens wird, nach der anderen Seite schwingt und also dieser Prozeß sozusagen nicht auf seinem Felde, sondern in anderen Organsystemen des Menschen sich abwickelt, dann tritt etwas auf, was das krankhafte Gegenbild ist eines Vorkonzeptionellen, was wir in den verschiedenen Arten der Karzinombildung vor uns haben.

Diese Dinge ins Auge zu fassen ist eben nur möglich, wenn man versucht, den ganzen Werde- und Seinsprozeß des Menschen wirklich zu durchschauen. Ohne das wird einem immer so etwas wie die Karzinombildung verhältnismäßig ein unbekannter Faktor im menschlichen Leben sein, wenn man ihn nicht beziehen kann auf etwas, was in irgendeiner Weise im Menschen wirken muß, was nur, ausgeartet, auf ein anderes Feld sich überträgt.

In ähnlicher Weise ist nun etwas anderes zu betrachten. In ähnlicher Weise ist dasjenige zu betrachten, was Ihnen im kindlichen Alter entgegentritt in der Hydrozephalie, im Hydrozephalus. Eigentlich sind wir alle für die Hydrozephalie veranlagt, und sie muß auch dasein. Würde sie nicht dasein, so würden wir niemals zu einer ordentlichen Ausbildung unseres Gehirns und Nervensystems kommen können. Denn das muß gewissermaßen aus dem im Menschen befindlichen flüssigen Elemente herausgeholt werden. So daß wir im kindlichen Alter immer einen Kampf anschauen können zwischen der Hydrozephalie und zwischen dem, was die Hydrozephalie bekämpft, was eintritt in die menschliche Organisation, um die Hydrozephalie zu bekämpfen. Man sollte eigentlich nicht allein von einer Hydrozephalie sprechen, sondern man sollte auch von dem Gegenteil sprechen, von einem zu starken Schwinden des Wassers im Gehirn. Das ist eine Krankheit, die man vielleicht zu wenig beachtet und die eigentlich nur der notwendig zu beachtende Gegenpol der Hydrozephalie ist. Wir pendeln als kleine Kinder eigentlich immer hin und her zwischen diesen beiden Extremen, der Hydrozephalie und ihrem Gegenteil später.

Nun aber kann es geschehen – und wir werden auf das Therapeutische noch näher eingehen –, daß man etwas in dieser Beziehung übersieht, nämlich, daß man den richtigen Zeitpunkt, der immer da ist, wo gewissermaßen approximativ die Hydrozephalie ganz aufhören darf, übersieht und daß man die Neigung zur Hydrozephalie zu früh wegschafft, sei es durch Erziehung, sei es durch Diät, sei es durch Behandlung überhaupt im kindlichen, namentlich im Säuglingslebensalter, daß man also, ich möchte sagen, die Hydrozephalie zu früh verschwinden macht. Da tritt uns dann ganz besonders entgegen die Schädlichkeit des Nicht-Hinschauens auf den ganzen Lebensverlauf des Menschen. Denn ich möchte wiederum darauf hinweisen, daß hier ein ganzes Heer von medizinischen Doktorarbeiten geliefert werden könnte, wenn in Aussicht genommen würde, den Zusammenhang zu suchen zwischen diesem Verlauf der Hydrozephalie im kindlichen Alter und der Syphilis, in der Disposition zur Syphilis, die dann später auftritt. Von dem Verfolgen der kleinen Lebewesen hat man dabei eigentlich gar nichts. Wirklich hat man nur etwas davon, wenn man auf solche Dinge Rücksicht zu nehmen vermag, wie ich sie eben jetzt auseinandersetzte. Es würde ungeheuer viel getan werden für die Prophylaxe der Syphilis, wenn man versuchen würde, im allerkindlichsten Lebensalter den Menschen gewissermaßen fix zu machen gegen dasjenige, was in den verschiedenen syphilitischen Erscheinungen dann – sie sind auch verschieden, wie wir noch hören werden – auftreten kann.

Es ist immer notwendig, wenigstens bei der Diagnose sich zu erinnern, daß diese Dinge so sind, immer bei der Diagnose zurückzugehen auf dasjenige, was gerade im Werdeprozeß des Menschen auf die eigentliche Ursache verweist. Etwas ungeheuer Bedeutungsvolles in dieser Beziehung ist nun das Folgende: Man kann sagen, daß sich der ganze organische Prozeß verschiebt, sowohl der Prozeß im oberen Menschen gegen das Herz wie der Prozeß im unteren Menschen von ganz unten wiederum durch den Unterleib gegen das Herz zu. Zum Herzen als dem eigentlichen Stauungsorgan drängt sich die ganze menschliche Bildung von der einen und von der anderen Seite hin. Nun geschieht aber dieses Vorschieben in den verschiedenen Lebensaltern. Geht man den Erscheinungen zu Leibe, das heißt eignet man sich einen Blick an für die Erscheinungen, die auftreten, namentlich im jugendlicheren Alter bei all dem, was irgendwie zusammenhängt mit einem zuletzt Führen zur Pneumonie oder Pleuritis im jugendlichen Lebensalter, nimmt man all das zusammen, was da hineinspielt in diese Vorgänge, dann findet man, daß das ein vorgeschobener Prozeß ist, derselbe Prozeß ist, der sich im noch früheren Lebensalter auslebt in der Hydrozephalie. Es ist einfach die Hydrozephalie ein Stück weiter in der menschlichen Organisation nach unten geschoben und bildet da die Disposition für Pneumonie oder pleuritische Erscheinungen, aber auch für dasjenige, was gerade im kindlichen Alter mit diesen Erscheinungen zusammenhängt.

Es ist aber auch bei diesen Erscheinungen im kindlichen Alter so, daß sie ihre Gegenprozesse haben im späteren Lebensalter, daß sie also später eigentlich wiederum sich einstellen, aber in ihren Polaritäten. Und mancher würde bei den ganzen Vorgängen, die sich zum Beispiel abspielen bei Endokarditis, auch bei der akuten, zurecht kommen mit seinen ganzen Anschauungen, wenn er die Frage in der folgenden Weise stellen würde, wenn er sich sagen würde: Ich will einmal wissen, wie sich Krankheitserscheinungen abgespielt haben in einem früheren Lebensalter, die irgendwie mit der Pneumonie oder mit der Pleuritis zusammenhängen. – Das führt dazu, darauf zu sehen, daß nicht in einer verfrühten oder zu schnellen Weise Pneumonie und pleuritische Erscheinungen bei Kindern zurückgetrieben werden. Nicht wahr, selbstverständlich Eltern und Erzieher haben die Sehnsucht, daß diese Erscheinungen möglichst schnell zurückgehen, aber gerade bei diesen Zuständen des Menschen ist es eigentlich ungeheuer wichtig, daß man sie, ich möchte sagen, ihrem eigenen Schicksal überläßt und als Arzt dabei ist, um gewisse Dinge abzulenken, die sonst schädigend wirken könnten, daß man aber den Krankheitsvorgang wirklich ablaufen läßt. Deshalb ist bei nichts mehr als bei diesen Erscheinungen – bei anderen natürlich auch –, aber bei nichts mehr als bei diesen Erscheinungen in kindlichen Krankheitsfällen, die mit Pleuritis oder Pneumonie zusammenhängen, notwendig, daß man eine Art physikalische oder, wie man es heute auch nennt, Naturheilkunde anwendet, das heißt versucht, dem Krankheitsprozesse einen möglichst normalen Verlauf zu verschaffen, aber ihn nicht beschleunigt, ihn nicht zu früh abkürzt. Das ist nämlich deshalb wichtig, weil ein solcher Krankheitsprozeß, der zu früh abgekürzt wird, verhältnismäßig bald zu Dispositionen für Herzkrankheiten und alles, was damit zusammenhängt, führt, namentlich auch zu Dispositionen für Polyarthritis und so weiter. Das also ist ganz besonders zu berücksichtigen, daß man auf diesem Gebiete nicht den Krankheitsprozeß gewissermaßen stört. Es würde bei manchen Menschen die Anlage zu allerlei Erkrankungen, die sich dann in Unregelmäßigkeiten des Herzens entlädt, hinweggeräumt werden, wenn man gewissermaßen das, was die Pleuritis und die Pneumonie wollen, nicht stören würde.

In alledem sieht man diesen Zusammenhang, der da besteht innerhalb des ganzen Werdeprozesses des Menschen. Dabei könnte man sich ja auch erinnern, wie notwendig es ist, auf diesen mehr extremen Fall hinzuschauen, nicht bloß da, wo der Mensch wirklich ernsthaftig krank ist, auch auf die Fälle, in denen der Mensch leichter erkrankt ist, wo einem auch die Heilung leichter wird, wo man manchmal gar nicht unterscheiden kann, ob man geheilt hat oder nicht geheilt hat, wo man zu dem Patienten sagen muß: Machen Sie keine Dummheiten, wollen Sie nicht geheilt sein, die Sache wird schon besser werden. Denn das ist auch etwas, was außerordentlich wichtig wäre, daß man überhaupt nicht so furchtbar viel heilen würde. Das Heilen als solches ist ja ganz schön, aber es gehört dazu, zu berücksichtigen, daß jene Individuen im Leben doch gar nicht so selten sind, die eigentlich alle möglichen Krankheiten schon durchgemacht haben nach ihrer eigenen Meinung, die alle Heilmethoden und alle Heilmittel durchgemacht haben und bei denen es schwer ist, wiederum irgend etwas zu finden, wenn sie schon ein höheres Alter erreicht haben – krank sind sie ja immer –, das sie beruhigt und dergleichen. Es wäre schon besser, wenn man ein wenig in den Menschen das Bewußtsein hervorrufen würde, daß die meisten eigentlich wirklich gar nicht so krank sind, als sie glauben. Selbstverständlich hat das seine Schattenseiten. Aber hier in diesem Zusammenhange darf es ja durchaus gesagt werden.

Nun müssen Sie alle diese Dinge aber in dem Lichte sehen, daß eben der Mensch dadurch ein kompliziertes Wesen ist, daß er ja zunächst seine physische Organisation hat, seine ätherische Organisation, die viel Arbeit hat vom 7. bis 14. Jahre, um sich einzuarbeiten in den physischen Organismus, die dann wiederum herausgetrieben wird bei solchen Dingen wie bei der Schwangerschaft, müssen dann Rücksicht darauf nehmen, daß erst nach dem 14. Jahre das ordentliche Einarbeiten des astralischen Leibes und noch später das Einarbeiten des Ich stattfindet, daß aber das Ich jetzt nicht etwa so vorgestellt werden sollte, als ob es draußen wäre. Es ist natürlich niemals im wachen Zustande außerhalb des Organismus, sondern das Einarbeiten ist eine Erhöhung des Zusammenarbeitens. Daher hat man es auch immer damit zu tun, daß bei jeder Störung im Organismus das Ich gewisse Schwierigkeiten hat, sich da in dem anderen drinnen recht zur Geltung zu bringen. Da muß man ja sagen, daß heute schon die Medizin, ohne daß sie es weiß, seit langem so weit ist, daß sie sogar von diesen Schwierigkeiten des Ich, mit den drei übrigen Organisationen des Menschen fertigzuwerden, Zeichnungen macht, die außerordentlich lehrreich sind für diesen Kampf des Ich mit den anderen drei Körpern. Man sieht nur nicht diesen Kampf darinnen, weil man selbstverständlich im Zeitalter der materialistischen Weltanschauung lebt. Aber jedesmal, wenn Sie eine richtige Fieberkurve zeichnen, so haben Sie in dieser Fieberkurve den genauen Abdruck dieses eben charakterisierten Kampfes darinnen. Es gibt daher für die Einsicht in diesen Zusammenhang auch kaum irgend etwas Anschaulicheres als das Verfolgen der Fieberkurven bei den verschiedenen Krankheitszuständen. Gewiß, für die Therapie mag es sogar viel weniger wichtig sein als für die Pathologie. Aber man muß etwas verstehen von diesen Dingen, wenigstens im allgemeinen etwas davon verstehen. Denn sehen Sie, Sie können nur einen Einblick gewinnen in so etwas, wie zum Beispiel, sagen wir, die Pneumonie selber ist oder wie der Typhus abdominalis ist, wenn Sie eine Anschauung gewinnen über den Verlauf der Fieberkurve. Da sehen Sie, wenn Sie die zwei Haupttypen der Fieberkurve bei der Pneumonie studieren, wenn Sie also zum Beispiel vergleichen die Fieberkurve bei dem kritischen Verlauf und bei dem anderen Verlauf, wie in ganz anderer Weise das in seinem Eingreifen in die Organisation gestörte Ich, wenn es den Rückschlag ausführt, zu tun hat in dem einen und in dem anderen Falle. Nicht wahr, es zeigt Ihnen zum Beispiel bei der Pneumonie zunächst die Fieberkurve – ich zeichne nur schematisch – den Kampf, dann den Rückschlag beim kritischen Abfall unter die Normaltemperatur (siehe Zeichnung Seite 148). Da ist eben die Möglichkeit geboten, durch die Anstrengungen, die vorher gemacht worden sind, nachher den Rückschlag auszuführen. Bei dem anderen, dem lytischen Verlauf, ist es weniger möglich, die Rückwirkungen in die eigene Kraft einzufügen, daher das andere, unregelmäßigere Absteigen auch der gefährlichere Verlauf ist.

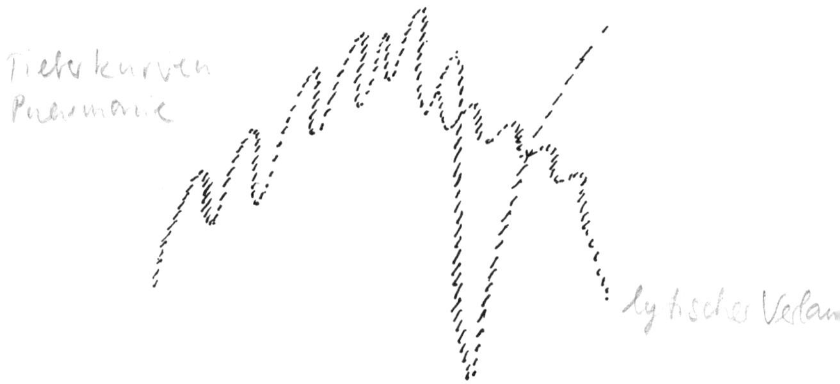

Insbesondere aber werden Sie hineinschauen in diese ganze Arbeit des Ich gegenüber den anderen drei Organisationen, wenn Sie die Fieberkurve des Typhus in Betracht ziehen. Da haben Sie ein anschauliches Bild davon, wie da eigentlich das Ich kämpft. Das ist dasjenige, was Ihnen zeigen kann, wie gerade das Einlaufen der Naturwissenschaft in die Medizin notwendig macht, daß man schon Rücksicht nimmt auf diese verschiedenen Organisationen des Menschen. Die Verwirrungen in der medizinischen Wissenschaft sind eben dadurch allein zustande gekommen, daß die Wissenschaft materialistisch geworden ist und sich beschränkte darauf, die Vorgänge im physischen Leibe zu beobachten. Diese Vorgänge im physischen Leibe sind aber eben niemals etwas Selbständiges und vor allen Dingen, sie sind nicht etwas in ihrer Art ganz Gleichwertiges. Denn sehen Sie, im physischen Leibe kann irgend etwas besonders davon abhängen, daß der Ätherleib drinnen arbeitet oder auch daß der astralische Leib oder das Ich drinnen arbeiten. Es sind immer physische Vorgänge, aber die physischen Vorgänge sind danach spezialisiert, sie haben einen ganz anderen Charakter nach dem höheren Gliede, das da in der physischen Organisation arbeitet.

Nehmen Sie nun all das zusammen, was ich gestern gesagt habe in bezug auf die Abhängigkeit des Menschen von dem Außertellurischen und Tellurischen und was ich heute hinzugefügt habe mit Bezug auf seinen zeitlichen Werdeprozeß, so werden Sie sich folgendes sagen können – und das wird Ihnen nun ein wenig auf den Weg helfen, den wir weiter verfolgen wollen, wie man eigentlich solche Untersuchungen anstellt, von denen ich jetzt rede. Sie werden sich sagen können: Auf den Menschen werden fortwährend Kräfte ausgeübt. Diese Kräfte aber sind zunächst, wenn wir die physische und ätherische Organisation des Menschen betrachten,

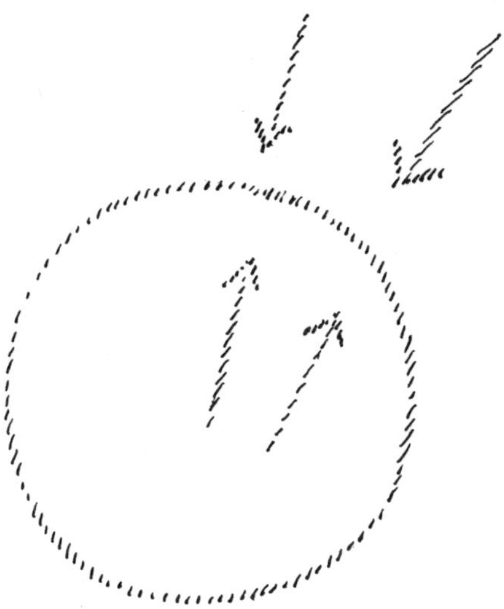

außertellurische oder auch tellurische, die ihnen entgegenwirken, also solche, die von Saturn, Jupiter, Mars herrühren, solche, die von Venus, Merkur und Mond herrühren, die (siehe Zeichnung Seite 149) eigentlich sich schon umsetzen in tellurische Einflüsse.

Sehen Sie, es ist nämlich so bei der Beziehung der Erde und des Mondes wiederum, daß man sich da auch sehr leicht täuschen kann über das, was eigentlich vorliegt. Der Mensch denkt so leicht: Nun, der Mond ist da oben, da hat er seinen Einfluß. – Das ist aber nicht vollständig gedacht. Eigentlich ist der Mond nicht nur der Begleiter der Erde, sie umkreisend, sondern dieselbe Kraft, die im Monde liegt und die auf die Erde wirkt, die ist auch in der Erde selbst enthalten. Die Erde hat ihr Mondhaftes, das von ihr nach außen wirkt (siehe Zeichnung Seite 150). Im Physischen sind all die Vor-

gänge, die sich in Ebbe und Flut und in vielem anderen zeigen, zum Beispiel in der Menstruation, nicht eigentlich tellurische Wirkungen, sondern sie sind eigentlich lunarische Wirkungen, aber sie kommen nicht von dem Einflusse des Mondes, wie neuere Theorien angeben, sondern von dem, was in der Erde selbst Mondhaftes ist. Daher entsprechen sich die Dinge äußerlich. Aber sie stehen, in der Regel wenigstens, nicht in einem unmittelbaren zeitlichen Zusammenhang. So müssen wir auch, wenn wir von den untersonnigen Planeten reden, ihr Gegenbild in der Erde suchen und dann die mehr physische Rückwirkung, die Rückwirkung auf das Physische vom Irdischen ausgehend, denken. Dasjenige, was mehr seelisch-geistig entsteht, das müssen wir den außerirdischen Planeten zuschreiben. Beim Monde ist das also so: Der Mond wirft gewissermaßen auf die Erde herunter gewisse Bildekräfte, was sich dadurch äußert, daß er anregt zu dem Wirken der Menschen selbst, das sich im Phantasieschaffen auslebt. Der Mond hat einen großen Einfluß auf das seelische Phantasieschaffen. Solche Dinge müssen auch einmal studiert werden. Man berücksichtigt sie natürlich viel zu wenig im Zeitalter des Materialismus. Aber sie sind durchaus vorhanden. Der Mond hat einen starken Einfluß in mehr geistig-seelischer Beziehung auf das menschliche Phantasieschaffen. Sein Gegenbild, die Mondenwirkung auf das Organische, geht entgegengesetzt von dem Mondhaften der Erde aus und wirkt von da aus auf die menschliche Organisation. Das ist also dasjenige, was zu berücksichtigen ist. Das gilt zum Beispiel auch für die untersonnigen Planeten, die außerhalb des Mondes stehen.

So sehen wir, daß auf den Menschen in der verschiedensten Weise tellurisch lokalisierte Kräfte, terrestrische meinetwillen, oder außertellurische lokalisierte Kräfte wirken. Nun, diese Kräfte können wir nur studieren, wenn wir das Ergebnis ihres Zusammenwirkens in dem ganzen Menschen sehen, in dem ganzen Menschen, niemals es sehen in irgendeinem Teil des Menschen, am wenigsten in der Zelle; bitte das wohl zu beachten: am wenigsten in der Zelle. Denn was ist die Zelle? Die Zelle ist eigentlich dasjenige, was sich eigensinnig geltend macht mit einem Eigenwachstum, mit einem Eigenleben gegen dasjenige, was der Mensch ist. Und wenn Sie auf der einen Seite den Menschen sehen in seiner ganzen Form aus den tellurischen und außertellurischen Wirkungen zusammengefügt und dann die Zelle irgendwie beachten, so ist die Zelle dasjenige, was diesen ersten Wirkungen ins Konzept hineinspukt, was geradezu diese äußeren Wirkungen zerstört, weil es sein eigenes Leben entfalten will. Wir kämpfen in unserem Organismus eigentlich fortwährend gegen das Leben der Zelle. Und das krasseste Unding von Anschauungen ist eben gerade entstanden durch die Zellularpathologie und Zellularphysiologie, die überall die Zellen zugrunde legen und überall den menschlichen Organismus als Aufbau von Zellen ansehen, während der Mensch ein Ganzes ist, das mit dem Kosmos zusammenhängt und eigentlich immer gegen den Eigensinn der Zellen zu kämpfen hat. Die Zelle ist dasjenige, was im Grunde genommen fortwährend unseren Organismus stört, statt ihn aufzubauen. Natürlich, wenn solche Grundanschauungen einziehen in die ganze sonstige Anschauungsweise, so ist es kein Wunder, wenn man zu den verkehrtesten Betrachtungen über den Menschen und alles, was mit ihm zusammenhängt, kommt.

So treten uns gewissermaßen im Menschenbildeprozeß und im Zellenprozeß zwei entgegengesetzte Kräftekomplexe entgegen, die Organe liegen in der Mitte drinnen, und sie sind Leber oder Herz oder dergleichen, je nachdem das eine oder das andere überwiegt. Sie sind fortwährend Ausgleiche zwischen diesen zwei Kräftekomplexen, die ich Ihnen angeführt habe. Die Organe sind etwas, was zuweilen mehr hinneigt zu dem Zellenhaften, das Zellenhafte dann bekämpft wird durch das Kosmische, oder es sind solche Organe – wir werden sie im einzelnen charakterisieren –, bei denen mehr das Kosmische überwiegt und das Zellenhafte zurücktritt. Insbesondere ist es interessant, von einem solchen Gesichtspunkte aus zu betrachten alles dasjenige, was an Organsystemen liegt zwischen dem eigentlichen Sexual- und Ausscheidetrakt und dem Herzen. In diesem Systeme ist am meisten Ähnlichkeit vorhanden mit dem, was das Zellenleben eigentlich will. Wenn man den ganzen Menschen durchgeht und alle seine Organisationsglieder betrachtet: am meisten Ähnlichkeit findet man zwischen den charakterisierten Teilen des Menschen und dem Zellenleben eben bei diesem Teile.

Das aber führt uns dazu, folgendes zu erkennen. Das führt uns dazu, uns zu fragen: Wie ist es denn nun eigentlich bei der Zelle? Die Zelle entwickelt gewissermaßen, sagen wir, um die Sache etwas auf die Spitze zu treiben, eigensinnig Leben; sie entwickelt ein eigensinniges Leben. Diesem eigensinnigen Leben, das die Zelle gewissermaßen punktuell entwickelt, wirkt fortwährend ein anderes entgegen, ein Äußeres. Und dieses Äußere, was da entgegenwirkt, das nimmt der Zelle, den Bildekräften der Zelle das Leben, läßt ihr die Tropfenform, saugt ihr gewissermaßen das Leben aus und läßt ihr die Tropfenform. Das ist etwas, was man eigentlich wissen sollte, daß in allem, was auf unserer Erde die Tropfenform hat, gleichgültig, ob es im Außermenschlichen oder im Innermenschlichen ist, eine Resultierende zweier Kräfte liegt, etwas, was zum Leben will, und etwas, was dieses Leben aus ihm aussaugt.

Nun ist es interessant, daß, wenn man nachprüft, welche Vorstellungen eigentlich die ältere Medizin bei dem Merkurialen hatte, man da auf das kommt, daß das Merkuriale dasjenige ist, dem das Leben weggenommen und die Tropfenform gelassen ist, so daß man also in dem Merkurialen etwas zu sehen hat, welches durch seinen Eigensinn zum lebenden Tropfen werden will, zur Zelle werden will, aber durch die planetarischen Wirkungen des Merkur verhindert wird daran und dadurch bloß der Leichnam der Zelle wird, eben das Merkurtröpfelchen. Da haben Sie den mittleren Zustand zwischen dem Salzigen und dem Phosphorischen, und da haben Sie zu gleicher Zeit etwas von dem allerdings sehr komplizierten Weg, den man gehen muß, um hinzuschauen, wie die Planetenwirkungen sich ausleben in dem, was uns auf der Erde entgegentritt. Jeder Tropfen Quecksilber wäre ein Lebendes, wenn der Planet Merkur nicht da wäre. Und alles dasjenige, was bei uns am meisten hinneigt, zum Zelligen zu werden, also der Trakt im Menschen, von dem ich gerade vorhin gesprochen habe, der ist daher am meisten darauf angewiesen, der rechten Einwirkung des Planeten Merkur ausgesetzt zu werden, also das sind diejenigen Teile des Unterleibes, die zwischen den eigentlichen Ausscheidungsorganen und dem Herzen liegen. Die sind ganz besonders darauf angewiesen, wenn ich mich so ausdrücken darf, nicht verhindert zu werden an einer gewissen Tendenz, die sie haben, das Zellige aufrechtzuerhalten und es doch nicht so weit kommen zu lassen, daß es vom Leben ganz überwuchert würde, also ausgesetzt zu bleiben dem lähmenden, dem das Leben lähmenden, ertötenden Merkurzustande. Sonst werden die Tätigkeiten dieser Organe gleich wuchernd, wenn sie in diesem Mittelzustande nicht erhalten werden.

Wenn man so etwas dann immer weiter und weiter verfolgt, dann kommt man eben zu der Beziehung, die besteht zwischen diesen Organen und dem Merkur, dem Metall, welches repräsentiert den Merkurzustand. Sie sehen, daß der Weg, der auf diese Weise unternommen wird, durchaus ein ganz rationeller ist, und da man ja dasjenige, was schon gefunden werden kann durch übersinnliches Schauen für die gegenwärtige oder zukünftige Menschheit, immer mehr und mehr wird durch äußere, sinnlich wahrnehmbare Tatsachen belegen müssen, so würde es schon gut sein, wenn man klinisch und in der Literatur verfolgen würde, wie nun die einzelnen Wirkungen, sei es von den Mineralien, von den Metallen, mineralisch, tierisch, sei es von den in den Pflanzen enthaltenen Mineralien und Metallen, auf den menschlichen Organismus eigentlich sind.

Man kann ja das Studium beginnen an ganz besonders charakteristischen Dingen in dieser Beziehung. Ich habe Ihnen gesprochen heute davon, daß einer gewissen Tendenz, die vorkonzeptionell ist, entgegenarbeiten muß eine Ossifikation, die Sklerose. Dieses Ossifizieren und Sklerotisieren hat aber ein vollständiges Gegenbild. Sie brauchen nur, um es zum Wuchern zu bringen, dem Menschen eine Bleivergiftung beizubringen. Natürlich werden die Versuche nicht so weit gehen dürfen, daß man wirklich eine Bleivergiftung erzeugt, um die Arteriosklerose zu studieren, aber das Wichtige ist, daß man eben Erscheinungen, die eintreten, wo die Natur für einen selber experimentiert, in diesem Sinne verfolgt, um dadurch darauf zu kommen, welche innere Verwandtschaft besteht zwischen dem, was im Menschen selber ausgeht von denselben Kräften, die im Blei wirken, und dem Blei. Es ist eben durchaus studiengemäß zu verfolgen der im Blei wirksame Prozeß und der Prozeß des Ossifizierens und des Sklerotisierens im Menschen.

Ebenso könnte studiert werden ein Wechselverhältnis zwischen den Prozessen, die im Zinn sind, und alledem, was ich vorhin charakterisiert habe als die Wechselwirkung zwischen der Hydrozephalie und ihrem Gegenteil, und man würde dann finden, daß in diesem ganzen Komplex des kindlichen Alters, das darauf ausläuft, ich möchte sagen, das richtige Härteverhältnis zwischen dem Kopf und den Weichteilen zu bewirken, dieselben Kräfte wirken wie in dem Zinn.

Nun haben wir ja gesehen, daß dieser Prozeß vorrückt im späteren Alter gegen die Lunge. Da kommen wir dazu – und da brauchen wir ja gar nicht weit zu gehen, man braucht nur manches, was in der medizinischen Literatur seit Jahrhunderten notifiziert ist, in der richtigen Weise zusammenzulesen –, die innige Verwandtschaft zwischen diesem Prozeß, der zusammenhängt mit alledem, was in den Begleiterscheinungen von Pneumonie und Pleuritis ist, und in seinem Verhältnis zu den Kräften im Eisen zu sehen. Diesen Zusammenhang wird man dann wiederum verfolgen bis in den gewöhnlichen Prozeß hinein, der sich abspielt durch die Anwesenheit des Eisens im Blute, wo er gewissermaßen normal ist. Sie können denselben Prozeß, der sich abspielt bei der Wechselwirkung von Eisen und Blut, heraufverfolgen etwas mehr zum Lungensystem und allem, was damit zusammenhängt, und Sie bekommen dann eine Anschauung über die Wirksamkeit des Eisens, ich möchte sagen, bei der in die Lunge vorgerückten Wechselwirkung zwischen Hydrozephalie und ihrem Gegenbild. So, sehen Sie, wirken diese Dinge wechselweise ineinander. Nur durch dieses wechselweise Ineinanderwirken und wiederum durch das Beziehen auf das Außermenschliche bekommt man die Möglichkeit, auf die Heilwirkungen von Heilmitteln zu kommen.

So würde sich aber, wenn man tatsächlich einmal einen Wert darauf legen würde, in dieser Art das Menschenwesen anzusehen, ganz zweifellos für den Beobachter eine Art von Intuition ergeben, die eigentlich bei allen Diagnosen von einer ganz besonderen Wichtigkeit sein würde. Denn es kommt dabei wirklich an auf das Zusammenschauen von vielem. Man sollte bei jeder Diagnose im Auge haben, wie der Mensch in der Welt drinnen steht und wie der Mensch bisher gelebt hat und verspricht, im Folgenden zu leben. Was meine ich damit, wenn ich sage: Im Folgenden zu leben? Ja, in dem gegenwärtigen Menschen ist ja schon durchaus in einer gewissen Weise dasjenige keimhaft veranlagt, was er in dem Rest seines Lebens, namentlich organisch, verleben wird.

Wenn man den Zusammenhang dann sucht von alledem, was ich jetzt gesagt habe, von der Wirkungsweise von Blei, Zinn und Eisen auf den menschlichen Organismus, mit dem, was noch von metallischer Seite als Wirkung ausgehen kann, so kommt man darauf, daß diesen gewissermaßen polarisch entgegengesetzt sind die Wirkungen von Kupfer, Merkur und Silber.

Das, was ich jetzt gesagt habe, bezieht sich nicht etwa auf irgendein Protegieren von Heilmitteln, aber ich muß es erwähnen aus dem Grunde, um Sie eben darauf hinzuweisen, wie ganz bestimmt geartete Wechselwirkungen bestehen zwischen jener Konfiguration, welche die Kräfte in diesen Metallen und, wie wir gesehen haben, auch in anderen Substanzen haben, und den Bildekräften des menschlichen Organismus selbst. Daher werden gewisse Kräfte, wie zum Beispiel die in dem Kupfer verankerten, in einer gewissen Weise entgegenwirken den im Eisen verankerten. Aus diesem Entgegenwirken wird man entnehmen können, was man von den anderen Kräften brauchen muß, wenn eine gewisse Art von Kräften, sagen wir die Eisenkräfte, zu stark vorhanden sind, zu stark wirken. Man wird zum Beispiel finden, daß bei ganz bestimmten krankhaften Erscheinungen des menschlichen Organismus offenbar die Eisenkräfte in ihm zu stark sein müssen. Dann handelt es sich darum, daß man Kupfer oder Kupferähnliches, was ja auch aus dem Pflanzenreich genommen werden kann, wie Sie sehen werden, dagegen verwendet.

Nun habe ich Ihnen heute vielleicht mit diesem Ausblick nach manchen Seiten hin recht viel zugemutet. Allein ich hoffe, daß, wenn Sie sich manches ansehen, was ich gerade heute vorgebracht habe, Sie daraus erkennen werden, wie diese Dinge weiter verarbeitet werden müssen und wie gerade aus dieser Verarbeitung etwas sehr Fruchtbares hervorgehen kann für eine Umgestaltung des medizinischen Studienwesens und des ganzen medizinischen Wesens.

ACHTER VORTRAG

Dornach, 28. März 1920

Die Ausdrucksweise, die wir ja schon, ich möchte sagen, mehr zur Verkürzung oder zur Vereinfachung unserer Ideen anwenden müssen, wenn wir sagen «Ätherleib», «Astralleib» und so weiter, kann durchaus zurückgeführt werden auf dasjenige, was sich von ihr gewissermaßen abdrückt im physischen Geschehen. Nur ist man heute nicht sehr geneigt, dasjenige, was sich im physischen Geschehen ausdrückt, wirklich in richtige Beziehung zu setzen zu der geistigen Grundlage des Daseins. Für eine Durchgeistigung des medizinischen Denkens und Anschauens wird aber das unbedingt geschehen müssen. Man wird unbedingt zum Beispiel darauf eingehen müssen, wie das Wechselspiel zwischen dem, was wir Ätherleib nennen, und dem, was wir physischen Leib nennen, eigentlich geschieht. Sie wissen, dieses Wechselspiel geschieht im Menschen, und wir haben gestern gesprochen von einer Seite dieses Wechselspiels, nämlich, wenn es in eine Art Unordnung kommt gegenüber den Einwirkungen des astralischen Leibes. Aber dieses Wechselspiel geschieht ja auch draußen in der außermenschlichen Natur.

Nun bedenken Sie, daß Sie, wenn Sie diesen Gedanken ordentlich zu Ende führen, dann eigentlich recht gründlich hineinschauen in den Zusammenhang des Menschen mit der außermenschlichen Natur. Sie schauen hinaus in die außermenschliche Natur. Sie haben um sich – halten wir zunächst heute daran fest – die ganze Flora mit allen ihren einzelnen Arten, und Sie werden diese Flora durch Ihre verschiedenen Sinne gewahr. So können Sie, wenn Sie da hinausschauen, mit Ihren verschiedenen Sinnen die Flora gewahr werden, mindestens ahnen ein Wechselspiel zwischen dieser Flora und alledem, was erstens in der irdischen Atmosphäre ist, und alledem, was dann außerhalb dieser irdischen Sphäre im Planetarischen, im Astralischen liegt. Wir können gewissermaßen sagen, wenn wir die Flora der Erde betrachten, wenn hier (siehe Zeichnung Seite 158) die Erdoberfläche ist, so weist uns diese Flora hinaus auf das Atmosphärische, auf das Astralische, jetzt in diesem Sinne gemeint, daß es zu den Sternen hingeht, zu dem Außertellurischen, und wir können zunächst, auch wenn wir nicht auf Okkultes eingehen, ahnen, daß da draußen eine lebendige Wechselwirkung ist zwischen dem, was sich in der Flora, in dem Blüte- und dem Fruchtaufschießen zeigt, und dem, was da hereinwirkt aus dem ganzen weiten Weltenall.

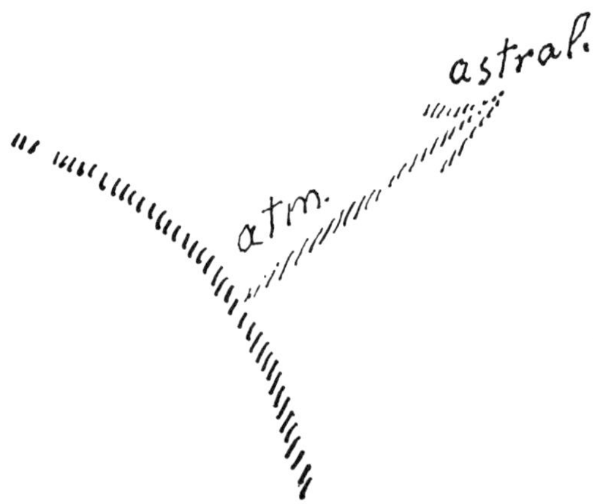

Wenn wir dann von alledem wegsehen und den Gedanken hineinleiten in unser Inneres – allerdings müssen Sie versuchen, bei dieser Anschauung etwas Intuition zu Hilfe zu nehmen, aber ich habe schon gesagt, ohne Intuition geht es in der Medizin absolut nicht ab –, wenn wir diesen Gedanken ableiten von diesem Äußeren und in unser eigenes Inneres hineinschauen, so finden wir mit demjenigen, was da draußen ist, eine gewisse Verwandtschaft. Und da wir uns sagen müssen: In der Flora ist eng verbunden das Ätherische mit dem Physischen, so müssen wir auch ahnen eine gewisse Verwandtschaft dieser Art von Verbindung des Ätherischen mit dem Physischen in der Flora und der Art der Verbindung des Ätherischen mit dem Physischen im Menschen selbst.

Nun handelt es sich darum, daß wir uns Rechenschaft darüber geben, durch was wir äußerlich konkret sprechen können über diese

Verwandtschaft des Ätherischen mit dem Physischen. Wir werden uns ja zunächst abstrakt sagen können: Das Ätherische steht dem Astralischen näher als dem Physischen, insofern es sich nach oben öffnet. Wir werden uns aber auch sagen müssen, daß das Ätherische irgendeine Beziehung zu dem Physischen hin hat. Wir werden also auf diese Doppelverwandtschaft hinschauen müssen, in der das Ätherische auf der einen Seite zu dem Physischen, auf der anderen Seite zu dem Astralischen steht, und wir werden etwas aufsuchen müssen, was uns gewissermaßen in diese Doppelverwandtschaft hineinführt. Nun möchte ich Ihnen zunächst möglichst konkret darstellen, wie Sie in diese Doppelverwandtschaft hineingeführt werden können.

Gehen Sie einmal, sagen wir, durch eine Lindenblütenallee und versuchen Sie sich recht klarzumachen, wie Sie in dieser Lindenblütenallee durch den Duft der blühenden Linden hindurchgehen. Machen Sie sich klar, daß nun ein Prozeß sich abspielt zwischen all dem, was sich, sagen wir, nervenartig in Ihre Geruchsorgane ausbreitet, und diesem Lindenblütenduft. Dann haben Sie, wenn Sie auf diesen Prozeß des Wahrnehmens des Lindenblütenduftes hin Ihre Aufmerksamkeit wenden, gewissermaßen das Aufschießen des Innern, des Geruchsfähigen gegen den Lindenblütenduft, den Lindenblütengeruch, und Sie müssen sich sagen: Da spielt sich ein Prozeß ab, der ein Inneres einem Äußeren entgegenbringt, die irgendwie etwas miteinander vollbringen durch ihre innere Verwandtschaft. Und Sie müssen sich sagen: Dasjenige, was sich durch den Lindenblütenduft draußen zerstreut, was zweifellos auf einer Wechselwirkung der Flora mit der ganzen außerirdischen Umgebung beruht, der sich nach der außerirdischen Umgebung hin aufschließenden Flora, das wird gewissermaßen verinnerlicht in der Geruchswahrnehmung selber. Da haben Sie innerlich, weil Sie ja die Sache wahrnehmen, ganz zweifellos etwas gegeben, was vom Ätherleib aus auf den astralischen Leib wirkt, denn sonst könnten Sie nicht wahrnehmen, sonst wäre es ein bloßer Lebensprozeß. Der Geruchsvorgang selbst bezeugt einem, daß der astralische Leib daran beteiligt ist. Aber dasjenige, was Ihnen die Verwandtschaft enthüllt mit der Außenwelt, zeigt Ihnen zugleich, daß das Entstehen jenes süßlichen Geruches, den die Lindenblüten ausströmen, in einem gewissen Sinne verwandt ist, polarisch ist zu dem, was in Ihrem Geruchsorgan vor sich geht. Und in der Tat haben wir in diesem sich verbreitenden süßlichen Geruche der Lindenblüten die Wechselwirkung des Pflanzlich-Ätherischen mit dem Umliegenden gegeben, den allgemeinen Weltenraum durchfüllenden Astralischen. Wir haben daher in unserem Riechen einen Prozeß, der sich so abspielt, daß wir durch diesen Prozeß an dem teilnehmen, was verwandt ist in der Flora mit dem außertellurischen Astralischen.

Wenn wir nun nehmen irgendeinen Geschmack, sagen wir, um wiederum etwas dem eben Angeführten Verwandtes zum Beispiel zu haben, den Geschmack des Süßholzes oder den Geschmack süßer Weintrauben, da haben wir etwas Ähnliches. Da haben wir es aber zu tun mit einem Vorgang, der sich abspielt in unserem Geschmacksorgan im Gegensatz zu den Vorgängen, die sich abspielen in unseren Geruchsorganen. Sie wissen, wie nahe verwandt das Geschmacksorgan dem Geruchsorgan ist, und Sie werden daher ohne weiteres eine Vorstellung davon haben müssen, wie nahe verwandt auch in bezug auf das ganze natürliche Geschehen dasjenige ist, was im Schmecken vor sich geht, mit dem, was im Riechen vor sich geht. Aber Sie müssen sich zugleich klar sein, daß das Schmecken ein viel organisch-innerlicherer Prozeß ist als das Riechen. Das Riechen spielt sich mehr an der Oberfläche ab. Das Riechen nimmt teil an den Prozessen des Außermenschlichen, die sich gewissermaßen ausbreiten, die im Raume ausgebreitet sind. So ist es beim Schmecken nicht der Fall. Durch das Schmecken kommen Sie mehr auf gewisse Eigenschaften, die innerlich in den Substanzen liegen müssen, die also mit dem Substantiellen selber verbunden sein müssen. Sie kommen mehr durch das Schmecken als durch das Riechen darauf, was die Dinge, die Pflanzen also in diesem Falle, im Innern sind. Und Sie brauchen einfach ein wenig Ihre Intuition zu Hilfe zu nehmen, so werden Sie sich sagen, daß alles dasjenige, was mit dem Festwerden in den Pflanzen, mit den organischen Prozessen des Festwerdens in den Pflanzen zusammenhängt, sich enthüllt, sich offenbart durch das Schmecken alles desjenigen, was in der Pflanze ist. Nun wehrt sich aber dieses Pflanzliche gegen das Festwerden. Das tritt uns hervor in dem, was die Pflanze veranlaßt, riechbar zu werden. Daher werden Sie nicht eigentlich zweifeln können, daß der Geschmack ein Vorgang ist, der zusammenhängt mit den Beziehungen des Ätherischen zum Physischen.

Also nehmen Sie jetzt zusammen Riechen und Schmecken. Indem Sie im Riechen und Schmecken gegenüber der Flora leben, leben Sie eigentlich in jenen Beziehungen, welche das Ätherische nach den beiden Seiten hin hat, nach dem Astralischen und nach dem Physischen. Sie gehen so recht ins Ätherische hinein, das heißt in seinem Abdruck, wenn Sie zum Riechen und Schmecken mit Ihrer Aufmerksamkeit sich hinwenden. Da wo Riechen und Schmecken im Menschen ist, da ist im Grunde genommen eine in der physischen Welt befindliche Offenbarung des Ätherischen in seinen Beziehungen zum Astralischen und zum Physischen. Wir sind damit gewissermaßen selber an des Menschen Oberfläche, wenn wir so untersuchen, was sich im Riechen und Schmecken abspielt. Aber sehen Sie, es handelt sich wirklich heute darum, daß wir endlich zur Befruchtung der wirklichen Wissenschaft von seiten der Geisteswissenschaft über das Abstrakt-Mystische hinauskommen und zum konkreten Geist-Erfassen wirklich vordringen. Was nützt es denn wirklich, wenn die Leute immer fort und fort nur reden davon, es soll das Göttliche im Menschen erfaßt werden, wenn sie unter diesem Göttlichen höchstens irgendein ganz abstraktes Göttliches verstehen? Es wird diese Betrachtungsweise erst dann fruchtbar, wenn wir auf die konkreten Erscheinungen eingehen können, wenn wir in diesem konkreten Sinne das Innerlichwerden der äußeren Vorgänge betrachten, zum Beispiel also, indem wir im Riechen und Schmecken tatsächlich dasjenige, was äußerlich, verwandt dem Menschen, lebt, das Ätherische betrachten, wie das sich verinnerlicht, wie wir in diesem vielleicht gröbsten oberen Sinnesprozesse unmittelbar ein Innerlichwerden der äußeren Vorgänge sehen. Das ist für unsere Zeit so außerordentlich wichtig, hinauszukommen über das bloß Abstrakte, Mystische.

Nun werden Sie aber sich klar sein darüber, daß in der Natur alles in fortwährendem Übergang zu etwas anderem ist, daß in der Natur alles so ist, daß ein Vorgang die Tendenz hat, in einen anderen überzugehen, sich zu metamorphosieren in einen anderen Vorgang hinein. Nehmen Sie also das, was wir eben gesagt haben: mehr an der Oberfläche gelegen das Riechen (siehe Zeichnung Seite 162), mehr in das Innere des Menschen hineinverlegt – alles das ist auf die Flora, die Pflanzen bezüglich – das Schmecken, den Geschmack, und diese, ich möchte sagen, verlaufend im Ätherischen, insofern sich das Ätherische gegen das Astralische aufschließt oder in das Physische hinein verfestigt, nach außen also gehend,

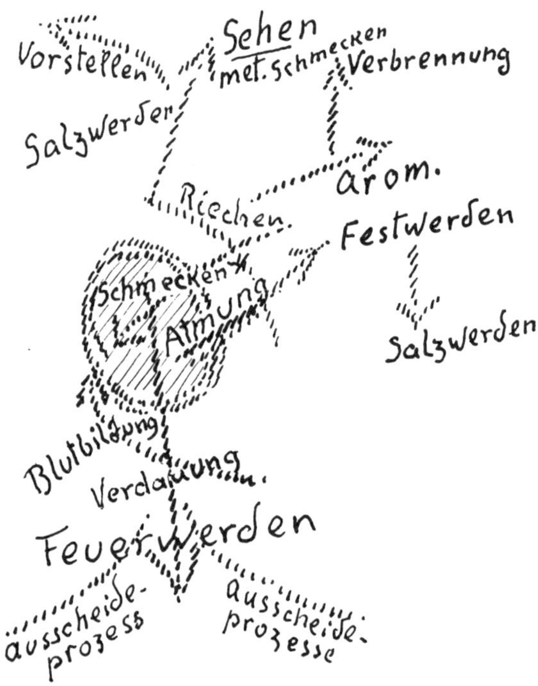

nach alledem, was in der Flora geschieht im Verflüchtigen, im Aromatischwerden oder auch im sich dem Aromatischen Entziehen im Schmecken, alles dasjenige verinnerlichend, was im Äußern führt zum Festwerden. Es fließen gewissermaßen zusammen das Äußerliche und das Innerliche, wenn wir die Aufmerksamkeit in bezug auf Riechen und Schmecken festhalten.

Aber in der Natur geht immer ein Prozeß in den anderen über. Richten wir einmal unseren Sinn auf dieses Aromatische der Flora, auf alles dasjenige, wodurch die Flora sich gewissermaßen ihrem Festwerden entzieht, wo die Flora das Pflanzensein noch über sich hinaustreiben will, wo die Pflanze gewissermaßen noch – verzeihen Sie den Laienausdruck – ihre Geistigkeit hinaussetzt in die Atmosphäre, so daß die Atmosphäre in dem Riechstoff noch etwas von dem Pflanzensein in sich trägt. Es sind gewissermaßen noch die Schemen der Pflanzen in dem, was da draußen riecht. Nehmen Sie das. Was ist denn das eigentlich, was da draußen vorgeht, wenn die Pflanze ihre Riechschemen hinausschickt, wenn sie es nicht ganz zum verfestigten Pflanzensein kommen läßt, wenn sie aus der Blüte noch etwas hinaussendet, was zwar Blüte werden will, was sich aber diesem Blütewerden entzieht, was sich in dem Flüchtigsein erhält? Das ist nämlich nichts anderes als ein zurückgehaltener Verbrennungsprozeß. Sie kommen, wenn Sie sich dieses Aromatisieren metamorphosisch fortgesetzt denken, dahin, zu denken: dieses Aromatisieren ist eigentlich ein zurückgehaltener Verbrennungsprozeß. Sie sehen auf der einen Seite die Verbrennung und auf der anderen Seite das Aromatisieren der Pflanzenwelt an, dann erkennen Sie darinnen zwei Metamorphosen einer gemeinsamen Einheit. Ich möchte sagen: es ist einfach im Aromatisieren auf einer anderen Stufe das Verbrennen gegeben.

Jetzt schauen wir auf dasjenige bei der Pflanze, was Anregung gibt zum Schmecken, was also in der Pflanze tiefer drinnen liegt, was in der Pflanze dazu Veranlassung gibt, daß sie nun nicht ihre Pflanzenbildekraft wie ein Schemen aus sich heraustreibt in die Umgebung hinein, sondern daß sie sie in sich zusammenhält, daß sie sie zur inneren Bildung verwendet. Da kommen Sie, weil Sie dieses innere Bilden im Schmecken mitmachen, zu demselben Prozeß, der unterhalb des Festwerdens des Pflanzlichen liegt, der aber eine Metamorphose ist auf dieser anderen Stufe zum Salzwerden, aber natürlich zum Salzwerden der Pflanze, denn wir reden von der Flora (siehe Zeichnung Seite 162).

Denken Sie, Sie haben in der Pflanze eine merkwürdige Metamorphosierung gegeben. Sie haben in der Pflanze nach oben das Aromatisieren gegeben, das gewissermaßen ein zurückgehaltener Verbrennungsprozeß ist und schon auch zu dem Anfange der Verbrennungsprozesse führen kann; denn Prozesse des Blütigwerdens sind eben einfach Verbrennungsprozesse, die sich da hineingliedern. Nach unten haben Sie das Festwerden, das Salzwerden. Und das, was Sie in der Pflanze schmecken, ist dasjenige, was noch zurückgehaltenes Salzwerden ist. Aber wenn sich das Salz eingliedert und Sie das Salz in der Pflanze selber finden, also diese Pflanzensalze haben, so sind diese etwas, was in der Pflanze selbst über den Weg des Pflanzenwerdens hinausgeschritten ist, wo die Pflanze in ihr eigenes Wesen hineingepreßt ihren eigenen Schemen hat.

Da ist die Ratio für das Heilmittel erkannt, da beginnt es, ich möchte sagen, in einem gewissen Sinne Licht zu werden in der Flora, weil man hineinschaut in dasjenige, was da geschieht. Auf dieses, ich muß es immer wieder betonen, konkrete Hineinschauen kommt es an.

Nun brauchen Sie sich, um weiterzugehen, nur an folgendes zu erinnern: Ich will da, wo es geht, ich möchte sagen, rein aus höheren opportunistischen Gründen dasjenige, was auseinanderzusetzen ist, doch anknüpfen an das, was heute gang und gäbe ist, damit Sie auch in der Lage sind, die Brücke zu schlagen zwischen dem, was Geisteswissenschaft geben kann, und dem, was äußere Wissenschaft ist. Natürlich könnte ich jetzt auch das, was ich in den folgenden Sätzen auseinandersetzen werde, noch geisteswissenschaftlicher charakterisieren, aber ich will anknüpfen an gebräuchliche Vorstellungen der heutigen Wissenschaft, die eben schon da sind. Der Physiologe spricht heute von dem, was ihm vorliegt, was dem Geisteswissenschafter aus dem Grunde nicht vorzuliegen braucht, weil er nicht in diesem selben Sinne zu anatomisieren braucht. Aber knüpfen wir eben an die gebräuchlichen Vorstellungen an. Wir haben ja nicht nötig, die anatomisierenden Unfuge der anderen aufzunehmen, aber wir müssen doch mit dem Faktum rechnen, daß sie eben schon dagewesen sind und ihre Ergebnisse geliefert haben. Aufhören werden sie doch nur, wenn Naturwissenschaft etwas von Geisteswissenschaft befruchtet worden sein wird. Also prüfen wir einmal! Es wird dann aus der Geisteswissenschaft ganz klar werden, welch nahe Verwandtschaft, welch nahe Beziehung besteht zwischen jenem Prozeß, der sich im Auge abspielt, und dem Prozeß, der sich im Geruch und namentlich im Geschmack abspielt, in dem Ausbreiten des Geschmacksnervs in der übrigen Organsubstanz und in dem Ausbreiten des Augennervs im Auge. Da besteht eine so nahe Verwandtschaft, daß man eigentlich fast nicht umhin kann, wenn man das Innerliche des Sehvorganges charakterisiert, Analogien zum Geschmacksvorgang zu suchen. Natürlich, da beim Ausbreiten des Geschmacksnervs in der organischen Substanz sich nicht dasjenige anschließt, was die kunstvolle Bildung des Auges ist, die der Ausbreitung des Sehnervs in der organischen Substanz vorgelagert ist, so ist das Sehen etwas ganz anderes. Aber dasjenige, was gewissermaßen als Sehvorgang beginnt hinter dem kunstvollen Ausbau des physischen Auges, das ist schon sehr innerlich verwandt mit dem Geschmacksvorgang. Ich möchte sagen: Wir vollziehen im Sehen ein metamorphosiertes Schmecken, metamorphosiert dadurch, daß wir eben den Organvorgängen, die sich im Schmecken abspielen, all dasjenige vorgelagert haben, was durch den kunstvollen Bau des Auges bedingt ist.

Nun müssen wir natürlich bei jedem Sinn unterscheiden zwischen dem, was unser Organismus der Außenwelt entgegenbringt, und dem, was die Außenwelt unserem Organismus entgegenbringt. Wir müssen also auf dasjenige hinschauen, was von innen als Vorgänge geschieht dadurch, daß das Blut ins Auge hineinstößt, daß also der Organismus ins Auge hineinwirkt. Das ist noch stärker bei gewissen Tieren, die zu unseren Organen hinzu noch im Auge den Fächer und den Schwertfortsatz haben, also Blutorgane, wodurch das Ego mehr hineingetrieben wird in den Augapfel, während bei uns sich das Ego zurückzieht und den Augapfel innerlich freiläßt. Aber es wirkt da hinein die ganze Organisation auf dem

Umwege des Blutes durch das Auge in den ganzen Sinnenvorgang, und da drinnen im Sehvorgang ist gewissermaßen metamorphosiert der Geschmacksvorgang, so daß wir das Sehen ein metamorphosiertes Schmecken nennen können. Wir würden also gewissermaßen oberhalb des Schmeckens und Riechens das Sehen gelagert haben als metamorphosiertes Schmecken (siehe Zeichnung Seite 162).

Es entspricht also dem, was der gesamte Geschmacksvorgang sowohl wie Sehvorgang ist, etwas Äußeres, das mit dem Inneren zusammenwirkt. Es muß sich also der Vorgang gewissermaßen nach oben hin metamorphosieren. Eine Metamorphose des Schmeckvorganges ist der Sehvorgang. Aber es muß dann auch nach unten in den Körper hinein eine Metamorphose des Schmeckvorganges geben. Wir müssen, während wir im Sehvorgang mehr nach der Außenwelt steigen – das Auge ist eingeschlossen nur in der Knochenhöhle und wir kommen da nach außen, das Auge ist ein sehr äußerliches Organ, es wird der Sehvorgang mehr nach dem Äußeren hin organisiert –, jetzt nach der entgegengesetzten Seite uns die Metamorphose des Schmeckvorganges nach unten in den Organismus hineindenken. Wir kommen dann gewissermaßen zum anderen Pol des Sehens, zu dem, was im Organismus dem Sehvorgang entspricht, auf etwas, was uns ungeheuer viel Licht werfen wird in den folgenden Betrachtungen. Denn was ist nun da gegeben, wenn wir die Metamorphose des Geschmacksvorganges nach unten verfolgen? Da ist nämlich die Verdauung bedingt, und Sie kommen zu einem wirklichen innerlichen Verstehen der Verdauung nur, wenn Sie sich auf der einen Seite das Sehen als eine metamorphosierte Fortsetzung des Schmeckens vorstellen, auf der anderen Seite die Verdauung als metamorphosierte Fortsetzung des Schmeckens, aber so, daß Sie die Verdauung in ihrem vollen polarischen Gegensatz zu dem veräußerlichten Sehen aufzufassen vermögen, denn das veräußerlichte Sehen führt Sie gerade darauf hin, zu erkennen, was in der Außenwelt dieser Verdauung entspricht, von was die Verdauung organisch eine Verinnerlichung ist. Auf der anderen Seite werden Sie gewahr, wie der Verdauungsvorgang verwandt gedacht werden muß dem Schmeckvorgang. Sie können einfach die intimen Wirksamkeiten im menschlichen Organismus, insofern sie auf den Verdauungsprozeß hin lokalisiert sind, gar nicht verstehen, wenn Sie sich nicht den gesamten Verdauungsprozeß so vorstellen, daß das gute Verdauen auf einer Fähigkeit beruht, die gewissermaßen mit dem ganzen Verdauungstrakt zu schmecken versteht, daß das schlechte Verdauen gewissermaßen auf der Unfähigkeit beruht, mit dem ganzen Verdauungsapparat zu schmecken.

Nun sondert sich der Vorgang, den wir da betrachtet haben, in Schmecken und Riechen. Da spaltet sich gewissermaßen ein Vorgang so, daß wir es einmal zu tun haben mit einem Prozeß, der mehr in Wechselwirkung des Ätherischen und des Physischen steht im Schmecken und auf der anderen Seite mit einem Vorgange, der mehr in den Beziehungen des Ätherischen zum Astralischen steht, was wir in dem Riechen vorliegen haben. Dasjenige, was wir als Fortsetzung des Schmeckens in den Organismus hinein haben, das haben wir der gleichen Spaltung unterworfen, indem wir auf der einen Seite das Verdauen hinneigend haben zu den Ausscheidungen durch den Darm, zu den fäkalen Ausscheidungen, und indem wir auf der anderen Seite die Ausscheidungen durch die Nieren, durch das Urinieren haben. Da haben Sie genau das Entsprechende in dem Unteren und in dem Oberen des Menschen. Sie haben ganz genau etwas, was vorliegt wie zwei polarische Gegensätze, indem Sie spalten zum Schmecken und Riechen und indem Sie spalten zum gewöhnlichen Verdauen und zu dem, was vom gewöhnlichen Verdauen sich abscheidet als alles dasjenige, was auf der intimeren Nierentätigkeit beruht, auf demjenigen, was der intimeren Nierentätigkeit zugeordnet ist.

Da haben wir gewissermaßen die Möglichkeit, dasjenige, was im Innern des Organismus durch die Haut begrenzt geschieht, als ein Verinnerlichtes des Äußerlichen zu betrachten. Denn mit alledem, was wir da nach oben fortsetzen, kommen wir eben mehr ins Äußerliche hinein; da schließt sich der Mensch nach dem Äußerlichen auf. Jetzt haben wir die Sache so weiter zu verfolgen, daß wir in dem, was gewissermaßen in uns seelisch lebt, aber an den

Organismus eben gebunden ist, nicht im materialistischen Sinne, sondern in einem anderen Sinne, den Sie ja aus den Vorträgen kennen, ein metamorphosiertes Sehen haben, wiederum nach einer gewissen Seite nach dem Innern gelegen, im Denken, im Vorstellen (siehe Zeichnung Seite 162), wobei wir uns zu denken haben diejenigen Organe, die zugrunde liegen den Vorstellungen, also die des menschlichen Innenhauptes als metamorphosierte Sehorgane nach einer gewissen Richtung. Bitte, orientieren Sie sich nur darüber, wie die meisten Ihrer Vorstellungen, die im Denken leben, einfach Fortsetzungen sind der Sehvorstellungen, Sie brauchen ja nur das seelische Leben des Blindgeborenen, des Taubgeborenen zu vergleichen. Wir haben eine Fortsetzung des Sehens nach dem Inneren im Denken. Und wir kommen so dazu, uns zu sagen, daß auch ein Licht geworfen wird auf das merkwürdige Wechselwirken, das ja zwischen der Anatomie des Kopfes, des Gehirnes und dem Denkvorgang selber besteht. Es ist ja zum Beispiel sehr eigentümlich, daß, wenn man ordentlich zu Leibe geht unseren Denkvorgängen – ein schönes Kapitel für eine medizinische Dissertation übrigens – und untersuchen will, wie mit dem zusammenfassenden Denken die Organisation des Gehirnes zusammenhängt, man sonderbarerweise auf Strukturen kommt, die sich wie eine Umbildung des Riechnervs ausnehmen. So daß man sagen könnte: unser zerstreutes, analytisches Denken ist, innerlich angesehen, in seinem Gegenbilde sehr ähnlich dem Sehen. Aber das Zusammenfassen des Gesehenen, das Assoziieren der Vorstellungen, ist eigentlich, innerlich organisch angesehen, sehr ähnlich dem Riechen. Das drückt sich nämlich in der anatomischen Struktur des Gehirnes sogar in einer sehr bemerkenswerten Weise aus. Wir kommen also jedenfalls da zum Vorstellen, zum Denken nach der einen Seite.

Wohin kommen wir nun, wenn wir wiederum den innerlichen Prozeß suchen? Nicht wahr, im Vorstellen haben wir vom Sehen aus dasjenige, was veräußerlicht ist im Sehen, was wiederum gewissermaßen nach dem Inneren zurückstrahlt im Denken. Man bemüht sich, den Sehprozeß gewissermaßen umzukehren, nach dem Organismus wiederum zu leiten. Sein polarisch entgegengesetzter

Prozeß wird daher darinnen bestehen, daß man sich nicht bemüht, dasjenige, was da Prozeß ist, nach dem Innern, sondern nach dem Äußeren zu leiten. Und das ist: der Verdauungsprozeß setzt sich fort in den Ausscheidungsprozeß (siehe Zeichnung Seite 162), der damit zum Gegenbilde des Vorstellens wird. Da haben Sie von einem anderen, intimeren Standpunkte aus das gesehen, was ich Ihnen mehr durch die vergleichende Anatomie gezeigt habe vor ein paar Tagen, wo ich Sie auch darauf hingewiesen habe, wie einfach der Bau des Menschen und namentlich das Auftreten der Darmflora in einer gewissen Weise darauf hindeuten, welch innige Verwandtschaft besteht zwischen den sogenannten geistigen Fähigkeiten des Menschen und seinem regulierten Ausscheideprozeß oder nichtregulierten Ausscheideprozeß. Da haben Sie das von einer anderen Seite. Da haben Sie also, wie wir nach innen eine Fortsetzung des Sehprozesses im Denkprozeß haben, nach außen eine Fortsetzung des Verdauungsprozesses im Ausscheidungsprozeß. Wenn wir nun zurückgehen auf dasjenige, was wir beobachtet haben vorhin gerade, daß das Aromatisieren ein zurückgehaltenes Verbrennen ist und das Festwerden der Pflanze ein zurückgehaltenes Salzwerden, so werden wir wiederum auf dasjenige Licht geworfen haben, was da nun im Innern geschieht, nur müssen wir uns klar sein darüber, daß ja eine Umkehrung geschieht. Hier (oben) ist eine Umkehrung des Sehens nach der Verinnerlichung, hier (unten) ist es eine Umkehrung nach der Veräußerlichung, daher werden wir hier (oben) zu der Anerkennung einer Verwandtschaft der Vorgänge mit dem Salzwerden kommen und hier (unten) zu einer Verwandtschaft der Vorgänge mit dem Feuerwerden oder mit dem Verbrennen, mit dem Feuer (siehe Zeichnung Seite 162). Leiten Sie also dasjenige, was geeignet ist, das Aromatisieren und den zurückgehaltenen Verbrennungsprozeß in den Pflanzen zu bewirken (siehe Hinweise), nach dem Unterleibe, so helfen Sie dem Unterleibe. Leiten Sie das, was in der Pflanze berufen ist, den Salzprozeß zurückzuhalten oder ihn in der Pflanze zu verinnerlichen, nach dem oberen Menschen, so helfen Sie den Vorgängen des oberen Menschen. Das werden wir im einzelnen dann durchzuführen haben.

Da sehen Sie, wie gewissermaßen wieder auftreten kann das ganze Äußere im ganzen Inneren. Und je innerlicher wir in den Menschen hineinkommen, desto mehr müssen wir im Innern des Menschen das Äußerliche suchen. Wir müssen geradezu in dem, was sich in den Verdauungsorganen, namentlich in den Nieren, abspielt, etwas suchen, was sehr, sehr verwandt ist mit dem Aromatisierungs- und Verbrennungsprozeß, nur eben der andere Pol ist. Und wir müssen in dem, was sich abspielt in der Organisation des Menschen, von der Lunge angefangen nach oben durch Kehlkopf und Kopf, etwas suchen, was innerlich verwandt ist mit all dem, was in der Pflanze zum Salzwerden, was überhaupt in der menschlichen Natur zum Salzwerden hinneigt. Man möchte also sagen – das heißt, nicht nur man möchte es sagen, man kann es sagen: kennt man die verschiedenen Arten, wie die Pflanzen Salz in sich ansammeln, dann braucht man nur zu suchen das Entsprechende in der menschlichen Organisation. Im Großen haben wir es heute gesucht, im Speziellen werden wir es in den folgenden Vorträgen aufsuchen.

Hier sehen Sie gewissermaßen die ganze Pflanzenheilkunde zunächst im Prinzip charakterisiert. Sie sehen, worauf sie beruht. Ich möchte sagen: Sie sehen in den ganzen realen Prozeß, der sich abspielt in seiner Wechselwirkung zwischen dem Inneren und dem Äußeren, hinein; Sie sehen aber auch ganz Spezielles schon. Nehmen Sie zum Beispiel diejenigen Gerüche, die, ich möchte sagen, schon als Gerüche mehr zum Geschmacklichen hinneigen, so daß man eigentlich, indem man die betreffende Pflanze kaut, erst auf den richtigen Geruch kommt und eigentlich eine Synthese zwischen Geruch und Geschmack wahrnimmt, wie bei der Melisse oder bei der Gundelrebe, dann finden wir, daß da drinnen schon etwas von Salzwerden liegt, daß da drinnen schon ein Zusammenwirken zwischen dem Salzwerden und dem Aromatisieren ist. Das weist uns darauf hin, daß die Organe, die zu diesen Pflanzen Verwandtschaft haben müssen, wie Melisse und so weiter, mehr nach dem Äußeren, nach der Brust zu liegen, während diejenigen Organe, die verwandt sein müssen mit dem, was stark aromatisch ist, wie, sagen wir, die

Linde oder die Rose, verwandt sein müssen mit dem, was mehr in den Unterleib eingegraben ist oder mehr nach dem Unterleib hin liegt.

Nun finden Sie, daß zwischen all dem, was da im oberen Menschen liegt in der Gegend des Riechens oder Schmeckens, organisch betrachtet, sich ein anderer Prozeß hineingliedert, der nun in einem etwas tieferen Sinne für den Menschen ein wichtiger Lebensprozeß ist; das ist der Atmungsprozeß, der sich hier hineingliedert (siehe Zeichnung Seite 162). Wir können zu diesem Atmungsprozeß nun auch den polarisch zugeordneten Prozeß suchen. Es muß derjenige Prozeß sein, der gewissermaßen sich so von dem Verdauungsprozeß abgliedert, insofern der Verdauungsprozeß zum Ausscheideprozeß führt und das Polarische ist zu dem organischen Vorstellungsprozeß. Es muß sich da auch etwas abgliedern, was noch naheliegt organisch dem Verdauungsprozeß, so wie naheliegt lokalisiert das Atmen dem Riech- oder Schmeckprozeß, organisch angesehen. Das ist alles das, was sich im Lymph- und Blutprozeß abspielt, im Blutbildungsprozeß, respektive was von der Verdauung nach innen geschoben wird, was also in den Organen liegt wie in den Lymphdrüsen und so weiter, in all den Organen, die an der Blutbildung beteiligt sind. Sie sehen also hier zwei polarische Prozesse, den einen abgespalten von der Verdauung, den anderen abgespalten von den mehr nach außen gelegenen Sinnesvorgängen, dasjenige, was gewissermaßen zurückliegt hinter den Sinnesvorgängen, die Atmung, und was vorgelagert ist der Verdauung, insofern diese Verdauung dann zur Ausscheidung führt, den Blutbildungs-Lymphbildungsprozeß. Es ist merkwürdig, wie wir da vom Prozesse aus in den ganzen Menschen hineinführen, währenddem man heute gewöhnlich nur von den vorliegenden Organen aus den Menschen betrachtet. Hier suchen wir von dem Prozesse aus und von dem ganzen Zusammenhang des Menschen mit der außermenschlichen Welt diesen Menschen zu erkennen, zu durchschauen, und wir finden in der Tat Zusammenhänge, die uns wirklich unmittelbar ein Bild sind des ganzen Ätherwirkens im Menschen, denn wir haben ja eigentlich in der heutigen Stunde die Ätherwirkung im Menschen studiert. Und die zwei Prozesse begegnen sich wiederum, Atmungs- und Blutbildungsprozeß, und ihre Begegnung geschieht im menschlichen Herzen. Sie sehen, die ganze Außenwelt, insofern sie auch das Äußere des Menschen einschließt, tritt uns als eine Dualität entgegen, die sich im menschlichen Herzen staut, die im menschlichen Herzen zu einer Art von Ausgleich strebt.

Und so können wir zu einem merkwürdigen Bilde kommen, zu dem Bilde des menschlichen Herzens mit seiner Innerlichkeit, mit seinem Synthetisieren desjenigen, was äußerlich auf uns nach dem ganzen Umfang des Leibes einwirkt, ein Synthetisieren, und in der Außenwelt ein Analysieren, ein überall Zerstreutsein desjenigen, was im Herzen, ich möchte sagen, zusammengeschoppt ist (siehe Zeichnung Seite 172). Sie kommen da zu der wichtigen Vorstellung,

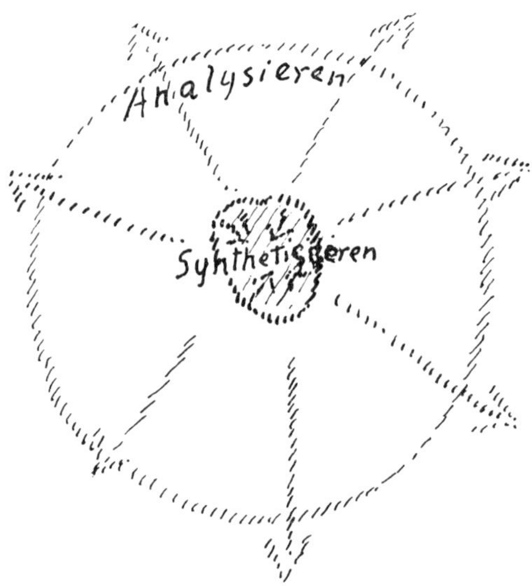

die man etwa so aussprechen könnte: Sie gucken in die Welt hinaus und sehen den Umkreis und fragen sich: Was ist da in diesem Umkreis, was wirkt aus diesem Umkreis herein? Wo finde ich irgend etwas in mir, was damit verwandt und gleicher Art ist? – Wenn ich in mein eigenes Herz hineinschaue! Da ist gewissermaßen der umgekehrte Himmel drinnen, das polarisch Entgegengesetzte. Während Sie hier das Peripherische haben, den, ich möchte sagen, ins Unendliche erweiterten Punkt, haben Sie den Kreis zusammengenommen im menschlichen Herzen. Die ganze Welt ist da drinnen. Wenn man ein grobes Bild gebraucht, so könnte man einfach sagen: Man denke sich, der Mensch steht auf einem Berge und guckt hinaus in den weiten Umkreis und sieht den weiten Umkreis der Welt. Und stellen Sie ein ganz winziges Zwerglein in das menschliche Herz hinein und versuchen sich zu vergegenwärtigen, was dieses Zwerglein da drinnen sieht, so sieht das da drinnen in Umkehrung das vollständige Bild der Welt zusammengezogen, synthetisiert. Das ist ja vielleicht eine bloß bildliche Vorstellung, eine Art von Imagination, allein, es ist zu gleicher Zeit dasjenige, was, wenn man es in der richtigen Weise aufnimmt, als ein ganz ordentliches, regulatives Bild, als regulatives Prinzip wirken kann und was uns anleiten kann, gerade das, was wir im einzelnen erkennen, in der richtigen Weise zusammenzufassen.

Ich habe nun die meisten Grundlagen zu dem geschaffen, was spezielle Betrachtungen sein werden, was auch Grundlagen sein werden für die Beantwortung der mannigfaltig mir gestellten Fragen im einzelnen.

NEUNTER VORTRAG

Dornach, 29. März 1920

Was wir gestern auseinandergesetzt haben, war gewissermaßen eine Art Heranrücken des menschlichen Organismus an die außermenschliche Natur. Und man kann sehen in jenem Wechselwirken, das gerade bei den zwei Sinnen, beim Riechen und Schmecken, vorliegt, wie die menschliche Organisation da in einen innigeren Zusammenhang kommt mit dem, was in der außermenschlichen Natur geschieht. Diese Studien, die so untersuchen die Beziehung des Menschen zu der außermenschlichen Natur, machen wir aus dem Grunde, weil es sich für die Geisteswissenschaft darum handelt, Heilverfahren und menschliche Organisationsprozesse innig zusammenzurücken. Beim Heilen handelt es sich eigentlich immer darum, daß man durchschaut, welche Faktoren in dem liegen, was man dem Körper, sei es chemisch, physiologisch oder physisch, zuführt, und dem, was gewissermaßen der Organismus im gesunden Zustand ausführen kann und wozu er sich im kranken Zustand nicht eignet. Man muß zusammendenken können den Prozeß, der sich äußerlich abspielt, und den Prozeß, der sich im menschlichen Organismus abspielt.

Nun, diese beiden Prozesse rücken eben am nächsten zusammen da, wo es sich um die Wahrnehmung des Riechens und des Schmeckens handelt. Sie sind für alles dasjenige, was die anderen Sinne angeht, weiter auseinandergerückt. Und wir haben zum Beispiel schon ziemlich weit auseinandergerückt das Sehen und die Verdauung, wobei ich unter der Verdauung im engeren Sinne jetzt das verstehe, was, ich möchte sagen, vorgeht zwischen dem Zerkauen der Speisen im Munde und ihrer Bearbeitung durch die Darmdrüsen. Also dieses Gebiet möchte ich eigentlich nur zur Verdauung rechnen, während ich das übrige schon rechnen muß zum Gebiet der Entleerung, sei es derjenigen in den Organismus, damit die Stoffe aufgenommen werden, sei es der Entleerung nach außen, zu dem, was ich als Ausscheidung bezeichnen möchte. Also dasjenige, was jenseits der Drüsen liegt, möchte ich schon als Ausscheidung bezeichnen.

Nun haben wir, wenn wir das Sehen ins Auge fassen, diejenigen Körper der Außenwelt vor uns, welche gewissermaßen das in sich verschließen, was im Riech- und im Geschmacksprozeß mehr an der Oberfläche liegt. Es ist das, was sich im Riechprozeß mehr aus der außermenschlichen Natur herausbegibt, damit es uns Menschen wahrnehmbar werde. Das verschließt sich in anderen Fällen innerhalb der Substanzen der außermenschlichen Natur, und wir schauen es dann an. Indem wir anschauen dasjenige, was sichtbar ist in seinen Formen und so weiter, haben wir eigentlich vor uns das gestaltende Prinzip außer uns, das sich im Riechprozesse eben nur substantiell offenbart. Ich möchte sagen, man sollte das Wesen, das sich im Riechen offenbart, hinausverfolgen in die Pflanzenwelt, in die Gesteinswelt und wird dann finden, daß dasselbe Prinzip, das im Riechen zum Vorscheine kommt, sich in den Gestaltungsprozessen draußen offenbart.

Der entgegengesetzte Prozeß ist dann gerade der Verdauungsprozeß. Der eignet sich gewissermaßen dasjenige an, was im Schmecken sich offenbart. Der verbirgt wiederum im Organismus dasjenige, was sich im Schmecken offenbart. Es ist außerordentlich bedeutsam, darauf hinzuweisen, wie wir genötigt waren, die außermenschliche Natur bisher so zu beschreiben, wie sie mehr im Unbewußten liegt. Denn sehen Sie, diese Zusammenhänge, die wir konstatieren konnten aus dem ganzen Weltenall heraus, sind vorhanden in dem Menschen. Der Mensch ist dem Saturnischen, Jupiterhaften und so weiter zugeordnet. Aber diese Zuordnung verbirgt sich außerordentlich in den Tiefen der menschlichen Organisation, und man möchte sagen, wenn das vielleicht nicht für die heutige Denkweise zu anstößig ist: das Astronomische wird im Menschen das Allerunbewußteste, das wird im Menschen zu dem am meisten in dem Organismus zurückliegenden Prozesse.

Nun haben wir Organe, welche gewissermaßen innen diesen menschlichen Organismus in einer gewissen Weise wieder aufschließen. Und diese Organe, die den menschlichen Organismus in einer gewissen Weise wieder aufschließen, die bringen ihn mehr in Zusammenhang mit dem, was in der Nähe unserer Erde sich entwickelt, die bringen ihn mehr in Zusammenhang mit dem – aber jetzt in weitestem Sinne gedacht – Meteorologischen. Und wenn man sich im Heilprozesse nicht darauf beschränkt, bloß auf die Heilsubstanzen hinzuschauen, sondern eben die Heilvorgänge verfolgt, dann muß man auch den Blick werfen auf die Beziehungen, welche bestehen zwischen dem Menschen und dem eben im weitesten Sinne meteorologischen Prozesse.

Nun können wir im menschlichen Organismus schon dasjenige unterscheiden, was mehr dem Astronomischen, und dasjenige, was mehr dem Meteorologischen zugeordnet ist. Allerdings muß da eine feinere Beobachtungsmethode einsetzen. Es wird Ihnen zunächst etwas schockierend sein im ersten Augenblicke, wie diese Gliederung vorgenommen werden muß, aber Sie werden im Laufe der Zeit schon sehen, daß gerade diese Gliederung die beste Grundlage für das Heilen ist. Wir können im menschlichen Organismus, wenn wir diejenigen Organe ins Auge fassen, die sich dem Meteorologischen öffnen – ebenso, wie sich das mehr nach innen Gelegene dem Astronomischen zuneigt –, zu diesen Organen vor allen Dingen die Leber rechnen, alles dasjenige, was blasig wird, also was repräsentiert ist – und zwar in pathologischer Beziehung ist die Blase etwas außerordentlich Wichtiges – gerade in der Blase. So sonderbar das zunächst klingt, für die pathologische Betrachtung ist die Blase zu dem Allerwichtigsten gehörend. Weiter können wir ins Auge fassen die Lunge, die ja sich nach außen öffnet, indem sie die Atmung vermittelt. Dann in einer gewissen Beziehung müssen wir gerade zu den Organen, in denen sich der ganze Organismus nach außen, nach der Meteorologie öffnet – wenn Sie manches, was ich in der vorhergehenden Betrachtung gesagt habe, richtig auffassen, so werden Sie das ohne weiteres verstehen –, das Herz rechnen. Und zwar sind wirklich diese Organe ganz bestimmten meteorologischen Impulsen zugeordnet. Studiert kann das, was hier gemeint ist, nur werden, wenn man eingeht auf die ganze Beziehung des Menschen zu der umliegenden Welt, und namentlich auf die Beziehung der Tätigkeit des Menschen zu der umliegenden Welt.

Da möchte ich Sie vor allen Dingen einmal darauf hinweisen, daß Sie gründlich den Versuch machen, alles dasjenige, was Ihnen als Schädigungen des Herzens entgegentritt, zurückzuführen auf die gestörte menschliche Tätigkeit. Sie sollten einmal Untersuchungen darüber anstellen, wie anders sich die Herztätigkeit gestaltet bei einem Menschen, der, sagen wir, als Bauer seinen Acker bearbeitet und nicht viel von dieser Tätigkeit wegkommt, seinen Acker zu bearbeiten, und wie anders sich die Herztätigkeit gestaltet bei Menschen, die zum Beispiel zu ihrem Berufe viel Automobil fahren müssen oder auch nur viel Eisenbahn fahren müssen. Es wäre außerordentlich interessant, gerade darüber einmal tiefergehende Untersuchungen anzustellen. Denn Sie werden finden, daß die Inklination zu Herzkrankheiten im wesentlichen abhängig ist davon, ob der Mensch, während er durch ein äußeres Mittel bewegt ist, selber stillsitzt, also im Eisenbahnwagen oder im Auto sitzt und bewegt wird. Dieses passive Hingeben des Menschen an die Bewegung ist dasjenige, was alle Prozesse, die sich im Herzen stauen, gewissermaßen deformiert.

Nun hängt alles dasjenige, was auf diese Weise in der Welt des Menschen spielt, zusammen mit der Art und Weise, wie er sich erwärmt. Und da sehen Sie die Verwandtschaft der Herztätigkeit mit dem Impuls der Wärme in der Welt, mit welcher der Mensch zusammenhängt. Sie sehen daraus, daß, wenn der Mensch genügend Wärme entwickelt durch seine eigene Tätigkeit, dieses gewisse Maß von genügender Wärmeentwickelung im Lebensprozeß durch seine eigene Tätigkeit zu gleicher Zeit das Maß für die Gesundheit des menschlichen Herzens ist. Man müßte daher bei Herzkranken immer darauf sehen, daß man eine Eigenbewegung, die recht sehr durchlebt wird, hervorruft. Ich bin überzeugt davon, daß, wenn einmal vielleicht eineinhalb Jahrzehnte ins Land gegangen sein werden, man über diese Dinge kühler denken wird als heute, daß die Leute sagen werden: Es ist doch merkwürdig, wie durch die Eurythmie die Leute wiederum eine gesunde Herztätigkeit bekommen haben, weil das Eurythmisieren eben die durchseelte Eigenbewegung im wesentlichen reguliert und sie sogar gesetzmäßig reguliert. Daher wird es vielleicht nicht uneben sein, wenn man auch sagt, daß gerade von diesem Gesichtspunkte aus hingewiesen werden sollte auf jene gesundenden Übungen, die gerade aus dem Eurythmischen geholt werden können, wenn es sich um Unregelmäßigkeiten der Herzfunktionen handelt.

Dann kommen wir zu all dem, was sich mehr durch geringe Blasenwirkungen im menschlichen Organismus äußert. Nun wird Ihnen vielleicht das, was ich gerade in dieser Beziehung sage, etwas laienhaft erscheinen. Es ist aber nicht laienhaft. Es ist, wie ich auch da sagen kann, wissenschaftlicher als dasjenige, was heute wissenschaftlich genannt wird. Die Blase ist eigentlich im wesentlichen ein Zugmittel. Sie wirkt, ich möchte sagen, als Aushöhlung im menschlichen Organismus, sie zieht. Sie ist im Grunde genommen davon abhängig, daß der menschliche Organismus an dieser Stelle ausgehöhlt ist. Es ist geradeso eine Wirkung der Blase zum übrigen Organismus, wie sie ausgeht von einer Gaskugel im Wasser drinnen. Wenn Sie eine Gaskugel, also eine Kugel aus verdünnter Substanz, allseitig vom Wasser umschlossen haben, also von einer dichteren Substanz, so ist diese Wirkung, die ausgeht von dieser verdünnten Kugel, ähnlich der Wirkung der ganzen Blase auf den menschlichen Organismus. Das macht, daß der Mensch mit Bezug auf all dasjenige, was die Blase bewirken soll, sich stört, wenn er wenig Gelegenheit hat, Innenbewegungen richtig zu vollziehen, wenn er also, ich will sagen, nicht die richtige Sorgfalt verwendet auf das Essen selber, wenn er schlingt, statt zu kauen, und dadurch den ganzen Verdauungsvorgang stört, wenn er nicht das richtige Maß von Ruhe und Bewegung einhält während des Verdauungsvorganges selber und so weiter. Alles dasjenige, was innerlich die innere Beweglichkeit stört, das stört auch das, was man nennen könnte das Blasenleben. Nicht wahr, der Mensch ist so, daß Sie ihm allenfalls noch verordnen können irgendeine beseelte Bewegung, wenn Sie bei ihm Unregelmäßigkeiten im Herzen vermuten, aber er nimmt nicht gerne etwas an, wenn Sie veranlassen wollen, seine innere Bewegung zu regulieren, da ja das in seinen Gewohnheiten liegt. Sie werden aber da sofort zurecht kommen, wenn Sie versuchen, einen Menschen, der nicht geneigt ist, sagen wir, dem Körper die nötige Ruhe zu lassen, indem er schlingt oder indem er sonst irgendwie seine Verdauung stört, ich möchte sagen, meteorologisch zu heilen, das heißt, in eine Luft zu bringen, die sauerstoffreicher ist, in der er mehr atmen muß, in der er also auf den Atmungsprozeß unbewußt größere Sorgfalt verwenden muß. Dann geht diese Regulierung des Atmungsprozesses über auf die Regulierung des übrigen organischen Prozesses, und Sie werden finden, daß, wenn Sie entweder künstlich oder besser natürlich den Menschen, der unter solchen unregelmäßigen Funktionen der Blase leidet, in andere Luft bringen, die sauerstoffreicher ist, dann ein gewisser Ausgleich einfach durch diese Änderung der Lebensweise herbeigeführt wird.

Besonders wichtig ist zu beachten das dritte Organ, welches mit der äußeren Meteorologie im weitesten Sinne zusammenhängt, das ist die Leber. Wenn sie sich auch scheinbar abschließt im menschlichen Organismus, so ist sie doch im hohen Grade der Außenwelt zugeordnet. Und zwar können Sie diese Zuordnung zu der Außenwelt dadurch konstatieren, daß Sie gewissermaßen das Leberbefinden immer abhängig finden werden von der Wasserbeschaffenheit eines Ortes. Eigentlich müßte immer die Wasserbeschaffenheit eines Ortes studiert werden, um das Leberbefinden der Menschen, die diesen Ort bewohnen, richtig ins Auge fassen zu können. Es ist fördernd für die Entwickelung der Leber das Schmecken, was gleichbedeutend wäre, wenn es im Überflusse geschähe, mit der Entartung der Leber; es ist gleichbedeutend mit der Entartung der Leber ein im Menschen zu großes, zu stark vorhandenes Genießen. Das innerliche Genießen, ich möchte sagen, die Fortsetzung desjenigen, was sich auf den Gaumen und die Zunge beschränken sollte, das, was das Angenehm-, Sympathisch- oder auch Unsympathisch-, Unangenehm-Empfinden der Speisen mehr fortsetzt in das Innere, ist dasjenige, was zur Leberentartung führt. Und daher ist es notwendig, daß man auf dieses sieht und daß man den Versuch macht, Menschen, welche irgendwelche Schädigungen im Leberleben haben, was ja oftmals sehr schwer zu konstatieren ist, daran zu gewöhnen, den Geschmack zu studieren, am Geschmack selber als solchem etwas zu finden. Es wird außerordentlich schwierig sein, die innere Beziehung des Leberlebens zur Beschaffenheit des Wassers an irgendeinem Orte selber gründlicher zu studieren, weil die Abhängigkeiten außerordentlich feine sind und man zum Beispiel darauf Rücksicht zu nehmen hat, daß in Orten, wo, sagen wir, das Wasser sehr kalkhaltig ist, eben andere Leberleiden sich entwickeln als in Orten, wo das Wasser weniger kalkhaltig ist. Man wird eben gut tun, darauf zu achten und immer sein Augenmerk darauf zu richten, daß das Leberleben gefördert wird dadurch, daß man möglichst doch den Kalk fernhält von dem Wasser. Natürlich, man muß dann Mittel und Wege finden, um das zu vollziehen.

Innig zusammenhängend ist das Lungenleben mit all dem, was nun der Ort einfach durch seine Erden-Konfiguration bietet, ob wir es zu tun haben mit einer Gegend, in der zum Beispiel wie in der hiesigen Gegend sehr viel Kalkboden ist, oder ob wir es zu tun haben mit einer Gegend, wo viel Kieselboden ist, wo also Urgebirge ist. Danach ist immer, und zwar bis in hohe Grade, verschieden das menschliche Lungenleben, denn die Lunge ist wesentlich abhängig von der festen Bodenbeschaffenheit des Ortes. Zu den ersten Aufgaben des Arztes, der sich in irgendeiner Gegend niederläßt, würde es eigentlich gehören, die Geologie dieser Gegend gründlich zu studieren. Das Studium der Geologie dieser Gegend ist eigentlich eins und dasselbe mit dem Studium der Lungen der betreffenden Gegend. Und man wird sich klar sein müssen darüber, daß das ziemlich Ungünstigste ist, wenn die Lunge ganz und gar sich nicht anpassen kann an die Umgebung.

Nun müssen Sie das, was ich in dieser Beziehung sage, nur ja nicht mißverstehen. Ich meine, indem ich diese Abhängigkeit konstatiere der Lunge und der Umgebung, damit den inneren Bau der Lunge, ich meine nicht die Atmung. Selbstverständlich ist dann die Atmung wiederum abhängig von dem durch den inneren Bau bedingten guten oder schlechten Funktionieren. Aber ich meine jetzt mit dieser Abhängigkeit den inneren Bau der Lunge. Ob sie zu einer Verkrustung oder ob sie zur Verschleimung oder dergleichen neigt, das ist im wesentlichen abhängig von dem, wie die Umgebung ist. Dann aber auch ist gerade die Lunge sehr abhängig von der körperlichen Arbeit, und sie wird ganz gewiß geschädigt, wenn der Mensch bis zur Übermüdung körperliche Arbeit verrichten muß.

Das sind Zusammenhänge, die uns im weitesten Sinne führen zu den Abhängigkeiten derjenigen Organe, die wie Lunge, Leber, Blase und Herz von den inneren Organen nach außen, nach dem Meteorologischen aufgeschlossen sind. Es wird daher immer der Versuch gemacht werden müssen, wenn Erkrankungen dieser Organe vorliegen, auf physikalischem Wege zur Heilung etwas zu erreichen. Denn dasjenige, was auf physikalischem Wege dann erreicht wird, wenn Erkrankungen dieser Organe vorliegen, das ist, ich möchte sagen, in einer gewissen Weise dauernd. Und wenn man konstatiert hat, daß jemand, der zu irgendwelcher Lungenschwäche neigt, für eine bestimmte Gegend gar nicht paßt und man ihn veranlaßt hat, seinen Wohnsitz in einer anderen Gegend, zu der er mehr paßt, zu nehmen, dann hat man ihm eigentlich das Allerbeste getan, wie oftmals gerade für diejenigen Organe, die oberhalb der Lunge liegen, durch die völlige Veränderung des Wohnsitzes und der Lebensweise das Außerordentlichste getan wird. Man kann verhältnismäßig wenig tun für dasjenige, was unterhalb des Herzens liegt, durch Änderung der Wohnsitze und der Lebensweise, aber man kann außerordentlich viel tun für alles dasjenige, was in der Lunge und oberhalb der Lunge liegt durch solche Änderungen des Wohnsitzes und der Lebensweise. Natürlich muß man sich aber dann völlig klar sein, daß im Organismus alles in Wechselwirkung ist und daß man sich, wenn irgend etwas vorliegt, eine Anschauung verschaffen muß darüber, ob eben nicht eine geheime Wechselwirkung vorliegt. Wenn man zum Beispiel eine Entartung der Herzgefäße findet, so muß man sich die Frage vorlegen, ob nicht gerade die Neigung zur Lungenentartung vorliegt und ob man nicht die Krankheit wird anfassen müssen von dieser Neigung zur Lungenentartung aus.

Damit ist wenigstens hingedeutet auf alles dasjenige, was Beziehungen des Menschen darstellt zu dem Meteorologischen. Hinter dem Meteorologischen liegt in der Außenwelt, gleichsam zugedeckt für uns durch das Meteorologische, erst das Astronomische, und im Innern des Menschen auch das Astronomische. Was nun hinter alledem, was Sie feststellen können an Meteorologischem, im Innern und im Äußeren des Menschen liegt – denn das Meteorologische im Innern des Menschen erschöpft sich in dem Lungenhaften, Leberhaften, Blasenhaften und Herzhaften, in der Außenwelt erschöpft es sich in der festen Erde, in dem Luftartigen, in dem Wässerigen und in dem Wärmehaften –, das sind die Gestaltungsprozesse im Pflanzlichen und im Mineralischen, und diesen Gestaltungsprozessen im Pflanzlichen und im Mineralischen, die dem Außertellurischen, dem Astronomischen so nahestehen, ist immer gewissermaßen polarisch entgegengesetzt dasjenige, was beim Menschen hinter diesem meteorologischen Prozesse liegt, was also mehr nach innen gelegen ist als die vier genannten Organsysteme. Weil nicht so nahe liegt die Beziehung desjenigen, was da äußerlich in Pflanze und Stein ist, zu dem, was hinter Lunge, Leber und so weiter im Menschen liegt, deshalb ist das Studium der Heilungsprozesse, die aus diesem Gebiete stammen, natürlich wesentlich schwieriger. Aber man findet einen rationellen Weg eben dadurch, daß man sich klarmacht, daß in einer gewissen Weise der Mensch immer die Tendenz im Innern hat, die organische Tendenz, das Entgegengesetzte irgendwo von dem auszuführen, was äußerlich geschieht.

Nehmen wir ein konkretes Beispiel. Nehmen wir das Beispiel der Kieselsäureprozesse. Kieselsäureprozesse vollziehen sich nun erstens ganz auffällig überall da, wo sich eben Silikate bilden, wo sich Quarze und ähnliche Gesteine bilden. Diese Prozesse, die sich da abspielen, haben ihr Gegenbild im menschlichen Organismus. Aber diese Prozesse liegen auch noch gewissen Vorgängen zugrunde, die leider heute noch viel zu wenig beachtet werden, in der Ackererde und in alledem, was da geschieht zwischen der Ackererde, zwischen der Erde überhaupt, die ja kieselig ist, und denjenigen Organen, die sich von den Pflanzen aus in die Erde hineinversenken, den wurzelhaften Organen. Und alles dasjenige, was wir aus dem Pflanzlichen gewinnen, indem wir die Asche nehmen, steht wiederum in inniger Verwandtschaft mit diesem Kieselprozeß im Äußeren.

Nun hat aber dieser Kieselprozeß im Äußeren sein Gegenbild im menschlichen Innern. Und zwar hat er sein Gegenbild in denjenigen Organen, welche, wenn ich mich so ausdrücken darf, oberhalb der Herztätigkeit nach der Lungentätigkeit zu liegen, aber der innerorganischen Bildungstätigkeit, also derjenigen Tätigkeit, die die Lunge bildet und nach dem Kopfe zu liegt. Da drinnen, in alledem, was also sich abspielt, wenn ich so sagen darf, oberhalb der Herztätigkeit, liegt der polarische Gegensatz zu dem ganzen Verkieselungsprozeß in der äußeren Welt. Dieser innerlich organische Prozeß besteht im wesentlichen darinnen, daß in hohem Maße ausgeführt wird, was ich schon angedeutet habe in den verflossenen Vorträgen, daß – wenn ich den Ausdruck wieder gebrauchen darf – homöopathisiert wird der Verkieselungsprozeß der Außenwelt. Können Sie daher finden, daß irgendein Krankheitsbild darauf hinweist, daß die Sitze der Erkrankung oberhalb der Herztätigkeit liegen – grob werden sie sich Ihnen ja dadurch enthüllen, daß zum Beispiel Lungensekretion sehr stark vorliegt, aber nicht weniger zeigt es sich bei der Meningitis und Pseudomeningitis –, dann kann natürlich das, was da vorliegt, zu allen möglichen anderen Störungen im Organismus führen. Denn diese Störungen in der Lunge wirken, weil im Organismus alles wechselweise ist, auf die Störungen der Herzgefäße. Die Störungen, die auftreten können einerseits in der Neigung zu entzündlichen Zuständen im Gehirn, können unterbleiben als entzündliche Zustände, können aber auftreten als entzündliche Zustände in den Verdauungsorganen oder in dem, was mit den Verdauungsorganen zusammenhängt. Und es handelt sich dann darum, zu wissen, wo eigentlich der Ausgangspunkt liegt. Nun, darüber kann ja noch gesprochen werden. Aber in allen diesen Fällen wird es sich darum handeln, in den Organismus so etwas hineinzubringen, was die äußeren Kieselwirkungen im höchsten Maße verdünnt. Wenn Sie gerade diesen Zusammenhang sich recht vor Augen führen, so ist er ein außerordentlich charakteristischer, ein außerordentlich wichtiger Zusammenhang. Er zeigt Ihnen zugleich, daß es notwendig ist, diese in der Natur ja so wichtigen Kieselprozesse dann umzuformen durch das Zersprengen, Zerteilen, Zerreiben, wenn direkt etwas vorliegt, was man beobachten kann in den oberen Körperpartien. Wenn durch Wechselwirkung entstandene Schädigungen in den unteren Körperpartien entstehen, wie zum Beispiel im Herzen selber, dann wird unter Umständen der Prozeß, der schon eingeleitet ist durch diejenigen Pflanzen, welche die Kieselsäure sehr stark enthalten, benützt werden können, um durch Umformung oder direktes Benützen solcher Pflanzen Heilprozesse hervorzurufen. Bei allen Pflanzen, welche Kieseliges enthalten, sollte man sorgfältig untersuchen, inwiefern sie auf den menschlichen Organismus, auf alle Vorgänge, die unterhalb des Herzens sich abspielen, wirken, natürlich aber zurückwirken auf den anderen Organismus.

Das ganz Entgegengesetzte der Verkieselung, das ist enthalten in alledem, was wir in der außermenschlichen Natur nennen wollen den Prozeß der Kohlensäurebildung. Der Prozeß der Kohlensäurebildung ist gewissermaßen der polarische Gegensatz der Kieselsäurebildung. Daher ist es so notwendig, den Prozeß der Kohlensäurebildung beim Heilen zu verfolgen für alles dasjenige, was jetzt im Organismus entgegenliegt dem, was ich eben charakterisiert habe, für alles dasjenige, was im weitesten Umkreise mit der Verdauung zu tun hat, aber auch seinen Ausgangspunkt, seinen Quell im Verdauungssystem selber hat. So daß man mit irgendwelchen Kohlensäureverbindungen, namentlich dann, wenn man sie braucht in der Art, wie sie die Natur selbst gebildet hat, wenn man sie eben durch die Pflanze gewinnt, bei diesen Formen von Krankheiten außerordentlich gut zurecht kommt.

Nun ist es aber sehr wichtig, da einen gewissen Zusammenhang zu beachten. Wenn Sie zunächst die Substanzen nach dem verfolgen, was sie im Riechen und Schmecken darbieten – und das Riechen weist uns ja nur hinaus auf die übrige sichtbare Welt, das Schmecken hinein nach dem, was verborgen im Organismus liegt –, wenn Sie die Verdauung danach beachten, so werden Sie sich sagen: Für dasjenige, was sich abspielt im Beginne des Verdauungsprozesses, fließen so die Substanzen ineinander, sie vermischen sich. Im Verlaufe aber des organischen Prozesses hat es der Mensch zu tun mit dem Wiederscheiden des Zusammengeflossenen, mit dem Wiederauseinanderbringen nicht so sehr des Substantiellen als des Prozessualen. Und dieses Auseinanderbringen, dieses Wiederscheiden des in der Nahrungsaufnahme Zusammengekommenen, gehört eigentlich sehr stark zu den Aufgaben des Organismus. Zunächst hat der Organismus es zu tun mit einer Hauptscheidung des Zusammengekommenen, nämlich auf der einen Seite nach der Ausscheidung alles desjenigen, was eben durch den Darm ausgeschieden werden soll, und nach der Ausscheidung alles desjenigen, was durch den Urin ausgeschieden werden soll.

Damit nähern wir uns schon einem Organsystem, dem gegenüber die ärztliche Intuition ungemein stark in Betracht kommen wird beim Heilen. Wir nähern uns dem im menschlichen Organismus so wunderbar wirkenden Nierensystem mit seinen ganz merkwürdigen Verzweigungen, auch in seinen Prozessen. Davon jedoch später. Nun handelt es sich darum, daß ja, wie sich gezeigt hat in den verflossenen Vorträgen, alles dasjenige, was Ausscheidung durch das Gedärm ist, wiederum zusammenhängt mit den Vorgängen im Kopfe, daß das zwei zusammengehörige Dinge sind. Ebenso hängt zusammen alles dasjenige, was beim Urin abgeht, mit alledem, was sich vollzieht prozessual um das Herz herum, im Herzsystem. Man hat es im wesentlichen zu tun bei all dem, was die Ausscheidungen durch das Gedärm sind, mit einer menschlichen Nachbildung des Verkieselungsprozesses, bei all dem, was in der Urinbildung vorliegt, mit einer Nachbildung des Kohlensäureprozesses. Diese Zusammenhänge sind es, die dann eine Verbindung schließen lassen zwischen dem, was sich im gesunden Menschen abspielt, und dem, was sich im kranken Menschen abspielen muß. Damit haben wir mehr hingewiesen auf die prozessualen Zusammenhänge. Aber die dürfen nicht einseitig betrachtet werden. Wir werden sehen, daß man erst mit Beherrschung aller dieser Dinge zu einer richtigen Auswertung desjenigen kommt, was uns gestern in außerordentlich einleuchtender Weise vorgeführt worden ist von Dr. Sch. als das Ähnlichkeitsgesetz.

Dieses Ähnlichkeitsgesetz birgt etwas außerordentlich Bedeutsames. Aber es ist notwendig, daß dieses Ähnlichkeitsgesetz auf allen Elementen aufgebaut wird, welche man gewinnt durch Betrachtung solcher Zusammenhänge, wie wir sie jetzt feststellen. Denn hinter all dem, was ich Ihnen eben jetzt auseinandergesetzt habe, liegen ja wiederum die Zusammenhänge des Menschen mit dem Metallischen. Wenn wir auf der einen Seite sprechen von dem gewissermaßen Kieseligen als dem, was den Menschen gestaltet, und dem Kohlensäurehaften, was den Menschen wieder auflöst, so liegt in dieser fortwährenden Neigung zum Gestalten und zu der Auflösung der Lebensprozeß. Wenn wir einerseits auf dasjenige hinschauen, was den Menschen gestaltet, das Kieselhafte, so müssen wir nicht vergessen, daß diejenigen Regionen in der menschlichen Organisation, die diesem Kieseligen ähnlich sind, wiederum aus den Gründen heraus, die ich ja auch schon zum Teil angedeutet habe in den verflossenen Tagen, eine Verwandtschaft haben zu all dem Metallischen, was sich erschöpft in dem Bleihaften, in dem Zinnhaften und in dem Eisenhaften. Also wir können sagen: Wenn wir die Region oberhalb des Herzens ins Auge fassen, daß wir ins Auge fassen müssen das, was im Menschen da wirkt auf dieser Seite von dem Kieselsäurehaften und was auf der anderen Seite da im Menschen wirkt von dem Bleihaften, Zinnhaften, Eisenhaften. Das Eisenhafte wird mehr mit dem Gestaltungsprozeß der Lunge zu tun haben, das Zinnhafte mehr mit dem Gestaltungsprinzip des Hauptes überhaupt, und das Bleihafte hat sehr viel zu tun mit dem Gestaltungsprinzip, das in den Knochen lokalisiert ist. Denn der Knochenbau und das Knochenwachstum gehen ja im wesentlichen von dem oberen Menschen, nicht von dem unteren Menschen aus.

Nun handelt es sich darum, daß man gewissermaßen abwägen lernt, wie diese Dinge zusammenwirken, wie man also etwa kieselsaure Salze, wobei man immer das Metall auf seine Ähnlichkeit mit diesen drei Repräsentanten zu prüfen hat, verwendet. Und auf der anderen Seite muß man sich klar sein darüber, daß der untere Mensch verwandt ist dem Kupfer, dem Merkur, dem Silber und daß man bei allen Kohlensäureprozessen darauf Rücksicht nehmen muß, inwiefern man die mit diesen Metallen verwandten Metalle oder diese Metalle selbst verwendet, sie verbindet irgendwie mit kohlensäurebildenden Prozessen.

Dadurch schließt man dasjenige zusammen, was im Irdischen bedingt durch das Außerirdische metallhaft ist, und dasjenige, was sonst gesteinshaft ist, was sich unter dem Einfluß des kohlensäurebildenden Prinzips gestaltet, und dasjenige, was sich unter dem Einfluß des kieselsäurebildenden Prinzips gestaltet. Wir nähern uns da allmählich der Möglichkeit, zu konkretisieren die Dinge in der Außenwelt, die wir dem menschlichen Organismus zuführen müssen, damit wir ihm in dem einen oder in dem anderen Falle eine Heilung bringen können.

Immer wird dabei beachtet werden müssen, daß alles dasjenige, was wenig auf die niederen Sinne wirkt, was wenig auf Geruch und Geschmack wirkt, was also, ich möchte sagen, sein Wesen nicht so nach außen auf dem Präsentierteller trägt, daß das in sehr starken Verdünnungen wirken kann, dagegen man weniger starke Verdünnungen bei demjenigen braucht, was eben im Geruch und Geschmack sein inneres Wesen auf dem Präsentierteller trägt. Diejenigen Substanzen, die stark riechen und schmecken, sind, wenn man sich klar wird darüber, worinnen das Heilende besteht, schon im Grunde so, wie sie an sich sind, oftmals außerordentlich gute Heilmittel, namentlich wenn ihre Heilwirkung nicht aufgehoben wird durch die gewöhnliche Diät.

Nun aber ist es allerdings nötig, daß man, um nun auf diese Dinge noch weiter einzugehen, wenigstens aufmerksam darauf ist, daß jeder Sinn des Menschen diese Differenzierung hat und daß schon auch da bei dieser Sinnesdifferenzierung gesagt werden muß, daß das beste Reagens, das beste Mittel, um Reaktionen zu finden, doch im Grunde genommen der Mensch selber ist. Natürlich wird bei denjenigen Substanzen, die nicht riechen und schmecken, das schwierig sein. Aber ich mache Sie doch darauf aufmerksam, daß es eine Art von Selbsterziehung gibt, die insbesondere für den Arzt von einer großen Wichtigkeit ist, eine Selbsterziehung, die darinnen besteht, daß man jene feinen Empfindungsfähigkeiten, die schon möglich sind auszubilden, ausbildet, die einen dahin führen, etwas zu empfinden eben bei so etwas wie, sagen wir, dem äußerlich natürlichen Kieselbildungsprozeß. Bedenken Sie doch nur einmal: es bedeutet ja etwas, daß zwar der Quarz sehr regelmäßige Gestaltungen aufweist, daß aber dieses Gestein, dieses Mineral, welches auf der einen Seite so regelmäßige Gestaltungen aufweist, in den Bildungen, die mit ihm verwandt sind, wiederum so sehr zu allen möglichen Kristallgestalten neigt, daß ungeheure Mannigfaltigkeit bei den Silikaten im Kristallisieren vorliegt. Wer solche Dinge empfinden kann, der empfindet dann auch, wie in der Bildungsmöglichkeit der verschiedensten Gestalten schon das zerstreuende Element vorwiegt. Natürlich muß ein zerstreuendes Element vorgebildet sein, wenn die Möglichkeit vorliegen soll, in der äußeren Natur so viel Gestaltendes hervorzurufen wie bei den Silikaten. Das weist darauf hin, daß man die Silikate in zersprengtem Zustande verwenden muß. Dafür muß man sich schon eben eine Empfindungsmöglichkeit verschaffen. Denn sie führt dann, wie wir noch sehen werden, zu einer gewissen Wertung der Heilmittel. Auf der anderen Seite ist es aber auch notwendig, daß sich der Mensch selbst zu einem guten Reaktionsboden macht und sich namentlich dahingehend Empfindungen aneignet, daß zum Beispiel die Gerüche eigentlich ebenso siebengliedrig sind wie die Farbenempfindungen. Wenn wir uns das Unterscheidungsvermögen für den süßlichen Geruch, den stechenden Geruch und so weiter aneignen, so werden wir finden, daß in der Tat der Geruchsinn nach sieben Nuancen hin differenziert ist, ebenso der Geschmacksinn. Und das Interessante ist, daß man, wenn man sich im Geruchsinn die Skala, wenn ich so sagen darf, das Geruchspektrum aneignet, so bekommt man mit ein Erziehungsmittel, um sich zurechtzufinden auch in alledem, was bei den verbrennlichen Substanzen auftritt. Man dringt gewissermaßen in die Natur der verbrennlichen Substanzen ein; wir werden morgen sehen wie. Wenn man sich gewisse Empfindungsmöglichkeiten für den Geschmack aneignet, wenn man zum Beispiel gut unterscheiden kann den süßlichen Geschmack von dem salzigen Geschmack, also Salze, und dazwischen noch fünf andere Nuancen, da eignet man sich an eine gewisse innere Verwandtschaft gerade zu dem Salzbildenden in der Natur. Und wenn man sich diese innere Verwandtschaft aneignet, dann kommt man dazu, einfach, ich möchte sagen, aus den Eindrücken, die man aus der Natur bekommt, heraus die Empfindung zu haben: *das* taugt nach der einen Seite des menschlichen Organismus hin, *das* taugt nach der anderen Seite des menschlichen Organismus hin. Obzwar zugrunde liegen müssen sorgfältige, exakte wissenschaftliche Untersuchungen über die Wirkungen der verschiedenen Substanzen, so ist es doch von einer großen Bedeutung, daß man niemals eigentlich außer acht läßt, die Ergebnisse dieser wissenschaftlichen Untersuchungen auch von seinen subjektiven Wahrnehmungskräften zu begleiten, daß man also sich erwirbt ein gewisses inneres Verwandtschaftsgefühl zur Natur.

An diese Auseinandersetzung möchte ich dann morgen anknüpfen und dann immer weiter zu dem Speziellen kommen.

ZEHNTER VORTRAG

Dornach, 30. März 1920

Es ist ja in der Natur der Sache gelegen, daß wir hier versuchen, mehr die Methode aufzufinden, durch die das medizinische Studium befruchtet werden kann, als daß wir uns zu stark atomisierend in Einzelheiten verlieren würden, die ja doch im Grunde genommen immer nur eine relative Bedeutung haben können. Aber gerade das methodische Studium des Zusammenhanges des Menschen mit der außermenschlichen Natur dürfte geeignet sein, jeden einzelnen Menschen gewissermaßen auszurüsten damit, in der Natur selbst Beobachtungen anstellen zu können. Lassen Sie uns daher heute im Eingange einiges anführen, welches gewissermaßen für ein gewisses Gebiet eine Art Weg sein kann, auf dem man so manches finden kann.

Es ist ja natürlich, daß die eigentlich geisteswissenschaftliche Untersuchung dadurch, daß sie Regulative abgibt, manches herausfinden kann, das dann ganz im Sinne des gestern von Dr. St. gehaltenen Vortrags verifiziert werden kann. Aber auf der anderen Seite, geht man einmal gerade auf diese Gebiete ein, so sind sie für manches leitend. Und so möchte ich Sie auf ein paar Beispiele heute hinweisen, die aber eben signifikant sein können. Sie sehen zum Beispiel – bleiben wir zunächst im Gebiete des Pflanzlichen für eine kleine Weile stehen – wie Anis, Anisum vulgare, im allgemeinen auf den menschlichen Organismus wirkt. Wir werden finden, daß seine charakteristischesten Wirkungen die sind, daß es absonderungsfördernd auftritt, also harntreibend, die Milchabsonderung fördernd, schweißbildend auch, und wir fragen uns, womit das zusammenhängen könnte. Wir werden gerade bei dieser Pflanze finden, daß ihre Wirksamkeit zusammenhängt mit den darin vorhandenen, fein zerteilten Eisenbestandteilen oder Eisensalzbestandteilen, so daß wir deutlich wahrnehmen können, wie die Wirkung des Anis darauf beruht, daß gewissermaßen dasjenige, was sonst durch das Eisen im Blute sich abspielt, herausgenommen wird aus dem Blute und eine Weile auf die Provinz unterhalb des Blutes gedrängt wird. Wir können aber geradezu bei gewissen Pflanzen gut studieren, weil sie mit ihren Wirkungen sehr stark auf das Mittlere, also zwischen außen und innen gehen, zwischen der Oberfläche des Leibes und dem Herzen, wie sie ihre Wirkungen auf die verschiedenen Gebiete erstrecken, und können dann darinnen Leitmotive für dasjenige haben, was wir in der Heilmittellehre rationell aufsuchen können.

Betrachten wir zum Beispiel eine Pflanze, die in dieser Beziehung geradezu, ich möchte sagen, ein Lehrmeister der Natur selbst ist, das Cichorium intybus. Es ist etwas, woran man, ich möchte sagen, alles mögliche über den menschlichen Organismus studieren kann, wenn man nur will. Denn wir können finden bei Cichorium intybus, daß es einerseits ein Gegenmittel gegen Verdauungsschwäche ist, also gegen dasjenige, was durch die Organe sich äußert, die unmittelbar gegen die menschliche Außenwelt selbst zu liegen, anderseits daß aber auch Cichorium intybus auf das Blut selbst wirkt, daß es das Blut verhindert, die ihm nötigen Prozesse nicht zu vollziehen, daß es das Blut verhindert, Störungsprozesse aufkommen zu lassen in der Blutflüssigkeit selber. Endlich ist bei Cichorium intybus das sehr Bedeutsame, daß es doch auch bis zu ganz peripherischen Prozessen in seiner Heilwirkung reicht, daß es eben noch eine Wirkung äußert unter Umständen auf die Kopforgane, namentlich aber auf die Hals- und Brustorgane, auf die Lungenorgane. Gerade deshalb, weil Cichorium intybus so starke Wirkungen auf alle möglichen Glieder des Menschen hat, deshalb ist es so interessant zu studieren. Man sieht gewissermaßen fächerförmig diese Wirkungen ausgebreitet. Wir fragen uns: Worauf beruht die Gegenwirkung gegen die Verdauungsschwäche? Wir finden, sie beruht auf dem im Cichorium vorhandenen, durch den stark wirkenden Geschmack sich ausdrückenden bitteren Extraktivstoff. Diese bitteren Extraktivstoffe, die also noch einen stark pflanzlichen substanzlichen Charakter haben, haben noch eine starke Verwandtschaft zu dem im Menschen, was noch nicht sehr stark von dem Menschen verarbeitet ist, was gewissermaßen noch ähnlich seinem Aussehen in der Außenwelt ist.

Wir müssen uns ja klar sein darüber, daß wir die Stoffe der Außenwelt zunächst wenig verarbeitet in den Gebieten bis zum Magen hin haben, daß sie dann weiterverarbeitet werden, durch den Darm ins Blut hinein wesentlich umgearbeitet erscheinen und am stärksten umgearbeitet erscheinen in der Peripherie, im Knochensystem, Nervensystem, Muskelsystem. Und Extraktivstoffe haben eine sehr starke Verwandtschaft zu den noch unverarbeiteten äußeren Substanzen.

Nun enthält aber Cichorium intybus auch alkalische Salze, Kalium. Namentlich in diesem müssen wir nun suchen dasjenige, was ins Blut hineinwirkt, so daß wir also gleichzeitig in dem Cichorium intybus sehen, wie sich die Kräfte scheiden. Die Kräfte, die in den Extraktivstoffen liegen, die ziehen sich durch ihre Verwandtschaft zu den Verdauungsorganen hin. Die Kräfte, die in den alkalischen Salzen liegen, ziehen sich in ihrer Verwandtschaft nach den Organen der Blutsverwandtschaft oder dem Blute selber hin. Dann ist da im wesentlichen Kieselsäure in sehr starkem Maße. Die Kieselsäure wirkt über das Blut hinaus in die peripherischen Organe durch das Nervensystem und Muskelsystem hindurch bis hinein ins Knochensystem. So daß also Cichorium intybus etwas ist, das uns eigentlich wirklich zeigt: ich bin da und lasse mich dreifach spalten, so daß ich eine Wirkung habe auf alle drei Gliederungen des menschlichen Organismus. Das sind die Experimente, die uns die Natur selber vormacht, und sie sind eigentlich immer viel bedeutungsvoller als die Experimente, die wir uns selber machen, weil die Natur in ihren Absichten viel reicher ist, als wir selber sein können, wenn wir an die Natur Fragen stellen mit unserem Experimente.

Sehr interessant in dieser Beziehung ist nun auch das Equisetum arvense. Da haben wir wiederum starke Wirkungen gegen die Verdauungsschwäche, aber auch wiederum starke peripherische Wirkungen. Wir brauchen uns nur zu fragen: Worauf beruhen diese starken peripherischen Wirkungen beim Equisetum arvense?

Wir bekommen wiederum zur Antwort: Auf dem Kieselsäuregehalt. So daß wir einfach durch ein vergleichendes Studium – und das, was ich Ihnen angegeben habe hier, das können Sie, wenn Sie wirklich medizinische Botanik studieren, sehr vermannigfaltigen – überall finden, daß all das, was noch dem Pflanzlichen ähnlich ist, als Extraktivstoff sich äußert, noch zum Verdauungstrakt seine Verwandtschaft hat und daß dasjenige, was schon nach dem Mineralreich hinübertendiert, die Kieselsäure, gewissermaßen von dem Zentrum des Menschen nach dem Peripherischen unbedingt hin will und da auch heilend wirkt.

Aber, ich möchte sagen, geradezu eine Prachtpflanze ist in ihrer Wirksamkeit ein ganz einfaches Ding, aber ungeheuer lehrreich, das ist Fragaria vesca, die Walderdbeere. Es wird ihre Wirkung nur deshalb sehr wenig beobachtet, weil sie ja gegessen wird von denjenigen, die gewissermaßen durch ihre Organisation ihre Wirkung zudecken. Aber man könnte ja in einem solchen Falle, wo zumeist die Wirkung zugedeckt wird, seine Versuche machen mit Menschen, die gewissermaßen noch empfänglich, sensitiv sind, mit Menschen, die sonst nicht Erdbeeren essen. Dann würde sich geradezu die prachtvolle Bedeutung dieser Walderdbeere zeigen. Diese Walderdbeere ist nämlich auf der einen Seite ganz besonders befähigt, Normalisierung in der Blutbildung hervorzurufen. Sie tut alles, was eigentlich die Blutbildung etwas fördert, so daß man sie anwenden kann bei Menschen, die sonst nicht gegen Erdbeeren sich immun machen durch den Erdbeerengenuß, sogar bei Diarrhöebildung aus dem Grunde, weil bei der Diarrhöebildung im Unterleib unrichtig auftretende Kräfte an ihre richtige Stelle zurückverlegt werden, mehr in das Blutsystem selber.

Nun hat man da auf der einen Seite eine wesentlich blutbildnerische Kraft und auf der anderen Seite haben wir in der Walderdbeere wiederum die Kieselsäure, also hintendierend dasjenige, was im Organismus ist, nach der Peripherie. Bedenken Sie nur, was eigentlich diese Walderdbeere für ein prachtvolles Ding ist. Sie hat die Tendenz, durch die Kieselsäure eine gewisse Kraftentfaltung zu entwickeln in der Peripherie des Organismus. Dann, wenn in der

Peripherie des Organismus eine Kraftentfaltung geschieht, ist eine gewisse Gefahr vorhanden, daß, wenn man nun zuviel Kieselsäure hinleitet nach dieser Peripherie, die Kraft sich gewissermaßen überschnappt, und man nach dieser Peripherie nicht gleichzeitig genügend viel Nährstoffe nachschickt, daß man das Blut nicht gleichzeitig genügend fruchtbar hat, um das, was man da gewissermaßen anrichtet durch die Kieselsäure, in einer gewissen Weise wiederum mit Nährstoff zu versorgen. Die Walderdbeere ist nun dieses prächtige Exemplar, das gleichzeitig sich das Blut selber bereitet, das da nachgeschickt werden muß. Sie ist also dasjenige, was ausdrückt in einer ganz wunderbaren Form, was man tun muß, um gewissermaßen zu Hilfe zu kommen dem Prozesse, den man durch die Kieselsäureverbindungen hervorruft in den Peripherien des menschlichen Organismus. Die Natur gibt uns schon an einzelnen Exemplaren – und auch das könnte wiederum wesentlich vermehrt werden – ganz wunderbare Einsichten, wenn wir nur die Intuition haben, die Natur in den richtigen Punkten aufzusuchen.

Dann mache ich Sie von diesem Gesichtspunkte aus noch auf etwas anderes aufmerksam. Studieren Sie die ziemlich umfassende Wirkung, welche eine solche Pflanze hat wie zum Beispiel Lavandula. Da werden Sie finden, daß auf der einen Seite dasjenige, was Sie in der Lavandula haben, eine starke heilende Kraft hat für all das, was, ich möchte sagen, negative Seelenschwäche ist, Ohnmachten, Nervenschwäche, Lähmungen, so daß also Lavandula nach der Peripherie des menschlichen Organismus hinwirkt so, daß es den astralischen Leib heraustreibt, daß der seine Macht verliert über den physischen Leib.

Nun kann man bei solchen Pflanzen, überhaupt bei solchen Substanzen, bei denen man Wirkung gegen negative Nervenzustände, wenn wir sie so nennen dürfen, bemerkt, immer auch nach den anderen gegensätzlichen negativen Nervenzuständen fragen, ob schwache Periode zum Beispiel vorhanden ist, und Sie werden immer finden, daß die Substanz nach der einen und nach der anderen Seite hin wirkt. Eine Pflanze, die nach diesen beiden Seiten besonders stark wirkt, ist zum Beispiel wiederum die Melisse, die sowohl bei Schwindel, Ohnmachten stark wirkt, aber auch periodenanfeuernd im hohen Grade wirken kann.

Ich habe diese Beispiele erwähnt, um Ihnen zu zeigen, wie man den äußeren Pflanzenprozeß verfolgen kann in seiner Ähnlichkeit zu dem Prozesse, der sich im Menschen selber abspielt. Nur wird man sich klar sein müssen darüber, daß die Pflanze ja nur mit einem Teil des menschlichen Wesens wirklich verwandt ist. Das möchte ich doch alle diejenigen zu bedenken bitten, die etwa fanatisch sich bloß auf die Pflanzenheilkunde verlegen möchten, was es ja auch in unserer Zeit gibt. Der Mensch ist wirklich so, daß er alle Naturreiche in sich enthält und außer dem menschlichen Reiche, das er selbst noch ist, verwandt war in seinen Bildungsvorgängen, in seinen Entwickelungsstadien mit allen übrigen Naturreichen und in einer gewissen Weise alle übrigen Naturreiche aus sich herausgesetzt hat und aus diesen Naturreichen in gewissen Fällen dasjenige, was er herausgesetzt hat, wiederum in sich zurücknimmt. Ja, es ist ein solches In-sich-Zurücknehmen. Das ist sogar sehr wichtig, daß es ein solches In-sich-Zurücknehmen ist.

Dasjenige, was wir verhältnismäßig am letzten herausgesetzt haben, das müssen wir auch wiederum am frühesten im Heilungsprozeß in uns zurücknehmen. Wenn wir vom Tierreiche absehen – wir wollen ja auf dieses noch einiges Licht werfen, aber wir wollen zunächst davon absehen –, so haben wir, später als das Pflanzenreich, das eigentliche Mineralreich aus uns herausgesetzt, und wir müssen uns klar sein darüber, daß daher ein bloßes Beziehungsuchen des Menschen zum Pflanzenreich eben eine Einseitigkeit darstellt. Aber lehrreich bleibt das Pflanzenreich aus dem Grunde doch noch, weil ja schließlich auch die Pflanze, wenn sie heilt, eben nicht nur durch ihr Pflanzensein, sondern durch die in ihr befindliche Angehörigkeit des Mineralreiches heilt. Deshalb bleibt es lehrreich. Nur muß man sich darüber klar sein, daß die Pflanze ja schon wiederum einen Teil desjenigen neu verarbeitet, was im Mineralreich vorliegt, und daß das nun von ihr schon wiederum Verarbeitete nicht im selben hohen Grade ein Heilmittel ist wie dasjenige, was noch nicht verarbeitet ist. Also die Kieselsäure, die bereits wiederum von der Pflanze überwunden ist, in den Pflanzenprozeß einbezogen ist, ist nicht ein so starkes Heilmittel, wie die im Mineral uns entgegentretende Kieselsäure, bei der der Organismus sich wesentlich mehr anstrengen muß, um sie zu assimilieren, zur Einheit zu treiben, als wenn er es bloß mit Kieselsäure im Pflanzenreich zu tun hat.

Das ist dasjenige, was immer betont werden muß, daß der Mensch stärkere Kraft entwickeln muß, wenn ihm stärkere Kraft entgegensteht. Es steht ihm ganz positiv stärkere Kraft entgegen, wenn er Mineralisches in sich zu assimilieren und zu überwinden hat, als wenn er bloß Pflanzliches zu assimilieren hat. Sehen Sie, darin besteht ja auch der Unterschied – bitte, ich betone es, ich sage das nur wie in Parenthese, daß ich nicht für irgendeine Ernährungsweise hier Propaganda machen will, ich will ganz und gar nicht eintreten für irgend etwas, sondern nur die Dinge erzählen, wie sie sind –, darauf beruht ja der Unterschied zwischen der vegetarischen und der animalischen Ernährungsweise. Wenn wir uns bloß durch Pflanzliches nähren, so müssen wir selber als Menschen den ganzen Prozeß übernehmen, den uns das Tier abnimmt, indem es das Pflanzliche schon um eine Strecke weitergeführt hat. Wir können gewissermaßen sagen: Der Prozeß, den die Pflanze schon bis zu einem gewissen Punkte gebracht hat, wird vom Tiere weitergeführt, so daß der Tierbildungsprozeß, der in Betracht kommt, hier hält (siehe Zeichnung Seite 197), während er bei der Pflanze hier hält (rot, weiß). Derjenige, der nun Fleisch ißt, der verrichtet diesen Prozeß hier nicht, den Prozeß, den das Tier verrichtet; den läßt er sich eben von dem Tiere abnehmen. Er entwickelt also diese Kräfte in sich gar nicht, die entwickelt werden müssen, wenn er nur Pflanzliches aufnimmt, das er selber um diese Strecke weiterführen muß. Das heißt: der Organismus muß aus seinem Schoße, wenn er Pflanzenesser ist, ganz andere Kräfte heraufholen, als wenn er Fleischesser ist. Diese Kräfte sind aber da, die zum Überwinden des Pflanzlichen bis zum Tierischen hin gebraucht werden. Die gehen gewissermaßen durch einen Rückschlag wiederum in den Organismus zurück und arbeiten dann in ihm.

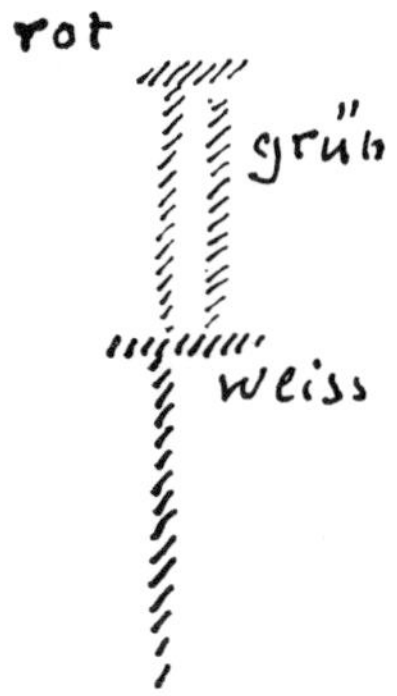

Sie arbeiten dann so, daß sie auf den Menschen im wesentlichen sehr stark ermüdend und störend wirken. So daß man immerhin betonen muß, scharf betonen muß, daß doch eine Entlastung in bezug auf die Ermüdung durch die vegetarische Diät ganz wesentlich eintritt, daß der Mensch arbeitsfähiger wird dadurch, weil er gewöhnt ist, Kräfte aus seinem Inneren heraufzuholen, die er nicht heraufholt, sondern die er geradezu als die Störungskräfte des Organismus anwendet, wenn er Fleisch ißt. Aber wie gesagt, ich agitiere nicht. Ich weiß, daß mir auch homöopathische Ärzte immer wieder und wieder erwidert haben: Ja, aber man züchtet doch den Leuten die Schwindsucht an, wenn man ihnen das Fleisch abgewöhnt, und dergleichen. Ja gewiß, das kann alles sein, aber dasjenige, was ich jetzt gesagt habe als reine Tatsache, das besteht eben; da ist nichts darüber zu sagen, das besteht. Ich will aber ganz gerne zugeben selbstverständlich, daß es einfach Organismen in der Gegenwart gibt, die bloße Pflanzenkost nicht vertragen können, die durchaus Fleischkost haben müssen. Das ist dann eine Sache des individuellen Falles.

Nun, gerade wenn man darauf eingeht, diese Notwendigkeit zu betonen, daß auch ein Verhältnis zum mineralischen Reich und seinen Kräften geschaffen werde im Heilprozeß, gerade dann wird man aber nun für diesen Heilungsprozeß auf etwas anderes geleitet. Es ist ja eine Frage, mit der man sich beschäftigt hat, aber die doch, glaube ich, eine Lösung natürlich nur finden kann in dieser Weise, aber ich meine, auch ein gewisses Verständnis finden kann, wenn man sie geisteswissenschaftlich betrachtet.

Es ist auch im Heilprozesse, wie mir scheint, von einer außerordentlichen Wichtigkeit die Frage nach der zubereiteten, gekochten Kost und nach der rohen Kost. Wiederum soll nicht für das eine oder für das andere eingetreten werden – auf diesem Gebiete bitte ich schon, erst recht nicht mich für einen Agitator zu betrachten –, aber objektiv muß untersucht werden, was eigentlich hier vorliegt. Wenn der Mensch seine gewöhnliche gekochte Kost verzehrt, sich ihre Kräfte assimiliert, dann führt er äußerlich etwas aus, was in einer gewissen Weise der Organismus doch selber ausführen muß, der Rohkost verzehrt. Der Mensch läßt sich schon von dem Kochen und so weiter dasjenige abnehmen, was er im Verzehren der Rohkost selber tun müßte. Nun handelt es sich ja darum, daß wir als Menschen so gebaut sind, daß wir allerdings in unserer Peripherie gewissermaßen mit der ganzen Natur zusammenhängen, aber in unserem Zentrum, wozu vor allen Dingen auch die Verdauung gehört, uns absondern, uns individualisieren aus der Natur heraus. Wir könnten etwa, wenn wir dieses Verhältnis des Menschen zur Natur uns vergegenwärtigen wollten, sagen: Der Mensch ist durch seine Peripherie (siehe Zeichnung Seite 199, grün) in den ganzen Kosmos hineingegliedert, und er individualisiert sich heraus (rot) in seiner Verdauung bis zur Blutbildung hin, so daß dieses derjenige Trakt im Menschen wäre, wo der Mensch mehr Prozesse durchmacht, welche nicht mehr ganz entsprechen den äußeren Prozessen, wo er seine Eigenheit geltend macht gegenüber den äußeren Prozessen, mehr wenigstens als da, wo er ganz in die äußeren Prozesse eingespannt ist. Vielleicht werde ich noch verständlicher, wenn ich das Folgende noch sage.

Ich habe in diesen Tagen davon gesprochen, daß der Mensch ja eingegliedert ist in den ganzen Kosmos, daß in ihm wirken, namentlich in demjenigen Gebiete, das ich hier als grün bezeichnet habe, die Bildekräfte von Blei, Zinn, Eisen. In demjenigen Gebiete, das ich rot bezeichnet habe, da wirken die Bildekräfte von Kupfer, Merkur und Silber (siehe Zeichnung Seite 199). Den Ausgleich be-

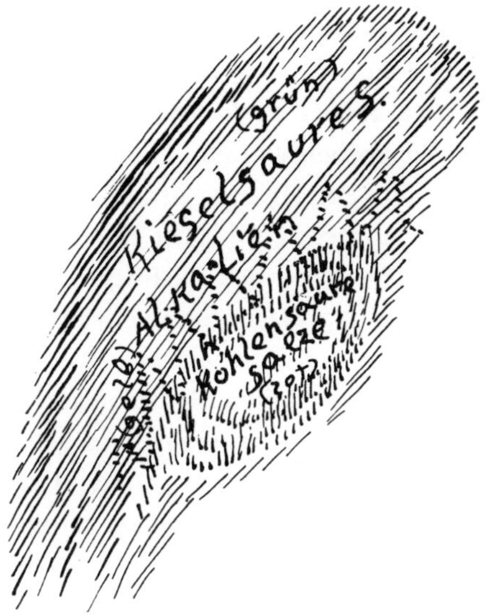

wirkt das Gold, die Kräfte, die besonders im Herzen ihre Lokalisation haben. Wenn man aber so vom Menschen spricht, so spricht man doch mehr so von ihm, wie man etwa von einem Finger spricht, wenn man ihn als Glied des ganzen Organismus betrachtet. So vom Menschen zu sprechen heißt, ihn als Glied der ganzen Welt eigentlich betrachten, eingegliedert in die ganze Welt. Und hier in diesem Trakt (siehe Zeichnung Seite 199) liegt der Widerspruch, daß sich der Mensch einerseits gerade im Verdauen und allem, was damit zusammenhängt, herausgliedert, und auch im Wechselprozeß im Denken, im Sehen liegt dasjenige, wodurch er sich wiederum herausindividualisiert aus dem allgemeinen Weltenprozeß. Daher ist es schon so, daß der Mensch auch etwas gewissermaßen eigensinnig fordert für alles dasjenige, was mit dem Verdauungsprozeß zusammenhängt. Und dieses Eigensinnige kam ja in dem Instinkt des Kochens zur Offenbarung, dasjenige, was unmittelbar herausgesetzt ist aus der Natur, auch wiederum hereinzunehmen. Denn würde es so hereingenommen werden unmittelbar, so wäre der Mensch, wenigstens im Durchschnitte, viel zu schwach, um es so unmittelbar zu verarbeiten. Es müßte dann, wenn ich mich paradox ausdrücken dürfte, das Essen fortwährender Heilungsprozeß sein, wenn wir die Nahrungsmittel nicht kochen würden. Es müßte also durch die stärkere polarische Verwandtschaft mit der Umgebung das Essen ein fortwährender Heilungsprozeß sein, wenn wir die Nahrungsmittel nicht kochen würden. Daher ist auch das Genießen von Rohkost viel mehr ein Heilungsprozeß als das Genießen von gekochter Kost, das viel mehr ein bloßer Ernährungsprozeß ist. Das ist, glaube ich, ein außerordentlich wichtiger Satz, daß das Genießen von Rohkost in viel stärkerem Sinne ein Heilungsprozeß ist als das Genießen von gekochter Kost. Es nähert sich die Rohkostdiät viel mehr dem eigentlichen Heilen als das gekochte Essen. Ich will dazu noch erwähnen, daß alles dasjenige, was gekocht ist, gewissermaßen kupiert wird in seiner Wirkung und in seiner Wirkung in dem rot schematisch angegebenen Gebiete verbleibt (siehe Zeichnung Seite 199), währenddem dasjenige, was roh in den Organismus eingeführt wird – also Obst und dergleichen –, über diesen Trakt hinaus in das Peripherische hineingreift, sich vielmehr im Peripherischen äußert, zum Beispiel das Blut veranlaßt, in das Peripherische hinein seine ernährende Kraft zu schicken.

Überzeugen können Sie sich davon, wenn Sie versuchen – und solche Versuche sollten angestellt werden –, in den Fällen, wo Sie mit Silicea zu heilen versuchen, den Kranken eine Zeitlang auf Rohkost zu setzen. Dann werden Sie sehen, wie Sie die Wirkung der Kieselsäure im wesentlichen erhöhen werden, weil Sie dann in dem, was die Kieselsäure peripherisch nun will, nämlich gestaltend wirken, Deformationen ausheilen – ich rede natürlich nicht von grobklotzigen Deformationen, sondern von dem, was anatomisch nicht unmittelbar sich darstellt, sondern nur physiologisch –, in dem, was die Kieselsäure unmittelbar will, Sie sie dann unterstützen dadurch, daß ihr auch während des Heilprozesses die entsprechenden Ernährungsstoffe zugeführt werden. Diese sind es, auf die ich eben methodologisch hinweisen möchte, weil sie so außerordentlich bedeutungsvoll sind in ihrem Verfolg und weil, wie ich glaube, viel zu wenig diese Dinge studiert werden. Sie werden schon studiert, aber zumeist nur empirisch, es wird nicht die Ratio darinnen gesucht, und daher findet man so wenig eine Möglichkeit, auch mit Befriedigung hinzuschauen auf dasjenige, was auf diesem Gebiete konstatiert werden kann.

Natürlich ist bei all diesen Dingen so stark in Betracht kommend das Rücksichtnehmen auf die Individualität. Deshalb habe ich in den verflossenen Vorträgen gesagt: Man kann kaum auf diesem Gebiete irgend etwas sagen, was nun in irgendeiner gewissen Beziehung wiederum nicht wahr ist; aber man muß diese Dinge als Richtlinien wissen, wenn man sich auch zum Beispiel im einzelnen Fall sagen muß: Ja, bei diesem Kranken, da darf ich nicht auf Rohkost setzen, denn da würde ich nach seiner ganzen Konstitution dies oder jenes hervorrufen – *da* darf ich es tun, *da* darf ich es nicht tun. Aber es bleibt doch dasjenige richtig, was jetzt hier charakterisiert worden ist. Erst durch solche Dinge kann man wirklich hineinschauen in das Gesamte der menschlichen Konstitution. Denn sehen Sie, wir müssen deutlich unterscheiden zwischen dem Peripherischen, wo der Mensch wirklich mehr hineingelagert ist in den ganzen Kosmos und dem wir nur beikommen, wenn wir das dem Menschen so fernstehende Mineralische in den menschlichen Organismus einfügen, und demjenigen, was ich hier als das Rote bezeichnet habe. Dem kommen wir schon bei, allerdings durch das Pflanzliche, aber auch wenn wir dasjenige in den Organismus einführen, was zunächst durch seinen gegenwärtig salzigen Charakter wirkt, also alles, was kohlensaure Salze sind, während alles Alkalische sich auf den Ausgleich zwischen beiden bezieht (siehe Zeichnung Seite 199, gelb), kohlensaure Salze, Alkalien, kieselsaure Salze oder Kieselsäure selber.

Das sind also die Dinge, die auf die Verwandtschaft des Menschen mit der umgebenden Natur hindeuten. Sehen Sie, wir sehen ja den Menschen gewissermaßen entzweigespalten, ein Mittleres in ihm, das hin und her den Pendelschlag zwischen diesem Entzweigespaltenen bewirkt. Und wir müssen uns sagen: Solch ein Hinschauen auf den peripherischen Menschen und auf den mehr zentralen, individualisierten Menschen führt uns eigentlich tief in das Wesen der ganzen Natur hinein. Der peripherische Mensch ist nämlich verwandt allem Außerirdischen – das zeigt eben gerade die Wirksamkeit des Mineralischen in ihm, das ja selbst als Mineralisches in Wirklichkeit in Abhängigkeit ist von Planeten und von Sternkonstellationen –, und er ist zentral als Individuum verwandt allem Irdischen. Durch diese Verwandtschaft mit allem Irdischen, das in seinem Verdauungssystem zum Ausdrucke kommt, ist er aber zugleich auch eben dieses Menschenwesen, das denken kann, das sich überhaupt als Mensch entwickeln kann.

Nun können wir den Dualismus im Menschen sehen als einen Dualismus zwischen dem in ihm befindlichen Außerirdischen, dem Kosmischen und dem eigentlich Irdischen. Zunächst wird uns im menschlichen Organismus deutlich veranlagt vorliegen das Außerirdische und auch das Irdische, und ich habe ja schon gestern darauf hingedeutet, wie sich das Peripherische, das Außerirdische im Menschen gewissermaßen abspiegelt dadurch, daß er seine Geistorganisation, aber auch die polarisch mit ihr verwandte Verdauungsorganisation hat, auf was ich ja wiederholt hingewiesen habe. Also alles dasjenige, was mit der Absonderung nach der Verdauung hin und was mit jener Absonderung im Gehirn zusammenhängt, welche die Grundlage der geistigen Wirksamkeit ist, all das weist uns eigentlich auf den peripherischen, auf den himmlischen Menschen hin. So sonderbar und paradox das klingt, es ist so. Alles dasjenige aber, was im Menschen, sei es an flüssigen oder mehr luftförmigen Prozessen, zusammenhängt mit der Harn- und Schweißbildung, das weist uns nach dem irdischen Menschen hin als dem sich individualisierenden Menschen. Wir müssen schon in diesen zwei auseinanderstrebenden Polen der menschlichen Natur etwas sehr Bedeutsames sehen.

Nun, man hat leider in der neueren Zeit niemals Veranlassung genommen – meines Wissens wenigstens – auf diese Dualität, auf die ich ja gerade hinweise in der menschlichen Natur, so hinzuweisen, daß es einem etwas genützt hätte für die Therapie. Denn Sie sehen ja, alle diese Dinge, die wir hier betrachten, sollen das Therapeutische und das Pathologische schon zusammenschieben. Diese Pathologie und Therapie sollen nicht zwei voneinander getrennte Gebiete sein. Das veranlaßt mich ja auch, daß ich alles dasjenige, was ich hier als Aufstellung gebe, gewissermaßen auf die Therapie hin orientiere, damit dasjenige, was man pathologisch erfaßt, einen befähigt, dann therapeutisch zu denken. Deshalb sage ich die Sache gerade so, wie ich sie eben sage, und es sind dann sehr leicht Einwände möglich, wenn man weniger Rücksicht nimmt auf diese Hinorientierung nach dem Therapeutischen.

So sehen Sie, handelt es sich ja für den, der die äußere Entstehung, sagen wir zum Beispiel der Syphilis kennenlernen will, ja ganz gewiß darum, darauf hinzuschauen, inwiefern jedesmal eine Ansteckung da sein muß, wenigstens annähernd eine Ansteckung da sein muß, damit die Syphilis richtig auftrete. Wenn man das bloß konstatiert, dann wird man eben im weiteren Verlauf eines solchen Konstatierens dazu geführt, die Pathologie gewissermaßen zu emanzipieren. Denn – verzeihen Sie, wenn ich einen etwas groben Vergleich gebrauche – dieses Anstecken ist ja auch bei der Syphilis nicht eigentlich wichtiger als das, daß man jedesmal, wenn einem eine Beule in den Kopf geschlagen werden soll, von einem Stein getroffen werden muß oder von irgend etwas, daß einem ein Schlag versetzt werden muß. Es ist selbstverständlich ganz richtig: es wird nicht eine Beule entstehen, wenn man nicht einen Schlag kriegt oder wenn einem nicht ein Ziegelstein auf den Kopf fliegt, aber wenn man das besonders charakterisiert, so kommt man ja zu keiner Charakteristik, die für den Heilungsprozeß fruchtbar ist. Denn schließlich, nicht wahr, das mag sozial sehr bedeutsam sein, wie das geschieht, daß einem Steine auf den Kopf fliegen oder dergleichen, aber für die Untersuchung des Organismus, so daß man zur Heilung hinkommt, hat das nicht die allergeringste Bedeutung. Man muß den menschlichen Organismus so untersuchen, daß man die Dinge in ihm aufsucht, die dann bei der Therapeutik eine Rolle spielen. Nun, bei der Therapeutik auch der Syphilis spielen die Dinge eine große Rolle, von denen ich gesprochen habe. Der Heilungsprozeß wird eben aufgeklärt dadurch. Und die Dinge, die hier gesagt werden, werden weniger gesagt, um pathologisch vorzugehen, sondern um eben gerade die Brücke zwischen den beiden zu schlagen.

Ich sage dieses aus dem Grunde, weil ich damit charakterisieren möchte, daß aus einem gewissen Geist heraus – und das wird mit jedem Tage mehr hervortreten – diese Auseinandersetzungen hier gepflogen werden. Und weil heute die Tendenz besteht, die Pathologie immer mehr und mehr zu emanzipieren und nicht nach der Therapie hin zu lenken, deshalb wird auch das Denken abgeführt von fruchtbaren Dingen, die, wenn sie in der richtigen Weise verfolgt werden, ungeheuer bedeutungsvoll sind für das Aufsuchen von Heilungsprozessen. So die Frage: Was hat das im menschlichen Organismus überhaupt für eine Bedeutung, daß diese Zweiheit besteht zwischen dem gewissermaßen kosmisch peripherischen Menschen und zwischen dem irdisch, dem tellurisch zentralen Menschen? Beide Menschenglieder sind ja Kräftesysteme, die sich in verschiedener Weise äußern. Alles Peripherische äußert sich als ein Gestaltendes. Und die letzte Tat, ich möchte sagen, des Peripherischen ist dasjenige, was sich ganz in der Peripherie des Menschen äußert und ihm eben seine Menschengestalt gibt.

Man kann geradezu sagen: Man studiere einmal in dem Verhalten der Haare zur Kieselsäure, wie an der Peripherie des Menschen zusammenwirkt das Bildende in dem Menschen selbst mit dem Bildenden in dem Kiesel. Sie können das Maß dessen, wie der Mensch auf sich eingreifen läßt oder sich widersetzt diesem Eingreifen, geradezu daran studieren, welche Macht die Kieselsäure auf die menschliche Hauptesbildung behält oder nicht behält. Natürlich, man muß den Menschen immer zusammenschauen mit seiner übrigen Statur. Aber wenn man heute über die Straße geht und die Glatzköpfe zusammenschauen kann, sieht man, inwiefern die Menschen geneigt sind, den Kieselsäure-Gestaltungsprozeß in sich aufzunehmen oder sich ihm zu widersetzen. Das gibt die unmittelbare Anschauung dann, die man sich auch erwerben kann ohne wirkliches Hellsehen, aber die man sich nur erwerben kann, wenn man sich darauf einläßt, auf die Wirksamkeit der Natur selber einzugehen. Das sind vorzugsweise Gestaltungskräfte, die da auftreten, und zwar nicht Zellgestaltungskräfte, sondern Totalgestaltungskräfte, die ihren letzten Ausdruck in der Gestalt des Menschen selber haben, wobei ich natürlich zu der Gestalt die ganze Hautkonfiguration rechne, ob sie mehr oder weniger mit Haaren bedeckt ist und dergleichen. Dagegen liegt in dem, was mehr zentralisiert ist, was mehr mit dem Kohlenstoff und der Kohlensäure zusammenhängt, das Auflösende der Gestalt, da drinnen wirkt das Vernichten, Auflösen. Wir leben ja davon, daß wir in uns fortwährend die Gestalt vernichten, auflösen wollen und die Gestalt sich fortwährend wiederum aus dem Kosmos herstellen will. Wir leben als Menschen davon, daß wir uns fortwährend selber mit Bezug auf die Gestalt deformieren wollen und diese Deformationen immer wieder ausgeglichen werden vom Kosmos herein. Das ist eine Zweiheit, die im Menschen liegt, dieses Gestalten und dieses Deformieren. Sie wirkt in der menschlichen Organisation zusammen. Und nun stellen Sie sich vor, Sie haben auf der einen Seite die peripherischen, kosmischen Gestaltungskräfte (siehe Zeichnung Seite 206, Pfeile von oben), die hereinwirken in den Menschen. Sie begegnen sich im Herzen mit den irdischen Kräften. Das habe ich Ihnen auseinandergesetzt, wie da ein Ausgleich durch das Herz geschaffen wird. Aber nun nehmen Sie an, diese peripherischen Kräfte, die da im Menschen wirken, die eigentlich ihre letzte Tendenz haben, hin zum Herzen zu gehen, die sacken sich vorher aus, die stauen sich noch, bevor sie zur Stauung des Herzens hinkommen (siehe Zeichnung, Pfeile von rechts), in der Organisation des Herzens selber. Nehmen wir an, sie sacken sich aus, sie stauen sich, bevor sie zu der großen Stauung im Herzen hinkommen, wie gewissermaßen eine Vorstauung, so daß wir im Menschen dann etwas hätten, was in geringem Maße aber doch zeigt, wie der kosmische, der außerirdische Gestaltungsprozeß im Menschen sich abspielt. Nehmen wir an, auch diese Kräfte hier, welche entgegenwirken, die auch durch die Verdauung und durch die Umwandelung des Verdauungsprozesses zum Herzen hinwirken, die würden sich vorher, bevor sie zum Herzen hinkommen, aussacken, so daß also das Irdische sich aussacken würde hier (siehe Zeichnung Seite 206, rechts). Dann hätten wir hier ein Aussacken alles desjenigen und ein Konzentrieren alles desjenigen, was im Menschen geistig physisch gestaltend ist, was zusammenhängt

mit allen Absonderungen im Haupte, im Darm, was aber sich nicht die Herztätigkeit direkt entgegenstellt, sondern vorher eine Art Nebenherztätigkeit schafft. Und hier haben Sie eine Art Nebenverdauung, indem dasjenige, was von der Erde und ihren Mitteln ausgeht, als Deformierendes im Menschen, als die Gestalt Auflösendes im Menschen sich vorher aussackt. Da haben wir diese Dualität im Menschen organisch festgehalten, und wir haben in dem einen Falle gegeben die weiblichen Geschlechtsorgane, das weibliche Geschlechtliche, und hier das männliche Geschlechtliche (siehe Zeichnung Seite 206).

Es gibt eine Möglichkeit, zu studieren das weibliche Geschlechtliche, wenn wir es in seiner Dependenz betrachten von den kosmisch-peripherischen, gestaltenden Kräften. Und es gibt eine Möglichkeit, das männliche Geschlechtliche zu betrachten bis in seine einzelnen Formen hinein, wenn wir es betrachten in seiner Abhängigkeit von den tellurischen Auflösungskräften.

Hier liegt der Weg, auch bis zu diesen Punkten hinein die menschliche Organisation wirklich wissenschaftlich zu durchdringen. Hier liegt auch der Weg, auf dem gefunden werden kann, wie, sagen wir, Pflanzliches, welches die Gestaltungskräfte in sich trägt, auch bei gelähmten Gestaltungskräften im Uterus wiederum aufbauend wirkt. Wenn Sie so studieren die Bildungskräfte im menschlichen Organismus, dann kommen Sie darauf, auch die Bildungskräfte im Pflanzen- und Mineralreich wirklich zu finden. Ich werde das im einzelnen betrachten, aber ich muß auf die ganzen großen Zusammenhänge hier natürlich zuerst hinweisen. Sehen Sie, wenn solche Dinge einmal gesehen werden, dann werden wir erst wirklich eine Embryologie haben. Wir haben ja heute keine, denn wie stark im Beginne der embryologischen Entwickelung das Kosmische hereinwirkt, wie das Kosmische ebenso der Befruchter des weiblichen Organismus ist wie der männliche Same, das wird überhaupt gar nicht beachtet. Die ersten Stadien der menschlichen embryologischen Entwickelung müssen durchaus aus dem Zusammenhang des Menschen mit dem Kosmos betrachtet werden. Dasjenige, was durch den männlichen Samen eingeimpft wird, das tritt ja erst im Laufe der Zeit auf, indem die Gestaltungskräfte, die der Kosmos da hineinversetzen will in den weiblichen Organismus, so deformiert werden, daß durch den männlichen Samen dasjenige, was er ausbilden will zur Gesamtgestalt, spezialisiert wird nach den einzelnen Organen hin. Der Anteil der weiblichen Organisation liegt in der Gesamtorganisation des Menschen, der Anteil der männlichen Organisation, der Anteil der Kräfte des männlichen Samens liegt in der Spezialisierung, Differenzierung nach den einzelnen Organen hin, im Herausschälen der einzelnen Organe also, im Deformieren der ganzen einheitlichen Gestalt. Man möchte sagen: durch die weiblichen Kräfte strebt die menschliche Organisation zu der Kugelbildung hin, durch den männlichen Samen strebt die menschliche Organisation hin, sich diese Kugel zu spezialisieren in Herz, Nieren, Magen und so weiter. Im Weiblichen und Männlichen treten uns direkt entgegen diese Polaritäten der Erde und des Kosmos. Das ist wiederum einer der Punkte, wo man wiederum anfängt, den großen Respekt zu bekommen vor der Urweisheit der Menschen, wo man anfängt, mit ganz anderen Gefühlen hinzuhorchen, wenn einem erzählt wird: Der Uranus befruchtet die Gäa oder der Kronos befruchtet die Rhea und so weiter. Das braucht eben wirklich nicht eine bloße mystische verschwommene Empfindung zu sein, wenn man die große Verehrung diesen alten bedeutungsvollen Intuitionen entgegenbringt. Es überrascht einen zunächst, wenn Leute, die anfangen in solche Dinge hineinzuschauen, zu einem Ausspruche sich verstehen wie dem, den ich öfter gehört habe, daß die Mythologien mehr Physiologie enthalten als die moderne Naturwissenschaft. Es schockiert einen zunächst. Ich kann das begreifen, aber es ist ungeheuer viel Wahres darinnen.

Es ist so, daß man immer mehr und mehr zu einem solchen Bekenntnis kommt, je weiter man eigentlich vorrückt, daß man immer mehr und mehr zu dem Bekenntnis auch kommt, wie wenig diese heutige Methode, die ja nichts mehr sieht von solchen Zusammenhängen, geeignet ist, in die menschliche Organisation wirklich hineinzuführen.

Ich möchte bei dieser Gelegenheit auch wieder nicht versäumen, zu erwähnen, daß ja schon nichts etwa durch das Studium von alten Dingen gewonnen ist für dasjenige, was ich hier sage. Was ich hier sage, ist wirklich ganz allein aus den Tatsachen selber hervorgeholt. Nur weise ich manchmal auf die Übereinstimmung mit der Urweisheit hin. Aber es ist nicht aus der Urweisheit herausgeholt das, was ich Ihnen hier vortrage. Daher werden, wenn man diese Vorgänge verfolgt, die ich Ihnen hier charakterisiere, erst die Anschauungen herauskommen, die uns dann auf manches in der Urweisheit wiederum führen. Ich selber zum Beispiel würde niemals es als meinen Beruf darstellen, sagen wir, durch das Studium des *Paracelsus* auf irgend etwas zu kommen, sondern ich habe manchmal stark das Bedürfnis, nachzuschlagen bei Paracelsus, wie sich etwas ausnimmt, was ich selber gefunden habe. Also ich bitte, in diesem Sinne aufzufassen, was ich versuche, zu geben. Aber es ist schon das als eine Tatsache zu konstatieren, daß wir, wenn wir tiefer hineinschauen in die menschliche Organisation, vom geisteswissenschaftlichen Standpunkte zu einer großen Verehrung der Urweisheit kommen. Das ist aber eine Frage, die natürlich auf anderem Wissensgebiete behandelt werden muß als hier.

Davon wollen wir dann morgen sprechen, nachdem ich Sie habe verdauen lassen dasjenige, was ich Ihnen hier gesagt habe über das Herausgehen des Weiblichen und Männlichen aus den beiden Dualitäten, was ja auf tiefere Zusammenhänge, wie wir morgen sehen werden, hinweist.

ELFTER VORTRAG

Dornach, 31. März 1920

Wie wir gestern bei etwas ganz anderem, als wovon wir ausgingen, gelandet sind, so werden wir auch heute wiederum unseren Ausgangspunkt nehmen von einem ganz bestimmten konkreten Substantiellen und werden versuchen, die ganze Sache dann weiter auszubauen. Sie sehen, daß es notwendig ist – teilweise liegt die Notwendigkeit in der Sache selbst, teilweise in der Kürze der Zeit, die uns zugemessen ist –, daß wir gewissermaßen uns unserer Aufgabe in Kreisen nähern. Wir können nicht jenen wissenschaftlichen Weg einschlagen, wo man gewissermaßen bei den Axiomen beginnt und dann zu dem immer Komplizierteren aufsteigt.

Es soll heute meine Aufgabe sein, Ihnen jenen Betrachtungskreis zu zeigen, der auf unserem Wege wiederum ein Stück weiterführt, indem wir von Carbo vegetabilis ausgehen. So wie wir gestern Cichorium intybus, die Walderdbeere und dergleichen studiert haben, so wollen wir heute auch dasjenige studieren, was sich an diesen merkwürdigen Stoff, der eigentlich überall zu haben ist, der aber doch eigentlich zu den merkwürdigsten Stoffen in der Welt gehört, anschließt. Dabei sieht man, möchte ich sagen, am allerbesten, wie man, wenn man nur auf eine wirkliche Naturbetrachtung eingehen will, genötigt ist, sogleich die Blicke auf weiteres zu richten, als worauf die gegenwärtige Wissenschaftlichkeit sie zu lenken geneigt ist.

Es war sehr interessant, wie gestern in dem Abendvortrage Dr. K. darauf hingewiesen hat, daß eigentlich die Chemie der Zukunft etwas ganz anderes werden müsse, und wie dabei immer wieder das Wort «Physiologie» gefallen ist, was bezeugt, daß eine Brücke geschlagen werden sollte zwischen dem Chemischen und dem Physiologischen. Ich mußte dabei immer an allerlei Dinge denken, die selbstverständlich da, wo es sich um öffentliche Vorträge handelt, heute noch nicht voll ausgesprochen werden können, weil die Vorbedingungen des Verstehens eigentlich durchaus mangeln. Wir finden ja den Kohlenstoff auch in der außermenschlichen Natur, in der, ich möchte hier sagen, scheinbar außermenschlichen Natur. Denn was ist denn eigentlich in der großen Natur außermenschlich? Nichts eigentlich, denn alles dasjenige, was in dem uns zunächst vorliegenden Außermenschlichen eben außermenschlich ist, das ist ja im Laufe der menschlichen Entwickelung aus dem Menschen herausgesetzt, aus dem Menschen entfernt. Der Mensch mußte in Entwickelungsetappen eintreten, in die er nur hat eintreten können dadurch, daß gewisse Prozesse in der ihm gegenüberliegenden Außenwelt verlaufen und ihm dadurch die Möglichkeit gegeben wurde, gewisse andere Prozesse für sich in sein Inneres hereinzunehmen. So daß eigentlich immer ein Gegensatz und auch eine Verwandtschaft vorhanden ist zwischen gewissen äußeren Prozessen und gewissen inneren Prozessen.

Nun muß ich sagen, daß mir dann merkwürdig zusammengeklungen hat mit dem, was gestern gesagt worden ist von dem, sagen wir – vielleicht ist es nicht ganz genau ausgedrückt, aber man wird verstehen, was ich damit meine, insbesonders, wenn man gestern Dr. K.s Vortrag gehört hat –, von dem Physiologischwerden der Chemie, mit dem, was am Sonntag in sehr freundlicher Weise Dr. Sch. vorgebracht hat in seinen interessanten Auseinandersetzungen, wo hingewiesen worden ist darauf, wie geisteswissenschaftlich eigentlich erfaßt werden müsse dasjenige, was man im Homöopathisieren will. Aber das hat an einer Stelle ausgeklungen in ein merkwürdiges Wort, in ein Wort, mit dem ich mich eigentlich seit, ich kann sagen, Jahrzehnten viel habe befassen müssen, in ein Wort, das ja oftmals ausgesprochen wird: daß sich auch die homöopathischen Ärzte vor dem Mystischwerden etwas fürchten, das heißt, fürchten davor, in den Geruch der Mystik zu kommen.

Nun, mit dem mich zu beschäftigen, dazu war der Grund in ganz bestimmten Anschauungen, die aber durchaus auf Wirklichkeiten zurückgehen, gelegen. Sehen Sie, das Wesentliche, was angestrebt wird im homöopathischen Heilprozesse, liegt eigentlich – und ich bitte das nicht mißzuverstehen; man muß immer ein klein wenig radikal sprechen, wenn man die Dinge ordentlich charakterisieren will – in Wirklichkeit viel weniger in den Substanzen als in den Verrichtungen, die bei der Zubereitung der Substanzen spielen, in der Zubereitung also desjenigen, was uns als Kieselsäure vorliegt oder was uns, sagen wir, als Carbo vegetabilis vorliegt. In der Zubereitung, in dem, was man da macht, liegt es. Ich habe viel mich damit beschäftigt, was eigentlich vorgeht, wenn angestrebt wird, homöopathische Heilmittel zuzubereiten, zu denen ich also zum Beispiel in diesem Falle auch durchaus, was ja Dr. R. bestätigt, die Rittersche Zubereitung rechne, wenn sie auch Fräulein Ritter selber nicht zugibt. Es entsteht eben die Frage, was eigentlich da geschieht, wenn man homöopathische Heilmittel zubereitet. In der Zubereitung liegt es eigentlich. Es liegt in dem ganzen Vorgang des Zubereitens desjenigen, was man da macht. Verwenden Sie zum Beispiel Kieselsäure, bereiten Sie sie zu bis in die hohen Potenzen hinauf; was tun Sie eigentlich? Sie arbeiten nach einem gewissen Punkt hin. In der Natur beruht alles im Grunde genommen auf rhythmischen Prozessen. Sie arbeiten nach einem gewissen Nullpunkt hin durch eine Strecke hindurch, bei der die eigentlichen, uns zunächst vorliegenden Wirkungen der betreffenden Substanz zum Vorschein kommen. Geradeso, sehen Sie, wie wenn ich Vermögen habe und immerfort ausgebe, ich an einen Nullpunkt komme und dann über den Nullpunkt hinauskomme, aber dann etwas bekomme, was nicht bloß kein Vermögen ist, sondern was über den Charakter des Vermögens zu den Schulden hinübergeht, so ist es auch, wenn ich den substantiellen Eigenschaften der äußeren Substanzen gegenüberstehe. Indem ich gewissermaßen in der Wirkung dieser Substanzen bleibe, komme ich zuletzt auf den Nullpunkt, wo sich die Wirkungen dieser Substanzen in ihrem ponderablen Zustande nicht mehr äußern. Gehe ich dann aber noch weiter, so ist es nicht so, daß einfach die ganze Geschichte verschwindet, sondern es ist so, daß das Entgegengesetzte auftritt und daß dann in das umliegende Medium das Entgegengesetzte hineingearbeitet wird. Für mich war es daher immer so, daß ich die den Substanzen entgegengesetzten Wirkungen sah in dem Medium, in dem Vereibungsmittel und so weiter, in dem, was man braucht, um die homöopathische Substanz, die zerkleinerte Substanz hineinzuarbeiten. Dieses Medium bekommt eine andere Konfiguration; geradeso wie ich ein anderer werde, wenn ich vom Vermögen übergehe zum Schuldenmachen in dem äußeren sozialen Leben, so geht Substanz in ihren entgegengesetzten Zustand über und verleiht dann diesen ihren entgegengesetzten Zustand, den sie früher in sich gehabt hat, ihrer Umgebung. Also wenn ich sagen würde, eine Substanz hat, indem ich sie auf immer kleinere und kleinere Quantitäten bringe, gewisse Eigenschaften, dann bekommt sie, indem ich gleichsam mich einem gewissen Nullpunkt nähere, die andere Eigenschaft, ihre früheren Eigenschaften in ihre Umgebung hineinzustrahlen und das Mittel, mit dem ich sie behandle, in der entsprechenden Weise anzuregen. Es kann diese Anregung darinnen bestehen, daß man direkt hervorruft die hier geschilderte Gegenwirkung, es kann aber auch sogar dadurch nur geschehen, daß man diese Gegenwirkung so hervorruft, daß man die betreffende Substanz in einen Zustand bringt, durch den sie nachher oder durch den sie unter Lichteinwirkung zum Beispiel ein Fluoreszieren oder ein Phosphoreszieren zeigt. Da hat man die Gegenwirkung des Ausstrahlens in die Umgebung hervorgerufen. Das sind die Dinge, die berücksichtigt werden müssen. Es ist wahrhaft nicht darum zu tun, ins Mystische hineinzuverfallen, sondern es ist darum zu tun, endlich einmal die Natur in ihrer wirklichen Aktion zu betrachten, so sie zu betrachten, daß wir auf ihren rhythmischen Gang auch mit Bezug auf Eigenschaften der Substanzen wirklich eingehen. Das ist, ich möchte sagen, ein Leitmotiv, um eigentlich zu erkennen, worinnen die Wirkungen liegen. Potenzieren Sie, so kommen Sie zunächst an einen Nullpunkt. Jenseits dessen liegen Gegenwirkungen. Aber das ist noch nicht alles, sondern Sie können jetzt innerhalb desjenigen Weges, der jenseits dieses Nullpunktes liegt, wiederum zu einem Nullpunkt kommen, der nun für diese entgegengesetzten Wirkungen wieder ein Nullpunkt ist. Dann können Sie, indem Sie über diesen Punkt hinausgehen, zu noch höheren Wirkungen kommen, die zwar in ihrer Richtung wiederum in der ersten Linie liegen, die aber ganz anders geartet sind. Daher wäre es tatsächlich eine schöne Aufgabe, die Wirkungen, die sich bei der Potenzierung herausstellen, in gewissen Kurven darzustellen. Nur würde man finden, daß man diese Kurven in einer eigentümlichen Weise aufbauen müßte. Man müßte zunächst eine solche Kurve bilden und dann, wenn man an den Punkt kommt, wo gewisse niedere Potenzen, die aber schon wirken, wo die aufhören zu wirken, und erst wiederum höhere Potenzen anfangen zu wirken, wo also ein zweiter Nullpunkt ist, da müßte man im rechten Winkel umkehren und in den Raum heraus die Kurve ziehen. Das sind Dinge, die wir weiter ausführen werden in diesen Vorträgen, und die innig zusammenhängen mit der ganzen Verwandtschaft des Menschen mit der ganzen außermenschlichen Natur.

Nun, wenn wir so etwas betrachten wie Carbo vegetabilis, wird zunächst natürlich derjenige, der seinen Blick auf das zunächst Bemerkbare richtet, sagen: in großen Dosen eingenommen gibt nun Carbo vegetabilis ein ganz bestimmtes Krankheitsbild, das bekämpft werden kann nach Ansicht des homöopathischen Arztes durch die Potenzierung derselben Substanz.

Was liegt für den Geisteswissenschafter eigentlich vor, wenn er Carbo vegetabilis ins Auge faßt? Es liegt zunächst für den Geisteswissenschafter dasjenige vor, was ihn dazu verführt, nun eigentlich gleich in die außermenschliche Natur hinauszugehen und nachzusehen, was es eigentlich mit der schon mehr in der Mineralisierung vorgerückten Kohle der Außenwelt, mit der Kohle der Erde im allgemeinen für eine Bewandtnis hat. Und da findet man, daß die Kohle im wesentlichen im ganzen Erdenprozesse beteiligt ist bei der Verwendung des Sauerstoffes. Im Erdenprozesse ist es so, daß der Kohlengehalt der Erde ein Regulator ist für den Sauerstoffgehalt der Erdenumgebung. Man kommt da direkt zu der Einsicht, daß die Erde als solche, wenn sie, wie es ja notwendig ist, als Organismus aufgefaßt wird, einem Atmungsprozesse unterliegt und daß der Kohlengehalt der Erde zu tun hat mit diesem Atmungsprozesse der Erde. Eine solche Chemie, wie sie gestern gefordert wurde, die wird erst entstehen, wenn man, wenn ich so sagen darf, das Kohlesein im Zusammenhang mit dem menschlichen Atmungsprozesse oder dem tierischen Atmungsprozeß betrachten wird. Denn, sehen Sie, es liegt dem Prozeß, der sich abspielt zwischen der Verkohlung der Erde und dem Sauerstoffprozesse in der Umgebung der Erde, der Luft etwas zugrunde, was sich für die geisteswissenschaftliche Betrachtung herausstellt als die Tendenz zum Tierwerden, die wirkliche Tendenz zum Tierwerden. Und diese Tendenz zum Tierwerden, sie ist nun wirklich nur im Grunde in einer schockierenden Weise zu charakterisieren. Denn man muß sagen: In dem, was da draußen vorliegt, in dem Prozeß, der sich abspielt zwischen dem Verkohlungsprozeß der Erde und den Prozessen, die sich um den Sauerstoff herum in der Umgebung der Erde abspielen, liegt etwas von dem, was hervorruft Wesenheiten, richtige Wesenheiten, ätherische Wesenheiten, die aber in Umkehrung gegenüber der Tierheit sich fortwährend von der Erde entfernen, die fortwährend abrücken, fortwährend wegstreben von der Erde. Man versteht die Tierheit erst, wenn man sie auffaßt als dasjenige, was von der Erde zusammengefaßt wird im Gegenprozeß zu dieser Enttierung der Erde und was im tierischen Prozeß eben dann zum Vorschein kommt. Daher findet, wenn wir Carbo vegetabilis in den menschlichen Organismus zunächst einführen, nichts Geringeres statt als eine Einführung des zum Tierischen Hinstrebenden in den menschlichen Organismus. Alle Erscheinungen, die auftreten, von Aufstoßen bis zu den Blähungen, bis zum fauligen Durchfall und so weiter, bis auf der einen Seite zu Hämorrhoidalbildungen, auf der anderen Seite zu allerlei brennenden Schmerzen, rühren davon her – wenn man dieses ganze Bild nimmt –, daß die Tierheit, die vom Menschen, damit er Mensch sein kann, ausgestoßen worden ist im Laufe seiner Entwickelung, dieser Prozeß der Tierheit wiederum in den Menschen zurück, hereingenommen wird. Das, sehen Sie, das läßt uns geradezu sagen: wenn man dem Menschen in großen Dosen Carbo vegetabilis zuführt, so fordert man ihn auf, sich gegen den eingedrungenen Tierwerdeprozeß zu verteidigen. Er verteidigt sich dadurch, daß er dasjenige in sich zur Geltung bringt, was er dem Umstande verdankt, daß er die Tierheit aus sich herausgesetzt hat in seiner Entwickelung.

Nun hängt zusammen mit dem, daß wir die Tierheit herausgesetzt haben in unserer Entwickelung, die Möglichkeit, daß wir tatsächlich in unserem Organismus entwickeln – staunen Sie, aber es ist so – originäres Licht. Wir sind tatsächlich im oberen Menschen originäre Lichterzeuger, im Gegensatz zum unteren Menschen, wo wir, um uns diese Fähigkeit der originären Lichterzeugung anzueignen, die nötigen Abwehrorgane für das vollständige Tierwerden haben. Das ist einer der tiefliegenden Unterschiede des Menschen von der Tierheit. Während die Tierheit die anderen höheren geistigen Prozesse für sich mit dem Menschen gleich hat, haben die Tiere nicht die Fähigkeit, im Innern ausreichend Licht zu erzeugen.

Hier komme ich auf ein wirklich, ich möchte sagen, recht schmerzliches Kapitel unserer neueren Naturwissenschaft, das aber nicht vor Ihnen verborgen werden kann aus dem einfachen Grunde, weil, wenn Sie die Zusammenhänge des Menschen mit der außermenschlichen Welt einsehen wollen, Sie nicht um dieses Kapitel herumkommen können. Das große Hindernis für eine sachgemäße Auffassung der Wirkungen der Substanzen im menschlichen Organismus überhaupt und vor allen Dingen der Heilsubstanzen ist das Gesetz von der sogenannten Erhaltung der Kraft oder der Energie, auch das Gesetz von der Erhaltung des Stoffes. Diese Gesetze, die man statuiert hat als allgemeine Naturgesetze, sie sind nichts anderes als etwas, was in dem absolutesten Widerspruche mit dem Menschenentwickelungsprozeß steht. Der ganze Ernährungs- und Verdauungsprozeß ist ja nicht dasjenige, als was er von der materialistischen Anschauung angesehen wird. Der ganze Ernährungs- und Verdauungsprozeß wird eigentlich so von der materialistischen Anschauung angesehen, als ob die Substanzen außer uns wären – also bleiben wir beim Kohlenstoff stehen –, als ob der Kohlenstoff außer uns wäre; dann wird er aufgenommen, wird, entsprechend selbstverständlich, zubereitet, aber doch weitergeleitet im Organismus und dann aufgenommen, so daß man, wenn auch in kleinen Teilen, dasjenige in sich trägt, was einem die Außenwelt gegeben hat. Das trägt man weiter mit sich herum. Es ist eigentlich kein Unterschied da für diese Anschauung zwischen dem Kohlenstoff, der draußen ist, und dem, den man mit sich herumträgt im Organismus. Und doch ist das nicht so. Denn es ist tatsächlich im menschlichen Organismus die Möglichkeit gegeben, den außermenschlichen Kohlenstoff zunächst durch den unteren Menschen vollständig zu vernichten, ihn hinwegzuschaffen aus dem Raume und ihn einfach originär in der Gegenwirkung dazu wiederum zu erzeugen. Ja, das ist eben so; es ist im menschlichen Organismus ein Herd für die Erzeugung der Stoffe, die außermenschlich sind, und zu gleicher Zeit eine Möglichkeit, diese Stoffe zu vernichten. Das wird natürlich von der heutigen Naturwissenschaft nicht zugegeben werden, denn sie kann sich ja eigentlich die Wirkungen der Stoffe nicht anders vorstellen als Ahasver-artig, daß sie bloß in ihren kleinsten Teilen herumwandeln. Sie weiß nichts von dem Leben der Stoffe, von der Entstehung der Stoffe und von dem Tode der Stoffe und weiß nichts davon, wie im menschlichen Organismus Tod und Wiederbelebung der Stoffe stattfindet. Mit dieser Wiederbelebung des Kohlenstoffes hängt dasjenige zusammen, was wir auf der anderen Seite im gewöhnlichen Menschen als Lichtbildung haben. Dieser Lichtbildungsprozeß des Inneren, der kommt wiederum entgegen der Einwirkung des äußeren Lichtes. Wir sind in bezug auf unseren oberen Menschen so eingerichtet, daß äußeres Licht und inneres Licht einander entgegenwirken, miteinander zusammenspielen und geradezu das Wesentliche in unserer Organisation darauf beruht, daß wir da, wo diese beiden, äußeres Licht und inneres Licht, zusammenwirken sollen, imstande sind, sie nicht ineinander verfließen zu lassen, sondern sie auseinanderzuhalten, so daß sie nur aufeinander wirken, aber nicht sich miteinander vereinigen. Indem wir, sei es durch das Auge, sei es auch durch die Haut, entgegenstehen dem äußeren Lichte, ist überall aufgerichtet gewissermaßen die Scheidewand zwischen dem inneren originären Lichte im Menschen und dem äußerlich einwirkenden Lichte. Das äußerlich einwirkende Licht hat eigentlich nur die Bedeutung einer Anregung zur Entstehung des inneren Lichtes. Indem wir also das Licht von außen auf uns einfließen lassen, lassen wir uns selber anregen zur Entstehung des inneren Lichtes.

Nun handelt es sich darum, diesen ganzen Prozeß noch etwas weiter zu durchschauen. Wenn wir hinblicken auf dasjenige in uns, was beteiligt ist an dem Abbau des Kohle-Substantiellen, dann kommen wir beim Menschen auf die Nieren- und Harnorgane überhaupt und auf alles dasjenige, was auch nach oben mit der Niere zusammenhängt. So daß wir uns dem Nierenprozesse nähern im Innern des Menschen, wenn wir ins Auge fassen den Prozeß, der mit der Kohle zusammenliegt in der außermenschlichen Natur. Und damit ist zu gleicher Zeit ein Weg gegeben, um gewissermaßen so etwas beim Menschen anzuwenden wie Carbo vegetabilis. Zunächst, ich möchte sagen, für die minderwertigen Erkrankungen ist ein Weg gegeben dadurch, daß man sich sagt: Man hat zunächst bei der Carbo vegetabilis die Möglichkeit, entgegenzuarbeiten der Vertierung des Menschen, die zum Ekel führt. – Und alles dasjenige, was das Krankheitsbild gibt für Carbo vegetabilis, ist eigentlich Ekel und Fortsetzung des Ekels nach dem Inneren des Menschen. Gegen das, was da gebildet wird, ist der wirksame Gegenpol derjenige, der den entgegengesetzten Prozeß im Menschen darstellt: alles dasjenige, was mit der Funktion des Nierensystems zusammenhängt. Bringen Sie es daher dahin, den Nierenprozeß zu fördern, wenn Sie das Krankheitsbild im Menschen haben, das sonst künstlich hervorgerufen werden kann durch große Dosen von Carbo vegetabilis, bringen Sie es fertig, zum Beispiel durch höhere Potenzierung von Carbo vegetabilis den ganzen Nierenprozeß zu fördern, ihn in einer gewissen Weise zu erhöhen, dann arbeiten Sie diesem Krankheitsprozesse, der ähnlich ist den Wirkungen von Carbo vegetabilis, im Menschen entgegen. So daß also bei dem Studium dieses Krankheitsmittels es wesentlich wäre, darauf zu kommen, wie sich gegenüber der Potenzierung dieses Mittels Carbo vegetabilis der ganze Nierenprozeß des Menschen verhält. Der Nierenprozeß kann dabei auch so wirken, daß er seinen Gegenpol geltend macht gegenüber dem Verdauungsprozeß, daß er also für einen gestörten Verdauungsprozeß, der als Folgeerscheinung eintritt im Krankheitsbild von Carbo vegetabilis, daß er für diesen gesundenden Eintritt mehr sein Gegenbild, seinen

Gegenpol geltend macht, den Gegenpol der kranken Verdauung im Darm.

Also dem, was da mit Carbo vegetabilis vor sich geht, steht entgegen die Lichtbildung auf der einen Seite. Das, was ich jetzt gesagt habe, Sie werden es, ich möchte sagen, zusammenfassend verstehen, wenn Sie sich folgendes Bild machen. Wenn Sie sich vorstellen: hier haben wir die Erde (siehe Zeichnung Seite 219), die Erde ist umgeben von Luft, da über der Luft kommt was anderes. Was da über der Luft kommt, das ist zunächst dasjenige, was man als eine Art Wärmemantel der Erde bezeichnen könnte. Es würde sich nämlich herausstellen, wenn man den Weg von der Erde ab machen würde,

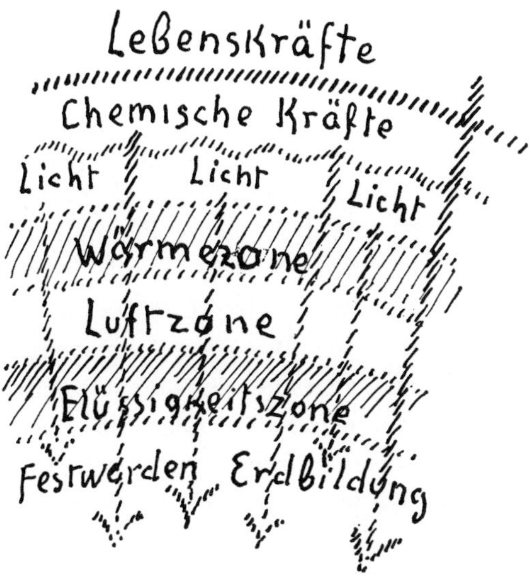

daß man zu ganz anderen Wärmeverhältnissen kommen würde, die die Leute sehr überraschen würden gegenüber den irdischen Wärmeverhältnissen. Es spielt in einiger Entfernung von der Erde dasjenige, was in den Wärmekräften liegt, eine ähnliche Rolle, wie unterhalb dieses Wärmemantels die Atmosphäre selber spielt. Jenseits aber dieser Wärmewirkung – wollen wir hier diese Wärmewirkungen, also gewissermaßen die außerirdische Wärmezone statuieren, so haben wir hier die Luftzone (siehe Zeichnung Seite 219) – haben wir den Gegenpol der Luftzone, da wo sich alles entgegengesetzt dem verhält, was in unserer Luftzone eigentlich vorgeht. Indem da – wenn ich den Ausdruck gebrauchen darf – entluftet wird, das Luftsein aufgehoben wird, geht aus dieser Zone wie aufschießend durch die Entluftung dasjenige hervor, was uns als Licht zugesendet wird (siehe Zeichnung Seite 219).

Es ist ein rechtes Unding, zu glauben, daß unser irdisches Licht von der Sonne kommt. Das ist nur eine ziemlich fatale Phantasie der Physiker und der Astronomen. Unser irdisches Licht kommt von dieser Zone. Da schießt es auf, da wird es erzeugt, da wächst es, wie bei uns auf der Erde die Pflanzen wachsen (siehe Zeichnung Seite 219). Und so haben wir das, was uns berechtigt zu sagen: Wenn nun der Mensch in sich juveniles, originäres Licht erzeugt, so beruht das darauf, daß er sich reserviert hat durch seine Bildungsvorgänge in sich das zu machen, was sonst nur da oben geschieht, daß er in sich den Quell eines Außerirdischen trägt. Allerdings wirkt dieser Quell des Außerirdischen auf die ganze Pflanzenwelt und auf ihn ebenso, daß es auf die Pflanzenwelt von außen wirkt, daß er aber mit etwas in sich da hinaufversetzt ist (siehe Zeichnung Seite 219).

Nun, wenn wir uns fragen: Wie ist es denn, wenn wir nun etwas näher zur Erde kommen, als es mit der Luft selber ist, kommen wir da auch auf der anderen Seite mehr in den Menschen hinein? – Ja, sehen Sie, indem wir uns dem Irdischen mehr nähern von dem Luftartigen aus, kommen wir ja zu allem Flüssigen, zu dem Wässerigen, und wir können unter der Luftzone gut voraussetzen die Flüssigkeitszone. Die hat ebenso ihr Gegenbild draußen, nur noch über der Lichtzone. Und da ist wiederum alles dasjenige anders, polarisch entgegengesetzt dem, was in der Flüssigkeitszone vor sich geht. Da droben, da wächst gewissermaßen wiederum etwas, wie das Licht in der vorhergehenden Zone wächst. Da droben wachsen nämlich die chemischen Kräfte und wirken auf die Erde herein (siehe Zeichnung Seite 219). Und es ist eben ein Unding, die Impulse für die chemischen Wirkungen auf der Erde in den Substanzen selber zu suchen. Da sind sie nicht. Sie kommen aus diesen Regionen der Erde entgegen.

Aber der Mensch hat wiederum in sich dasjenige, was etwas in ihm so macht, wie es da droben ist. Der Mensch hat in sich – wenn ich mich so ausdrücken darf – einen Chemikator. Er hat etwas von der himmlischen Sphäre in sich, in der der Ursprung der chemischen Aktionen liegt. Und das ist recht stark lokalisiert im Menschen, was da so wirkt, das ist nämlich lokalisiert in der Leber. Und studieren Sie diese ganze merkwürdige Tätigkeit, welche die Leber im menschlichen Organismus entfaltet, all den Anteil, den sie hat auf der einen Seite, indem sie, ich möchte sagen, wie saugend wirkt für die Beschaffenheit des Blutes, auf der anderen Seite, indem sie regulierend wirkt durch die Gallenabsonderung im menschlichen Organismus, für die ganze Zubereitung der Blutflüssigkeit. Sehen Sie diese ganze ausgebreitete Tätigkeit der Leber an, und Sie werden in ihr erblicken müssen dasjenige, was, wenn es zu Ende studiert wird, die Chemie, die wirkliche Chemie gibt, denn unsere äußerliche Chemie ist ja auf der Erde gar nicht in ihrer Wirklichkeit zu finden. Die müssen wir ja als ein Spiegelbild der außermenschlichen chemischen Sphäre ansehen. Aber wir können auch diese außerirdische Sphäre studieren, indem wir alle die wunderbaren Wirkungen der menschlichen Leber studieren.

Weiter vorrücken können wir nun von Carbo vegetabilis und seinen, ich möchte sagen, inneren Eigenschaften, wenn wir Carbo vegetabilis in Zusammenhang bringen mit den Alkalien, zum Beispiel also mit Kali selber, Kali carbonicum, und dadurch resultierende Wirkungen hervorrufen im menschlichen Organismus. Alles dasjenige überhaupt, was laugenartig ist, hat eine Wirkung tiefer nach dem Inneren des Organismus zu gelegen, nach den Leberprozessen hin, während alles dasjenige, was mit Carbo vegetabilis zusammenhängt, mit seinen Wirkungen nach dem Nierentrakt hinweist. Und wir werden eine durchaus deutliche Wechselwirkung wahrnehmen können zwischen alledem, was laugenartig ist, und dem, was Prozesse des Lebersystems sind. Wenn man studieren würde alles, was laugenartig ist, so würde man finden, daß es geradeso, wie alles dasjenige, was carbo-artig ist, mit dem Tierwerden zusammenhängt, das, was Lauge werden will, was die Tendenz des Laugigen hat, zusammenhängt mit dem Pflanzenwerden des Menschen und mit dem Heraussetzen des Pflanzenreiches.

Nun habe ich schon in den vorhergehenden Vorträgen auf einen Prozeß hingewiesen, der wichtig ist, wenn man aus den Naturwirkungen herausbekommen will die Menschenwirkungen. Ich habe auf den Prozeß hingewiesen, der sich abspielt, wenn die Auster ihre Schale bildet, auf den, sagen wir eben einfach kurz, Austernschalenbildungsprozeß. Da rücken wir vor von jener Resultierenden, die entsteht im Zusammensein von Carbo mit Kalium, zu dem Zusammensein mit Calcium. Nur haben wir dasjenige, was entstehen würde, wenn sich lediglich dieser Prozeß des Zusammenwirkens der Kohle mit dem Calcium abspielen würde, in der Austernschale dadurch gemildert, daß wir haben in der Austernschale starke Phosphorwirkungen, starke Phosphorkräfte mitwirken. Das alles wirkt in der Austernschale zusammen mit noch einigem anderen, das der Umgebung der Meereskräfte verdankt ist.

Nun kommen wir aber in der Tat, wenn wir diesen Prozeß der Austernschalenbildung beobachten, auch wiederum in unserem Zusammenhang zwischen dem Menschen und der außermenschlichen Natur um ein Stück weiter. Gehen wir von der Wasserbildung nach abwärts (siehe Zeichnung Seite 219), so kommen wir zu der Erdbildung, zu dem Verfestigtwerden, zu dem, was ich nennen könnte Festwerden, Erdbildung. Wenn der Ausdruck heute nicht verpönt wäre und nicht gebraucht würde, eigentlich nicht so hingesehen würde auf ihn, als haben eben die alten Schafsköpfe da von der Erde und von der Luft und von dem Wasser gesprochen, so würde man sich auch nicht so genieren, von Erde, Wasser, Luft und Feuer zu sprechen. Nicht wahr, unter uns können wir ja manchmal auf solche Dinge wenigstens hindeuten. Aber auch diese feste Erdbildung hat draußen in der weiten Welt ihr Gegenbild. Und dieses Gegenbild, sehen Sie, das ist die Lebensbildung, das ist tatsächlich der Ursprung des Vitalisierens. Das ist tatsächlich dasjenige, was in den Lebenskräften selber liegt, die also von noch weiter her kommen als die chemischen Kräfte, die innerhalb der Erde in der außermenschlichen Welt, innerhalb des eigentlich Erdigen vollständig ertötet werden, ersterben gemacht werden (siehe Zeichnung Seite 219).

Nun würde ja – das möchte ich hier nur einfügen, weil es vielleicht doch einige von Ihnen interessieren könnte – unsere Erde wuchern unter fortwährenden Lebensbildungen, unter fortwährenden Karzinomen, wenn nicht diesem Wuchern vom Außerirdischen jener Prozeß entgegengesetzt wäre, der auf die Erde hin ausgeübt wird vom Merkur aus, der merkuriale Prozeß. Das ist schon wichtig, daß man diese Dinge wenigstens einmal gedacht hat. Dasjenige, was sich im allgemeinen in der Erdbildung, die wir auch das gestaltende Element im Substantiellwerden nennen könnten, abspielt, wir sehen es gewissermaßen auf einer früheren Stufe zurückgehalten in der Bildung der Austernschale. Die Austernschale wird nur dadurch verhindert, ganz in die Erdbildung einzugehen, daß sie zum Meere, zum Wasser noch Beziehungen hat und gewissermaßen zurückhält auf einer früheren Stufe das Erdbildungswerden, sich in einer früheren Stufe des Erdbildungswerdens verfestigt. Die Regenwürmer können das nicht, weil sie keine Schale haben, aber die Wirkungen gehen doch von ihnen aus. Deshalb ist durchaus der Satz gültig: Wenn es keine Regenwürmer gäbe, gäbe es nicht die Gestaltungskräfte im Innern der Erde. Die Regenwürmer sind wesentlich daran beteiligt, daß der Erdbildungsprozeß vor sich geht. Die ganze Regenwurmwelt bildet gewissermaßen zusammen etwas, was über die Austernschalenbildung hinausgeht, was ebenso Beziehungen hat zur ganzen Erde wie die Austernschale. Dadurch kommt es nicht zur Austernschalenbildung, sondern zu alledem, was in der Ackererde und dergleichen ist und was Verwandtes daraus entsteht.

Nun werden Sie ja selbstverständlich voraussetzen, daß, wenn wir den Prozeß suchen, der im Menschen nun noch weiter im Innern liegt als der mit den chemischen Kräften verwandte Prozeß, der also an die Leber sich anschließt, wir da wiederum zu einem anderen Organ des Menschen kommen müssen. Dieses andere

Organ des Menschen ist nun eben kein anderes als die Lunge, und die Lunge muß in einer zweifachen Weise im menschlichen Organismus betrachtet werden. Erstens ist sie ja das Organ für den Atmungsvorgang. Aber, so sonderbar es klingt, sie ist, ich möchte sagen, dieses Organ für den Atmungsvorgang nur auf äußerliche Weise. Sie ist zu gleicher Zeit das Organ, welches reguliert innerlich, tief innerlich im Menschen den Erdbildeprozeß. Wenn man verfolgt von außen nach innen gehend, von dem Ernährungs- und Verdauungsvorgang angefangen durch den Nierenbildungs-, Leberbildungsprozeß, bis herauf zum Lungenbildungsprozeß, also zu dem, was die Lunge innerlich bildet – abgesehen davon, daß sie funktionell der Atmung zugrunde liegt –, und untersucht diesen Prozeß, der sich da abspielt, so ist er der Gegenpol des Prozesses, der sich in der Auster äußert zur Bildung der Austernschale. Die menschliche Organisation hat sich in ihrem Lungenbildungsprozeß hereingeholt dasjenige, was hier über der chemischen Zone liegt im äußeren Weltenall (siehe Zeichnung Seite 219).

Sie brauchen ja nur das Krankheitsbild, das wirkliche Krankheitsbild, das entsteht unter gewissen Einwirkungen von seiten des kohlensauren Calciums, beim Menschen zu betrachten, und Sie werden wiederum finden, daß das sehr stark zusammenhängt mit all den Vorgängen, die Eigenlebenvorgänge des Lungenwesens selber sind. Es ist nur schwer, diese Prozesse abzutrennen von denjenigen, die ganz unter der Einwirkung des Atmungsprozesses liegen. Man muß aber gerade bei der Lunge, weil sie nach zwei Seiten hin der menschlichen Organisation dient, in Betracht ziehen, daß sie auf der einen Seite funktionelle Aufgaben hat nach außen und auf der anderen Seite diese funktionellen Aufgaben hat nach innen. Die Entartungen der Lunge müssen Sie in ähnlichen Vorgängen schon suchen, wie sie auftreten im Prozesse der Austernschalenbildung oder natürlich ähnlichem, selbstverständlich auch der Schneckenschalenbildung und so weiter.

So kommen wir, indem wir uns gewissermaßen heute von der anderen Seite dem nähern, dem wir uns gestern genähert haben – allerdings bei der gestrigen Näherung den Kreis mehr schließen konnten, als wir ihn heute werden schließen können, aber die Schließung wird schon in den nächsten Tagen stattfinden –, dahin, in Nierentätigkeit, Lebertätigkeit, Lungentätigkeit dasjenige zu sehen, was im Innern des Menschen sich abspielt als entsprechend im Äußeren der Lufttätigkeit, entsprechend der Tätigkeit im Wasser, entsprechend der Tätigkeit in der festen Erde. Der Tätigkeit in der Luft entspricht all dasjenige, was sich an das Nierensystem im weiteren Sinne anschließt, was vor allen Dingen auch mit all den Harnfunktionen zusammenhängt. Dasjenige, was verwandt ist dem System, das wir da in Betracht ziehen, wenn wir seine nach innen gelegensten Teile, die Niere ins Auge fassen, das ist dasjenige, was unter gewissen Umständen Atemnot hervorrufen kann, Bedürfnis zum Atmen, was Sie ja im hohen Grade als gewisse Nachwirkungen des Einnehmens von Carbo vegetabilis sehen werden. So daß wir sagen können: Die tieferen Gründe für Störungen des Atmungssystems, für Atemnot, müssen wir eigentlich im Nierensystem suchen.

Alles dasjenige nun, was mit dem Wässerigen zusammenhängt, was mit dem Flüssigen zusammenhängt, für das müssen wir die tieferen Gründe in dem Lebersystem suchen. So wie die Atemnot und Atemregulierung, der Atembedarf, mit dem Nierensystem zusammenhängt, so hängt der Durst mit dem Lebersystem zusammen. Aller Durst hängt mit dem Lebersystem zusammen. Das wäre schon eine interessante Aufgabe, einmal die Wechselbeziehungen der verschiedenen menschlichen Dursteigenschaften in den Leberwirkungen zu studieren. Und innig hängen mit der Innenbeschaffenheit der Lunge, gewissermaßen mit dem Innenstoffwechsel der Lunge, die Erscheinungen des Hungers und all dasjenige zusammen, was auf diesem Felde steht.

Hunger, Durst und Atmungsbedürfnis hängen ja in der Tat auf der einen Seite nach dem Ponderablen zu mit Luft, Wasser, Erde zusammen. Mit ihren Gegenbildern draußen im Weltenall hängt manches andere zusammen. Und begreiflich wird sein, daß, wenn wir Anregung vom Licht brauchen, weil ermattet ist dasjenige, was in uns das juvenile, das originäre Licht erzeugt, so ist natürlich diese Anregung durch das Licht selbst am besten zu gewinnen, und wir kommen da auf die Berechtigung der Heilweisen durch das Licht. Aber Lichtbäder sind nicht eigentlich immer Lichtbäder. Das ist wichtig, daß man das ins Auge faßt. Lichtbäder sind nämlich in Wirklichkeit ein Sich-Mehraussetzen der chemischen Zone, als der Mensch bei seinem gewöhnlichen Wohnen auf der Erde dieser chemischen Zone ausgesetzt ist. Dasjenige, was mit dem Chemismus von außen hereinströmt und selbstverständlich das Licht begleitet, das ist das eigentlich Wirksame in den meisten Lichtbädern. Hinter dem stehen ja, wie Sie sehen können aus der schematischen Zeichnung (Seite 219), die ich hier vor Sie hingestellt habe, direkt die Lebenskräfte, die gewissermaßen auch im Gefolge da sind, wenn man auf den Menschen erhöhtes Licht, respektive erhöhte chemische Aktion wirken läßt. So daß, wenn vermieden wird ein zu starkes Wirken – es ist ja natürlich immer hier das Abwiegen das Maßgebende – von dem, was dann als vom Licht getragen gleichsam hereinkommt aus dem Weltenall, dann wirken die das Licht begleitenden chemischen Aktionen und auch die das Licht begleitenden Lebensaktionen außerordentlich wohltätig.

Nur nebenbei will ich zum Schlusse bemerken, daß Sie es ja jetzt nicht mehr wunderbar zu finden brauchen, wenn Sie finden, daß es der heutigen Naturwissenschaft nicht gelingt, eine Anschauung über den Ursprung des Lebens selber zu gewinnen. Denn innerhalb derjenigen Regionen, wo die heutige Naturwissenschaft sucht, ist ja nur das Gegenbild des Lebens vorhanden, dank der Merkurwirkungen, nämlich der Tod. Und das Leben müßte gesucht werden da draußen, wohin die Naturwissenschaft heute eigentlich nicht will. Denn davon will sie ja nichts wissen, ins Außertellurische zu gehen; ja höchstens wenn sie nicht anders kann – wie einige getan haben –, wenn sie nicht mehr anders kann, na, dann verwandelt sie auch das noch ins Materialistische. Es ist ja sehr schön eine Übersetzung dieses Hereinwirkens der Lebenskräfte ins Materialistische in der schönen Hypothese zustande gekommen, daß von anderen Himmelskörpern die Lebenskeime auf unsere Erde heruntergetragen werden. Also sie werden da so schön in materieller Weise von den anderen Himmelskörpern durch all die Hindernisse hindurchgetragen und erscheinen dann auf unserer Erde, wobei von manchen sogar vorgestellt wird, daß die Meteorsteine ihre Autos seien, durch die sie auf der Erde einfahren. Sie sehen, daß man es in der heutigen Zeit sogar zustande gebracht hat, da mit der materialistischen Theorie irgend etwas erklärt haben zu wollen. So wie man alles dasjenige, was man im Makroskopischen beobachtet, glaubt erklärt zu haben, wenn man es ins Mikroskopische oder Ultramikroskopische zurücksetzt, in Moleküle, Atomtheorien, so glaubt man auch das Leben erklärt zu haben, wenn man es nur woanders hinschiebt.

ZWÖLFTER VORTRAG

Dornach, 1. April 1920

Für denjenigen, dessen Aufgabe das Heilen ist, sollte eine Grundempfindung dadurch entstehen, daß er betrachtet den manchmal ganz merkwürdig einem entgegentretenden Zusammenhang äußerer, also außermenschlicher Tatbestände und innermenschlicher Tatbestände. Denn durch diese Betrachtung gehen ja ganz bedeutsame Intuitionen gerade für das Heilmittelwesen auf. Ich möchte, um ein naheliegendes Beispiel zu erwähnen, nur daran erinnern, wie zum Beispiel eine solche Substanz wie das Roncegno-Wasser oder das Levico-Wasser geradezu – vergleichsweise geredet – durch einen guten Geist zubereitet ist, um so mancherlei Kräfte, die im menschlichen Organismus eine günstige Rolle spielen können, unter gewissen Umständen schon in der außermenschlichen Natur vorzubereiten. Wenn wir daran denken – und wir werden in den nächsten Tagen solche Sachen noch eingehend charakterisieren –, wie in diesem Wasser in einer ganz wunderbaren Weise die beiden Kräfte des Kupfers und des Eisens gegeneinander abkompensiert sind, und wie dann, um dieses Abkompensieren wiederum, ich möchte sagen, auf eine breitere Basis zu stellen, das Arsen dadrinnen ist, so sagt man sich: da ist etwas in der Außenwelt geradezu präpariert für gewisse Zustände des Menschen. Es kann durchaus vorkommen, daß solche Dinge bei diesen oder jenen Menschen auch außerordentlich stark ungünstig wirken. Aber gerade auch an den negativen Fällen wird sich die allgemeine Fruchtbarkeit des allgemeinen Prinzips zeigen. Man muß, wenn man über solche Dinge redet, insbesondere heute darauf aufmerksam machen. Denn an der Betrachtung solcher Dinge wird sich eine Möglichkeit ergeben, gewissen Krankheitserscheinungen zu begegnen, die eigentlich in ihren Symptomen im Grunde erst heute auftreten. Vergessen wir nur ja nicht, wie von allen Seiten jetzt bei wirklich unbefangenen Beobachtern die Erkenntnis auftritt, daß ganz besondere Verhältnisse jetzt, man möchte sagen, über Teile der Erde ziehen und ganz besondere Formen des menschlichen Erkrankens hervorrufen. Und vergessen wir auch nicht, daß eine andere Erscheinung von großem Interesse in der Gegenwart sein muß, das ist diese, daß ja zweifellos selbst so etwas wie die gewöhnliche Grippe, wie sie heute auftritt, eine höchst eigentümliche Eigenschaft hat. Sie weckt nämlich eigentlich schlafende Krankheiten, Krankheiten, zu denen der Organismus inkliniert und die sonst durch die entgegenwirkenden Kräfte des Organismus in den Verborgenheiten bleiben, die also unter Umständen bis zum Tode sogar schlafen könnten, die werden in einer gewissen Weise dadurch aufgedeckt, daß der Mensch von der Grippe befallen wird.

Das alles setzt sich zusammen zu einem Fragebündel, das ich in den nächsten Tagen den Vorträgen zugrunde legen will. Aber ich möchte Sie, um einen fruchtbaren Ausgangspunkt zu gewinnen, auf ein anderes merkwürdiges Stimmen hinweisen, das allerdings nur dem Geisteswissenschafter in seiner ganzen tiefen Bedeutung entgegentreten kann. Sie wissen ja, wie in einer gewissen losen Verbindung, die eigentlich, man möchte sagen, gar nicht ordentlich physisch oder chemisch zu definieren ist, in unserem Luftkreis der Sauerstoff und der Stickstoff aneinander gebunden sind. Nun sind wir ja eigentlich als Menschen, als Erdenmenschen ganz der Tätigkeit einverwoben, die vom Sauerstoff und vom Stickstoff ausgeht, und man kann daher schon von vorneherein vermuten, daß das eine Bedeutung hat, wie sich in unserer Atmosphäre der Sauerstoff zum Stickstoff eigentlich verhält, wie er sich prinzipiell verhält.

Nun ist da das Bedeutsame, daß uns die Geisteswissenschaft zeigt, daß mit jeder Veränderung in der Luftzusammensetzung, die danach hintendiert, das normale Verhältnis von Sauerstoff zum Stickstoff nach der einen oder anderen Seite zu ändern, auch Störungen im Schlafprozeß des Menschen verknüpft sind. Das führt dazu, nun überhaupt das Verhältnis, das dahintersteckt, genauer zu untersuchen. Sie wissen ja, daß wir in der Geisteswissenschaft genötigt sind zu sagen: der Mensch besteht aus diesen vier Gliedern, aus dem physischen Leib, dem Ätherleib, dem Astralleib und dem Ich.

Sie wissen, daß wir ferner gezwungen sind, aus den Tatsachen heraus zu sagen, daß Ich und astralischer Leib beim Einschlafen herausgehen in einer gewissen Beziehung, wenn das Herausgehen auch mehr dynamisch zu verstehen ist, und mit dem Aufwachen wiederum hineinziehen. So daß Sie sich sagen müssen: im Schlafzustande bleibt der astralische Leib an das Ich gebunden, der Ätherleib an den physischen Leib, und wir haben daher auch während des wachen Zustandes hinzuschauen auf ein loseres Verhältnis zwischen dem astralischen Leib und dem Ich einerseits und dem Ätherleib und dem physischen Leib andererseits, als zwischen dem Ich und dem astralischen Leib und zwischen dem Ätherleib und dem physischen Leib. Das Verhältnis ist loser. Dieses losere Verhältnis zwischen den zwei Gliedern, dem oberen Gliede des Menschen, Ich und astralischem Leib, und dem unteren Gliede, Ätherleib und physischem Leib, dieses Verhältnis im Inneren des Menschen ist ein getreues Spiegelbild des losen Verhältnisses von Sauerstoff und Stickstoff in der äußeren Luft. Beide entsprechen sich in einer ganz merkwürdig wunderbaren Weise. Die äußere Luftzusammensetzung ist ganz so eingerichtet, daß sie zu gleicher Zeit eine Verhältniszahl abgibt für das Verbundensein von astralischem Leib und Ätherleib beziehungsweise des mit ihnen verbundenen physischen Leibes und des Ich.

Das wird auch natürlich darauf aufmerksam machen, wie wir uns gegenüber der Luftzusammensetzung zu verhalten haben, wie wir achten müssen darauf, ob wir imstande sind, den Menschen die richtige Luftzusammensetzung zuzuführen, oder ob sie einer solchen entbehren. Nun aber können Sie, ich möchte sagen, noch mehr ins Physiologische hineingehen und können diese Entsprechung wahrnehmen. Gehen Sie dann alle Stoffe durch, die heute bekannt sind und die etwas zu tun haben im menschlichen Organismus, so werden Sie finden, daß alle diese Stoffe, die mit dem menschlichen Organismus und seinen Prozessen etwas zu tun haben, im menschlichen Organismus selber an andere Stoffe gebunden sind. Es sind in der Regel Verbindungen und Lösungen. Für sich frei kommen im menschlichen Organismus nur vor der

Sauerstoff und der Stickstoff. So daß also dasjenige, was außen die Luft zusammensetzt, wiederum eine ganz besondere Rolle im menschlichen Organismus selber spielt. Es ist so, daß Sauerstoff und Stickstoff in ihrer Wechselwirkung gewissermaßen durchaus in dem Mittelpunkt des Stofflichen stehen für den menschlichen Organismus. Sauerstoff und Stickstoff haben mit den Funktionen des menschlichen Organismus zu tun, und sie haben zu tun als die einzigen Stoffe, die im freien Zustande wirken, die nicht ihre Wirkungsweise sich modifizieren lassen durch anderes, das an sie gebunden ist in der Sphäre, in der sie da im menschlichen Organismus sind. Sie sehen daraus, daß es nicht nur eine Bedeutung hat, was wir von der außermenschlichen Wesenheit in den menschlichen Organismus hinein verfolgen können, sondern daß wir schon auch das Wie verfolgen müssen: ob die Wirksamkeit frei bleibt oder ob die Wirksamkeit gebunden an anderes ist. Denn das Eigentümliche ist, daß im menschlichen Organismus die Stoffe zueinander ganz besondere Affinität bekommen und daß sie ganz besondere Verwandtschaften bekommen. Wenn wir also einen Stoff einführen, ein anderer schon drinnen ist im menschlichen Organismus, so kann dann diese Affinität, diese Verwandtschaft hervortreten. Wenn Sie diesen Gedanken weiter verfolgen, so führt er Sie zu einer ganz bestimmten Intuition, auf die die Geisteswissenschaft hinweisen muß. Sie wissen, daß dem pflanzlichen, dem tierischen und dem menschlichen Organismus die Proteinstoffe, Eiweißstoffe, zugrunde liegen. Sie wissen, daß im Sinne der gegenwärtigen Chemie die hauptsächlichsten Bestandteile des Eiweißes die vier wichtigsten Stoffe in der Natur sind: Kohlenstoff, Sauerstoff, Stickstoff, Wasserstoff, und daß dazu kommt Sulfur oder Schwefel als, ich möchte sagen, durchhomöopathisierend dasjenige, was die anderen vier Stoffe tun.

Nun ist es notwendig, daß man sich eine Vorstellung macht, wie denn eigentlich die Funktion, die Innenfunktion des Eiweißes, der Proteinstoffe, zustande kommt. Da ist eigentlich unsere gegenwärtige chemische Wissenschaft ganz selbstverständlich nach ihren Voraussetzungen darauf eingestellt, zu sagen: Nun ja, solch eine

Substanz hat eben diejenige Konfiguration, welche ihr durch ihre inneren Kräfte auferlegt ist. – Dann ist die notwendige Folge davon, daß man Dinge identifiziert, die in Wirklichkeit nicht identisch sind, auch nicht in dem Grade identisch sind, wie man sich das eben vorstellt. Wenn man auch einen gewissen Unterschied statuiert, die Identität gilt doch gar nicht. Es ist nämlich eigentlich nur eine Konsequenz dieser atomistischen Denkweise über die Struktur des Eiweißes, daß man sich das Pflanzeneiweiß und das Tiereiweiß eigentlich so ziemlich als etwas Ähnliches, als etwas bis zu einem gewissen Grade wenigstens chemisch Identisches vorstellt. Nun ist das aber ganz und gar nicht der Fall, sondern es liegt für eine genauere Beobachtung des menschlichen Organismus die Tatsache vor, daß Pflanzeneiweiß tierisches Eiweiß und insbesondere menschliches Eiweiß neutralisiert, daß sich diese polarisch zueinander verhalten, daß das eine die Wirkungen des anderen intim auslöscht. Das ist das Eigentümliche, daß das vorliegt, daß man tatsächlich sich zugeben muß: tierisches Eiweiß ist so in seinen Funktionen, daß diese Funktionen beeinträchtigt werden, aufgehoben, teilweise oder ganz aufgehoben werden durch die Funktionen des pflanzlichen Eiweißes. Und das führt dazu, zu fragen: Ja, welches ist denn eigentlich der Unterschied zwischen dem, was als solche Substanz im tierischen oder namentlich im menschlichen Organismus vorkommt, und dem, was im pflanzlichen Organismus vorkommt? – Sehen Sie, ich war genötigt, in diesen Tagen öfter davon zu sprechen, daß eine wichtige Rolle gegenüber, ich möchte sagen, allem Meteorologischen, Außerirdischen, die vier Organsysteme spielen: Harnblase, Nierensystem, Lebersystem, Lungensystem, und dazu kommt dann das Herzsystem. Diese vier Organsysteme spielen eine wesentliche Rolle in der Beziehung des Menschen zum Äußerlichen, Meteorologischen. Nun, was bedeuten denn, intimer genommen, diese vier Organsysteme eigentlich?

Diese vier Organsysteme bedeuten nämlich nichts anderes, als daß sie die Schöpfer der Struktur des menschlichen Eiweißes sind. Diese vier Organsysteme sind es, die wir studieren müssen. Nicht die molekularisch atomistischen Kräfte des Eiweißes müssen wir studieren, sondern wenn wir uns fragen wollen: Warum ist das Eiweiß so, wie es ist? – dann müssen wir die innere Konstruktion des Eiweißes als eine Resultierende desjenigen auffassen, was von diesen vier Organsystemen ausgeht. Es ist das Eiweiß geradezu ein Ergebnis des Zusammenwirkens dieser vier Organsysteme. Damit ist auch etwas ausgesprochen über die Verinnerlichung äußerer Wirkungen beim Menschen. Wir haben in die Organsysteme hinein das zu verlegen, was die heutige Chemie sucht in der Struktur der Substanzen selber. Es ist menschliches Eiweiß deshalb in unserer irdischen Sphäre gar nicht zu denken in seiner Struktur. Es kann nicht bleiben in seiner Struktur, wenn es nicht unter dem Einfluß dieser vier Organsysteme ist. Es muß diese Struktur unbedingt ändern.

Anders ist das beim pflanzlichen Eiweiß. Das pflanzliche Eiweiß steht nicht unter dem Einfluß von solchen vier Organsystemen, wenigstens scheinbar nicht; aber es steht unter einem anderen Einflusse. Es steht unter dem Einfluß von Sauerstoff, Stickstoff, Wasserstoff, Kohlenstoff und unter dem Einfluß desjenigen, was immer auch in der gesamten äußeren meteorologischen Natur vorhanden ist, unter dem Einfluß des die Funktionen dieser vier vermittelnden Schwefels, Sulfurs. Und beim pflanzlichen Eiweiß wirken die sich in der Atmosphäre zerstreuenden vier Stoffe dasselbe, was im Menschen Herz, Lunge, Leber und so weiter wirken. Es ist in der äußeren menschlichen Natur an Bildekräften in diesen vier Stoffen vorhanden, was in der innermenschlichen Natur individualisiert in den vier Organsystemen enthalten ist. Das ist wichtig, daran zu denken, daß wenn wir den Namen Sauerstoff, Wasserstoff aussprechen, wir nicht bloß an dasjenige als innere Kräfte denken sollen in diesen sogenannten Stoffen, wovon die heutige Chemie spricht, sondern daß wir uns diese Stoffe mit Gestaltungskräften, mit Wirkungskräften denken müssen, die auch ein Verhältnis zueinander immer haben, indem diese Stoffe in ihren Wirkungen zu dem Inventar des Irdischen mit beitragen. Wir müssen, wenn wir ins Einzelne eingehen und identifizieren würden mit inneren Organen dasjenige, was der Sauerstoff, wenn er sich außen aufhält, wirkt, es innerlich identifizieren mit dem Nieren-Harnsystem. Dasjenige, was der Kohlenstoff, wenn er außen seine Bildekräfte entfaltet, wirkt, das müssen wir innerlich identifizieren mit dem Lungensystem, aber jetzt nicht das Lungensystem als Atmungssystem aufgefaßt, sondern die Lunge, insoferne sie ihre Eigenbildungskräfte hat. Wir müssen identifizieren den Stickstoff mit dem Lebersystem, den Wasserstoff mit dem Herzsystem (siehe Zeichnung Seite 234). Der Wasserstoff draußen ist in der Tat das Herz der äußeren Welt, der Stickstoff ist die Leber der äußeren Welt und so weiter.

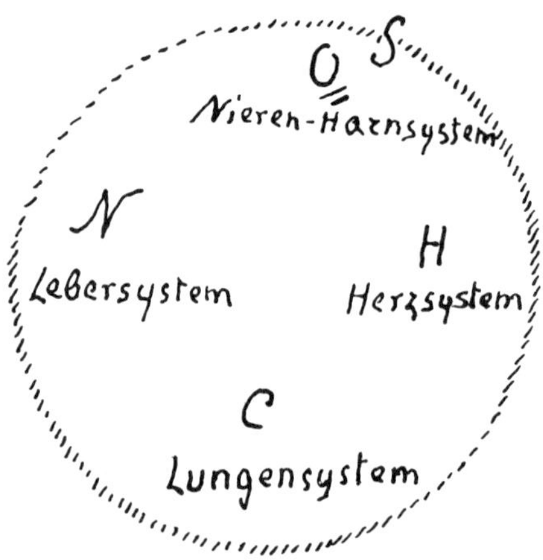

Es wäre zu wünschen, daß die Menschheit in der Gegenwart sich nicht bloß heranbändigen ließe zur Anerkennung dieser Dinge, sondern daß sie von sich aus diese Dinge sich erarbeitete. Denn sehen Sie, wenn Sie ins Auge fassen, daß das Herzsystem mit den Bildekräften des Wasserstoffes verwandt ist, so werden Sie ohne weiteres auch die Wichtigkeit zugeben, welche das Wasserstoffleben als solches für das ganze Obere des Menschen hat. Denn es wird gewissermaßen mit der Entwickelung des Wasserstoffes nach dem oberen Menschen hin dasjenige, was unten mehr tierisch ist, umgewandelt in das eigentlich Menschliche, in dasjenige, was nach den Vorstellungen und so weiter hingeht. Aber da habe ich Ihnen ja sagen müssen, daß man da zu einem Einfluß kommt, der außertellurisch ist und den wir identifizieren mußten mit dem Blei. Sie erinnern sich, wie wir Blei, Zinn und Eisen als Kräfte bezeichneten, die mit dem oberen Menschen zu tun haben. Die Neigung ist heute noch keine sehr große, so etwas anzuerkennen. Es wird die Neigung noch keine sehr große sein, vom Menschen nach außen zu gehen und in der Bleiwirkung etwas Besonderes zu sehen, was wiederum zusammenhängt mit dem, daß der Mensch durch das Herz sich seinen Wasserstoff bereiten läßt, der dann der Träger ist für die Zubereitung des Denkapparates. Aber das unbewußte Forttreiben der menschlichen Entwickelung bändigt – ich meine jetzt nicht durch irgendeine Agitation, aber das unbewußte Forttreiben der menschlichen Entwickelung bändigt – die Menschheit zur Anerkennung dieser Tatsache heran. Denn daß das Blei irgendwie in der außermenschlichen Natur eine Rolle spielt, wenn wir es auch nur seinen Funktionen nach betrachten, das kann ja der heutige Mensch nicht mehr ableugnen, da er unter den Umwandelungsprodukten des Radiums, die die Wissenschaft festgestellt hat, neben der Abspaltung des Heliums das Blei nun wirklich gefunden hat. Geradeso, wie da das Blei gefunden worden ist, wenn es auch heute noch nicht ganz genau nach seinem sogenannten Atomgewicht stimmt, aber es wird ja schon als Blei angesprochen, so wird das Zinn gefunden werden, so wird von dem, was außermenschlich ist, aber zugleich von der außermenschlichen Natur als Einziges in die menschliche Natur eingreift, das Eisen gefunden werden. Ich meine, es ist notwendig, daß man sich heute nicht nur durch solche Dinge heranbändigen läßt, wie die Röntgenwissenschaft ist, die ja einen wunderbaren Fingerzeig eigentlich abgibt für dieses Herausgehen ins Außermenschliche und das Kommen nicht bloß zu den grobklotzigen Metallen, die uns in der Erde gegeben sind, sondern zu den Metallkräften, die von dem Außertellurischen hereinwirken. Das ist etwas, was heute schon gesagt werden muß. Denn man wird gerade beim Auftreten, ich möchte sagen, der heutigen neuartigen Krankheiten bemerken, daß man auf solche Dinge durchaus Rücksicht zu nehmen hat.

Was uns also zunächst jetzt besonders interessieren muß, ist, daß dasjenige, was außen Kohlenstoff, Wasserstoff, Sauerstoff, Stickstoff ist, in seiner Wechselwirkung, die vermittelt wird durch den Schwefel, individualisiert für den Menschen innerlich die vier Organsysteme übernehmen. Nun, wenn Sie solch eine Sache richtig betrachten, so werden Sie eigentlich ja schon wahrnehmen, wie tief man in den eigentlichen Menschen hineinsehen kann, wenn man ihn in einer solchen Weise betrachtet. Denn dann wird es einem nicht mehr, ich möchte sagen, wunderbar erscheinen, wenn dasjenige, was im Menschen unwillkürlich ist, was zunächst nicht seinen geistigen Funktionen unmittelbar unterworfen erscheint, in Zusammenhang gebracht wird mit der ganzen außermenschlichen Natur. Denn es ist ja wiederum das Folgende wahr: Es ist der Mensch so konstruiert, daß er gewissermaßen ein Nierensystem hat. Aber jedes solche System hat die Tendenz, der ganze Mensch zu werden. Eigentlich strebt immer jedes einzelne dieser vier Systeme danach, der ganze Mensch zu werden. Ich möchte sagen: die Niere will ganzer Mensch werden mit ihren Funktionen, das Herz will ganzer Mensch werden, das Lebersystem will ganzer Mensch werden, das Lungensystem will ganzer Mensch werden.

Nun ist es von Bedeutung, um sich von solchen Dingen, die da in Betracht kommen, zu überzeugen, daß man einmal sein Augenmerk, besser gesagt, sein Empfindungsmerk dafür verwendet, wie man selber an sich gewisse Wirkungen von Außermenschlichem im Menschen beobachten kann. Es läßt sich kaum vermeiden, hier scharf auf die Grenze des Naturwissenschaftlichen und Geisteswissenschaftlichen hinzuweisen. Denn sehen Sie, Sie kommen in der Tat, wenn Sie mit Ihrem medizinisch-meditativen Leben vorrücken, wenn Sie immer mehr und mehr verstehen, sich mit dem meditativen Leben in Einklang zu versetzen, so daß Sie sich fühlen als meditierender Mensch, Sie kommen immer mehr dazu, eine konkrete, reale Selbsterkenntnis zu bekommen. Diese konkrete, reale Selbsterkenntnis, die ist wahrhaftig nicht zu verachten, wenn es sich um positive Aufgaben, wie zum Beispiel um das Heilen im Leben handelt. Da merken Sie, daß Ihnen Dinge im eigenen Organismus bewußt werden, die vorher ganz und gar unbewußt waren, wenn Sie im Meditieren weiterkommen. Sie müssen sich nur

Rechenschaft ablegen von dem, was da ins Bewußtsein heraufsteigt, so wird Ihnen bewußt etwas, wovon man jetzt noch schwer reden kann in äußeren öffentlichen Vorträgen oder auch in Laienvorträgen, weil dann eine ganz bestimmte Tendenz entsteht. Würde man von solchen Dingen, wie eines elementar ist, auf das ich jetzt aufmerksam machen will, reden und würden diese Dinge heute schon bei der gegenwärtigen moralischen Verfassung der Menschheit einem größeren Kreise mitgeteilt, dann käme sogleich die Frage: Ja, warum nützt man das nicht aus? – Es käme die Frage: Ja, da soll ich meditieren? – ich kann ja das leichter erreichen, wenn ich diesen oder jenen Stoff mir einfach zuführe. – Es ist bequemer, das oder jenes einzunehmen, statt zu meditieren. Es richtet sich der Mensch dadurch in einer gewissen Weise gerade moralisch zugrunde. Aber die Leute würden doch heute mit der gegenwärtigen moralischen Menschenverfassung nicht nachgeben – Sie werden gleich sehen, was ich eigentlich meine – und würden, statt zu meditieren, lieber irgendein äußeres Mittel einnehmen wollen, das ihnen zunächst auf den ersten Schritten des Weges zu einem ähnlichen Resultate verhelfen würde wie das Meditieren. Es ist tatsächlich so, daß so etwas sein kann. Denn sehen Sie, Sie merken nämlich, wenn Sie eine Zeitlang Ihr Meditieren wirklich fortführen und Neigung haben, sich über solche Dinge Rechenschaft abzugeben, daß Sie geradeso, wie Sie sonst bewußt wissen, Sie haben Hände, mit denen Sie greifen, Füße, mit denen Sie gehen, so zum Bewußtsein der strahlenden Eisenwirkung kommen. Es ist tatsächlich so, daß das Bewußtsein der Eisenwirkung als etwas auftritt, dessen man sich klar wird, wie man sich sonst eben klar wird, daß man Arme und Beine hat oder einen Kopf hat zum Drehen und so weiter. Das Bewußtsein, sich als eisernes Phantom zu fühlen, das ist dasjenige, was auftritt. Das, was ich meine, ist das, daß nun natürlich die Leute kommen und sagen würden: Na ja, man kann also äußerlich durch irgend etwas, was man einnimmt, die Eisenempfindlichkeit, die Sensitivität für das eigene in sich befindliche Eisen erhöhen, dann hat man dieselbe Wirkung. Das ist nämlich für gewisse Schritte durchaus richtig. Aber dann wäre das Gefährliche, die

Leute würden anfangen, einfach in dieser Weise zu experimentieren, um auf eine leichte Art zum «Hellsehen», wie man sagt, zu kommen. Diese Dinge sind ja vielfach gemacht worden. Wenn sie gemacht werden, ich möchte sagen, als Opfer für die Menschheit, dann ist das was anderes; aber wenn sie gemacht werden aus Neugier, dann zerstören sie die moralische Verfassung der menschlichen Seele von Grund aus. Ein Mann, der viel nach dieser Richtung hin mit sich selbst experimentiert hat und dadurch eigentlich gerade auf diesem Wege sehr viel gefunden hat von dem, was Sie heute in seinen Schriften finden können, war *van Helmont.* Während bei *Paracelsus* die Sache vielmehr so lag, daß man das Gefühl hat: seine Erkenntnisse steigen ihm wie atavistisch von innen auf, er trägt sie schon von einer überirdischen Welt in die Welt herein, ist es bei Helmont immer so, daß er merkwürdige Einsichten bekommt, indem er sich selber das oder jenes zuführt. Man sieht das aus der Art und Weise, wie er darstellt, und er deutet es ja an einzelnen Stellen, wie ich glaube, ganz deutlich an. Es ist das Nächstliegende, das erreicht werden kann, die innere Sensitivität für die strahlende Eisenwirkung, für jene eigentümliche Wirkung, die bezeugt, daß von dem oberen Menschen eine strahlende Wirkung ausgeht, die sich nach allen Gliedern verzweigt. Man hat deutlich eben die Anschauung – ich sage ausdrücklich die Anschauung –, daß man da mit dem Eisen, das heißt mit seiner Funktion, mit seinen Kräften in sich wirtschaftet.

Nun aber, wenn ich schematisch diese Eisenstrahlung darstellen möchte, so muß ich von ihr zu gleicher Zeit erwähnen, daß sie als Eisenstrahlung nicht dazu veranlagt ist, über den menschlichen Organismus hinaus zu wirken. Man hat immer das Gefühl: das, was da ausstrahlt, das lokalisiert sich im menschlichen Organismus, das bleibt darinnen. Es ist etwas überall Entgegenwirkendes (siehe Zeichnung Seite 239), das zur Stauung dieser eisenstrahlenden Kräfte Veranlassung gibt. Man möchte sagen, es ist so, wie wenn das Eisen positiv ausstrahlte nach der Peripherie hin und ihm negativ entgegengestrahlt würde, aber von etwas, das sich ihm wie in Kugelwellen entgegenwirft. Das sind eben die beiden Wahrnehmungen, das

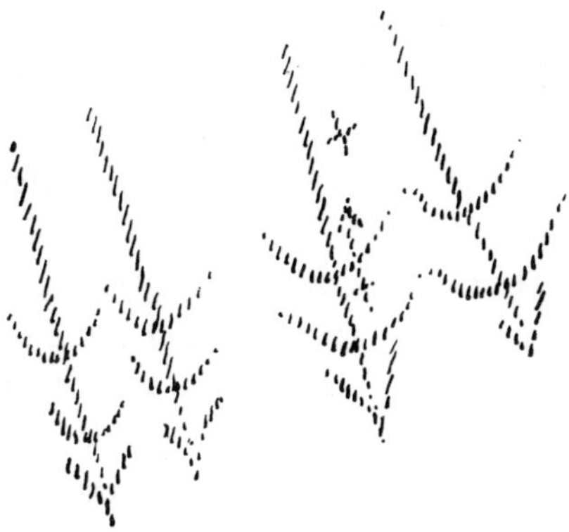

Ausstrahlende und das, daß man wiederum gehemmt ist, daß man mit den Strahlungen des Eisens anstößt, man kann nicht durch und kann vor allen Dingen nicht über die Körperoberfläche hinaus. Man merkt nach und nach, daß das Gegenstrahlende eben die Kraft des Eiweißes ist, so daß man durch das Eisen in den Organismus einen Funktionszusammenhang eingeführt hat, dem entgegenwirkt all das, was von den vier Organsystemen ausgeht, die ich vorhin angeführt habe. Sie stemmen sich entgegen. Dieser Kampf ist im Organismus fortwährend vorhanden. Der ist gewissermaßen das erste, was durch innere Anschauung wahrgenommen werden kann. Es ist tatsächlich so, daß, wenn man zu einem Studium der menschlichen Geistesgeschichte vorrückt, man deutlich merkt, wie die Hippokratische und selbst noch die Galenische Medizin mit Resten arbeiten aus solchen inneren Beobachtungen. *Galen* hat nicht mehr viel selber wahrnehmen können, aber es waren noch alle möglichen Traditionen da von einer älteren Zeit, die er eigentlich notiert hat. Wer ihn richtig lesen kann, kann wohl gerade noch von der alten atavistischen Medizin, die ja schon anfängt mit *Hippokrates* unterzugehen, noch viel durchleuchten finden bei Galen, daher auch so viele wichtige Ansichten über die Naturheilungsprozesse gerade in den Galenischen Schriften zu finden sind.

Nun ist es aber so, daß man ja, wenn man solche Dinge verfolgt, dann überhaupt zu dem Studium dieser zwei Polaritäten im ganzen

Menschenorganismus kommt, dieser Strahlungen und des sich ihm Entgegenstauenden, des die Strahlungen Aufhaltenden. Das ist wichtig, daß man diese Dinge ins Auge faßt, weil alles dasjenige, was in der Weise, wie ich es geschildert habe, hintendiert, Eiweiß zu bilden, immer mit den Stauwirkungen zu tun hat, und alles dasjenige, was metallisch in den menschlichen Organismus eingeführt wird, hat es zu tun mit den Strahlungswirkungen. Allerdings gibt es davon bedeutungsvolle Ausnahmen, aber die sind gerade außerordentlich charakteristisch, und gerade an solchen außerordentlich charakteristischen Ausnahmen kann man wiederum tief hineinschauen in dieses ganze merkwürdige Zusammenwirken von Kräften im menschlichen Organismus, die aus allen möglichen Winkeln des Weltendaseins heraus sich geltend machen. Dazu ist natürlich notwendig, ein wenig zu verfolgen dasjenige, was ich hier schon angedeutet habe und was Sie in Einzelheiten dann weiter ja ausgestaltet denken können. Ich brauche zum Beispiel nur zu erwähnen, daß der Kohlenstoff in Pflanzen – wir sehen das bei Carbo vegetabilis, mit dem wir uns gestern beschäftigt haben – etwas entbehrt, was der tierische Kohlenstoff in der Regel hat, eigentlich immer hat, einen gewissen Gehalt an Stickstoff. Das bedingt das ganz verschiedene Verhalten auch gegenüber der Verbrennung des tierischen Kohlenstoffs und des pflanzlichen Kohlenstoffs. Das wiederum bewirkt die Neigung des tierischen Kohlenstoffes, bei der Produktion solcher Substanzen etwas zu tun zu haben, wie es zum Beispiel die Galle oder der Schleim oder sogar das Fett ist. Dieses, was wir da sehen an Unterschied zwischen der tierischen und der pflanzlichen Kohle, das führt uns schon dahin, den Blick zu wenden auf die Art, wie das Metallische überhaupt verschieden von dem Nichtmetallischen in dem menschlichen Organismus wirkt. Ich sage: Strahlendes und die Strahlen Aufhaltendes, sich Stauendes.

Nun kommt man auf sehr wichtige Dinge, wenn man gerade diese polarische Wechselwirkung ins Auge faßt. Sehen Sie, wir haben ja öfter betonen müssen im Verlaufe der Darlegung der Geisteswissenschaft, wie der Mensch Lebensperioden hat. Die Lebensperiode der Kindheit bis zum Zahnwechsel hin, die Lebensperiode, die dann bis zur Geschlechtsreife hin geht, und dann die dritte Lebensperiode, die bis zum Anfang der Zwanzigerjahre dauert. Diese Lebensperioden sind in der Tat mit intimen Vorgängen im menschlichen Organismus verbunden, und man kann sagen: die erste Lebensperiode, die mit dem Zahnwechsel ihren Abschluß findet, ist wirklich das, was ich öfter charakterisiert habe, es ist ein Sich-Beschränken, ein gewissermaßen Sich-Konzentrieren der ganzen menschlichen Organtätigkeit auf das Abscheiden des festen Gerüstes, auf das Einfügen des festen Gerüstes. Den Schlußpunkt erreicht das, indem dieses feste Gerüste nach außen eben die Zähne schickt. Nun liegt es ja auf der Hand, daß dieses Schießen ins Festsein in dem ja noch zum großen Teile flüssigen Menschen, daß dieses Schießen ins Feste zu tun haben müsse mit der ganzen Bildung der menschlichen Gestalt und namentlich insbesondere mit der Bildung der menschlichen Gestalt nach der Peripherie hin. Und da ist es sehr bemerkenswert, daß wir einen innigen Anteil an all dem, was da zustande kommt, zwei Substanzen zuschreiben müssen, die eigentlich sonst viel zuwenig im menschlichen Organismus beachtet werden, das ist das Fluor und das Magnesium. Fluor und Magnesium spielen in ihrer, ich möchte sagen, Verdünnung, in der sie im menschlichen Organismus vorkommen, gerade in diesem kindlichen Prozeß bis zum Zahnwechsel hin eine ganz hervorragende Rolle. Das, was da geschieht an diesem Eingliedern der Verfestigung in den menschlichen Organismus, das ist ein fortwährendes Wechselwirken der Magnesiumkräfte und der Fluorkräfte, wobei die Kräfte des Fluors die Rolle übernehmen, im Menschen wie ein plastischer Künstler zu wirken, abzurunden, das Strahlende aufzuhalten, die Magnesiumkräfte aber strahlend wirken, die Faserbündel und dergleichen organisieren, damit sich dann die Kalksubstanz dahinein organisieren kann. Und Sie behaupten eigentlich nichts Unsinniges, sondern etwas, was gerade ungeheuer zusammentrifft mit dem, was in der Natur vorgeht, wenn Sie sagen: Ein Zahn entsteht einfach dadurch, daß ihn in bezug auf seinen Umfang, seinen Zement und Schmelz der Plastiker Fluor bildet und daß hineingießt dasjenige, was da plastiziert werden soll, das

Magnesium. – Daher ist es von so großer Bedeutung, ich möchte sagen, gewissermaßen den Waagebalken richtig zu stellen für das erste Kindesalter zwischen der Zufuhr von Magnesium und der Zufuhr von Fluor, und Sie werden es immer erleben, daß die Zähne früh schadhaft werden müssen, wenn dieser Waagebalken nicht ordentlich gestellt ist. Es ist notwendig, daß man gleich beim ersten Zahn anfängt, die Zahnbildung des Kindes zu beobachten, ob es den Schmelz weniger entwickelt oder ob es einen nach der Kleinheit hingehenden Zahnwuchs hat – wir werden darüber noch ausführlicher zu sprechen haben, aber ich möchte jetzt in Kreisen die Sache näher andeuten –, und daß man dann dafür sorgt, daß durch die entsprechende Diät entweder dem einen oder dem anderen Übel abgeholfen werde durch die Zufuhr von Fluor oder durch die Zufuhr von Magnesium in den entsprechenden Verbindungen. Das läßt uns geradezu in den Bildungsprozeß des Menschen hineinsehen. Wir finden diese Wechselwirkung zwischen Magnesium und Fluor, also zwischen etwas, was stark außermenschlich ist seiner Substanzkonstitution nach in den ersten Lebensjahren, weil in diesen ersten Lebensjahren wirklich der Mensch stark nur ein Glied der Außenwelt ist. Da ist das Fluor von der Außenwelt entnommen, vom Außermenschlichen, das der strahlenden Wirkung des Metalls entgegenstrebt.

Nehmen Sie die dritte Lebensepoche des Menschen, so kommt für diese in ähnlicher Weise sehr stark in Betracht die richtige Einstellung des Waagebalkens zwischen dem Eisen und dem Eiweiß selbst, der ganzen Eiweißbildung. Wenn der Waagebalken nicht richtig eingestellt ist und nicht starke Gegenbildungen auftreten gegen das, was der unrichtig eingestellte Waagebalken, nämlich die unrichtig eingestellte Wechselwirkung zwischen Eiweiß und Eisen, macht, dann kommen alle die Erscheinungen, die äußerlich in Bleichsucht zum Ausdruck kommen. Es ist schon einmal notwendig, daß man nicht bloß grob den Menschen anschaut in seiner Entwickelung, daß er das eine oder das andere darbietet – zerstörte Zähne später, die sich schon durchaus vorbereiten im jugendlichen Alter, was im späteren Alter eben zum Zahnverderb hinführt, oder daß man auch in der Bleichsucht nur auf dasjenige, was man heute chemisch anspricht, schaut –, sondern man muß in das ganze Geheimnis der menschlichen Organisation hineindringen, wenn man etwas von dem verstehen will, was beim kranken Menschen auftritt.

Nun wissen Sie ja ungefähr, welche Metalle am Aufbau, also am inneren Aufbau des menschlichen Organismus beteiligt sind. Nicht beteiligt sind diejenigen Metalle, die ich Ihnen gerade für eine gewisse Beziehung als die wichtigsten bezeichnet habe, Blei, Zinn, Kupfer, Merkur, Silber und Gold – mit Ausnahme des Eisens. Die sind, mit Ausnahme des Eisens, wie gesagt, nicht direkt an dem ganzen Funktionieren des menschlichen Organismus beteiligt, aber sie sind deshalb nicht weniger am Menschen beteiligt. Wenn wir denjenigen Stoff verfolgen, der sich an der Bildung des gewissermaßen am meisten nach der Peripherie des menschlichen Organismus hin gelegenen beteiligt, so kommen wir zum Silicium hin. Ich habe davon schon gesprochen. Aber das, was im Menschen vorgeht, liegt gewissermaßen nicht nur innerhalb der Haut, sondern da muß gesagt werden, daß der Mensch eingesponnen ist in universelle Prozesse. Und wie innerhalb des menschlichen Organismus diejenigen Stoffe von Bedeutung sind, die Sie ja kennen, so sind außerhalb des menschlichen Organismus, aber wirksam für den Menschen, gerade diejenigen Metalle von Bedeutung, die ich hier aufgezählt habe. Nur dem Eisen ist eben die Vermittlerrolle aufgetragen. Das Eisen ist dasjenige, was gewissermaßen die Vermittlerrolle übernimmt zwischen dem, was vom Menschen innerhalb seiner Haut liegt, und von dem, was außerhalb seiner Haut liegt. Dadurch können wir sagen: Das ganze System, das im Lungenmenschen auftritt, der ja wieder strebt, ein ganzer Mensch zu werden, ist etwas, was stark im Zusammenhang steht mit dem ganzen Verhältnis des Menschen zum universellen Naturleben. Man muß sich klar sein darüber, daß man eigentlich nur einen Teil des Menschen in Betracht zieht, wenn man dasjenige ins Auge faßt, was man eben vors Auge bekommt, wenn man den Menschen bloß anatomisiert. Denn das ist eben nicht der ganze Mensch, das ist dasjenige vom Menschen, was jenem zum Menschen gehörigen

Außermenschlichen entgegenwirkt, das nun wiederum in den Wirkungen von Blei, Zinn, Kupfer und so weiter besteht, in den Wirkungen, die außerhalb der menschlichen Wesenheit selbst enthalten sind. So daß wir niemals dürfen, auch wenn wir nur die menschliche Organisation im naturwissenschaftlichen Sinne betrachten, den Menschen bei seiner Haut abgrenzen. Es kommen daher, wie man daraus ersehen kann, beim Menschen nicht bloß in Betracht die Wirkungen, die gewissermaßen von innen nach außen treiben, sondern es kommen beim Menschen in Betracht diejenigen Wirkungen, die überhaupt seinen organischen Prozessen irgendeine Richtung geben. Daß dies in Betracht kommt, können Sie ja aus folgendem sehr bedeutsam entnehmen.

Sie wissen, daß gewisse Substanzen im menschlichen Organismus einfach dadurch wirken, daß sie auftreten entweder indem sie an Basen gebunden sind oder indem sie an Säuren gebunden sind oder neutral, wie man sagt in der Wissenschaft, auftreten in Salzen. Aber dieses Verhalten von Basen zu Säuren als entgegengesetzter polarischer Kräftesysteme, die dann zu einer Art von Neutralität gehen in Salzen, das erschöpft die Sache nicht, sondern hier muß in Betracht kommen, wie sich dieses Dreifache, Säuren, Basen, Salze, überhaupt im Menschen zu der ganzen Richtung seiner Organkräfte verhält. Da wird man finden, daß alles Basische eine Tendenz hat, zu unterstützen jene Wirkungen des Menschen, welche beginnen, sagen wir, im Munde und in der Verdauung sich fortsetzen, von vorn nach rückwärts; ebenso haben alle anderen Prozesse damit zu tun, welche von vorn nach rückwärts verlaufen. Basen haben mit dieser Richtung von vorn nach rückwärts etwas zu tun, Säuren mit der umgekehrten. Nur dann, wenn man den Gegensatz des Vorne-Menschen und des rückwärtigen Menschen ins Auge faßt, kommt man eigentlich auf den Gegensatz zwischen dem Basischen und dem Säurehaften. Dazu verhält sich das Salzhafte als zur Erde sich hin richtend, senkrecht stehend auf den beiden. Alle diejenigen Wirkungen, die von oben nach unten verlaufen, sind dasjenige, in das sich das Salzige hineinwirft. So daß man diese drei Richtungen durchaus berücksichtigen muß, wenn man nachdenken will: Wie stellt sich nun der Mensch in das Basische, in das Säurehafte und in das Salzige hinein? – Da haben Sie wieder ein solches Beispiel, wie Sie durch die Beobachtung des Menschen eine Brücke schlagen zwischen der rein äußerlichen metallischen Chemie und dem Physiologischen, denn da haben Sie die Richtkräfte. Da haben Sie auch die ganze Verwandtschaft des Salzigen mit der Erde gegeben, und da haben Sie das Ganze gegeben, was das Basische und das Säurehafte hat, das man etwa so schematisch zeichnen könnte: wenn hier Erde ist, hat das Salzige die Tendenz zur Erde hin und das Basische und das Säurehafte die Tendenz, im Kreise um die Erde herumzulaufen. Und damit hängt es wieder zusammen, daß einfach dadurch, daß man in gewisser Weise mit den im Organismus gegebenen Richtungen des Funktionierens sich bekannt macht, man auch wiederum eingreifen kann in diese Richtungen des Funktionierens. Da ist etwas ganz Wesentliches die Heilung durch Außenmittel, durch Einreibung, durch Salben, alles dasjenige, was äußerlich wirkt. Und da ist nun zu studieren, was nach einer gewissen Richtung hin äußerlich wirkt. Es ist unter Umständen das Einwirken des ziehenden Senfpflasters, das Einwirken von irgendeiner Metallsalbe – entsprechend, natürlich, zubereitet – von einer ebenso großen Wichtigkeit für den Organismus als ein innerliches Behandeln. Man muß nur – das wird Ihnen gerade aus dem, was ich jetzt gesagt habe, hervorgehen – darauf sehen, *wie* man das zu applizieren, anzuwenden hat, denn natürlich ist es nicht gleichgültig, ob man, wenn das oder jenes vorliegt, ein Pflaster an der einen oder an der anderen Stelle des Körpers auflegt. Denn das ist ganz wesentlich, daß man durch das Auflegen an der entsprechenden Körperstelle die Gegenwirkung gegen eine schädigende Kraft hervorruft. Ganz grobklotzig an der schmerzenden oder irgendwie irritierten Stelle auflegen, wird nicht immer das Richtige sein.

DREIZEHNTER VORTRAG

Dornach, 2. April 1920

Es könnte sein, daß insbesondere an drei Tatsachenreihen zuerst die mehr materialistisch gesinnte medizinische Richtung sich wendet zu der mehr geisteswissenschaftlich orientierten, und das wird sein höchstwahrscheinlich bei Tatsachenreihen, an deren Besprechung wir nunmehr auch herantreten müssen. Es wird sein bei der Beobachtung alles dessen, was zusammenhängt mit den Geschwulstbildungen und namentlich mit ihrer eventuellen Heilung. Und es wird zutage treten bei einer wirklich rationellen Auffassung der sogenannten Geisteskrankheiten und dann bei den therapeutischen Erkenntnissen, die man sich wird erwerben müssen für das Anwenden äußerer Mittel, also Einreibungen, Einsalbungen und dergleichen. Wir können kaum hoffen, mit den gewöhnlichen physikalischen Untersuchungen – ohne daß wenigstens geisteswissenschaftliche Einsichten die Richtung, die Orientierung angeben – nahezukommen solchen Dingen, wie all den Geschwulstbildungen, die dann gipfeln in der Karzinombildung. Es ist heute die Psychiatrie in einem so traurigen Zustande namentlich dadurch, daß von ihr keine Brücke führt ins Bewußtsein der Menschen nämlich – denn die Brücken in der Natur sind überall vorhanden – zu der gewöhnlichen anderen Pathologie und Therapie, daß man sich auf diesen beiden Gebieten vielleicht am ehesten bequemen wird, in geisteswissenschaftliche Betrachtung einzutreten. Es wird namentlich notwendig sein, zu beachten alles dasjenige, was Geisteswissenschaft wird sagen können, und man braucht ja heute nur meine Literatur zu berücksichtigen, und man wird finden, daß sie schon recht viel nach dieser Richtung hin gesagt hat. Man wird berücksichtigen müssen das ganze Eingreifen des Ätherleibes in den menschlichen Organismus.

Man sollte ja nicht bloß sagen, daß man unbedingt Hellseher sein müsse, um über die Tätigkeit des Ätherleibes im menschlichen

Organismus zu sprechen. Denn man kann ja an sehr vielen Prozessen, die einfach den Tätigkeiten des Ätherleibes entgegengesetzt sind, sehen, daß der Ätherleib in einer gewissen Weise nicht tätig ist oder wenigstens nicht ordentlich tätig ist. Und um auf diesem Gebiete zu gültigen Vorstellungen zu kommen, wird es nötig sein, einmal ins Auge zu fassen alles dasjenige, was mit Entzündungen zusammenhängt, was sich auf dem Boden von Entzündungen entwickelt, und alles dasjenige, was mit Geschwulstbildungen zusammenhängt, gewissermaßen von da ausgehend den menschlichen Organismus zerstört. Bei Geschwulstbildungen ist es ja das sehr berechtigte Bestreben, das nur heute gegenüber den sozialen Zuständen, die eben dann daneben auch geändert werden müssen – nicht die äußeren, sondern die sozialen Zustände, in welche die Medizin hineinspielt, Hygiene namentlich –, noch nicht durchführbar ist, daß immer wiederum aus einem berechtigten Ideal heraus gefordert wird, bei Geschwulstbildungen das Messer des Chirurgen zu entbehren. Nur handelt es sich darum, daß man Ersatz schafft für dasjenige, was das Messer des Chirurgen erreicht und nicht erreicht – erreicht gewiß in einer gewissen Beziehung, aber auch nicht erreicht. Zweifellos werden auch sehr viele, die heute einfach deshalb, weil noch keine Auskunftsmittel dafür da sind, für das Messer des Chirurgen eintreten, in dem Augenblicke sich zum Gegenteile bekehren, wenn eben Auskunftsmittel geschaffen werden.

Nun brauche ich Ihnen ja nicht die ganze Wesenheit der Entzündungsvorgänge auch in ihren verschiedenen spezifischen Gestaltungen nach den Organen auseinanderzusetzen. Das ist etwas, wovon ich sagen kann, daß es ja bekannt ist. Aber nicht bekannt ist gerade dasjenige, was gewissermaßen als einheitlicher Vorgang über allen Entzündungsvorgängen schwebt. Diesen einheitlichen Vorgang kann man am besten dadurch charakterisieren, daß man sagt: Bei all dem, was eine wirkliche Entzündung ist, sei sie eine sehr kleine, sei sie eine sehr große, was auf Grundlage von Entzündungen dann zur Geschwürbildung führt, bei all dem ist für, ich will jetzt so sagen, die geisteswissenschaftliche Untersuchung noch zu bemerken, daß der ganze Ätherleib des Menschen als solcher wirkt, man sich also immer noch verlassen kann darauf, daß man irgend etwas tun könne, um nur die in einem gewissen Sinne, nach einer Richtung hin träge gewordene Wirkung des Ätherleibes zurückzuführen auf ihre normale Verteilung, so daß der ganze Ätherleib des Menschen in gesundem Sinne wirkt. Es ist eigentlich nur Hinleitung der Tätigkeit des Ätherleibes nach ganz bestimmten Richtungen, während der gesunde Ätherleib seine Tätigkeit über alle entsprechenden Richtungen des Organismus erstrecken muß. Das ist im wesentlichen auch so, daß man sagen kann: Man kann Reaktionen finden – wir werden über solche noch sprechen –, die den Ätherleib, der zum Beispiel träge wird nach einem gewissen Organsystem hin, wiederum anregen können, wenn er im ganzen noch gesund ist, nach dieser Richtung hin seine, wenn ich so sagen darf, universelle Tätigkeit zu entfalten.

Anders ist es bei den Geschwulstbildungen, bei allen Arten von Geschwulstbildungen. Da handelt es sich darum, daß gewisse Vorgänge im physischen Leib sich direkt als Feinde ausnehmen der Tätigkeit des Ätherleibes, daß sich gewissermaßen Vorgänge im physischen Leibe einfach auflehnen gegen die Tätigkeit des Ätherleibes und daß dann für diese Bezirke des physischen Leibes der Ätherleib nicht mehr wirksam ist.

Nun hat aber der Ätherleib eine sehr große Regenerationsfähigkeit, und man kann immer beobachten mit geisteswissenschaftlichen Mitteln, daß, wenn man das Hindernis beseitigen kann, den Feind beseitigen kann, der seiner Tätigkeit auf einem gewissen Gebiete entgegensteht, man dann der Sache doch beikommen kann. So daß man sagen kann: Bei Geschwülsten wird es sich darum handeln, gewissermaßen durch Naturtätigkeit das Hinwegschaffen der dem Ätherleib entgegenstehenden physischen Tätigkeiten hervorzurufen, so daß der Ätherleib wiederum hinwirken mag an die Stelle, wo er sonst nicht hinwirkt.

Das wird gerade von einer großen Bedeutung werden bei, sagen wir, der Karzinombehandlung. Das Karzinom zeigt ja ohne weiteres, wenn es nur sachgemäß beobachtet wird, daß es trotz seiner mannigfaltigen Formen doch darstellt eine Revolution gewisser physischer Kräfte gegen die Kräfte des Ätherleibes. An der Wirkung, die man zum Beispiel sehr charakteristisch sehen kann an den inneren Karzinombildungen, wo Verhornungen eintreten, die mehr im Hintergrunde bleiben, aber in der Tendenz doch vorhanden sind auch bei den mehr an der Oberfläche zu gelegenen Karzinombildungen, an ihr ist zu sehen, wie die physische Bildung eben übergreift über jene ätherische Bildung, die an diesem betreffenden Orte sein sollte. Studiert man daher diese beiden Dinge richtig, so kommt man zuletzt zu der Anschauung, die auch nun fast mit Händen zu greifen ist, daß Entzündungen und Geschwürbildungen den vollen Gegenpol darstellen gegen die Geschwulstbildungen. Richtig polarische Gegensätze sind diese zwei Dinge. Wenn ich sage, daß sich das mit Händen greifen läßt, so bitte ich Sie nur, sich zu erinnern an die Erfahrungen, die Sie machen können, wenn ein nach der Oberfläche zu gelegenes Karzinom auftritt, wo sehr häufig verwechselt werden kann das, was sich da abspielt, mit Pseudogeschwüren, wenigstens nach gewissen Richtungen hin. So wird sich vor allen Dingen das Studium dahin erstrecken müssen, diese Polarität genauer zu studieren.

Nun, natürlich stören bei diesen Dingen sehr häufig nicht gerade alte, aber, ich möchte sagen, mittelalterliche Namengebungen – nicht auf das Mittelalter bezügliche, sondern sogar auf ein sehr nahe hinter uns liegendes Mittelalter bezügliche Namengebungen. Es ist nicht ganz richtig, wenn man die Geschwulstbildungen als «Neubildungen» bezeichnet. Sie sind es höchstens in dem ganz trivialen Sinne, daß sie früher nicht dagewesen sind, aber sie sind es in dem Sinne nicht, daß sie etwa auf dem Boden des von der Haut bedeckten Organismus selber erwachsen. Sondern dadurch, daß der physische Leib in einem Prozeß so stark in Gegensatz tritt gegen den Ätherleib, ordnet sich der äußere Leib gewissermaßen auch dem Äußeren, der dem Menschen feindlichen Natur unter, und es öffnet die Geschwulstbildung allen möglichen äußeren Einflüssen einen starken Zugang.

Nun handelt es sich darum, daß man auch wiederum, ich möchte sagen, das Gegenbild zu all diesen Dingen studiert. Da verweise ich Sie in der außermenschlichen Natur auf das Studium, sagen wir zunächst, der Viscumbildung. Es ist notwendig, daß da zunächst das Augenmerk darauf gerichtet wird, wie die Viscumarten sich auf anderen Pflanzen entwickeln. Aber es ist das gar nicht einmal das Wesentliche. Das Wesentliche ist gewiß für die Botanik die Schmarotzernatur der Mistel. Aber für das Studium der Beziehung der außermenschlichen Natur zur menschlichen ist es im Grunde genommen viel wichtiger, daß die Mistel dadurch, daß sie auf anderen Pflanzen, auf Bäumen wächst, gezwungen ist, in anderem Jahresrhythmus ihre Vegetation durchzuführen, daß sie also zum Beispiel ihre Blütenbildung bereits abgeschlossen hat, bevor die Bäume, auf denen sie wächst, mit ihrer Laubbildung im Frühling beginnen, daß sie also eine Art Winterpflanze ist, daß sie gewissermaßen sich nicht aussetzt – diese Mistel ist eine Pflanze, welche sich, ich möchte sagen, aristokratisch gebärdet –, indem sie sich durch das Laub der Bäume schützt vor den zu intensiv wirkenden Sonnenstrahlen oder Lichtwirkungen des Sommers. Wir müssen ja nach den vorgestern beschriebenen Vorgängen die Sonne immer nur als den Repräsentanten der Lichtwirkungen betrachten. Dies würde der Gegenstand einer physikalischen Betrachtung sein und gehört nicht hieher. Man kann ja nicht ganz vermeiden das, was aus einer nicht ganz richtigen Naturbetrachtung in unsere Sprache eingezogen ist. Aber die ganze Art und Weise, wie die Mistel wächst und gedeiht dadurch, daß sie eben sich an anderen Pflanzen ansetzt, das ist das besonders Wichtige. Dadurch eignet sich die Mistel eben ganz besondere Kräfte an. Sie eignet sich die Kräfte an, die etwa in der folgenden Weise bezeichnet werden können: sie will vermöge ihrer Kräfte alles dasjenige nicht, was die geraden Organisationskräfte, die geradlinig sich entwickelnden Organisationskräfte wollen, und sie will dasjenige, was die geradlinig sich entwickelnden Organisationskräfte nicht wollen. Auch da wird die Sache erst klar werden, wenn man sie so auffaßt, daß man sagt: Wenn, ganz schematisch gezeichnet (siehe Zeichnung Seite 251), hier eine Stelle ist im physischen menschlichen Leibe, die sich durch ihre Kräfte auflehnt gegen das ganze Hereinwirken der Ätherkräfte, so daß die Ätherkräfte sich gewissermaßen stauen und haltmachen und dadurch das, was wie eine Neubildung aussieht, eben entsteht, so ist es die Mistel, welche dieser Einsackung, die sich da gebildet hat, entgegenwirkt. Sie zieht gewissermaßen das wiederum an die Stelle hin, wo es nicht hin will.

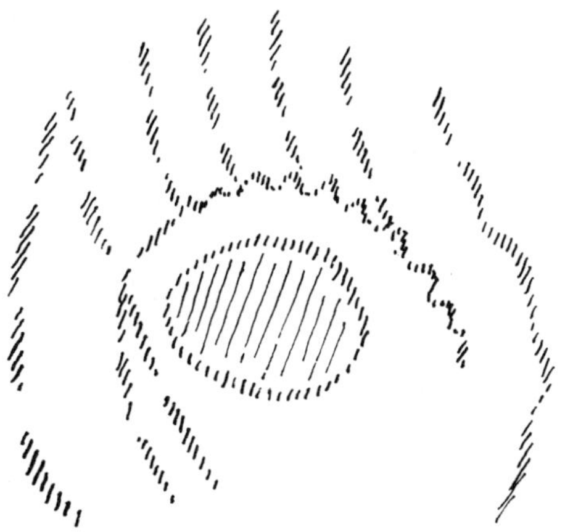

Auch da können Sie durch das Experiment, das ja selbstverständlich, ich möchte sagen, nur per Gelegenheit gemacht werden kann, sich irgendwie überzeugen. Sie werden diese Antitendenz der Mistel gegen die geradlinige Organisation an einer Tatsache gut studieren können, nämlich wenn Sie beobachten, wie die Mistel auf das Abgehen der Nachgeburt wirkt. Sie hält nämlich die Nachgeburt im menschlichen Organismus zurück, das heißt, sie macht in ihrer Art das Gegenteil von dem, was die geradlinige Organisation eigentlich will. Das ist etwas, was geradezu zu den wesentlichsten Eigenschaften des Mistelwirksamkeitsprozesses gehört, so etwas zu bewirken wie die Nachgeburt zurückhalten, also die gewöhnliche Organisation aufzuhalten. Bei Prozessen, die dann feiner sind im menschlichen Organismus, die aber eigentlich auf demselben beruhen wie das Zurückhalten der Nachgeburt, tritt einem das natürlich viel weniger entgegen. Aber ganz dasselbe, was nun eben stark wirkt, wenn die Mistel da entgegenwirkt der geradlinigen Organisationstendenz, das tritt einem entgegen bei den Bildern, die man bekommt, wenn man die Mistelwirksamkeit überhaupt in Betracht zieht. Nicht wahr, wenn man merkt, daß die Mistel entgegenwirkt den Tendenzen des Ätherleibes, der zum Beispiel den physischen Leib nicht im richtigen Maße ergreifen will, und bringt man dann eine gewisse Mistelwirkung zustande, so ergreift der Ätherleib den physischen Leib zu stark, und es entstehen Krampfanfälle. In anderen Fällen entsteht gerade durch die Mistelwirkung dieses eigentümliche Gefühl, daß man immerfort umfallen könnte. Das sind Dinge, die dann wiederum damit zusammenhängen, daß zum Beispiel im wesentlichen die Mistel pollutionsbefördernd ist.

Also überall können Sie sehen, auch mit dem Entstehen der Epilepsie zum Beispiel zusammenhängend, daß die Mistel in sich hat dieses dem menschlichen Organismus Entgegenwirken. Das aber hängt zusammen eben weniger mit ihrem Schmarotzertum als damit, daß sie auch sich – wenn ich den trivialen Ausdruck gebrauchen darf, namentlich die Wiener werden mich verstehen – eine Extrawurst braten läßt von der ganzen Natur. Sie läßt sich insoferne eine Extrawurst braten, als sie eben nicht gedeihen will im gewöhnlichen Jahreslauf, nach dem Frühling hin blühen und dann Früchte tragen, sondern daß sie zu einer anderen Zeit, eben zu einer Extrazeit, während der Winterszeit, diese Dinge entwickelt. Damit konserviert sie diejenigen Kräfte, welche eben entgegenwirken dem gewöhnlichen Gang der Ereignisse. Würde man nicht zu stark Anstoß erregen damit, so könnte man sagen, wenn man hinschaut auf die Mistelbildungen und die wirksame Natur in Betracht zieht: Diese wirksame Natur ist dabei irrsinnig geworden, sie macht alles zur Unzeit in bezug auf die Mistel. Das ist aber gerade dasjenige, was man eben wiederum benützen muß, wenn auf der anderen Seite der menschliche Organismus physisch irrsinnig wird, und das wird er ja zum Beispiel gerade in der Karzinombildung. Da handelt es sich dann darum, gerade für solche Zusammenhänge sich ein Verständnis zu entwickeln.

Nun ist die Mistel zweifellos dasjenige, durch dessen Potenzierung man erreichen wird müssen das Ersetzen des Chirurgenmessers bei den Geschwulstbildungen. Es wird sich nur darum handeln, daß man namentlich die Mistelfrucht, aber durchaus im Zusammenhang mit anderen Kräften der Mistel selber, in der richtigen Weise wird behandeln können, um sie zum Heilmittel zu machen.

Nicht wahr, das Irrsinnige ist ja zum Beispiel auch darinnen enthalten, daß der ganze Bestand des Misteltums daran gebunden ist, daß die Befruchtung der Mistel auf das Übertragen durch den Vogelflug angewiesen ist in allen diesen Dingen; nicht wahr, die Mistel würde aussterben, wenn nicht die Vögel immerfort wiederum die Befruchtungssubstanzen von einem Baum zum andern tragen würden. Kurioserweise wählen diese Befruchtungssubstanzen auch noch den Weg durch die Vögel durch, so daß also die Mistelsubstanzen erst in den Leib der Vögel aufgenommen und wieder entleert werden, um dann auf einem anderen Baume weiterzusprossen. Das alles sind Dinge, die eben hineinschauen lassen, wenn man sie sachgemäß beobachtet, in den ganzen, wenn ich so sagen darf, Mistelbildungsprozeß. Und es handelt sich dann darum, daß man namentlich die Leimsubstanz, die leimartige Substanz der Mistel in den richtigen Zusammenhang bringt mit einem Verreibungsmittel und man allmählich eine sehr hohe Potenzierung dieser mistelartigen Substanz herausbringt.

Dann wird es sich darum handeln, daß man spezialisiert für die verschiedenen Organe hin – ich werde darauf noch eingehen – zum Teil nach dem Standort der Mistel, ob sie auf dem oder jenem Baume wächst. Aber ein anderes, was wichtig ist, wird sein, daß man es dahin bringt, in Heilmitteln etwas zu erzeugen, was darauf beruht, daß diese leimartige Substanz mit gewissen Metallsubstanzen zusammenwirkt, mit Metallsubstanzen, die selbstverständlich auch durch den Metallinhalt anderer Pflanzen erreicht werden können. Aber in dem Zusammenwirken, sagen wir, zum Beispiel der Mistel einfach vom Apfelbaum und dem Verreiben etwa mit Silbersalzen würde sich etwas ergeben, was in hohem Grade allen Unterleibskrebsen entgegenwirken könnte.

Sie werden nun verstehen, daß ich über diese Dinge aus dem Grunde vorsichtig sprechen muß, weil auf der einen Seite die Tendenz, die damit angegeben wird, absolut richtig ist, auf gut fundierten geisteswissenschaftlichen Forschungen beruht, weil aber auf der anderen Seite in dem Augenblicke, wo nun der praktische Heilungsprozeß anfängt, die volle Abhängigkeit von der Verarbeitung der Mistelsubstanz anfängt, da eigentlich im Grunde genommen kaum die Kenntnisse da sind, um den Prozeß in der richtigen Weise zu betreiben. Hier liegt es natürlich, wo Geisteswissenschaft nur dann günstig wirken könnte, wenn sie tatsächlich in fortwährendem Zusammenwirken mit dem stehen könnte, worauf ja so vieles bei der anderen Ärzteschaft beruht, nämlich mit dem klinischen Prozesse. Und das ist es, was die Beziehungen der Geisteswissenschaft zu der Medizin so schwierig macht, weil ja die beiden Dinge, klinische Beobachtungsmöglichkeiten und geisteswissenschaftliche Untersuchungen, einfach heute durch unsere sozialen Einrichtungen noch ganz auseinanderfallen müssen. Aber gerade aus dem wird eingesehen werden können, daß eigentlich nur auf einen grünen Zweig zu kommen ist, wenn sich beides miteinander verbindet. Also es wird sich darum handeln, daß tatsächlich Erfahrungen gesammelt werden nach dieser Richtung, denn Sie werden ja kaum der Außenwelt irgendwie mit solchen Dingen anders imponieren können, als daß Sie ihr wenigstens Verifikationen durch äußere klinische Berichte und so weiter geben können. Es ist nicht so sehr eine innere Notwendigkeit als gerade eine äußere Notwendigkeit, daß man das braucht.

Es wird sich auch beweisen lassen, daß die Mistelwirkung wirklich auf dem beruht, was ich jetzt auseinandergesetzt habe. Man braucht ja nur dann methodisch vorzugehen. Denn man wird sich sagen: Nach dem, was ich vor einigen Tagen hier gesagt habe, sind ja eigentlich die Stammbildungen der Bäume mehr Auswüchse der eigentlichen Erdensubstanz, sind eigentlich nur kleine Hügel, in denen das Vegetabile noch drinnen ist, auf denen dann schon dasjenige, was sonst mit dem Baum zusammengehört, wächst. Nun, wenn erst noch die Mistel darauf wächst, nicht wahr, so wächst sie ja eigentlich mit ihrer Wurzelung der Erde entgegen, indem sie es sich auf dem Baume selber bequem macht. Daher ist zu erwarten, daß, wenn man mit solchen Pflanzen Versuche macht, welche sich den irrsinnigen Aristokratismus der Mistel aneignen, ohne zu gleicher Zeit sich die Boheme-Eigenschaft des Schmarotzertums beizulegen, man mit solchen Pflanzen eine ähnliche Erfahrung machen könnte. Nun, das wird man auch. Wenn man ausgehen wird darauf, Winterpflanzen auf ihre Antitendenz gegen die normale Tendenz des menschlichen Organismus zu untersuchen, also auch die normale Krankheitsbildungstendenz, so wird man erwarten können, daß Pflanzen, die es angemessen finden für sich, ihre Blüten im Winter zu treiben, eben ähnliche Wirkungen haben müssen. Da braucht man ja denn nur die Versuchsreihe auszudehnen auf so etwas wie zum Beispiel Helleborus niger, die gewöhnliche Christblume, und man wird finden, daß man in der Tat ähnliche Wirkungen erzielt. Nur muß man den ganzen Gegensatz in Betracht ziehen, wie ich ihn Ihnen wenigstens vorläufig schon charakterisiert habe, zwischen dem Männlichen und dem Weiblichen. So daß man mit Helleborus niger kaum Wirkungen, stark sichtbare Wirkungen bei Frauen erzielen wird, aber immerhin vernehmbare Wirkungen bei der Mannesnatur, wenn Geschwulstbildungen vorliegen und man in einer ähnlichen Weise versucht, eine höhere Potenzierung zu bekommen, wie ich es für das Viscum angegeben habe.

Beim Arbeiten in dieser Weise muß man auf solche Verhältnisse wirklich Rücksicht nehmen, ob eine Pflanze im Winter oder im Sommer gedeiht, ob sie ihre Wirksamkeit dadurch bekommt, daß sie sich so verhält wie die Mistel oder mehr zur Erde neigt als diese. Die Mistel mag nicht gerne zur Erde, die schwarze Nießwurz, die Christblume, mag an die Erde heran, ist daher mehr mit dem männlichen Kräftesystem verwandt, das ja wiederum mehr mit dem Irdischen verwandt ist, wie ich vor ein paar Tagen ausgeführt habe, während das weibliche Kräftesystem mehr mit dem Außertellurischen verwandt ist. Diese Dinge müssen eben durchaus berücksichtigt werden. Namentlich wird es sich darum handeln, da einen gewissen Einblick in die Naturvorgänge selbst zu gewinnen. Deshalb versuchte ich es auch in dieser Weise, wie wir es getan haben, zu charakterisieren, gewissermaßen zu zeigen, wie die Kräfte draußen sind, versuchte moralische Vorstellungen zu Hilfe zu nehmen, die einem aber ganz gut dienen können, wie Bohemiens, Aristokraten, Irrsinn und so weiter, weil die in der Tat nicht ganz inadäquat sind in bezug auf dasjenige, was da eigentlich in Betracht kommt.

Nun, wenn man dann solche Vorstellungen gewinnt, so wird einem auch der charakteristische Unterschied entgegentreten, der da zwischen der Wirksamkeit des Mittels von außen und des Mittels von innen ist. Ehe wir aber das in Betracht ziehen können, müssen wir uns doch noch Vorstellungen vor Augen stellen, die uns erst zu diesem Unterschied in der richtigen Weise hinführen können. Es ist zum Beispiel durchaus etwas, was für gewisse Krankheiten, die jetzt auftreten, wird zu studieren sein müssen: daß man für diese gewissermaßen neuartigen Krankheiten – ich habe gestern schon darauf hingedeutet – wird so etwas für den Heilprozeß zu studieren haben, wie zum Beispiel, daß man Carbo vegetabilis eine gewisse längere Zeit einfach dem Sumpfgas exponiert, einfach im Sumpfgas liegen läßt und dann, wenn es sich genügend imprägniert hat mit Sumpfgas, erst die Verreibung macht. Dadurch wird man etwas bekommen, was in gewisser Art äußerlich wirksam wäre als Salbe und dergleichen, insbesondere wenn man etwa die Verreibung mit Substanzen macht, die dann noch die Wirkung begünstigen können. Es handelt sich darum, einfach die technische Methode für so etwas zu finden. Wenn die Verreibung durch irgendwelche technische Methoden, die ganz gewiß gefunden werden können, mit Talk-Erde zum Beispiel, gemacht wird, dann würde man in diesem Mittel etwas haben, was in gewisser Art äußerlich wirksam wäre als Salbe und dergleichen.

Aber es handelt sich darum nun, einen solchen Prozeß auch zu durchschauen. Man wird ihn nicht durchschauen, wenn man sich nicht den Blick zunächst dadurch schärft, daß man auch in der Psychiatrie gesund denken lernt. Sie dürfen mir glauben, daß der Geisteswissenschafter eigentlich, wenn ich drastisch reden darf, schon geärgert wird bei dem bloßen Ausdruck Geisteskrankheit, denn es ist töricht, den Ausdruck Geisteskrankheit zu gebrauchen, weil der Geist immer gesund ist und eigentlich nicht erkranken kann. Es ist ein Unsinn, von Geisteskrankheiten zu sprechen. Es handelt sich immer darum, daß der Geist in seiner Fähigkeit, sich zu äußern, von dem physischen Organismus gestört wird, und nie um eine eigentliche Erkrankung des geistigen oder seelischen Lebens selber. Das sind alles nur Symptome, was da auftritt.

Nun aber muß man seinen Blick für die konkreten einzelnen Symptome schärfen. Und da wird es sich darum handeln, daß Sie vielleicht sich entwickeln sehen, was man etwa nennen könnte die erste Anlage und dann die weitere Fortentwickelung von, sagen wir, so etwas wie einem religiösen Wahnsinn oder was dem ähnlich ist – nicht wahr, die Ausdrücke sind alle nicht genau, weil die Bezeichnungsweise auf diesem Gebiete eine außerordentlich konfuse ist, aber wir müssen doch eben die Worte gebrauchen. Das alles sind selbstverständlich nur Symptome. Aber nehmen wir an, daß sich so etwas entwickelt, so wird es sich dann darum handeln, allerdings ein Bild gewinnen zu können von diesem ganzen Entwickelungsgang. Dann aber, wenn man dieses Bild gewonnen hat, wird es nötig sein, bei einem Menschen, der dieses Bild zeigt, genau hinzuschauen auf irgendwelche Abnormitäten im Lungenbildungsprozeß, nicht im Atmungsprozeß, sondern im Lungenbildungsprozeß, im Stoffwechsel der Lunge. Denn auch der Ausdruck Gehirnkrankheit ist eigentlich ein nicht ganz richtiger. Wenn der Ausdruck Geisteskrankheit ganz falsch ist, so ist der Ausdruck Gehirnkrankheit eigentlich halb falsch, denn auch dasjenige, was an Entartungen im Gehirn auftritt, ist eigentlich immer sekundär. Das Primäre liegt bei den Krankheiten niemals in dem, was sich in dem oberen Menschlichen, sondern immer in dem unteren Menschlichen abspielt. Das Primäre liegt eigentlich immer in den Organen, zu denen die vier Organsysteme gehören, dem Leber-, Nieren-, Herz- und Lungensystem. Und wichtiger als alles andere ist bei jemandem, der zu denjenigen Formen des Wahnsinns neigt, wo das Interesse am äußeren Leben abstirbt und der Mensch innerlich brütend wird und Wahnvorstellungen nachgeht, daß man eine Vorstellung von der Beschaffenheit seines Lungenprozesses bekommt. Das ist außerordentlich wichtig.

Ebenso ist es wichtig, daß man bei Leuten, bei denen dasjenige auftritt, was man Eigensinn, Dickköpfigkeit, Rechthaberei nennen könnte, also alles dasjenige, was eine gewisse Unbeweglichkeit des Begriffssystems darstellt, ein starres Stehenbleibenwollen beim Begriffssystem, daß man durch das sich dazu führen läßt, nachzusehen, wie es mit dem Leberprozeß des betreffenden Menschen steht. Denn bei einem solchen Menschen ist immer der innere organische Chemismus dasjenige, was nicht ordentlich wirkt. Selbst dasjenige, was man gewohnt worden ist als Gehirnerweichung etwa zu bezeichnen im trivialen Leben, das sind alles sekundäre Dinge. Das Primäre liegt gerade bei den sogenannten geistigen Erkrankungen in den Organsystemen, wenn es auch manchmal schwieriger zu beobachten ist. Und weil es in den Organsystemen liegt, deshalb ist es manchmal so trostlos, zu sehen, wie man gerade durch geistige Behandlung diesen Dingen am allerwenigsten beikommt, wie man tatsächlich viel eher bei wirklichen organischen Erkrankungen durch geistige Behandlung etwas ausrichten kann als gerade bei sogenannten Geisteskrankheiten. Man wird sich geradezu angewöhnen müssen, Geisteskrankheiten mit Heilmitteln zu behandeln. Das ist das Wesentliche, und das ist dasjenige, was eben das zweite Gebiet ist, wo die äußere medizinische Richtung sich den Weg wird suchen lassen müssen, um zur Geisteswissenschaft hin zu kommen.

Der richtige Beobachter wird eigentlich auf diesem Gebiete immer der wirklich durchgebildete Psychologe sein. Denn in dem psychischen Leben mit seiner großen Mannigfaltigkeit, mit seiner Art, oftmals nur andeutend zu wirken, liegt außerordentlich viel, und da muß man sich eine richtige Beobachtungsmöglichkeit wirklich allmählich aneignen. Ich kann das durch ein Beispiel erläutern: einfach deshalb, weil es beim Menschen gar nicht so steht, daß er in bezug auf seine Fähigkeiten – womit ich jetzt alles dasjenige meine, was auch in den Befähigungen liegt durch das körperliche Organisiertsein, das ja das Werkzeug wird für das geistige Organisiertsein – nicht einfach geartet ist, nicht einfach gestaltet ist. So sonderbar das klingt, es ist durchaus möglich, daß irgend jemand Eigenschaften an sich hat, durch die man gezwungen ist, ihn als einen Schwachkopf zu bezeichnen, als einen schwachsinnigen Menschen, daß er aber Dinge von sich gibt, die geistreich und genial sind. Das ist durchaus möglich. Das ist aus dem Grunde möglich, weil jemand durch seinen Schwachsinn sehr suggerierfähig sein kann, sehr leicht die geheimnisvollen Einflüsse der Umgebung in sich spiegeln kann. Kulturhistorisch-pathologisch kann man da die interessantesten Beobachtungen machen. Man braucht ja selbstverständlich bei den Ergebnissen solcher Untersuchungen nicht Namen zu nennen; dadurch wird natürlich auch der Glaube etwas erschüttert, aber es geht nicht gut, Namen zu nennen. Es ist insbesondere im Journalismus die Eigentümlichkeit vorhanden, daß eigentlich schwachsinnige Köpfe deshalb gute Journalisten werden können, weil sie imstande sind, durch ihren Schwachsinn nicht ihre eigensinnige Meinung zu geben, sondern dasjenige, was Meinung der Zeit ist. Die spiegelt sich durch sie, so daß zum Beispiel die Ausführungen schwachsinniger Journalisten viel interessanter sind als die Ausführungen eigensinniger, starksinniger Journalisten. Man erfährt viel mehr dasjenige, was die Menschheit denkt, durch schwachsinnige Journalisten als durch starksinnige Journalisten, die immer darauf aus sind, ihre eigene Meinung zu bilden. Da kommt – es ist nur ein extremer Fall, der aber im Leben immer wieder eintritt – das zustande, was man im höchsten Maße eine Maskierung des eigentlichen Falles nennen kann. Man merkt aus dem Grunde einen bestehenden Schwachsinn nicht, weil zunächst etwas auftritt, was sogar eine sehr genialische Äußerung sein kann. Nun natürlich, im gewöhnlichen Leben macht das nicht viel, denn schließlich schadet es ja nicht, wenn unsere Zeitungen durch Schwachsinnige geschrieben werden, wenn sie nur Gutes bringen, nicht wahr. Aber gerade in den radikalen Fällen, wo dann die Sache den Punkt überschreitet und in die Krankheitsform übergeht, führt es dazu, daß man sich wirklich einen unbefangenen, einen sehr unbefangenen Blick aneignen muß für die Beobachtung eines Seelenzustandes von Menschen, die eben in das psychiatrische Gebiet dann hineinfallen. Da wird man nicht immer nach dem, worin sich maskiert hat ihre Seelentätigkeit, beurteilen können, sondern man wird nach tiefer liegenden Symptomen urteilen müssen. Man wird sich daher immer sagen müssen: Bei der Beobachtung des Seelenzustandes ist das Verfallen in Irrtum am allerallerstärksten überhaupt möglich, weil es sich nicht so sehr darum handelt, ob der Mensch zum Beispiel gescheite Gedanken äußert, sondern ob er, wenn er gescheite Gedanken äußert, zum Beispiel zur Tendenz neigt, diese gescheiten Gedanken öfter zu wiederholen, als es nötig ist für den Zusammenhang. Das Wie, wie jemand seine Gedanken äußert, das ist das Wichtige. Ob jemand Gedanken sehr häufig wiederholt oder ob jemand Gedanken ausläßt, so daß man keine Übergänge hat, das ist viel wichtiger, als ob die Gedanken gescheit oder dumm sind. Es kann einer ein ganz gesunder Mensch sein und trotzdem dumm, bloß physiologisch dumm, nicht pathologisch dumm. Es kann einer gescheite Gedanken äußern und die Disposition zur sogenannten Geisteskrankheit in sich haben, auch ihr verfallen, was dann daran zu bemerken ist, viel eher als an etwas anderem, daß er an Auslassungen von Gedanken leidet oder daß er an öfteren Wiederholungen von Gedanken leidet. Derjenige, der an öfteren Wiederholungen leidet, trägt immer eine Anlage in sich, die im Grunde mit einem nicht ordentlichen Lungenbildungsprozeß zusammenhängt. Derjenige, der an Auslassungen von Gedanken leidet, trägt immer die Zusammenhänge mit einem nicht richtig funktionierenden Leberprozeß in sich. Die anderen Dinge stehen in der Mitte drinnen.

Auch diese Dinge lassen sich ja, ich möchte sagen, im Leben studieren. Da, wo etwas noch Nahrungs- oder Genußmittel ist und noch nicht als Heilmittel, wenigstens im gewöhnlichen Sinne, angewendet wird, da kann man zum Beispiel sehen – ich habe das übrigens bei früheren Gelegenheiten auch öffentlich, wenigstens in gewissen Kreisen, erwähnt –, wie der Kaffee eine ganz deutliche, ausgesprochene Wirkung hat auf den ganzen symptomatischen Prozeß des Seelenlebens. Man sollte auf solche Wirkungen eigentlich nichts geben, denn sie machen nur die Seele träge, wenn man sich auf sie verläßt, aber sie sind eben doch vorhanden. Man kann mangelnde Logik sich durch Kaffeegenuß ersetzen, das heißt, man kann durch Kaffeegenuß tatsächlich den Organismus so disponieren, daß aus ihm mehr Kräfte herausgeholt werden können zur Logik, als wenn einer nicht Kaffee genießt. Daher sollte es zu den Mitteln der auf die gegenwärtige Anschauung gebauten Journalistengewohnheiten gehören, daß die Journalisten viel Kaffee trinken sollen, damit sie nicht so viel an den Federstielen knabbern müssen, um die Gedanken miteinander in Verbindung zu bringen. Das gilt nach der einen Seite hin. Nach der anderen Seite ist der Teegenuß dasjenige, was uns verhindert, einen Gedanken pedantisch immer professorenhaft an den anderen zu knüpfen, wodurch wir uns, wenn es ins Extreme kommt, nicht eigentlich geistreich äußern, sondern so, daß wir immer den anderen genau unseren eigenen logischen Prozeß vormachen; da werden wir immer langweilig. Die Berufe, die ja jetzt in dem Stadium des Abkommens sind, denen man aber aus ihrer alten Organisation hätte ein Mittel anzugeben gehabt, wie sie möglichst geistreich sein können, ohne es innerlich zu werden, sondern bloß durch ein äußeres Genußmittel, denen hätte man natürlich anraten müssen, Tee zu trinken. Wie der Kaffee ein gutes Journalistengetränk ist, so ist der Tee ein außerordentlich wirksames Diplomatengetränk, wodurch eben das Gewöhnen an abgerissene Gedanken, die so hingeworfen werden und durch die man eben geistreich erscheinen kann, im wesentlichen gefördert wird.

Gerade solche Dinge sind wichtig zu wissen, denn wenn man diese Dinge richtig zu würdigen versteht und die nötige moralische Seelenverfassung hat, dann weiß man, daß diese Dinge selbstverständlich in einem moralischen Leben auf andere Weise gefördert werden müssen als durch diese oder jene Diät. Aber um sich zu belehren über gewisse Naturzusammenhänge, sind solche Dinge außerordentlich wichtig, wie es auch im Kulturzusammenhang wichtig ist, zum Beispiel einmal einen Blick zu werfen auf den sehr niedrigen Zuckergenuß, wie er in Rußland üblich war, und auf den sehr reichlichen der westlichen Welt, der englischen Welt. Da wird man dann finden, daß einfach da, wo die Dinge nicht durch eine seelische Entwickelung paralysiert werden, das Darleben des Menschen sehr deutlich einen Abdruck desjenigen zeigt, was da eigentlich den Menschen zugeführt wird: bei dem Russen, der durch ein gewisses Hingegebensein an die Außenwelt sich äußert, ein geringes Ich-Gefühl hat, das höchstens theoretisch dann ersetzt wird und das mit dem geringen Zuckergenuß zusammenhängt, und dagegen bei dem Engländer, der ein starkes Selbstgefühl hat, das organische Grundlagen hat, das hängt zusammen mit dem starken Zuckergenuß. Es ist aber namentlich hier weniger auf die Tatsache des Genießens zu sehen als auf den Drang. Denn die Tatsache des Genießens entwickelt sich eben aus dem Drang, aus der Sehnsucht des Genießens, und daher ist es wichtig, diese Dinge besonders ins Auge zu fassen.

Wenn Sie nun in Betracht ziehen, daß eigentlich der wirkliche Ursprung der sogenannten Geistes- und Seelenkrankheiten in den Organsystemen des unteren Menschen gesucht werden muß, dann werden Sie gerade da auf Wechselwirkungen im Menschen hingewiesen, die nicht außer acht gelassen werden dürfen, wenn es sich um Pathologisch-Therapeutisches handelt. Diese Wechselwirkungen zwischen dem, was ich einfach bezeichnet habe als den unteren und den oberen Menschen, müssen sowohl beim Pathologischen wie beim Therapeutischen immer in Betracht gezogen werden, sonst wird man niemals eine ordentliche Ansicht auch darüber gewinnen können, wie nun äußere Einflüsse, durch die man auf den Kranken wirken will, auf diesen Kranken wirken. Es ist ein großer Unterschied, ob man dem Kranken Wärme – oder Wasserwirkung durch die Füße oder durch den Kopf beibringt. Aber man bekommt keine Ratio in diese Dinge hinein, wenn man nicht erst in solchen Dingen auf die großen Unterschiede des Funktionierens zwischen dem unteren und dem oberen Menschen aufmerksam wird. Daher werden wir jetzt, soweit sich das für uns auch auf diesem Gebiete machen läßt, noch den äußeren Einfluß auf den Menschen besprechen.

VIERZEHNTER VORTRAG

Dornach, 3. April 1920

Lange habe ich mir eigentlich überlegt, was mit dem Kapitel in dieser Vortragsreihe zu geschehen hat, das ich heute, wie ja das bei der Kürze der Zeit nur sein kann, Ihnen andeutungsweise vorbringen will, ob es vorgebracht werden soll, ob es nicht vorgebracht werden soll. Ich werde es trotzdem tun, auch wenn man dabei immer wiederum sieht, wie sehr man gerade mit solchen Dingen mißverstanden wird. Denn sehen Sie, auf der einen Seite haben gewisse Leute sich bemüht lange Zeit hindurch, darauf hinzuweisen, wie die Dinge, die innerhalb der Anthroposophie vorgebracht werden, konfuses Zeug seien, und haben ihre Angriffe von diesem Gesichtspunkte aus gemacht. Jetzt scheint die Meinung aufzutauchen, daß man das nicht mehr tun könne, daß die Dinge doch zu stark den Eindruck machen, als stimmten sie gerade mit dem, was man bei nachträglicher Forschung aus den alten Mysterien gewinnen kann – da zimmert man den anderen Einwand, daß ich ein Verräter der Mysterien sei. Man wird immer finden die Möglichkeit, von einer Seite her die Dinge entsprechend zu formulieren. Kann man nicht mehr sagen, daß die Dinge falsch sind, so behauptet man wenigstens, daß es sehr unrecht sei, daß man die Dinge sage.

Nun, dasjenige, was ich zunächst heute hier sagen will, ist dieses: Man muß sich klar sein darüber, daß die bloße physische Betrachtung des Menschen eben nur einen kleinen Teil des Menschen wirklich ins Auge faßt, und zwar, wie man ja naheliegend hat zu beurteilen, aus dem Grunde, weil nun schon einmal im Menschen sich findet dieser Ätherleib, dieser astralische Leib und dieses Ich, die von sich aus fortwährend am menschlichen Organismus tätig sind, die fortwährend arbeiten am menschlichen Organismus, die sich natürlich einer äußerlichen physischen Beurteilung – ich sage heute ausdrücklich in Anbetracht dessen, was ich gleich ausführen will: Beurteilung – vollständig entziehen. Aber deshalb ist es doch nicht ausgeschlossen, daß bei gutem Willen sich der Mensch dazu erzieht, etwas von dem sich anzueignen, was man nennen könnte: in den Verstand, in die Urteilskraft hereingenommenes Hellsehen. Man wird dann noch nicht zu einem solchen Hellsehen vorrücken, das es wirklich anschaulich mit Bildern zu tun hat, aber man wird zu einer solchen Art des Urteilens kommen, welche sich mit hellsichtigen Anschauungen wenigstens in eine starke und gültige Beziehung setzen kann.

Nun müssen Sie sich folgendes überlegen: Das Ich – wenn wir davon ausgehen, gewissermaßen beim anderen Menschen beginnen –, es arbeitet am Menschen, und so wie der Mensch in der gegenwärtigen Entwickelungsperiode ist, arbeitet dieses Ich vor allen Dingen am physischen Leib des Menschen. Es hat in der heutigen Menschheit verhältnismäßig noch wenig Fähigkeit, schon den Ätherleib zu beherrschen. Der Ätherleib wird verhältnismäßig noch stark dumpf und unbewußt von dem Ich beherrscht in der Kindheit. Später hört dieses Beherrschen auf. Nur bei denjenigen Personen, die sich für das spätere Leben eine starke Phantasie zurückbehalten, ist auch ein sehr starker Einfluß des Ich auf den Ätherleib vorhanden. Aber es ist im allgemeinen bei den Menschen, die verständig und trocken intellektualistisch werden, ein starker Einfluß des Ich auf den physischen Leib vorhanden und ein schwacher auf den Ätherleib.

Wenn Sie sich dieses einfach ordentlich vorstellen, was ich hier als Einfluß auf den physischen Leib bezeichne, so werden Sie doch nicht mehr sehr weit davon entfernt sein, sich auch vorstellen zu können, daß am Ganzen der physischen Organisation dieses Ich arbeitet, eine Art Gerüste ausdehnt. Es ist wirklich unserem physischen Leib etwas eingegliedert wie ein feines Gerüste. Dieses feine Gerüste, welches dem physischen Leib eingegliedert ist, das wie eine Art Phantom des Menschen angesehen werden kann, ist fortwährend im Menschen da. Der Mensch trägt ein ihm einfach durch seine Ich-Organisation eingeprägtes Gerüste mit sich herum, ein sehr feines Gerüste, welches allerdings aus den Kräften des Ätherleibes heraus dem physischen Leibe einorganisiert ist. Aber der Mensch verliert eben im Laufe seines Lebens allmählich die Kraft, das bewußt einzugliedern, und so halbbewußt, träumerisch, bleibt es eben beim phantasievollen Schaffen noch vorhanden.

Nun werden Sie leicht einsehen können, daß dieses Gerüste, das das Ich da in den menschlichen Organismus hineinzimmert, eigentlich in einem gewissen Grade ein Fremdkörper ist. Es ist in gewissem Grade ein Fremdkörper. Der menschliche Organismus hat auch fortwährend die Tendenz, gegen dieses Gerüste sich zu wehren. Und er bestrebt sich namentlich jede Nacht beim Schlafen, dieses Gerüste zu ruinieren. Nun, wenn wir auch im gewöhnlichen Leben wenig von diesem Gerüste wahrnehmen, so darf doch nicht vergessen werden, daß dieses Gerüste fortwährend die Tendenz hat, im Organismus gewissermaßen zu zerfallen, sich zu zersplittern und daß es dadurch fortdauernd die geheimnisvolle Ursache von Entzündungen im Organismus wird.

Das ist sehr wichtig, daß man ins Auge faßt, daß das Ich wirklich eine Art Phantom dem menschlichen Organismus ein-erschafft, gegen das sich der menschliche Organismus wie gegen einen Fremdkörper wehrt, und daß dieser Fremdkörper auch wirklich fortdauernd die Tendenz hat, sich in der physischen Organisation des Menschen zu zersplittern, gewissermaßen zu zerfallen, stets aus der menschlichen Organisation heraus zu zerfallen. Nun bekommen Sie ein gewissermaßen urteilsmäßiges Anschauen über dieses Gerüste bei einem Menschen, wenn Sie einfach psycho-physiologisch die menschliche Augenorganisation studieren. Denn alles dasjenige, was zwischen Auge und Außenwelt, beziehungsweise durch das Auge zwischen Seele und Außenwelt spielt, das stellt diese Aufrichtung eines Gerüstes, ich möchte sagen, in Reinkultur dar, und zwar so, daß zwischen beiden, zwischen dem eigentlichen Ich-Gerüste und dem, was durch die Wechselwirkung des Auges mit der Umwelt entsteht, eine Beziehung herrscht, die ich vielfach studiert habe, gerade bei blinden oder erblindeten Menschen. Da kann man sehr gut die gegenseitige Beziehung vergleichen des für die meisten Menschen normalen Phantoms, das einfach durch das

Sehen in den Organismus hinein eingeschlossen wird, und jenem Phantom, das die eigentliche Folge der Ich-Tätigkeit im Organismus ist.

Wenn ich graphisch ausdrücken will dasjenige, was da vorliegt, so könnte ich sagen: Durch das Sehen, durch den Sehvorgang wird dem Organismus ein Phantom eingegliedert, ein Gerüste, das sich so verhält, daß das andere Gerüste, das durch den eigentlichen Ich-Vorgang eingegliedert wird, ein wenig tiefer liegt, einfach mehr nach innen liegt (siehe Zeichnung Seite 267, weiß und gelb). Dasjenige, was mehr nach innen liegt, das ist so, daß es eine deutliche Andeutung von physischen Kräften aufweist. Es ist eben ein fast physisches Phantom, was da durch das Ich einorganisiert wird, ein wirkliches Gerüste; das aber, was durch das Auge selbst vermittelt wird, das ist noch Äther. Und da ist es interessant, zu sehen, wie bei Kurzsichtigen diese beiden aneinanderrücken, wie das Weiße, was ich hier gezeichnet habe, sich dem anderen, dem Gelben nähert, wie bei Weitsichtigen das Weiße nach außen rückt, dieses weiße Gerüste. Kurz, wenn Sie die Augenorganisation eines Menschen studieren, so werden Sie zu einem urteilsgemäßen Erfassen des Ätherleibes kommen können, des Ätherleibes, der dann so ähnlich ist dem, was ich jetzt als ein Gerüste bezeichnet habe. Sie können sich durch nichts mehr erziehen, etwas vom Ätherleib eines Menschen zu erhaschen, als dadurch, daß Sie achtgeben auf die Augenorganisation eines Menschen. Das andere richtet sich in Ihnen schon selbst ein. Wenn Sie sich eine Gewohnheit dafür aneignen, darauf achtzugeben, ob ein Mensch nahe oder weit guckt, und das auf sich wirken lassen, dann erzieht eine solche Gewohnheit in Ihnen die Empfänglichkeit für das Wahrnehmen des Ätherleibes. Kommen Sie dann der Sache noch meditativ zu Hilfe, meditieren Sie dazu, so wird es Ihnen nicht mehr so schwer werden, von dem hingebungsvollen Betrachten dessen, was im Menschen durch die Augenorganisation hervorgerufen wird, zu einer Betrachtung des Ätherleibes aufzurücken.

Nun werden Sie sich dann von folgendem überzeugen. Dieser Prozeß, der zusammenhängt mit der Augenorganisation, der ist im

Menschen immer vorhanden, und er ist etwas Normales für etwas, was abnorm auftreten kann. Er ist normal eben im gewöhnlichen Leben, und es tritt etwas ihm Ähnliches bei allen Entzündungen auf, bei allen entzündlichen Zuständen. So daß Sie wirklich davon sprechen können, daß das zu starke Entstehen dieses Gerüstes, das im physischen Leibe ähnlich ist dem Ätherleibe, zu Entzündungen den Anlaß gibt und zu all dem, was auch in der Folge von entzündlichen Zuständen auftritt. Sie können sich helfen, das, was da als Überzeugung in Ihnen aufdämmert, etwas zu verschärfen, indem Sie die aus dem Tierreich stammende Ameisensäure nehmen und versuchen, sie äußerlich anzuwenden. Sie werden diese Anwendung am besten studieren können, wenn Sie folgendes machen. Versuchen Sie die Ameisensäure in höchster Verdünnung zu haben, ich will also sagen, versuchen Sie die Ameisensäure in höchster Verdünnung durch Bäder an den Menschen heranzubringen. Wenn Sie das tun, die Ameisensäure in höchster Verdünnung durch Bäder an den Menschen heranbringen, so stehen Sie vor einer Konsolidierung dieses Gelben hier (siehe Zeichnung Seite 267), vor einer Konsolidierung dieses Gerüstes. Sie kommen also zu der Konsolidierung dieses Gerüstes, aber so, daß Sie an dieses Gerüste durch die so verwendete Ameisensäure das Ich heranbändigen, so daß dieses Gerüste von dem Ich durchdrungen ist. Dadurch kommen Sie, wenn der Mensch zu Entzündungen neigt, den Entzündungen bei, denn zum entzündlichen Zerfall hat dieses Gerüste nur dann die Neigung, wenn es nicht von dem Ich ordentlich durchdrungen ist, nicht ordentlich herangebändigt ist, denn das Ich und dieses Gerüste gehören zusammen. Man kann sie zusammenbringen durch die eben charakterisierte Anwendung der Ameisensäure durch das Bad, aber in sehr verdünntem Zustande, weil da die Kräfte der Ameisensäure erst recht in Anwendung gebracht werden.

Nun müssen Sie ein wenig Symptomatologie treiben, wenn Sie sich auf solche Dinge einlassen. Sie müssen nämlich beobachten, ob Sie es zu tun haben mit Entzündungszuständen, die zu gleicher Zeit bei zur Fettleibigkeit neigenden Menschen auftreten. Denn nur dann, wenn die beiden Symptomenkomplexe vorliegen, auf der einen Seite die Neigung zur Entzündlichkeit, auf der anderen Seite zur Fettleibigkeit, was auf einen gewissen Symptomenkomplex zurückweist, werden Sie durch die äußere Behandlung, also durch die eben charakterisierte Behandlung mit tierischer Ameisensäure, wirklich etwas Gutes erreichen können. Sie werden immer etwas außerordentlich Gutes erreichen, wenn Sie begründete Vermutung haben, daß ein Zerfall dieses Gerüstes vorliegt, was Sie ja aus verschiedenen, noch zu besprechenden anderen Symptomen entnehmen können, und wenn Sie es zugleich mit etwas stark zur Fettleibigkeit neigenden Menschen zu tun haben. Das ist das, was dabei berücksichtigt werden muß.

Denn sehen Sie, Geisteswissenschaft weiß da etwas, was ausgesprochen eben einfach den gegenwärtigen Menschen sehr schokkiert, sie weiß, daß dasjenige, was vorgehen muß im menschlichen Organismus, damit sich die Augen so bilden, wie sie sich eben in der menschlichen Entwickelung bilden müssen – natürlich in einer langen Entwickelungsgeschichte des Menschen –, eigentlich ein fortdauernd ins Normale hinübergezogener, also nicht bis zum

Ausbruch gekommener Entzündungsprozeß ist. Denken Sie sich dieselben Vorgänge, die im Entzündungsprozeß wirken, aufgehalten, verlangsamt und zusammengeschoben, dann haben Sie den Bildungsprozeß des menschlichen Auges im menschlichen Organismus. So daß Sie sogar aus dem Anblick der Augen einen Eindruck bekommen können vom Menschen, ob er zu entzündlichen Zuständen neigt oder nicht. Sie werden das den Augen ansehen können, wenn Sie sich darauf einschulen. Wirklich, es hängen die Erfahrungen, die wir mit dem menschlichen Sehen machen können, innig zusammen mit den Beobachtungen des Ätherleibes des Menschen. Und wenn man spricht von dem Vorhandensein des Ätherleibes, von dem Wahrnehmen des Ätherleibes, so gibt es eben durchaus selbstverständlich jenen inneren Prozeß, der zum eigentlichen Hellsehen führt, der durch die Meditation führt. Aber es gibt auch einen Erziehungsprozeß von außen. Wenn wir uns bemühen, die Naturvorgänge in der richtigen Weise zu sehen, so kommen wir dazu, uns vom Urteil aus eine Anschauung von diesen Dingen zu verschaffen. Sehen Sie, die eigentlichen Hellseherorgane müssen ja von innen ausgebildet werden; aber das Urteil wird an der äußeren Welt ausgebildet. Bilden wir das Urteil intimer an der äußeren Welt aus, so kommt dieses Urteil dem sonst intimeren Prozeß beim Meditieren, dem von innen nach außen gehenden Prozeß entgegen.

Nun werden Sie vielleicht mit Recht die Frage aufwerfen können: Ja, kann man denn dann nicht auch all das, was sich so abspielt, bei der Tierheit betrachten? – Nun, die Sache ist gerade so, daß man auf das, um was es sich beim Menschen eigentlich handelt, nur sehr schlecht kommt, wenn man es bei der Tierheit betrachtet. Es ist von mir öfter bei öffentlichen Vorträgen betont worden das, was ich Ihnen jetzt hier, ich möchte sagen, genauer betonen möchte. Sehen Sie, die Menschen denken: Auge ist Auge, Organ ist Organ, Lunge ist Lunge, Leber ist Leber und so weiter. – Das ist aber nicht wahr. Das Auge des Menschen ist das Organ, das auch beim Tier vorkommt als Auge, aber es ist modifiziert dadurch, daß dem Menschen das Ich eingegliedert ist. Ebenso ist es bei allen übrigen Organen. Und das, was geschieht in dem Organ, was namentlich aber beim kranken Menschen die allergrößte Rolle spielt, dafür ist wichtiger diese Durchdringung mit dem Ich als dasjenige, was bei dem vom Ich undurchdrungenen Organe in der Tierheit auftritt. Das ist dasjenige, was immerzu viel zuwenig berücksichtigt wird, und die Menschen sind so, daß sie auf diesem Gebiete wirklich nicht ablassen, immer wieder und wiederum zu urteilen: Da habe ich ein Messer, Messer ist Messer, ich erkläre also das eine als Messer, erkläre das andere als Messer in seiner Entstehungsweise. – Ja aber wenn das eine Messer ein Tischmesser, das andere ein Rasiermesser ist, dann ist es doch unmöglich, sich auf das zu stellen, daß das Messer Messer ist. Ebenso ist es, wenn man herkommt und sagt: Das menschliche Auge und das tierische Auge erklärt man auf dieselbe Weise. – Es ist einfach ein Unding, aus dem bloßen äußeren Anblick das Erklärungsprinzip suchen zu wollen, und insbesondere führt es dann zu nichts, wenn man dann auf den bloßen äußeren Anblick ein Studium begründet. Dieses Studium, das man auf das Tierische begründet, das hindert einen dann, gewisse Verhältnisse beim Menschen ordentlich zu studieren, weil sie eben nur dadurch einem richtig vor das Seelenauge treten, daß man sich bewußt ist: beim Menschen sind gerade die an der Peripherie liegenden Organe am allermeisten von dem Ich durchdrungen und von dem Ich gestaltet.

Nun, in ganz anderer Weise als das Auge ist das menschliche Ohr gestaltet. Dieses menschliche Ohr kann man auch erfassen, und man kann in einer ähnlichen Weise sich zu einer urteilsgemäßen Erfassung erziehen, wie man sich zu einer urteilsgemäßen Erfassung des Auges erziehen kann, wodurch man sich dann dem Hellsehen des Ätherleibes nähert. Man kann sich heranbändigen, die Tatsache in der richtigen Weise zu sehen, daß dem Menschen ein Ohr eingegliedert ist wie dem Tiere, dieses Ohr aber, diese Ohrbildung dann von der menschlichen Ich-Organisation durchzogen ist. Studiert man dann die Ohrbildung, dann kommt man darauf, daß diese Ohrbildung in einer ähnlichen Weise mit etwas mehr innerlich Gelegenem im menschlichen Organismus zusammenhängt, wie die Augenbildung des Ätherleibes mit etwas mehr nach der Peripherie hin Gelegenem zusammenhängt. Man kommt dahin, gewissermaßen die Anschauungskräfte auf die Ohrbildung hin zu orientieren, und gelangt dazu, sich zu sagen: es hat ja auch das Ich etwas mit dem Ohrbildungsprozeß zu tun, geradeso wie es mit dem Augenbildungsprozeß zu tun hat. Auch das Ich gliedert ein Gerüste in den Organismus ein, das ein etwas anderes Gerüste als das vorhin charakterisierte ist. Verwandt mit diesem Gerüste, das da eingegliedert wird, ist das Ganze im Organismus, was der Ohrenbildung zugrunde liegt. So daß ich hier ein weiteres Gerüste zeichnen kann, das ich blau zeichnen will, das mehr nach innen liegt als das gelbe, das weniger organisierend sich in die Glieder hineinerstreckt als das andere, das, ich möchte sagen, wenn man es herausnehmen würde aus dem Menschen, nicht Arme und Beine hätte, sondern nur Armstümpfe und Beinstümpfe. Es ist also ein, man möchte sagen, in seiner Bildung auf der Kindheitsstufe stehengebliebenes Gerüste. Es ist auch viel weniger nach dem Haupte hin differenziert als das andere Gerüste. Aber wieder findet man, daß diesem Gerüste dasjenige entspricht, was an organisierenden Kräften der Ohrbildung des Menschen und dem ganzen Hörvorgang zugrunde liegt. Das will ich entsprechend diesem Weißen hier (siehe Zeichnung Seite 267) durch ein Violettes andeuten. Auch dieses Gerüste hat eine gewisse Eigentümlichkeit im menschlichen Organismus. Dieses Gerüste kann gewissermaßen abnorm werden, wenn das Ich zu stark wirkt, aber wenn das Ich zu stark im Innern wirkt. Früher haben wir den Fall behandelt, wo es zu stark an der Oberfläche gewirkt hat.

Nehmen Sie wiederum das Folgende zu Hilfe, um diese Sache ordentlich zu studieren. Treiben Sie wieder etwas Symptomatologie und nehmen Sie Menschen, welche zu außerordentlich starker Magerkeit oder auch wenig zur Magerkeit neigen, keine Neigung zur Fettbildung haben, und Sie haben dann solche Menschen vor sich, bei denen das Ich nach innen zu stark wirkt und dieses Gerüste verstärkt. Aber dieses Gerüste hat gegenüber dem früheren eine andere Eigentümlichkeit, es hat die Eigentümlichkeit, innerlich zu wuchern. Während das erste Gerüste die Neigung zum Zerfallen, zum Zersplittern hat, so hat dieses Gerüste die Neigung, innerlich zu wuchern. Es ist besonders in zweifacher Richtung hin auszubilden. Es ist auszubilden so, daß es dadurch nicht wuchert, daß das Ich gewissermaßen herausflimmert, denn das Wuchern oder das Zerfallen hängt ja immer damit zusammen, daß das Ich nicht ordentlich in diesem Gerüste drinnen ist, daß das Ich herausflimmert aus dem Gerüste. Wenn das Ich aus diesem Gerüste herausflimmert und dazu stark genug ist, um sich im Organismus zu erhalten, dann entstehen seelische und leibliche Folgen, die seelische Folge der Hypochondrie, die leibliche Folge der Stuhlverstopfung oder verwandter Erscheinungen.

Dieses ist die eine Seite. Aber es kann auch sein, daß das Ich zu schwach ist, um sich, wenn es da herausflimmert, zu halten, daß es gewissermaßen als Ich zerbricht, daß nicht sein Korrelat, das physische Gerüste, so sehr Anlaß gibt zum Zerbrechen, sondern daß es selbst Anlaß gibt zum Zerbrechen. Denken Sie, was man da für eine eigentümliche Erscheinung hat! Da hat man gewissermaßen die Erscheinung, daß das Ich so schwach ist, daß Trümmer von ihm im Organismus sich festsetzen. Es ist auch so, daß Trümmer sich festsetzen, weil das Ich schwach ist. Diese Trümmer setzen sich aus dem Grunde fest, weil, wenn der Mensch, der so organisiert ist, einschläft, er nicht imstande ist, das, was da herausflimmert, immer voll mitzunehmen. Es bleibt im Organismus und wuchert als seelisches Ich drinnen. Diese Organismen, die diese Wucherungen des seelischen Ich haben, die dann besonders stark im Schlafzustande auftreten, das sind die Menschen, die zu Geschwulstbildungen neigen. Das ist ein unendlich wichtiger Prozeß, auf den man da hinsieht. Die Menschen, die zu Geschwulstbildungen neigen, das sind solche, die aus dem Grunde nicht ordentlich schlafen, weil bei ihnen Trümmer des Ich zurückbleiben im Organismus, wenn sie einschlafen. Da steht man dann vor diesen Ich-Trümmern, die die eigentlichen Veranlasser der auch bösartigen Geschwülste sind und die mit dem ganzen Symptomenkomplex, den ich jetzt aufgezählt habe, zusammenhängen. Es ist wirklich so, wie wenn auf der einen Seite Hypochondrie und Stuhlverstopfung stünden und auf der anderen Seite, wenn der Organismus sich nicht dadurch helfen kann, daß der Mensch Hypochonder und verstopfter Mensch wird, dann der Organismus innerlich auswuchert und die bösartigsten Geschwülste auftreten. Wir werden darüber noch weiter zu sprechen haben, jetzt wollen wir nur das Prinzip ins Auge fassen.

Sie können sich auch äußerlich überzeugen, daß es sich mit diesen Dingen so verhält, indem Sie das, was ich Ihnen früher gesagt habe, in anderer Weise betrachten. Ich habe Ihnen früher gesagt, daß Sie dem ersten Bildungsprozesse beikommen, wenn Sie die tierische Ameisensäure fein zerstreut in Bädern äußerlich verwenden. Versuchen Sie es einmal mit derselben tierischen Ameisensäure in entsprechender Zubereitung verdünnt, innerlich, und beobachten Sie die Wirkung, die sie auf magere Menschen insbesondere haben wird, wie sie bei mageren Menschen vertreibend auf die Neigung zu Geschwulstbildungen wirkt, die Geschwulstbildungen beeinflußt.

Das sind Dinge, die man durchaus im Makroskopischen beobachten muß, die aber auch so recht zeigen, wie man sich diesen Blick für das Makroskopische aneignen sollte, für ein Zusammenschauen der ganzen Statur des Menschen, alles dessen, was für die Organisation, für die Konstitution des Menschen in Betracht kommt und dessen, was dann im kranken Menschen zum Vorschein kommt. Dadurch bekommt man auch einen richtigen Blick, wie man die Einwirkung gliedern muß durch das Mittel von außen und die Einwirkung durch das Mittel von innen. Gerade wenn man dasselbe Mittel in seiner Wirksamkeit außen und innen verfolgt, bekommt man die interessantesten Aufschlüsse. Und wiederum weiß die Geisteswissenschaft eines, was ungeheuer aufschlußgebend ist in bezug auf diesen zweiten Teil der Organisation. Das ist, daß eigentlich alle unsere ohrbildenden Kräfte auf demselben Wege sind wie diejenigen Kräfte, die zuletzt, wenn sie zu weit losgelassen werden, wenn sie zu weit laufen, zu innerlichen Geschwulstbildungen führen. Denn daß wir eine Ohrenbildung in unserem Innern haben, das beruht auf einem Prozesse, der dadurch normalisiert ist, daß die geschwulstbildende Kraft auf der rechten Stelle aufgehalten ist.

Das Ohr ist eine Geschwulst im Innern des Menschen, aber eben ins Normale hin ausgedehnt. Im Entwickelungsprozeß ist das Augenbildende verwandt mit dem Entzündungsprozeß, das Ohrbildende verwandt mit dem geschwulstbildenden Prozesse. Das ist ja eine wunderbare Beziehung beim Menschen zwischen dem Gesunden und Kranken, daß man es mit denselben Prozessen eigentlich zu tun hat im Gesunden und Kranken, mit denselben Prozessen, die nur das eine Mal in ihrer richtigen Geschwindigkeit und das andere Mal in ihrer unrichtigen Geschwindigkeit verlaufen. Schaffen Sie in der Natur den Entzündungsprozeß ab, so kann kein Wesen sehen. Die Wesen sehen einfach dadurch, daß in der ganzen Natur der Entzündungsprozeß eingeschaltet ist. Aber er hat eine gewisse Geschwindigkeit. Wird ihm eine falsche gegeben, dann wird er eben der krankhafte Entzündungsprozeß im Menschen. Ebenso hat der geschwulstbildende, der wuchernde Prozeß seine Bedeutung in der Natur mit der richtigen Geschwindigkeit. Schaffen Sie ihn ab, so kann kein Wesen in der Welt hören. Geben Sie ihm eine falsche Geschwindigkeit, so bekommen Sie all das, was in Myom-, Karzinom-, Sarkombildung vorgeht. Wir werden über diese Dinge noch sprechen.

Wer nicht eigentlich in der Lage ist, einen jeden Krankheitsprozeß gewissermaßen in seinem gesunden Gegenbild aufzusuchen, der kann ihn nicht richtig in die menschliche Organisation eingliedern. Denn diese menschliche Organisation beruht eben einfach darauf, daß gewisse Prozesse, die in der ganzen Natur peripherisch zerstreut sind, zentral verinnerlicht werden. Statt vieler Dinge, die in unserer Physiologie breitgetreten werden, sollte man gerade andere Dinge ins Auge fassen. Sie werden zwar ins Auge gefaßt, aber es wird ihnen nicht jene große Bedeutung beigelegt, die sie haben. So zum Beispiel können Sie ja wiederum ganz makroskopisch, ich möchte sagen, trivial verfolgen, wie die Körperhaut über den Körper ausgebreitet ist, wie sie sich aber dann überall einstülpt und in ihren Fortsetzungen die nach innen gelegenen Teile auskleidet. Das ist etwas, was von einer außerordentlich großen Bedeutung ist, diese Umkehr der Funktionen, wie sie zum Beispiel eintritt von den Wangen, von den äußeren Teilen des Gesichtes durch die Umkehrung über die Lippen nach innen. Da hat man ja in der Tat am äußeren Menschen noch die Rudimente desjenigen vor sich, was man nur einmal richtig verfolgen sollte in der Embryologie, wo auch alles auf Einsackungen und Umstülpungen eigentlich beruht. Und gerade durch die Verfolgung solcher Dinge, indem man einfach die Verschiedenheit der Reaktion studieren würde, wenn man, sagen wir, Ameisensäure außen auf die Haut verwendet und innen auf die Schleimhäute – wenn man die feine Verschiedenheit, die da auftritt, ins Auge fassen würde, würde das ungeheuer ausschlaggebend sein. Denn das Ganze, was ich Ihnen hier angegeben habe, ist im Grunde genommen nur das Ausführliche für dasjenige, was elementar auf diese Weise auftritt, wie ich es jetzt zuletzt charakterisiert habe. Dann, wenn man solche Studien macht, wird einem entgegentreten die ganze Verschiedenheit des nach außen einfach sich auch ätherisch Umstülpenden der menschlichen Organisation und des nach innen Zentralwerdens der menschlichen Organisation, was polarische Gegensätze sind.

Nun, das kommt bei folgendem in Betracht. Wenn Sie nun wiederum fragen: Wem entspricht denn das, was ich hier als das zweite Phantom angegeben habe? – so sage ich Ihnen: Dasjenige, was ich Ihnen als das blaue Phantom gezeichnet habe, ist physisches Gerüste im Organismus, das einfach die Neigung hat, zu wuchern (siehe Zeichnung Seite 267). Das Normale hängt mit der Ohrentwickelung zusammen. Erziehen Sie sich nun beim Menschen wiederum in einer solchen Art, daß Sie hinschauen lernen auf seine Ohrorganisation, daß Sie namentlich die ganze Verinnerlichung der Ohrorganisation ins Auge fassen und zu gleicher Zeit die Sehorganisation. Denn bedenken Sie, daß der Sehprozeß im Ätherischen verläuft, der Hörprozeß in der Luft. Das ist ein beträchtlicher Unterschied. Alles dasjenige, was mehr nach unten gelegen ist in der Reihe der Ponderabilien und Imponderabilien, hängt mit dem zusammen, was beim Menschen mehr zentralistisch ins Innere des Organismus verlegt wird. Alles dasjenige, was mehr mit dem Ätherischen zusammenhängt, hängt mit dem zusammen, was mehr nach außen, an die Peripherie des Menschen verlegt ist.

In dem, was ich hier violett gezeichnet habe (siehe Zeichnung Seite 267), ist nämlich nichts Geringeres vorhanden als die Andeutung von dem, was im menschlichen Astralleibe lebt. Sie bekommen, wenn Sie sich erziehen eben an der Ohrorganisation für die Beobachtung des Menschen in bezug auf ihre Beurteilungsfähigkeit, eine Art Stellvertreter für das Hellsehen des astralischen Leibes. Sehen beobachten lernen erzieht für die Beobachtung des ätherischen Leibes, Hören beobachten lernen erzieht für das Beobachten des astralischen Leibes.

Wiederum kann man da sehr interessante Beobachtungen machen, wenn man taubgewordene oder taubgeborene Menschen ins Auge faßt, und tiefere Zusammenhänge der Natur gehen dabei auf. Versuchen Sie nur einmal zu beobachten, wie taubgeborene Menschen, wenn sie nicht taub geboren wären, schon in ihrer Kindheit zu den fürchterlichsten Geschwulstbildungen neigen würden. Es sind ja das natürlich Hilfen, die die Natur schafft und die schon in das hinausführen, was dann nicht mehr in der einzelnen menschlichen Organisation zwischen Geburt und Tod begriffen werden muß, sondern was nun hineingreift in das, was in wiederholten Erdenleben begriffen werden muß, denn da findet es erst seinen Ausgleich. Die Erscheinungen, bis zu einem gewissen Grade verfolgt, führen eben an den Punkt, wo man da ankommt bei einem Erfassen der wiederholten Erdenleben.

Versuchen Sie nun den Menschen peripherisch anzuregen, so werden Sie immer dasjenige verstärken, was ich in der ersten Charakteristik dadurch gegeben habe, daß ich die Beziehungen des Ich zu seinem Gerüste dargelegt habe. Wenn Sie für nötig befinden, dieses Ich des Menschen zu verstärken, so können Sie entweder einen erzieherischen Weg oder einen therapeutischen Weg einschlagen. Sie werden immer finden, wenn Sie die Neigung zu Entzündlichkeiten beobachten können, daß Sie nötig haben, die Ich-Tätigkeit im Menschen zu verstärken, so daß sich diese Ich-Tätigkeit einfach richtig eingliedert in ihr Phantom, in ihr Gerüste, denn das Gerüste zerfällt ja nicht, wenn sich das Ich in der richtigen Weise eingliedert.

Nun wird geradezu eine wesentliche Verstärkung dieser Ich-Tätigkeit, die sich sehr gut eingliedert in dieses Gerüste, dadurch herbeigeführt, daß man zum Beispiel den Menschen Bäder nehmen läßt, in die man sehr fein verdünnten Rosmarinsaft gibt, den Saft aus den Blättern von Rosmarin. Diese Anregung, die da von der Peripherie her kommt durch den Rosmarinsaft, ist so, daß gewissermaßen das Ich in dem, was da an den Menschen herankommt durch den fein zerteilten Rosmarinsaft, arbeiten kann. Da treten nämlich ganz merkwürdige Dinge auf.

Wenn Sie das menschliche Auge betrachten, wie es eingegliedert ist in den menschlichen Organismus, so beruht der Sehvorgang eigentlich darauf, daß das Ich dasjenige durchdringen kann, was da herausgeholt ist aus dem menschlichen Organismus. Im Auge ist ja viel weniger tierischer Prozeß drinnen, es ist alles heruntervesetzt ins Organische, und der Sehvorgang beruht darauf, daß der Mensch selber, der innerliche, der seelisch-geistige Mensch, das durchdringt, was nun nicht tierisch ist, daß er sich gewissermaßen mit dem, was außen ist, identifizieren kann, nicht bloß mit dem Innerlichen. Wenn Sie sich mit dem Muskel identifizieren, so identifizieren Sie sich von innen aus mit dem Menschenbildungsprozeß; wenn Sie sich mit dem Auge identifizieren, identifizieren Sie sich eigentlich mit der Außenwelt. Deshalb habe ich früher einmal solch ein Organ einen Golf genannt, den die Außenwelt hereinstreckt. Da ist ein Stück von der Außenwelt einfach hereingeschoben wie ein Golf in den Organismus, und es ist einfach wiederum ein fataler Irrtum, wenn solche Dinge von unserer Sinnesphysiologie gar nicht berücksichtigt werden, denn dadurch kommen gerade jene albernen Märchen zustande von der Subjektivität und so weiter. Daß, nicht wahr, die Objektivität hereingeschoben wird und man in der hereingeschobenen Objektivität ein Stück Außenweltprozeß mitmacht, das wird ja heute gar nicht berücksichtigt. Seit Jahrhunderten oder wenigstens eineinhalb Jahrhunderten baut man allerlei Sinnesphysiologie auf das Subjektive auf, weil man nicht daran denkt, daß die Außenwelt wie herein in ihren Golfen vorgeschoben wird und wir an ihr teilnehmen sinnenmäßig. Wenn

Sie dieses richtig verstehen, so werden Sie auch das richtig verstehen, wenn von außen her so etwas wirkt in dieser feinen Zerteilung. Wenn das hier Haut ist mit ihren Poren und mit all den Prozessen, die sich im Anschluß an die Poren abspielen (siehe Zeichnung Seite 278), wenn da fein zerteilt sind Rosmarintröpfchen in einem

Bade, dann werden Sie leicht einsehen, daß ja da eine Wechselwirkung entsteht zwischen der Haut und den fein zerteilten Rosmarintröpfelchen – wenn ich es so nennen darf –, da wird etwas hervorgerufen, was dem ähnlich ist, da wird eine Anregung des Sinnesprozesses hervorgerufen. Dieser anregende Sinnesprozeß wirkt auf das menschliche Ich, so daß es sich in sein Gerüste eingliedert. Und sogar so weit kann man schon gehen, wenn es richtig gemacht wird, daß zum Beispiel – nur zur rechten Zeit angewendet natürlich, nicht wenn es schon zu spät ist –, wenn die Kopfhaut unterstützt wird durch diesen anregenden Prozeß der fein verteilten Rosmarintröpfchen in der Flüssigkeit, sie den peripherischen Prozeß des Haarschwundes schon bekämpfen können. Das muß nur in der richtigen Weise gemacht werden. Nun, da wirkt also etwas an der Oberfläche, an der Peripherie der menschlichen Organisation.

Jetzt nehmen wir einmal an, es wird von außen durchbrochen dieses ordentliche Zusammenwirken des Ich mit der menschlichen Organisation. Das Ich ist ja wirklich nicht bloß ein Punkt, sondern es ist ein um sich wirkender Punkt. Und das Umsichwirken bedeutet eigentlich: die Gestaltungskraft der ganzen menschlichen Organisation, die ich-organisierende Kraft verbreitet sich in der ganzen menschlichen Organisation, durchdringt alles. Denken Sie nun, wenn an irgendeiner Stelle von außen ein Insult auftritt, so daß von außen dieses Ineinanderwirken von Ich und menschlicher Organisationskraft durchbrochen wird, dann wird man nötig haben, an die Stelle irgend etwas herzurufen, was aus der astralischen Organisation kommt, die um ein Stück niedriger ist als die Ich-Organisation und was den menschlichen Organismus von der astralischen Organisation aus so durchdringt, daß es dem Ich leichter wird, seine Heilkräfte da zu entwickeln an einer Stelle, wo ein äußerer Insult auftritt. Wenn Sie sagen wollen dem astralischen Leib, der, wie ich charakterisiert habe – schon in seinem Phantom zeigt sich das –, mehr nach innen liegt: Du, komm mal her, da hast du was zu tun, da mußt du dem zu Hilfe kommen – dann machen Sie das so, daß Sie jetzt nicht ein Bad geben, sondern Arnika in einen Wollappen hineinmachen, einen richtigen Arnikaumschlag auflegen. Mit diesem Arnikaumschlag-Auflegen auf irgend etwas Verstauchtes oder dergleichen, wo eben der äußere Insult ist, wovon das Ich geschwächt wird in seiner Wirkungskraft, rufen Sie den astralischen Leib von innen her: Komm einmal her, helfe da dem Ich. Und dann haben Sie da etwas, was an der Oberfläche, an der Peripherie des Menschen ausgleichend wirkt.

Das aber gibt ja in der Tat eine Grundlage, um nun diese äußere Welt in ihren verschiedenen Substanzen zu vergleichen, inwiefern sie in ihren sehr leicht zur Ausbreitung neigenden Substanzen der Peripherie zu Hilfe kommt und man diese zur Ausbreitung neigenden Substanzen verwenden muß badmäßig, um das Ich zu unterstützen, und inwiefern man andere Substanzen, zu denen insbesondere Arnika gehört, verwenden muß, um den Astralleib herbeizurufen, der nun seinerseits wiederum also indirekt das Ich unterstützt. Auf die Wirkung solcher Substanzen kommt man eigentlich gar nicht anders, als daß man Ich und astralischen Leib zu Hilfe ruft. Sehen Sie, das ist etwas, was erst grundlegend für eine Theorie der äußeren und der inneren Behandlung der Krankheit sein kann.

FÜNFZEHNTER VORTRAG

Dornach, 4. April 1920

Heute möchte ich ausgehen von einer Bemerkung, die mir gestern im Vortrage gemacht worden ist, ich möchte sagen, von einer in dieser Beziehung recht kompetenten Seite, nämlich daß diese Vorträge hier zu den schwerverständlichsten aller anthroposophisch orientierten Vorträge gehören. Das wird man ja innerhalb gewisser Grenzen durchaus zugeben müssen, aber auf der anderen Seite wird wohl auch zugegeben werden müssen, daß das nicht leicht anders sein kann. Aber man kann dabei wohl gerade an dem Berechtigtsein dieser Bemerkung, wie ich glaube, außerordentlich viel lernen. Nehmen wir einmal einen Fall, wo dasjenige, was ich sage, sehr leicht verstanden wird; es können sogar zwei Fälle sein, der eine ein naheliegender, der andere ein allerdings der gegenwärtigen Menschheit schon etwas fernerliegender Fall. Der naheliegende ist der, daß Menschen der heutigen Kulturepoche ganz gewiß berechtigt sind, solche Sachen, wie sie hier vorgebracht werden müssen, als schwerverständlich zu empfinden. Die Amsel tut das nicht, die würde das außerordentlich leicht verständlich finden. Und zwar bringt sie auch durchaus den praktischen Beweis, daß sie die Sache außerordentlich leicht verständlich findet. Sie ist ja nicht gerade ein ganz asketisches Tier und frißt daher zuweilen Kreuzspinnen. Aber wenn sie eine Kreuzspinne gefressen hat und es ihr anfängt recht unbehaglich zu werden – denn es wird der Amsel recht unbehaglich, wenn sie eine Kreuzspinne frißt –, und wenn dann ein Bilsenkraut in der Nähe ist, geht sie gleich ans Bilsenkraut und sucht sich dort das entsprechende Heilmittel. Es ist ein Heilmittel, denn wenn kein Bilsenkraut in der Nähe ist, so bekommt die Amsel Konvulsionen und stirbt unter den furchtbarsten Krämpfen und Zuckungen. Sie wird durch ihren eigenen Heilinstinkt davor bewahrt, indem sie sich, wenn Bilsenkraut in der Nähe ist, an das Bilsenkraut begibt und dort das entsprechende Heilmittel aufpickt. Das ist der Vorgang, der, ich möchte sagen, sehr nahe liegt.

Aber der andere Vorgang, der dem heutigen Menschen schon eben ferner liegt, ist damit verwandt. Das ist der, daß die Menschen einer gewissen Urzeit ähnliche Heilinstinkte entwickelt haben, daß sie in ihren Instinkten schon von dem etwas gehabt haben, was dann mehr oder weniger konzentriert in der Hippokratischen Medizin uns entgegentritt. Es ist interessant, einmal mit Rücksicht auf diese sehr berechtigte Bemerkung von gestern die Weisheit der Amsel oder anderer Vögel, die dasselbe tun können in zahlreichen Fällen, ein wenig zu studieren. Denn was geschieht da eigentlich, wenn die Amsel eine Kreuzspinne frißt? Die Kreuzspinne ist in ihrer ganzen Organisation sehr eingespannt in gewisse kosmische Zusammenhänge außerirdischer Natur. Und von diesem Eingesponnensein in solche außertellurischen Prozesse rührt ja die ganze Gliedmaßenbildung und auch die Zeichnungsbildung der Kreuzspinne her, so daß, wenn ich so sagen darf, die Kreuzspinne viel planetarisches Leben in sich hat. Außerirdisches planetarisches Leben hat die Kreuzspinne in sich. Der Vogel ist eben hinter diesem Miterleben des planetarischen Erlebens zurückgeblieben, er hat es mehr nach dem Innern seines Organismus verlegt. Wenn er die Kreuzspinne frißt, so machen sich die planetarischen Kräfte in ihm bemerkbar. Da wollen die planetarischen Kräfte, die noch die Tendenz haben, Gestalt anzunehmen, den Vogel durchdringen, und damit hat er zu kämpfen. Er wird in dem Augenblicke, wo er die Kreuzspinne gefressen hat, mit seinem inneren Wollen zu einem Abbild des außerirdischen Lebens. Und da begibt er sich zu der entsprechenden Pflanze hin, die wiederum durch ihr Herauswachsen aus dem Boden und sogar dadurch, daß sie etwas nicht ganz verarbeiten kann unter dem planetarischen Einfluß, sondern es als Gift zurückbehält, dem Entgegengesetzten vom Planetarischen, nämlich dem Irdischen ähnlich geworden ist. Zu dem begibt sich das Tier hin und sucht Hilfe. Das ist wieder darauf zurückzuführen, daß in dem Augenblicke, wo in der Amsel das Kreuzspinnengift wirkt, gleich durch dieses Wirken des Kreuzspinnengiftes selbst der Gegeninstinkt hervorgerufen wird, der Abwehrinstinkt. Von dem Insultinstinkt geht es gleich über in den Abwehrinstinkt, so daß wir in der ganzen Erscheinung nichts anderes vor uns haben als eine sehr plastisch ausgestaltete Entwickelung desjenigen, was wir machen, wenn uns eine Fliege aufs Auge sitzt und wir das Auge zumachen oder die Hand bewegen mit einer einfachen Reflexbewegung.

Diese Vorgänge im Tierreiche und auch im Pflanzenreiche sind außerordentlich wichtig zu beobachten. Denn dadurch wird man auch noch von etwas anderem geheilt, nämlich davon, zu glauben, daß das, was Verstand und Vernunft ist, bloß da innerhalb der Hirnschale enthalten ist. Der Verstand und die Vernunft fliegen nämlich herum, denn das ist ein ganz verständiges Benehmen, das da wirkt in dem Insultinstinkt und in dem Abwehrinstinkt bei dem Vogeltier. Da wirkt dasjenige, was äußere Vernunft und äußerer Verstand ist, und wir Menschen haben eben nur die Gabe, an dieser Wirkung des äußeren Verstandes und der äußeren Vernunft teilzunehmen. Wir nehmen teil daran, wir tragen das nicht in uns. Das ist ein Unsinn, daß wir es in uns tragen, sondern wir nehmen teil daran. Der Vogel nimmt noch nicht so teil, daß er sich aneignet für einen besonderen Körperteil das, was Insultinstinkt und Abwehrinstinkt ist. Er versteht noch mehr dasjenige, was in ihm liegt durch das Lungensystem, mehr als wir Menschen, die es schon durch das Kopfsystem verstehen, und er bringt wiederum durch das Lungensystem gegen Hyoscyamus hervor den Abwehrinstinkt, weil er weniger an der Peripherie, sondern im Grunde seines Wesens denkt. Wir haben also unser Denken herausgerissen aus der Lunge und aus dem rhythmischen System. Wir werden vielleicht auch davon noch genauer sprechen können, womit wir als Menschen denken. Jedenfalls aber denken wir nicht mehr so zentral, das heißt, wir denken auch nicht mehr so mit der Lunge und dem Herzen und so weiter, verbunden mit dem Kosmos, womit der Vogel denkt. Das sind die Dinge, die wiederum angeeignet werden müssen. Wenn Sie fragen: Wer hat den letzten Rest, den allerletzten Rest von diesen Instinkten noch aus uns allen ausgetrieben, durch die wir mit der Natur zusammenhängen? – so müssen wir sagen, den hat unsere Schulbildung und den allerletzten Rest unsere Universitätsbildung ausgerissen, denn die und alles das, was damit zusammenhängt, ist gründlich dazu veranlagt, das Zusammenleben des Menschen mit dem Naturganzen zu verhindern. Einseitig treiben auf der einen Seite die Sachen nach einer raffinierten Intellektualität und auf der anderen Seite nach einer raffinierten Sexualität. Dasjenige, was zentral bei der Urmenschheit noch war, wird bei der modernen Menschheit in diese zwei Pole einfach auseinandergetrieben.

Nun sehen Sie, von dem Wiederhineinfinden in ein richtiges Weltverständnis wird es ja abhängen, daß wir in bezug auf unser Wissenschaftstreiben wiederum gesunden. Mit einem solchen gesunden Wissenschaftstreiben wird eben manches studiert werden müssen, was jetzt nur leider mit dem kranken Wissenschaftstreiben studiert wird.

Nun wollen wir uns heute im Anschluß an das schon gestern Gesagte ein wenig mit Dingen beschäftigen, die in der Linie liegen, den Menschen so anzusehen, daß in dem Anschauen des Menschen so etwas liegt von einer Hinweisung auf den Heilungsprozeß. Bei der Urmenschheit war das nämlich in hohem Grade ausgebildet. In dem Augenblick, wo der Urmensch irgend etwas Abnormes am Menschen sah, wurde er auch gleich hingewiesen auf den Heilungsprozeß. Das sind Dinge, die der modernen Menschheit verlorengegangen sind. Und so kommt wenig der moderne Mensch durch Intuition auf dasjenige zum Beispiel, auf das der alte Mensch durch den Instinkt gekommen ist. Aber das ist die Entwickelung: vom Instinkt aus durch den Intellektualismus zur Intuition. Zu alledem, was am meisten leidet durch die bloße intellektualistische Entwickelung, müssen wir gerade Physiologie und Medizin rechnen. Die können am wenigsten in der Atmosphäre des Intellektualismus gedeihen. Denn nehmen wir einen konkreten Fall, nehmen wir zum Beispiel den Diabetiker. Was stellt denn eigentlich der Diabetiker in seiner ganzen abnormen Entwickelung dar? Eine richtige Anschauung des Diabetes kann man zunächst nur gewinnen, wenn man weiß, daß es sich dabei um ein schwaches Ich handelt, um eine schwache Ich-

Organisation, die nicht geeignet ist, den ganzen Prozeß zu bewältigen, der sich vollziehen soll in der Zuckerbildung. Man muß dasjenige, was vorliegt, nur in der richtigen Weise deuten. Es wäre etwas ganz Falsches, wenn man etwa glauben wollte, weil Zucker abgeht, daß ein zu starkes Ich vorhanden wäre. Nein, es ist ein zu schwaches Ich, denn es ist eben ein Ich entwickelt, das nicht so stark teilnimmt am organischen Prozeß, daß dieses Ich die Durchorganisierung des Organismus mit Zucker in der entsprechenden Weise besorgen kann. Das ist zunächst das, was eigentlich vorliegt. Mit dem hängt alles zusammen, was schließlich fördernd wirken kann auf die Zuckerruhr. Nicht wahr, wir können ja einen Anflug, möchte ich sagen, von Erkrankung zur Zuckerruhr schon erleben, wenn jemand gleichzeitig zuviel Süßspeisen genießt und dann Alkohol trinkt, der erste Anflug, der aber selbstverständlich wiederum vergehen kann, der nur zeigt, wie dadurch, daß in diesem Falle das Ich schwach gemacht wird, es den Prozeß nicht bewältigen kann, der eigentlich sich vollziehen soll, wie dadurch der Prozeß hervorgerufen wird. Dann handelt es sich darum, daß wir einmal einen Blick werfen auf all das, was hier vorliegen kann, und ich komme dabei auf einen Begriff, der bis jetzt noch wenig in diesen Betrachtungen hervorgetreten ist, der aber auf sehr vielen Fragezetteln sich findet und auf den wir in dem Rest unserer Vortragszeit auch noch genauer eingehen werden. Sie werden sehen, daß alles, was auf den Fragezetteln steht, schon zur Berücksichtigung kommt, aber es müssen die entsprechenden Vorbereitungen dazu getroffen werden. Ich komme da zu dem Begriff der erblichen Belastung, die ja eine große Rolle spielt gerade bei dem Diabetes.

Das muß gesagt werden, daß gerade diese erbliche Belastung auf ein schwaches Ich hinwirkt. Immer können wir einen Zusammenhang konstatieren zwischen einem schwachen oder, man möchte auch sagen, nicht mit allen seinen Kräftekomplexen wirkenden Ich und demjenigen, was disponiert macht, unter der erblichen Belastung zu leiden. Denn wären wir einfach alle disponiert, unter der erblichen Belastung zu leiden, so würden wir alle unter ihr leiden. Daß wir nicht alle unter der erblichen Belastung leiden, das ist im wesentlichen darauf zurückzuführen, daß diejenigen weniger unter ihr leiden, die ein gut funktionierendes Ich haben. Dann aber ist durchaus nicht zu übersehen, daß bei dem Diabetes in hohem Grade psychische Ursachen mehr oder weniger vorhanden sind und daß Aufregungen, die der Mensch durchmacht, wenn er leicht aufregbar ist, in hohem Grade zusammenhängen können mit der Erstehung des Diabetes. Warum ist das so? Das Ich ist eigentlich schwach, und weil es schwach ist, beschränkt es sich darauf, mehr in der Peripherie des Organismus tätig zu sein, durch das Gehirn einen starken Intellektualismus zu entwickeln. Aber dieses Ich ist nicht imstande, tiefer in den Organismus hineinzugehen, namentlich nicht in jene Partien des Organismus hineinzugehen, wo die eigentliche Bearbeitung des Eiweißes geschieht, jene Umarbeitung des Pflanzeneiweißes in tierisches Eiweiß. Dort hinein erstreckt sich dann die Tätigkeit des Ich nicht. Dafür aber beginnt um so mehr in diesen Gebieten, in die das Ich jetzt nicht hinein sich erstreckt, die Tätigkeit des astralischen Leibes. Denn die Tätigkeit des astralischen Leibes ist am allerregsten da, wo, ich möchte sagen, zwischen Verdauung, Blutbereitung und Atmung sich im Menschen der mittlere Organisationsprozeß abspielt. Dieser mittlere Organisationsprozeß wird durch die Schlaffheit des Ich sich selbst überlassen. Er beginnt allerlei eigensinnige, nicht mit dem ganzen Menschen, sondern mit dem zentralen Menschen zusammenhängende Prozesse zu entwickeln. Und man kann sagen, daß eben die Disposition zu Diabetes dann gegeben ist, wenn das Ich sich ausschließt von den inneren Prozessen. Nun, diese inneren, namentlich die inneren Absonderungsprozesse hängen wiederum stark zusammen mit der Gemütsbildung, der Gefühlsbildung. Während das Ich sich seine Hauptbeschäftigung sucht durch das Gehirn, bleibt unversorgt durch das Ich all die Tätigkeit, die eine absondernde ist, die namentlich eine oszillierende, eine zirkulierende Tätigkeit ist. Und damit hängt es zusammen, daß der Mensch die Herrschaft über gewisse psychische Einflüsse verliert, die sich als Gefühlseinflüsse geltend machen. Warum bleiben wir denn ruhig, wenn irgend etwas Aufregendes in unserer Umgebung geschieht? Wir bleiben aus dem Grunde ruhig, weil wir imstande sind, unseren Verstand hineinzusenden in unser Gedärm, weil wir wirklich in der Lage sind, nicht bloß im Gehirn zu bleiben, sondern den ganzen Menschen in Anspruch zu nehmen. Wenn wir nachdenken, können wir das nicht. Beschäftigen wir uns einseitig intellektualistisch aus dem Gehirn heraus, so macht das Innere des Menschen seine eigene Bewegung. Der Mensch ist dann für Aufregungen ganz besonders zugänglich, und die Folge davon ist, daß diese Aufregungen auch intellektuell als Aufregungen ihre organischen Prozesse hervorrufen, während sie eigentlich etwas anderes tun sollten. Sie sollten eigentlich nicht als Aufregungen schon, die auf das Gefühl wirken, ihre organischen Prozesse hervorbringen, sondern sie sollten sich erst durchdringen mit dem Intellekte, sollten erst durch den Verstand gemildert auf das Innere des Menschen wirken.

Nun handelt es sich darum, bei einer solchen Sache sich klarzumachen, was eigentlich vorliegt. Es liegt eine Schlaffheit des Ich vor. Das Ich ist am Menschen mit dem am meisten Außertellurischen verwandt, was zunächst auf den Menschen wirkt, also mit dem am meisten der Erde gegenüber Peripherischen. Eigentlich alles dasjenige, was in unser Ich wirkt, kommt sehr von auswärts der Erde an uns heran. Wir müssen daher versuchen, diejenigen Prozesse kennenzulernen, welche verwandt sind mit diesen Prozessen, die mit unserem Ich etwas zu tun haben, die im Außermenschlichen verwandt sind damit, so daß wir in die Lage kommen, das Ich in eine Sphäre zu versetzen, durch die es gewissermaßen lernt, am Außerirdischen so teilzunehmen, wie es sollte.

Nun liegt im Irdischen derselbe Prozeß, durch den das Ich vom Außerirdischen veranlaßt wird, an seiner Innenorganisation, an seiner Zentralorganisation zu arbeiten, überall da, von wo dieses selbe Außerirdische die Erde, entweder die mineralische Erde oder die pflanzenbedeckte Erde, veranlaßt, ätherische Öle zu bilden, überhaupt Öle zu bilden. Das ist der Weg, von dem wir uns führen lassen müssen. Geradeso wie das menschliche Ich sich betätigt im Auge, wie es da wirklich in diesem vorgeschobenen Golf mit der Außenwelt sich in unmittelbare Beziehung setzt, so müssen wir das

Ich mit dem Ölbildungsprozeß in Beziehung setzen. Das können wir wohl am besten dadurch, daß wir versuchen, fein zerstäubtes Öl im Bade zu verarbeiten und den Menschen zu behandeln mit den Ölbädern. Das ist etwas, was in hohem Grade wünschenswert wäre, daß vor allen Dingen versucht würde, welche Zerstäubung man braucht, wie oft und so weiter die Dinge vorgenommen werden müssen. Aber es ist der Weg, um zur Bekämpfung der den Organismus so verheerend angreifenden Zuckerruhr zu kommen. Sie sehen daraus, wie das Hineinschauen in den äußeren Prozeß und das Zusammendenken dieses äußeren Prozesses mit dem inneren menschlichen Prozeß tatsächlich eine menschlich-außermenschliche Physiologie, die dann zu gleicher Zeit eine Therapie ist, schafft, und das ist der Weg, auf dem man irgend etwas erreichen muß.

Von da aus möchte ich Sie nun darauf verweisen, wie – also noch einmal, nachdem wir eher konkretere Begriffe gewonnen haben – der Mensch eigentlich mit der Umgebung verwandt ist. Betrachten Sie noch einmal die Flora der Erde, betrachten Sie das ganze Pflanzenwesen der Erde, wie es vom Erdboden nach oben strebt, gewissermaßen die Kräfte in der Blüte zerstäubt, in der Frucht wiederum sammelt, und betrachten Sie, was alles für tausenderlei merkwürdige Variationen dieses Prozesses vorhanden sind, wie dasjenige, was sonst ganz in den Samen schießt, zurückgehalten werden kann in der Blattbildung, die Blätter dadurch krautartig werden, dick werden, wie erst vielleicht die Samenhüllen dick werden, indem gerade noch vor Torschluß gewisse Kräfte zurückgehalten werden – alle möglichen Variationen haben Sie da.

Nun ist aber dieser Pflanzenbildungsprozeß wahrhaftig nicht dasjenige, was man nur ansehen darf von Seite des physischen Wirkens etwa von der Erde aus oder noch des Gegenwirkens vom Lichte aus, sondern so wahr es ist, daß die Pflanze in sich den physischen Leib und den Ätherleib birgt, so wahr ist es, daß oben, wo das Außerirdische gewissermaßen heranstößt an das Irdische, mit diesem ganzen im physischen Leib und Ätherleib aufgehenden Pflanzlichen ein Kosmisch-Astralisches zusammenhängt. Man könnte sagen: die Pflanze wächst einem Tierbildungsprozeß entgegen, den sie aber nicht erreicht. Die Erde ist, ich möchte sagen, in ihrem Innern durchtränkt von dem Pflanzenbildeprozeß, und sie ist da, wo auch die Atmosphäre ist, der die Pflanzen entgegenwachsen, durchtränkt von einem Tierbildeprozeß, der eben einfach nicht zum Austrag kommt, dem die Pflanze zuwächst, den sie aber nicht erreicht. Dieser Prozeß, den wir sich abspielen sehen, ich möchte sagen, hinwebend über die blühende Pflanzenwelt, und der da der ganzen Erde gegenüber einen Kreis-Charakter hat, dieser ganze Prozeß ist überall zentralisiert in dem Tiere selbst; da ist er ins Innere verlegt. Die Tiere spalten sich gewissermaßen dasjenige heraus, was über den Pflanzen geschieht, verlegen es in ihr Inneres, und die Organe, die sie vor den Pflanzen voraus haben, die sind eigentlich nichts anderes als das, was sie für sich in Anspruch nehmen, dasjenige als Wirksamkeit zentral von einem Punkte aus zu entfalten, was sonst peripherisch von außen her auf die Pflanze gerichtet wird.

Nun ist dieser selbe Prozeß, der Tierbildeprozeß, auch im Menschen, aber er liegt im Menschen mehr nach dem Zentrum der ganzen physischen Organisation hin. Er liegt mehr nach alledem hin, was sich abspielt zwischen Verdauung, Blutbildung, Atmung. Da ist der Mensch am meisten ähnlich in bezug auf seinen menschenbildenden Prozeß dem heutigen tierbildenden Prozeß. Daher ist es auch so, daß dieser innere, physisch innere Mensch am meisten Verwandtschaft hat mit all dem, was die Lebenstendenzen des Pflanzlichen sind, und daß wir immer darauf rechnen können, diesem inneren Menschen beizukommen gerade mit dem, was sich als Lebenstendenzen im pflanzlichen Reiche geltend macht. Aber nun hat der Mensch eben einfach vor dem Tiere etwas voraus, das darauf beruht, daß er nicht nur den Wechselprozeß durchmacht, wie das Tier zwischen der Pflanze und dem Astralen, sondern daß er den Wechselprozeß durchmacht zwischen dem Mineral und demjenigen, was über-astral ist, was also noch weiter peripherisch ist als das bloß Astralische. So können wir sagen: Gerade das ist für den Menschen der gegenwärtigen Erdenentwickelung charakteristisch, daß er den mineralischen Bildungsprozeß mitmacht. Und geradeso wie im Tierischen eine Umwandlung des Eiweißes stattfindet, so findet ein Prozeß fortwährend statt, der eigentlich von der Wissenschaft gar nicht berücksichtigt wird, der eine mehr peripherische Tendenz hat als die tierische Umwandlung des Eiweißbildungsprozesses und der sich abspielt, wenn wir so sagen dürfen, zwischen dem Himmel und dem Mineralreiche. Wir können ihn nennen, wenn wir einen Ausdruck für ihn haben wollen, nach seinem Charakteristischesten, den Entsalzungsprozeß.

Sehen Sie, es ist ja im Organismus, also in unserem menschlichen Organismus, ein fortwährend wirkender Entsalzungsprozeß vorhanden, eine Tendenz, die Salzbildung in ihr Gegenteil zu verwandeln, und darauf eigentlich beruht unser Menschsein, vor allen Dingen unser über das Tierische hinausgehendes menschliches Denken. Wir stemmen uns als peripherischer Mensch – jetzt nicht als zentraler Mensch, der eben der Tierbildung ähnlich ist – gegen die Salzbildung. Wir stellen der Salzbildung etwas entgegen wie das Tier den gewöhnlichen erdbildenden Kräften des Pflanzeneiweißes. In diesem Entgegenstellen liegen die Kräfte, die wir nun für den Menschen vorzugsweise im mineralischen Reiche selber aufsuchen müssen, damit wir gewisse Dinge, denen wir nicht beikommen mit den bloßen Pflanzenheilmitteln, heilen können. Ich möchte sagen, man sieht einfach den Menschen zu sehr als bloßes Tier an, wenn man ihn nur mit den Pflanzenheilmitteln behandeln will. Man ehrt den Menschen, wenn man ihm zumutet, daß er auch an diesem stärkeren Kampf, der geführt wird in der Umgebung der Erde gegen die Mineralisierung der Erde, teilnimmt und wenn wir ihn in die Möglichkeit versetzen müssen, an diesem stärkeren Kampfe sich zu beteiligen, das Ich gewissermaßen teilnehmen zu lassen an diesem stärkeren Kampfe.

Aber sehen Sie, eigentlich jedesmal, wenn wir den Menschen mit Kiesel behandeln, so appellieren wir an seine kieselzerspaltende Kraft, an seine Überwindungskraft gegenüber diesem harten Mineralischen, und wir versetzen dadurch das Ich in eine Lage, daß es sehr stark teilnimmt an dem, was ja auf der Erde gar nicht mehr geschieht, sondern außerhalb des Irdischen, wo Kräfte walten, die dahin gehen, daß alles irdisch Feste im Weltenraume zersplittert wird. Der Weltenraum hat ja die Eigentümlichkeit, daß er alles, was im Planetarischen fest wird, was sich im Planetarischen zusammenballt, zersplittert, in kleinste Splitter zerhaut. Das tun wir im gewöhnlichen Leben selten, wir machen es selten mit. Und am meisten machen das mit, was sonst nur der Weltenraum tut, die mathematischen Naturen, die Naturen, die sich gewöhnen, viel in Figuren zu leben, die sich gewöhnen, viel in mathematischen Formen zu denken. Denn dieses Denken beruht auf dem Zerschlagen des Mineralischen. Während die Menschen, die eine gewisse Abneigung haben gegen das Mathematische, sich mehr auf einen bloßen Entsalzungsprozeß beschränken wollen, die können nicht innerlich Mechaniker des Zerhauens werden. Das ist der Unterschied zwischen mathematischen Naturen und nichtmathematischen Naturen. Dieses Entgegenwirken dem Mineralisierungsprozeß der Erde liegt ja sehr vielen Heilprozeßideen zugrunde.

Das sind wiederum Dinge, die einfach zu dem Insult- und Abwehrinstinkt der alten Menschheit gehörten. Wenn der alte Mensch irgend etwas merkte davon, daß er schwach wurde im Denken, dann wandte er sich an irgend etwas Mineralisches, das er sich zuführte, und in dem Zersprengen, in dem innerlichen Zersprengen dieses Mineralischen eignete er sich wiederum die Fähigkeit an, mit dem sehr weit von der Erde entfernt liegenden Außerirdischen sich in Einklang zu versetzen.

Nun, man kann geradezu die außermenschliche Natur so verfolgen, daß man, ich möchte sagen, handgreiflich sieht, wie berechtigt solche Dinge sind. Sie lassen sich durch die Beobachtung eigentlich gut verifizieren. Betrachten Sie, um diesen Verifizierungsprozeß zu verfolgen, eine Pflanze, die außerordentlich interessant ist in dieser Beziehung: Betula alba, die Weißbirke. Die Weißbirke widerstrebt eigentlich in doppelter Weise dem gewöhnlichen Pflanzenbildungsprozeß schon ihrerseits, sie macht den gewöhnlichen Pflanzenbildungsprozeß nicht mit. Der gewöhnliche Pflanzenbildungsprozeß käme nämlich heraus, wenn Sie das, was in der Birkenrinde vor sich geht, vermischen könnten mit dem, was in den Birkenblättern, namentlich in den jungen Blättern des Frühlings, vor sich geht, die noch diesen bräunlichen Anflug haben. Wenn Sie diese zwei voneinander entfernten Prozesse miteinander vermischen würden, so daß dasjenige, was in der Birkenrinde wirkt, an einem Orte zusammenwirken würde mit dem, was in den Birkenblättern wirkt, dann würden Sie eine wunderbare, krautartige und blütentragende Krautpflanze erhalten. Die Birke entsteht eben einfach dadurch, daß die Prozesse, die in einer lebendigen Eiweißbildung zustande kommen, mehr in die Blätter hinein getragen werden, als das sonst der Fall ist, daß da in den Blättern der Eiweißbildungsprozeß gewissermaßen konzentriert wird und daß dafür in der Rinde der Prozeß, der in der Bildung der Kalisalze liegt, konserviert wird. Diese zwei Prozesse, die fließen in der anderen Pflanze, die eben nicht Birke wird, sondern krautartig bleibt, so zusammen, daß in der Wurzel sich bereits durchdringt dasjenige, was im Kalisalzbildungsprozeß liegt, mit dem Eiweißbildungsprozeß. Die Birke stößt das, was die Wurzel aus der Erde nimmt, nach außen in die Rinde und schickt dasjenige, was sonst die andere Pflanze durchmischt mit dem, was sie der Erde entnimmt, in das Blatt hinein, nachdem sie das der Erde entnommene zuerst in die Rinde abgestoßen hat. Dadurch richtet sich die Birke nach zwei Seiten hin her, auf den menschlichen Organismus in verschiedener Art zu wirken: sie richtet sich her durch ihre Rinde, die also die entsprechenden Kalisalze enthält, namentlich dann zu wirken, wenn der Mensch angeleitet werden soll zu Entsalzungen, zum Beispiel bei Hautausschlägen, so daß, ich möchte sagen, dasjenige, was bei der Birke nach unten in die Rinde schießt, beim Menschen nach außen schießt und da heilend wirkt. Nehmen Sie die Blätter, welche konservieren die eiweißbildenden Kräfte, so bekommen Sie dasjenige aus der Birke heraus, was insbesondere nach dem Zentralmenschen geht und den Zentralmenschen beeinflußt und als ein gutes Heilmittel sich erweisen kann bei Gicht und Rheumatismus. Und wollen Sie dann den Prozeß noch steigern, so gehen Sie in das Mineralische der Birkenbildung hinein, nehmen Sie Birkenholz und bereiten Sie daraus eine vegetabilische Kohle, und Sie bekommen stark wirkende Heilkräfte für alles dasjenige, was nun gerade, ich möchte sagen, innerlich-äußerlich wirkt für die Außenseite des Inneren, für die Gedärme und so weiter. Man muß der äußeren Form der Pflanze ansehen lernen, wie sie auf den Menschen wirkt. Studieren Sie Betula alba, so können Sie sich eigentlich sagen: Diese Birke, sie ist eigentlich so, daß wenn wir sie im Bilde im Menschen verwandeln wollten, so daß sie den ganzen Menschen gesundet, so würde das so sein, daß wir sie umdrehen, vor allem daß wir ihre ins Holz und in die Rinde strebenden Kräfte in die Haut, in die Peripherie des Menschen einverleiben und das, was sie nach außen wendet, ins Innere umstülpen. Dann stülpen wir den ganzen Birkenbaum in den Menschen so hinein – als Bild, es soll ein Bild geben –, daß wir eigentlich in diesem Bilde des Birkenbaumes verfolgen können: Das ist heilkräftig für den Menschen.

Wenn Sie Pflanzen finden, die, ich möchte sagen, die Wurzelbildung sehr stark aufnehmen, die also sehr stark die Wurzelkraft entwickeln, so daß die Wurzelkräfte in sie Kali- und Natronsalze ablagern, so können Sie finden in dieser Tendenz, gewissermaßen im Kraut die Wurzeln festzuhalten, diejenige Tendenz, die heilend wirkt bei Blutungen, aber auch bei Grießbildungen, Nierengrießbildungen und so weiter. Eine solche Pflanze, die in dieser Weise bei Blutungen gut brauchbar wäre, bei inneren Blutungen, bei Nierengrießbildungen und alledem, was dazwischenliegt, wäre Capsella bursae pastoris, die Hirtentasche.

Nun denken Sie sich einmal so recht hinein in eine solche Pflanze, wie sie zum Beispiel das gewöhnliche Löffelkraut ist, Cochlearia officinalis. Diese Pflanze ist auch interessant zu studieren. Diese Pflanze nämlich hat schwefelartige, schwefelhaltige Öle in sich. Dadurch, daß sie schwefelhaltige Öle in sich hat, wirkt sie direkt in sich auf ihr Eiweiß durch den Schwefel. Nun ist der Schwefel im Mineralischen dasjenige, was auf das Eiweiß so wirkt, daß seine Kräfte, seine Bildungskräfte gefördert werden. Es wird eigentlich der eiweißbildende Prozeß, wenn er zu träge verläuft, durch den hinzugefügten Schwefelprozeß beschleunigt. Das ist im wesentlichen all dasjenige, was solch eine Pflanze wie das Löffelkraut in sich organisch gebildet hat. Dadurch, daß das Löffelkraut auf gewissen Standorten wächst, dadurch, daß es in einer ganz bestimmten Weise in die Natur eingefügt ist, dadurch ist es dazu verurteilt, zu träge wirkende Eiweißprozesse zu bilden, und es wird durch einen wunderbaren Naturinstinkt der Ausgleich geschaffen durch die schwefelhaltigen Öle, die darinnen sind, die diesen träge wirkenden Eiweißprozessen entgegenkommen.

Nun ist ein beschleunigter Eiweißprozeß etwas anderes als ein Eiweißprozeß, der schon durch seine Natur geradeso schnell verläuft. Das muß man immer berücksichtigen. Natürlich können Sie bei zahlreichen Pflanzen eiweißbildende Prozesse finden, die ebenso schnell verlaufen wie beim Löffelkraut. Aber sie sind nicht dadurch hervorgerufen, daß das Trägheitsprinzip mit dem beschleunigten Prinzip in Wechselwirkung tritt. Dieses fortwährende Zusammenwirken von Trägheitsprinzip und Beschleunigungsprinzip in dem Löffelkrautwachstum, das macht das Löffelkraut durch seine innere Verwandtschaft außerordentlich geeignet, bei solchen Erkrankungen verwendet zu werden in entsprechender Weise, wie zum Beispiel bei Skorbut, denn der Prozeß, der sich da abspielt bei Skorbut, ist außerordentlich ähnlich dem Prozeß, den ich jetzt beschrieben habe.

Nun glaube ich, daß man in der Tat sehr weit kommen kann, wenn man sich eine persönliche Erziehung aneignet, die in dieser Weise zusammendenkt das äußere Naturgeschehen und das innerliche menschliche Geschehen. Dadurch kommen Sie zu diesen ganz außerordentlich wichtigen Verwandtschaften. Aber Sie kommen dadurch auch zu einem Verständnisse des Menschen, das Sie sich durch etwas anderes gar nicht erwerben können, denn eigentlich kann der Mensch doch nur ganz verstanden werden aus dem Außermenschlichen, und das wiederum aus dem Menschlichen. Man muß beide Dinge zusammen studieren können. Nun bitte ich Sie einmal, es durchaus nicht als etwas Unnötiges zu betrachten, wenn ich heute noch etwas anschließe, was uns bei den nächsten Betrachtungen sehr helfen soll, nämlich das eigentümliche Funktionieren der Milz im menschlichen Organismus.

Dieses Funktionieren der Milz im menschlichen Organismus ist ein solches, welches sehr stark nach der geistigen Seite hinneigt. Deshalb habe ich einmal in einem okkulten physiologischen Zyklus gesagt, daß, wenn man die Milz entfernt, sehr leicht der Ätherleib eintritt dafür – die ätherische Milz –, so daß das ein Organ ist, das am leichtesten durch sein ätherisches Gegenbild im Menschen ersetzt werden kann. Aber es hängt die Milz weniger als die anderen Organe des menschlichen Unterleibes zusammen mit dem eigentlichen Stoffwechsel. Die Milz hängt wenig mit dem eigentlichen Stoffwechsel zusammen, wohl aber in hohem Grade mit der Regulierung des Stoffwechsels. Was ist eigentlich die Milz? Die Milz stellt sich dar der geisteswissenschaftlichen Forschung als dasjenige, was berufen ist, den fortwährenden Einklang zu gestalten zwischen dem rohen Stoffwechsel und zwischen all dem, was mehr vergeistigt, verseeligt in dem Menschen vor sich geht. Die Milz ist nämlich, wie im Grunde genommen alle Organe – aber das eine mehr, das andere weniger – in hohem Grade ein starkes unterbewußtes Sinnesorgan, und sie reagiert in außerordentlich starkem Maße auf den Rhythmus der menschlichen Nahrungsaufnahme. Leute, die fortwährend essen, rufen in sich eine ganz andere Milztätigkeit hervor als Leute, welche auch Zwischenzeiten lassen. Man kann das insbesondere an der zappeligen Milztätigkeit bei Kindern beobachten, wenn sie fortwährend naschen; dann entwickelt sich eine stark zappelnde Milztätigkeit. Man kann es auch beobachten daran, daß dann, wenn die Nahrungsaufnahme nicht erfolgt, einige Zeit nach dem Einschlafen die Milz in einem hohen Grade zu einer gewissen Ruhe kommt. Gewiß, nur in ihrer Art allerdings kommt die Milz zu einer gewissen Ruhe. Die Milz ist nämlich eben das Organ der Empfindung des mehr vergeistigten Menschen für den Rhythmus der Nahrungsaufnahme, und sie sagt im Unterbewußten dem Menschen, was er als Gegenwirkung entfalten soll, damit der schädliche Einfluß der unrhythmischen Nahrungsaufnahme wenigstens abgemildert werden kann. Dadurch leitet die Tätigkeit der Milz weniger nach dem eigentlichen Stoffwechsel im Menschen hin als nach den rhythmischen Vorgängen, nimmt teil an den rhythmischen Vorgängen, an dem Rhythmus, von dem es notwendig ist, daß er sich abspielt zwischen der Stoffaufnahme und dem eigentlichen Atmungsrhythmus. Es ist einfach eingeschaltet zwischen dem Atmungsrhythmus und dem ja nicht zum Rhythmus sonderlich veranlagten Nahrungsaufnehmen noch ein Zwischenrhythmus, und das ist der, den die Milz vermittelt. Durch den Atmungsrhythmus ist der Mensch dazu veranlagt, im strengen Weltenrhythmus zu leben. Durch sein unregelmäßiges Nahrungsaufnehmen beeinträchtigt er fortwährend diesen strengen Weltenrhythmus. Und die Milz ist eine Vermittlerin.

Diesen Tatbestand kann man einfach feststellen aus der Beobachtung des Menschen. Nun bitte ich Sie, mit der Direktive durch diesen Tatbestand dann zu studieren, was Sie anatomisch-physiologisch wirklich finden können. Sie werden alles bis ins kleinste bewahrheitet finden. Sie werden dadurch, daß die Milzarterie fast unmittelbar mit der Aorta zusammenhängt, auch äußerlich in der Eingestaltung der Milz in den Organismus, das, was ich gesagt habe, bewahrheitet finden, und Sie werden auf der anderen Seite die Vermittlung nach der Nahrungsaufnahme hin vermittelt finden durch die Einfügung der Milzvene in den ganzen Organismus, die nach der Pfortader hingeht und mit der Leber in unmittelbarer Beziehung steht.

Da ordnet sich der halb äußerliche, halb innerliche Rhythmus und Nichtrhythmus zusammen, reguliert sich gegenseitig. Sie ist eingeschaltet, die Milztätigkeit, zwischen den rhythmischen Menschen und den Stoffwechselmenschen. Und vieles von dem, was zusammenhängt mit einem unrichtigen Wirken der Milztätigkeit, das muß eben reguliert werden dadurch, daß man aufbaut auf diesem Wissen von dem Zusammenhang zwischen Atmungssystem und Stoffwechselsystem oder auch Blutzirkulationssystem und Stoffwechselsystem, wie es vermittelt wird durch die Milz. Es ist gar kein Wunder, daß schließlich von der materialistischen Wissenschaft die Physiologie der Milz stark vernachlässigt wird, weil ja diese materialistische Wissenschaft von dem dreigliedrigen Menschen: Stoffwechselmenschen, Zirkulationsmenschen und Nerven-Sinnes-Menschen nichts weiß.

SECHZEHNTER VORTRAG

Dornach, 5. April 1920

Sie werden sehen, daß nun allmählich die Fragestellungen, die Sie so gut waren, mir zu geben, im Vortrage auftauchen werden. Es handelte sich nur darum, für eine rationelle Beantwortung dieser Fragen den Unterbau zu schaffen. Ich möchte heute an dasjenige anknüpfen, bis zu dem wir gestern vorgedrungen sind. Ich habe Sie ja gestern aufmerksam darauf machen können, wie bedeutungsvoll die Milzfunktionen in dem menschlichen Organismus sind. Diese Milzfunktionen sind nun geradezu anzusprechen als wesentlich das unterbewußte Seelenleben regelnd. Es ist ein Verkennen der ganzen menschlichen Wesenheit, wenn man die Milz für ein untergeordnetes Organ hält. Allerdings kann ja dieser Irrtum, dieses Mißverständnis dadurch hervorgerufen werden, daß die Funktionen der Milz sehr leicht von der bloßen ätherischen Milz übernommen werden, weil sie eben ein sehr durchgeistigtes Organ ist und auch andere Organe herangezogen werden können, um für die Funktionen der Milz einzutreten. Aber Sie werden sich überzeugen können, wie die Milzwirkung merkwürdiger wird, wenn sie gerade aus dem Unterbewußten mehr heraufgehoben wird in das Bewußtsein. Da kommen wir merkwürdigerweise gerade an der Milz zu der Betrachtung einer gewissen Heilungsmethode, die ja in der neueren Zeit interessant geworden ist. Das Sonderbare ist nur, daß wir hier von der Milzwirkung ausgehen. Sie können sich nämlich überzeugen, daß schwache Massagen in der Milzgegend zunächst ausgleichend auf die Instinkttätigkeit des Menschen wirken. In einer gewissen Weise bekommt der Mensch bessere Instinkte, also ein leichteres Finden zum Beispiel der ihm tauglichen Nahrungsmittel, gesündere Beziehungen zu dem, was ihm im Organismus dient und nicht dient, wenn man sanfte Massagen in der Milzgegend vornimmt. Aber diese Massage in der Milzgegend hat gleich ihre Grenze. Sobald sie zu stark wird, ist sie geeignet, die Instinkttätigkeit wiederum vollständig zu untergraben. So daß also gerade da ein merkwürdiges Innehalten des, ich möchte sagen, Nullpunktes eintreten muß. Man darf mit der sanften Massage nicht allzuweit vorgehen.

Nun, womit hängt denn das eigentlich zusammen? Wenn man die Milz sanft massiert – also ich meine die Milzgegend –, so wird ja in diese Gegend etwas getrieben, was sonst nicht in dieser Gegend ist. Es wird gewissermaßen das Bewußtsein desjenigen, den man massiert, dahin projiziert. Auf dieser Umlagerung des Bewußtseins und auf diesem Strömenlassen des Bewußtseins beruht sehr viel. Es ist manchmal schwierig, in diese feinen Wirkungsweisen des menschlichen Organismus mit unserer derben, groben Sprache genügend hinzuweisen. Es ist, so sonderbar das klingt, eine starke Wechselwirkung zwischen jener unbewußten Verstandes- und Vernunfttätigkeit, die im menschlichen Organismus durch die Milz, mehr durch die Milzfunktionen vermittelt wird, und dann den bewußten Funktionen des menschlichen Organismus. Nun, die bewußten Funktionen des menschlichen Organismus, was sind sie denn eigentlich? Alles was im Organismus so vor sich geht, daß die physischen Vorgänge begleitet sind von den höheren Bewußtseinsvorgängen, namentlich von den Vorstellungsvorgängen, sind im Organismus Giftwirkungen. Das ist etwas, was nicht übersehen werden darf. Der Organismus vergiftet sich fortwährend gerade durch seine Vorstellungstätigkeit. Er gleicht diese Vergiftungszustände eigentlich fortwährend durch die unbewußten Willenszustände aus. In der Milz liegt das Zentrum für die unbewußten Willenszustände. Durchziehen wir nun die Milz mit Bewußtsein dadurch, daß wir sie massierend beeinflussen, dann wirken wir in einer gewissen Weise gegen die starke Giftwirkung, die von unserem höheren Bewußtsein ausgeht.

Nun braucht aber die Milzmassage nicht immer eine äußerliche zu sein, sondern sie kann auch eine innerliche sein. Vielleicht werden Sie bestreiten, daß man das Massage nennt, aber es kommt ja nur darauf an, daß wir uns verstehen. Die Milzmassage kann nämlich auch dadurch vorgenommen werden, daß man zum Beispiel bei dem Menschen, bei dem man sieht, daß er eine starke innere organische Tätigkeit hat, die von Vergiftungszuständen herrührt, dieser abnorme Bewußtseinszustand der Milz dadurch beeinflußt werden kann, daß man diesem Menschen sagt: Essen Sie nicht bloß die Hauptmahlzeiten, sondern essen Sie möglichst wenig zu den Hauptmahlzeiten, und essen Sie öfter, verteilen Sie das Essen so, daß es in kürzeren Zwischenräumen erfolgt. – Dieses Verteilen der Eßtätigkeit ist eine innerliche Milzmassage, das beeinflußt im wesentlichen die Milztätigkeit. Nur hat die Sache natürlich auch wiederum ihre Haken, wie alles diese Prozesse Betreffende einen gewissen Haken hat. Denn sehen Sie, in unserer hastigen Zeit, wo die Menschen eigentlich immer – wenigstens viele Menschen – eingespannt sind in eine äußere aufreibende Tätigkeit, da wird die Milzfunktion gerade durch diese äußere aufreibende Tätigkeit außerordentlich stark beeinflußt, weil der Mensch tätig ist. Er macht es nicht so, wie gewisse Tiere, die sich dadurch gesund erhalten, daß sie sich hinlegen und die Verdauung nicht stören lassen durch eine äußere Tätigkeit; die schonen ihre Milztätigkeit eigentlich in Wirklichkeit. Der Mensch schont seine Milztätigkeit nicht, wenn er in einer äußeren nervösen, hastigen Tätigkeit ist. Daher kommt es, daß eigentlich in der ganzen Kulturmenschheit die Milztätigkeit allmählich eine sehr abnorme wird und daß dann die Entlastung der Milzfunktionen von einer besonderen Bedeutung wird durch eben solche Mittel, wie ich sie jetzt etwas angegeben habe.

Man wird, möchte ich sagen, schön hingewiesen auf die Beziehungen der das Unbewußte vermittelnden Organe des Menschen und der das Bewußte vermittelnden Organe, wenn man gerade auf so feine Massagen, wie die Milzmassage innerlich und äußerlich ist, etwas aufmerksam wird, denn dadurch kommt man auf die Bedeutung der Massage, wenigstens versteht man die ganze Bedeutung der Massage leichter. Die Massage hat eine gewisse Bedeutung, und sie hat auch unter Umständen eine stark heilende Wirkung, obwohl sie vor allen Dingen wirkt auf das Regulieren der rhythmischen Tätigkeit im Menschen. Sie wirkt vorzugsweise auf das Regulieren der rhythmischen Tätigkeit im Menschen. Aber man muß, wenn man mit Erfolg massieren will, den menschlichen Organismus gut kennen. Sie werden geführt werden auf den Weg, wenn Sie etwa folgendes überlegen. Denken Sie einmal an den ungeheuren Unterschied, der für die menschliche Organisation – nicht für die tierische, aber für die menschliche Organisation – besteht zwischen Armen und Beinen. Die Arme des Menschen, die entlastet sind von dem Eingeschaltetsein in die Schwere, die frei sich bewegen, diese Arme des Menschen, sie haben ihren Astralleib in viel loserer Verbindung mit dem physischen Leib als die Füße des Menschen. Bei den Füßen des Menschen ist der Astralleib in einer sehr innigen Verbindung. Man möchte sagen: Bei den Armen wirkt der Astralleib mehr durch die Haut von außen nach innen. Er hüllt ein die Arme und Hände, und er wirkt von außen nach innen, er wirkt in einem gewissen Sinne einhüllend. In den Beinen und Füßen wirkt der Wille durch den Astralleib außerordentlich stark zentrifugal, außerordentlich stark ausstrahlend von innen nach außen. Dadurch ist ein so beträchtlicher Unterschied zwischen Armen und Beinen. Und die Folge davon ist, daß, wenn man eines Menschen Beine und Füße massiert, man dann im Grunde eine ganz andere Tätigkeit ausübt, als wenn man des Menschen Arme und Hände massiert. Wenn man des Menschen Arme massiert, so zieht die Massage das Astralische aus dem Äußeren in das Innere. Die Arme werden dadurch viel mehr, als sie es sonst sind, Willensapparate, und es wird dadurch regulierend gewirkt auf den inneren Stoffwechsel, der zwischen Darm und Blutgefäßen verläuft. Also mehr auf die Blutbildung wird gewirkt, wenn man die Arme und Hände massiert. Massiert man mehr Füße und Beine, so wird das Physische mehr da in ein Vorstellungsgemäßes umgewandelt, und man wirkt regulierend auf denjenigen Stoffwechsel, der mit den Entleerungs- und Ausscheidungsprozessen zusammenhängt, also mit demjenigen, was Entleerungs-, Ausscheidungsprozesse sind. Gerade an dieser Fortsetzung der Massagewirkungen, in einem Fall von den Armen ausgehend mehr auf das innere, aufbauende Gebiet des Stoffwechsels, im anderen Fall in den Wirkungen auf das abbauende Gebiet, sieht man, ein wie kompliziertes Wesen dieser menschliche Organismus eigentlich ist. So werden Sie finden, wenn Sie die Sache rationell untersuchen, daß in der Tat jede Stelle des Körpers einen gewissen Bezug auf andere Stellen des Körpers hat und daß darauf gerade die Massagewirkung beruht, daß man dieses innere Wechselwirken mit dem Organismus in entsprechender Weise durchschaut. Massieren des Unterleibes wird immer wohltätige Folgen haben können sogar für die Atmungstätigkeit. Das ist von besonderem Interesse, daß eben die Massage des Unterleibes für die Atmungstätigkeit einen besonders guten Einfluß hat. Und zwar, je weiter man da geht von oben nach unten, wenn man massiert unmittelbar unter der Herzgegend, wird die Atmung stärker beeinflußt, wenn man weiter hinuntergeht, werden mehr die Halsorgane beeinflußt. Es geht umgekehrt, je weiter man hinuntergeht, desto mehr werden die Organe, die nach oben gelegen sind, beeinflußt beim Massieren des Rumpfes. Dagegen wird zum Beispiel immer eine Massage der Arme verstärkt werden dadurch, daß man ganz oben den Rumpf mitmassiert. Das sind Dinge, die eben den Zusammenhang der einzelnen, ich möchte sagen, Glieder des menschlichen Organismus veranschaulichen. Wir sehen ja, daß ganz besonders diese Wechselwirkung des unteren und des oberen Menschen, überhaupt der Glieder des menschlichen Organismus, die manchmal ganz fern voneinander liegen, aber zusammengehören, auftritt bei solchen Dingen, wie zum Beispiel bei der Migräne.

Die Migräne ist ja in Wahrheit nichts anderes als ein Verlegen von Verdauungstätigkeiten, die eigentlich im übrigen Organismus sitzen sollten, in den Kopf hinein, daher durch alles dasjenige, was den übrigen Organismus zu stark in Anspruch nimmt, wie zum Beispiel die Frauenperiode, in entsprechender Weise auch die Migräne beeinflußt wird. Es ist darüber zu sagen, daß durch dieses Stattfinden einer nicht in den Kopf hineingehörigen Verdauungstätigkeit den Kopfnerven etwas aufgeladen wird, von dem sie im normalen Leben entlastet sind. Gerade dadurch, daß im Kopfe nur eine ganz geregelte Verdauungstätigkeit, also Aufnahmetätigkeit, vor sich geht, dadurch sind die Kopfnerven entlastet, sind zu Sinnesnerven umgestaltet. Dieser Charakter wird ihnen genommen, wenn im Kopfe eine so wie eben charakterisierte ungeordnete Tätigkeit stattfindet. Sie werden daher innerlich empfänglich, empfindlich, und auf dieser innerlichen Empfindung desjenigen, für was der Innenorganismus eben keine Empfindung haben sollte, beruhen auch die Schmerzen, die bei der Migräne auftreten, überhaupt diese ganzen Zustände. Es ist auch durchaus begreiflich, wie ein Mensch sich fühlen muß, der, statt daß er die Umwelt, die Außenwelt wahrnimmt, plötzlich gezwungen ist, das Innere seines Kopfes wahrzunehmen. Nun, wer aber diesen Zustand richtig durchschaut, wird bei der Migräne doch nur als auf das beste Heilmittel auf das In-Ruhe-Ausschlafen derselben oder dergleichen hinweisen können. Denn alles dasjenige, was sonst angewendet wird oder wozu man manchmal gezwungen ist, es anzuwenden, das ist eigentlich von schädlicher Einwirkung. Wenden Sie da die gewöhnlichen, oftmals angewendeten allopathischen Heilmittel an, so erreichen Sie nämlich das, daß Sie nun diesen nervösen Apparat, der empfindlich geworden ist, betäuben, das heißt, daß Sie seine Tätigkeit heruntersetzen. Ist man einmal mit Migräne behaftet gerade bevor man, sagen wir, in einer Theatervorstellung auftreten sollte, und zieht nun vor, sich etwas zu schädigen, statt nicht auftreten zu können, so kann das, was ich da sage, dann ganz besonders gut beobachtet werden: die Betäubung desjenigen, was eigentlich nicht betäubt werden soll. Natürlich zeigt sich bei solchen Dingen, wie der menschliche Organismus etwas außerordentlich Feines ist und wie man sehr häufig einfach durch das soziale Eingespanntsein in das Leben genötigt ist, gegen das zu sündigen, was der Organismus verlangt. Das ist ja ganz selbstverständlich, das darf nicht eigentlich außer acht gelassen werden, und man ist manchmal genötigt, eine Schädigung, die einfach durch die soziale Stellung des Menschen hervorgerufen ist, hinzunehmen und eventuell ihre Folgeerscheinungen, die dann schon auftreten werden, auszukurieren.

Wie fein schließlich diese menschliche Leibesorganisation ist, das zeigt sich auch dann, wenn man in sachgemäßer Weise eingeht auf die Farben- und Lichttherapie. Diese Farben- und Lichttherapie ist ja etwas, was wohl in der Zukunft etwas mehr berücksichtigt werden sollte, als es in der Vergangenheit immerhin schon berücksichtigt worden ist. Es ist notwendig, namentlich auch einzugehen dann auf den Unterschied der eigentlichen Farbenwirkung, die ganz an den oberen Menschen appelliert, und der Lichtwirkung, die einfach mehr ins Objektive gezogen ist und die an den ganzen Menschen appelliert. Wenn man einfach den Menschen in einen Raum bringt und ihn bescheinen läßt von objektiver Farbe und Licht oder einen Teil von ihm aussetzt einer nur objektiven Wirkung von Farbe oder Licht, so wird direkt eine Organwirkung hervorgebracht. Es ist etwas, was durchaus von außen auf den Menschen wirkt. Wenn man aber die Exposition so macht, daß irgendwie dasjenige in Anspruch genommen wird, was sonst nur durch das Bewußtsein in Anspruch genommen wird, der Farbeneindruck, die Tatsache, daß die Farbe da ist, wenn ich also, statt daß ich auf den Menschen farbiges Licht scheinen lasse, ihn bringe in ein Zimmer, das mit einer gewissen Farbe ausgekleidet ist, dann ist die Wirkung eine andere, nämlich eine solche, die doch immerhin geht durch alle diejenigen Organe, die nach den Bewußtseinsorganen zu liegen. Bei dieser subjektiven Farbentherapie wird unter allen Umständen auf das Ich gewirkt, während bei der objektiven Farbentherapie auf das physische System gewirkt wird und erst auf dem Umwege durch das physische System auf das Ich. Sagen Sie deshalb nicht, daß es unnötig ist dann, wenn man blinde Menschen in einen Raum bringt, der mit einer bestimmten Farbe ausgekleidet ist, weil sie keinen Eindruck haben können und die Folge sein müßte, daß eigentlich die Abwesenheit jeder Wirkung da sei. Das ist nicht der Fall. Da treten die, ich möchte sagen, unter der Oberfläche des Sinnlichen gelegenen Wirkungen des Sinnlichen eben sehr stark auf. Auch wenn ich einen blinden Menschen in einen Raum bringe, der rot oder blau ausgekleidet ist, so ist auch das für ihn ein Unterschied. Es ist also ein wesentlicher Unterschied, und es ist zu sagen, daß, wenn ich einen Menschen, der blind ist, in einen Raum bringe, der blaue Wände hat, ich dann so auf ihn wirke, daß seine ganze Organisation, sein Funktionieren vom Kopfe nach dem übrigen Organismus sich zurückzieht. Bringe ich ihn in einen Raum, der rot ausgeschlagen ist, so geht sein Funktionieren von dem übrigen Organismus nach dem Kopfe hin. Daraus ersehen Sie allerdings, daß in diesem Rhythmus, der dann hervorgerufen wird, wenn ich eine Farbe mit der anderen abwechseln lasse, bei solcher objektiver Farbentingierung der Umgebung das Wesentliche liegen muß. Weniger liegt daran noch, ob man einen Menschen in einen blauen oder in einen roten Raum bringt, sondern mehr noch daran, ob man einen Menschen, nachdem man ihn in Rot gehabt hat, ins Blau bringt, oder wenn man ihn im Blauen gehabt hat, ins Rot bringt. Das ist von einer wesentlichen Bedeutung. Sehe ich einem Menschen im allgemeinen an, daß ich nötig habe, sein übriges System durch starke Anregung der Kopffunktionen ausbessern zu lassen, dann bringe ich ihn von einem blauen Raum in einen roten. Will ich durch den übrigen Organismus seine Kopffunktionen ausbessern lassen, bringe ich ihn von einem roten in ein blaues Zimmer. Das sind die Dinge, die in der, wie ich glaube, nicht fernen Zukunft doch sehr wichtig sind und bei der nun nicht Licht-, sondern Farbentherapie eine große Rolle spielen wird.

Es ist schon von Wichtigkeit, das Wechselspiel von Bewußtem und Unbewußtem in der Zukunftstherapie eine Rolle spielen zu lassen. Denn dadurch wird man auch ein gesundes Urteil sich verschaffen lernen über die eigentümliche Wirkungsweise der, sagen wir, durch Bäder auf den Menschen wirkenden Substanzen. Es ist ein großer Unterschied, ob irgend dasjenige, was ich an den Menschen von außen heranbringe, in einer Weise wirkt, daß es auf den Menschen einen kalten Eindruck macht, oder ob ich es so heranbringe, daß es einen warmen Eindruck macht. Der kalte Eindruck, der müßte eigentlich so aufgefaßt werden, daß dann, wenn irgend etwas auf mich kühlend wirkt im Umschlag oder im Bade, es im wesentlichen die Substanzwirkung ist, die, wenn eine Heilung da ist, eben heilend wirkt. Da ist es die Substanzwirkung des betreffenden Mittels. Wirkt aber nicht dasjenige, was an mich gebracht wird, kalt, sondern wirkt es warm, zum Beispiel ein warmer Umschlag, dann ist es gar nicht die Substanz, dann ist es fast gleichgültig, welche Substanz man verwendet, dann ist es die Wärmewirkung, die in Betracht kommt, und für die Wärmewirkung ist es schließlich gleich, von welcher Seite sie in Betracht kommt. So daß also bei kalten Umschlägen immer darauf wird gesehen werden können, wie man in der Lage ist, die Flüssigkeit, das Wasser, das man zum Umschlag verwendet, zu tingieren mit diesen oder jenen Substanzen. Man wird diese Substanzen wirksam machen, wenn man sie in kaltem Wasser wirksam machen kann, wenn sie also bei niederer Temperatur löslich sind. Dagegen wird man wenig Substanzwirkungen unmittelbar hervorbringen – wenn man es nicht gerade mit ätherischen Substanzen zu tun hat, die sehr stark aromatisch sind, bei denen ist es etwas anders, da sind Substanzwirkungen auch bei hoher Temperatur vorhanden – bei solchen Substanzen, die sich als feste Substanzen leicht lösen. Man wird eine Heilwirkung bei warmen Umschlägen oder bei warmen Bädern nicht recht hervorbringen können. Dagegen werden Substanzen, die sulphurig, phosphorig sind, wie der Schwefel selber, wenn sie auftreten als Begleiter des warmen Bades, ihre entsprechenden Heilwirkungen gerade da wiederum entfalten können.

Also es handelt sich darum, daß man in feiner Weise hinsieht auf solche Verhältnisse, wie ich sie jetzt eben dargestellt habe. Und da möchte ich sagen, wird es Ihnen sehr nützen, wenn man sich gewissermaßen eine Art Urphänomen hinstellt. Es ist interessant, daß diese Methode, eine Art Urphänomen hinzustellen, gerade in jenen Zeiten eine große Rolle gespielt hat, wo mehr von den Mysterien aus diese Pflege des Medizinischen und so weiter gegangen ist. Da wurden die Dinge nicht theoretisch ausgedrückt, sondern sie wurden gewissermaßen durch Urphänomene ausgedrückt. So wurde zum Beispiel gesagt: «Nimmst du innerlich zu dir Honig oder Wein, so stärkst du von innen aus die Kräfte, die aus dem Kosmos herein in dir wirken.» – Man könnte auch sagen: So stärkst du die eigentlichen Ich-Kräfte, denn das wäre dasselbe. – Das ist etwas, ich möchte sagen, was die Sache sehr übersichtlich macht. «Reibst du aber deinen Körper mit einer ölartigen Substanz ein, so schwächst du in dir die schädliche Wirkung der eigentlichen Erdenkräfte», also die Kräfte, die im Organismus der Ich-Wirkung entgegenstehen. «Und findet man das richtige Maß zwischen süßer Stärkung von innen und öliger Schwächung von außen, so wird man alt», haben die Alten gesagt, die alten Ärzte. «Lasse in deinem Organismus durch die Wirkung des Öles dir die schädliche Erdenwirkung nehmen, indem du dich mit dem Öle einreibst, und lasse dir, wenn du es imstande bist, wenn du nicht zu schwach dazu bist in deiner Organisation, die Ich-Kräfte stärken durch Wein oder Honig, dann stärkst du eben diejenigen Kräfte, die dich ins Alter führen.» Das sind solche Dinge, die da urphänomenal die Sache ausdrücken sollten. Man wollte durch Tatsachen, nicht durch Lehrsätze eigentlich den Menschen auf den Weg weisen. Das ist dasjenige, zu dem wir auch wiederum zurückkommen müssen. Denn man findet sich viel leichter zurecht unter den so mannigfaltigen Stoffen der Außenwelt, wenn man in dieser Weise auf Urphänomene zurückgehen kann, als auf sogenannte abstrakte Naturgesetze, die einen eigentlich sofort im Stich lassen, wenn man an irgend etwas Konkretes herantreten will.

Nun sind manche Urphänomene furchtbar leicht auszusprechen. Ich möchte Ihnen solche ganz einfache Urphänomene hinstellen. Da ist eines: «Stelle die Füße ins Wasser, so rufst du im Unterleibe Kräfte hervor, die die Blutbereitung fördern.» Da haben Sie ein solches Urphänomen, das sehr stark wegleitend ist. «Wasche dir den Kopf, so rufst du im Unterleibe Kräfte hervor, die die Entleerung regulieren.» Das sind solche Urphänomene, die wirklich sehr aufschlußgebend sind, denn sie fassen die Gesetzmäßigkeit, die Wirklichkeit in sich. Der Mensch ist da drinnen, wenn ich so etwas ausspreche. Denn natürlich haben die Dinge keinen Sinn, wenn ich nicht an den Menschen denke, und das ist von einer großen Bedeutung, daß ich bei allen diesen Dingen an den Menschen denke.

Nun, das ist wiederum etwas, was mehr auf die räumliche Wechselwirkung der Kräfte im menschlichen Organismus hinweist. Aber auch eine zeitliche Wechselwirkung ist vorhanden, und diese zeitliche Wechselwirkung, die tritt uns zum Beispiel stark entgegen, wenn wir den Fall beobachten müssen am Menschen, wo er als

Kind oder in der ersten Jugendzeit so falsch behandelt wird, daß in ihm durch sein ganzes Leben nicht das herangezogen wird, was gerade in der Jugend und in der Kindheit herangezogen werden soll, sondern dasjenige, was eigentlich erst im Alter herangezogen werden soll. Ich will mich noch deutlicher aussprechen. Der Mensch ist ja einmal so, daß er schon in der Jugend gewisse Kräfte entwickelt, die dann seinen Organismus eben gestalten. Aber nicht alles, was in der Jugend im Organismus gestaltet wird, findet auch schon in der Jugend die richtige Anwendung. Wir gestalten den Organismus in der Jugend, um auch etwas aufzubehalten, was dann erst im Alter zur Wirksamkeit kommt. Also schon im Kinde werden gewisse, ich möchte sagen, Organe aufgebaut, welche aber noch nicht in der Kindheit benützt werden sollen, sondern das Alter kann sie nicht mehr aufbauen, daher bleiben sie in der Reserve, um dann im Alter benützt zu werden. Wenn aber zum Beispiel gar keine Rücksicht darauf genommen wird, daß man den Menschen bis zum Zahnwechsel hin durch die Nachahmung erziehen soll, daß man dann den Menschen vom Zahnwechsel an so erziehen und unterrichten soll, daß die Autorität eine große Rolle spielt, wenn das nicht bedacht wird, so können einfach frühzeitig die Organe, die für das Alter in der Reserve bleiben sollen, beansprucht werden. Natürlich kann die heutige materialistische Denkweise einwenden: Das kann von keiner so großen Bedeutung sein, wie man die Nachahmung oder die Autorität benützt. – Es ist doch von einer ungeheuren Bedeutung, weil sich die Wirkung in den Organismus fortsetzt. Ich muß nur berücksichtigen, daß das Kind mit seinem ganzen Seelenleben bei der Nachahmung dabei sein muß. Es ist zum Beispiel folgendes von einer großen Bedeutung. Denken Sie sich, Sie bringen dem Kinde eine gewisse Sympathie für ein Nahrungsmittel dadurch bei, daß Sie das Kind hineinwachsen lassen in die Nachahmung der Sympathie zum Nahrungsmittel, die der Erziehende hat. Also Sie lassen verbinden dieses Nachahmungsprinzip mit dem Einwachsen des Appetits für dieses Nahrungsmittel, da ist eine Fortsetzung des Nachahmungstriebes im Organismus vorhanden. Ebenso später beim Autoritätsleben. Kurz, wenn eben Organe – es sind natürlich feine Organisationen –, die eigentlich in der Reserve bleiben sollen ins Alter hinein, in der Kindheit bereits in Anspruch genommen werden, so entsteht die furchtbare Dementia praecox. Das ist der eigentliche Grund für Dementia praecox. Deshalb kann man schon sagen: Ein gutes Heilmittel ist schon die sachgemäße Erziehung. Und wird man – was wir jetzt schon mit der Waldorfschule anstreben, aber eben noch nicht ausdehnen können auf die noch frühere Erziehung, wir können es erst vom sechsten oder siebten Jahre an – aber einmal die ganze Erziehung in den Dienst der Erkenntnis stellen, die man haben kann aus der Geisteswissenschaft heraus, in dem Sinne, wie ich es dargestellt habe in meinem Büchelchen «Die Erziehung des Kindes vom Gesichtspunkt der Geisteswissenschaft», dann wird die Dementia praecox auch eigentlich schwinden. Denn durch das Gestalten der Erziehung in einer solchen Weise wird eben gerade verhindert, daß der Mensch früh seine Altersorgane schon in Anspruch nimmt. Das ist dasjenige, was ja in bezug auf ordentliche Erziehung gesagt werden muß.

Nun gibt es im Leben auch das Umgekehrte. Und dieses Umgekehrte besteht darinnen, daß wir ja auch aufsparen dasjenige, was nur in der Jugend eigentlich an Organwirkungen entfaltet werden soll. Es findet schon durch das ganze Leben hindurch auch eine Inanspruchnahme der Organe, die vorzugsweise für die Kindheit und für die Jugend da sind, statt; aber eben, es muß im abgeschwächten Maße eintreten, sonst zieht es Schädigungen nach sich. Hier liegt ein Gebiet, wo, durch das Mannigfaltigste verursacht, heute so etwas verwirrend eingreifen kann in das ganze menschliche Denken wie zum Beispiel die Psychoanalyse. Es ist ja wirklich wahr, daß eigentlich am meisten Schaden anrichten nicht die ganz großen Irrtümer, denn die großen Irrtümer werden bald widerlegt, aber die Dinge richten den größten Schaden an, in denen Körnchen von Wahrheit stecken, denn die werden ins Extrem getrieben, werden mißbraucht.

Was liegt denn eigentlich vor für das Heraufkommen einer Anschauung, die in den Bahnen der Psychoanalyse läuft? Es liegt das vor, daß durch die heutige vielfach unnatürliche Lebensweise, die gar nicht den Menschen, soweit es notwendig ist, anpaßt an die äußere Umwelt, vieles nicht verarbeitet wird, was auf den Menschen Eindruck macht in der Kindheit. Es bleiben einfach Dinge einverleibt dem Seelenleben, die nicht in der entsprechenden Weise sich auch dem Organismus einverleiben. Denn alles, was im Seelenleben wirkt, wenn auch die Wirkung noch so leicht ist, setzt sich ja fort oder soll sich wenigstens fortsetzen in die Wirkung auf den Organismus. Aber bei unseren Kindern gibt es ja viele Eindrücke, die so sehr unnormal sind, daß sie Seeleneindrücke bleiben. Sie können sich nicht in organische Eindrücke gleich umsetzen. Dann wirken sie als Seeleneindrücke weiter, und statt daß sie nun mitmachen die ganze Entwickelung des Menschen, bleiben sie isolierte Seelenimpulse. Hätten sie die ganze organische Entwickelung mitgemacht, wären sie nicht isolierte Seelenimpulse geblieben, so würden sie nicht im späteren menschlichen Leben die Organe in Anspruch nehmen, die nur fürs Alter eigentlich da sind, die nicht mehr da sind, um jugendliche Eindrücke zu verwerten. Da entsteht im ganzen Menschen eine Ungehörigkeit. Er ist gezwungen, seelische Isolierungen auf die nicht mehr dazu geeigneten Organe einwirken zu lassen. Da entstehen dann diejenigen Erscheinungen, die man in der Tat konstatieren kann durch eine richtig angewendete psychoanalytische Methode. Man kann, wenn man den Menschen katechisiert, gewisse Dinge finden, die er in seinem Seelenleben hat, die einfach nicht verarbeitet sind und die verheerend wirken in den Organen, die schon zu alt geworden sind für diese Verarbeitung. Aber das Wichtige ist, man kann auf diesem Wege niemals zu einer Therapie gelangen, sondern nur zu einer Diagnose. Hält man es dabei, daß man die Psychoanalyse nur als Diagnose verwendet, dann tut man ja eigentlich etwas, was in gewisser Art berechtigt ist, wenn es taktvoll ausgeführt wird, wenn nicht das eintritt, was ich durch allerlei Briefchen, die mir geschrieben worden sind, belegen könnte, daß von Psychoanalytikern sogar wirklich wie Spione das Wartepersonal benützt wird, so daß man da durch alle möglichen Umstände durch das Wartepersonal herauszubekommen versucht alles mögliche, was man dann in der Katechisation dem

Kranken abgewinnen will. Diese Sache liegt so vielfach vor, daß natürlich in all diesen Dingen ein greulicher Unfug steckt. Aber sieht man ab davon – und wirklich, bei solchen Dingen kommt es ja so sehr an auf die moralische Verfassung derjenigen Personen, die mit so etwas zu tun haben –, so kann man sagen: Diagnostisch liegt etwas von Wahrheit in der Psychoanalyse, aber es ist niemals möglich, auch therapeutisch auf dem Wege zu wirken, den nun die Psychoanalytiker einschlagen wollen. Das hängt wiederum zusammen mit einer Zeiterscheinung.

Es ist das Tragische des Materialismus, daß er von der Erkenntnis der Materie abführt, daß er die Erkenntnis der Materie verhindert. Der Materialismus ist nämlich nicht einmal so schädlich der eigentlichen Erkenntnis des Geistigen als der Erkenntnis des Geistigen in dem Materiellen. Dadurch, daß die Anschauung unterbunden wird, daß überall mit dem Materiellen geistige Wirkungen verbunden sind, daß man also gerade im Materiellen die geistigen Wirkungen sucht, wird so vieles unterbunden, was für eine gesunde Anschauung des menschlichen Lebens eben nicht unterbunden werden darf. Wenn ich Materialist bin, kann ich ja unmöglich all die Eigenschaften, die wir jetzt besprochen haben in diesen Betrachtungen, der Materie zuschreiben. Man sieht das ja alles als Mumpitz an, den Materien diese oder jene Eigenschaften zuzuschreiben, die sie eben haben. Das heißt, man kommt gerade von der Erkenntnis dieses Materiellen ab. Man redet nicht mehr von phosphorigen Erscheinungen, von salzartigen Erscheinungen und so weiter, weil man das alles eben für Unsinn ansieht. Man kommt gerade von der Erkenntnis des Geistigen im Materiellen ab, kommt dadurch auch ab davon, ordentlich noch Gestaltenwirkungen studieren zu können, und kommt vor allen Dingen von einem ab, einzusehen, wie eigentlich jedes Organ des Menschen eine zweifache Aufgabe hat, immer eine mit Bezug auf eine Hinorientierung ins Bewußtsein und eine nach der entgegengesetzten Seite, nach dem bloßen organischen Prozeß.

Diese Ansicht ist ja besonders verlorengegangen auf einem Gebiete, das wir auch hier noch besprechen werden, auf dem Gebiete der Beurteilung der Zähne. Die Zähne sieht man materialistisch eben mehr oder weniger als bloße Kauwerkzeuge an. Das sind sie aber nicht bloß. Daß sie eine Doppelnatur haben, das kann schon ersichtlich werden daraus, daß sie, wenn man sie nur chemisch untersucht, als so etwas erscheinen, was mit dem Knochensystem zu tun hat. Aber entwickelungsgeschichtlich sind sie eigentlich aus dem Hautsystem heraus. Gerade die Zähne haben eine Doppelnatur, nur verbirgt sich die zweite Natur der Zähne außerordentlich stark. Vergleichen Sie doch einmal ein Tiergebiß mit einem Menschengebiß, dann werden Sie sehen, daß dasjenige, was ich in der allerersten Stunde hier gesagt habe, gerade am Tiergebiß so stark zum Ausdruck kommt, dieses Hinunterlastende, was ich durch das ganze Affenskelett darstellen wollte. Beim Menschengebiß sieht man, ich möchte sagen, in einer gewissen Weise im Gebisse selbst die Wirkung der vertikalen Linie. Das hängt damit zusammen, daß in der Tat die Zähne nicht nur Kauwerkzeuge, sondern sehr wesentliche Saugwerkzeuge sind, daß sie erstens mechanisch nach außen wirken, zweitens aber, daß in ihnen eine sehr feine, vergeistigte Saugwirkung nach innen liegt. Da müssen wir fragen: Was saugen denn die Zähne eigentlich ein? – Sie saugen nämlich im Grunde, solange sie es können, das Fluor ein. Die Zähne saugen das Fluor ein, sie sind Fluorsaugapparate. Der Mensch braucht nämlich ganz kleine Quantitäten von Fluor in seinem Organismus, und wenn er sie nicht hat – ja, da muß ich etwas sagen, was Sie vielleicht schockieren wird –, dann wird er zu gescheit. Er wird zu gescheit. Er bekommt eine Gescheitheit, die ihn fast vernichtet. Er wird nämlich durch diese Fluorwirkungen auf das richtige Maß von Dummheit, das wir schon einmal brauchen, damit wir Menschen sind, herabgestimmt. Man braucht das Fluor in kleinen Quantitäten als fortwährendes Gegenmittel gegen das Zugescheitwerden. Und frühes Schadhaftwerden der Zähne, was eine Beeinträchtigung der Fluorwirkungen ist, deutet hin auf eine zu starke Inanspruchnahme der fluorsaugenden Wirkung der Zähne, das deutet darauf hin, daß der Mensch durch irgend etwas – wir werden ja auch auf solche Dinge noch zu sprechen kommen, wenn wir auch dazu nicht viel Zeit haben, aber wir werden sie besprechen – veranlaßt wird, sich gegen Dummheit zu helfen. Also er vernichtet gewissermaßen seine Zähne, damit ihn die Fluorwirkung nicht zu dumm macht. Denken Sie an diesen ganz außerordentlich feinen Zusammenhang: Man kriegt schadhafte Zähne, damit man nicht zu dumm wird. Daraus sehen Sie den innigen Zusammenhang zwischen dem, was dem Menschen Nutzen bringt auf der einen Seite, und dem, was hinpendelt nach dem, was dem Menschen Schaden bringen kann. Wir brauchen unter gewissen Umständen die Fluorwirkungen, damit wir nicht zu gescheit werden. Aber wir können uns dadurch schaden, daß wir sie eben zu stark machen, dann ruinieren wir durch unsere Organtätigkeit unsere Zähne.

Das sind Dinge, die ich Sie bitte wohl zu überdenken, denn sie hängen zusammen mit außerordentlich bedeutungsvollen Dingen im menschlichen Organismus.

SIEBZEHNTER VORTRAG

Dornach, 6. April 1920

Es ist ja so, daß ich, soweit der Stoff bezwungen werden kann, auf Grundlage des Stoffes der letzten Stunde werde einiges zusammenfassen müssen, das erst richtig Licht wirft auf das Ganze und eigentlich das Ganze fruchtbar macht. Und deshalb wird es schon gut sein, trotzdem ja alles nur ein Anfang sein kann, daß wir in der Lage sind, zwei Tage dazuzunehmen. In Anknüpfung an das gestern Gesprochene möchte ich gerade mit Bezug auf die Entwickelung und Rückentwickelung des Zahnwesens heute einiges vorbringen, das aber überhaupt geeignet sein wird, auf den gesunden und kranken Menschen einiges Licht zu werfen. Es ist nicht gut, wenn man solche Auseinandersetzungen, wie die gestern gepflogenen, zu stark in materialistischem Sinne nimmt, denn es handelt sich dabei wirklich darum, daß man in dem, was äußerlich vorgeht, sagen wir, also in der Verderbnis der Zähne, nur eben das äußere Symptom für einen gewissen inneren Prozeß sieht, für einen Prozeß, der sich eigentlich der äußeren Wahrnehmung verbirgt und der dann im Gefolge dasjenige hat, was eigentlich von außen auftritt.

Sie werden den ganzen zahnbildenden Prozeß verstehen, wenn Sie ihn zusammen schauen mit anderen Vorgängen im menschlichen Organismus, die ja im Grunde scheinbar recht ferne liegen von diesem Zahnbildeprozeß. Wenn Sie ihn zum Beispiel zusammenhalten mit einer Erscheinung, die Ihnen ja gut genug bekannt ist, aber deren richtige Bewertung man erst vollzieht, wenn man sie eben mit dem Zahnbildungsprozeß richtig zusammenzudenken versteht. Es ist eine Erscheinung, die vorkommt, daß Mädchen ganz gesunde Zähne haben: sie überstehen die erste Entbindung und sie haben nachher verdorbene Zähne. Das ist etwas, was außerordentlich gründlich aufklärend wirkt über den Zusammenhang gerade der Zahnschmerzen, der Zahnschäden mit der ganzen Konstitution des Organismus. Ferner muß man doch die außerordentlich interessante Beziehung gerade dessen, was in den Zähnen vorgeht, mit der Neigung des Menschen zu Hämorrhoidalleiden in Erwägung ziehen. Das alles sind Zusammenhänge, die gerade beweisen, wie das, was am meisten mineralisierend im Menschen wirkt – denn die Zahnbildung ist das am meisten Mineralisierende –, wie das auf der anderen Seite doch innig zusammenhängt mit dem Gesamtorganisationsprozeß des Menschen und sich, ich möchte sagen, in seiner Abhängigkeit, in seinem Verhältnis bis zum anderen Ende des Menschen eigentlich offenbart.

Sehr beeinflußt wird man ja mit Bezug auf die Beurteilung des Zahnbildeprozesses dadurch, daß es ja nicht zu leugnen ist, daß der Zahnbildeprozeß in seinem Abschlusse, wenn es zur äußeren, außer dem Zahnfleisch befindlichen Zahnumhüllung kommt, zunächst etwas ist, wo die menschliche Organisation wirklich als Mineralisches der Außenwelt übergeben ist, wo in einer fast völligen Weise dasjenige, was im Zahnüberzug, im Schmelz, da ist, etwas Abgeschlossenes ist und Ernährungsprozesse da nicht mehr stattfinden, daß gewissermaßen da etwas vorliegt, was ganz und gar unorganischer Natur geworden ist. Ja, ich glaube doch gestern schon angedeutet zu haben, daß es auf diesen gewissermaßen aufsteigenden Prozeß weniger ankommt als auf den beim Zahnbilden fortwährend das ganze Leben hindurch vor sich gehenden Abbauprozeß. Und wenn es auf der einen Seite auch zugegeben werden muß, daß an diesem peripherischen Ende der menschlichen Organisation, wo sich das Äußerste des Zahnes entwickelt, da die innere Organisation im Aufbauenden noch wenig tun kann, so darf aber nicht vergessen werden, daß diese innere Organisation mit dem Abbau zusammenhängt, mit dem Zerstörungsprozeß, und daß in der Tat die Frage viel wichtiger ist als die andere: Wie verzögert man die Anlage im Menschen zum Abbau dieses Prozesses? – Denn das wäre ein vollständiger Irrtum, wenn man glauben würde, daß nun dieser Abbau ganz und gar bloß von äußeren Insulten herrühren würde. Das ist also dasjenige, was berücksichtigt werden muß.

Nun handelt es sich ferner darum, daß ja gerade das, was ich gestern über die Funktion des Fluors mit Bezug auf die Zahnbildung gesagt habe, sich im wesentlichen natürlich bezieht auf jene Kindheitsperiode, in der der Zahnbildungsprozeß von innen nach außen geht, in dem, was sich eben eigentlich erst vorbereitet, denn er bereitet sich tief im Innern des Organismus, im ganzen Organismus vor, bevor die zweiten Zähne außen erscheinen. Dieser Fluorbildungsprozeß, der hat dann seine Kulmination darinnen, daß gewissermaßen in der Substanz an der Zahnoberfläche etwas vorliegt, worinnen das Fluor zu einer Art stabilem Gleichgewichtszustand gekommen ist, wo es gebunden ist an die Substanz und in gewissem Sinne ruht. Aber es wird in seiner Ruhe erschüttert, indem die Zähne sich zurückbilden, indem sie dem Zerstörungsprozeß entgegengehen. Da ist ein feiner Prozeß vorhanden, der vom Zahn ausgeht und zusammenhängt mit einem durch das Fluor bedingten Gestaltungsprozeß, der den ganzen Organismus erfüllt und der doch für das ganze Leben des Menschen erhalten bleibt.

Nun, gerade das, was ich jetzt gesagt habe, bedingt die ganze prophylaktische Behandlung desjenigen, was dabei in Betracht kommt. Ich könnte zum Beispiel folgendes sagen. Ich könnte sagen: Ein gut Stück von dem, was bei uns in der Waldorfschule in die Pädagogik hineingezogen ist, das ist neben anderem auf die gesunde Entwickelung des Kindes Wirkenden auch darauf berechnet, die frühe Zahnverderbnis der Menschen, die zu uns in die Waldorfschule gehen, zu verhindern. Denn es ist das Merkwürdige, daß gerade mit Bezug auf diese peripherischen Bedingungen außerordentlich viel abhängt von der richtigen Erziehung im kindlichen Alter. Schade, daß man eigentlich heute nur die Möglichkeit hat, durch die Waldorfschule doch erst in einer Zeit zu wirken, wo es für den eigentlichen prophylaktischen Prozeß, den man für die Zahnbildung vornehmen müßte, schon etwas zu spät ist; es müßte schon etwas früher begonnen werden. Aber immerhin, da ja die Zähne nicht auf einmal erscheinen, sondern nach und nach, und der innere Prozeß noch lange nachwirkt, so kann auch einiges noch getan werden, wenn man die Kinder eben erst in dem sechsten oder siebenten Jahre bekommt, aber eigentlich durchaus nicht genügend. Denn dasjenige, um was es sich handelt, das ist, daß in einer gewissen Weise das schon ausgeführt werden kann, was ich gesagt habe: Man muß sorgfältig prüfen, wenn der erste Zahn erscheint, wie der ganze Zahnbildeprozeß eigentlich beschaffen ist. Nun natürlich, es wurde mit Recht eingewendet, daß das ja deshalb Schwierigkeiten bietet, weil dieser Zahnbildeprozeß schon vorbereitet ist, weil sich gewissermaßen die Krone nur vorschiebt und schon fertig ist. Das ist richtig, aber man merkt ja nicht allein an den Zähnen selber, wie der Zahnbildeprozeß ist, sondern es handelt sich darum, daß man finden wird, daß, wenn ein Kind im vierten, fünften, sechsten Jahre an Armen und Händen und Beinen und Füßen ungeschickt ist, also nicht leicht zu einer geschickten Handhabung der Arme und der Beine, namentlich der Hände und der Füße, zu bringen ist, es dann dazu neigt, den Zahnbildungsprozeß nicht ordentlich einzureihen. Gerade an dem Verhalten von Armen und Händen, Beinen und Füßen zeigt sich ganz derselbe Typus, der dann im Zahnbildeprozeß zum Vorschein kommt. Daher wirkt regulierend auf den Zahnbildeprozeß in hohem Grade dies, daß man die Kinder möglichst früh anleitet, kunstvoll zu laufen, so zu laufen, daß sie dabei ihre Füße kunstvoll bewegen müssen, also im Kiebitzschritt laufen läßt oder dergleichen, so daß sie immer den einen Fuß an den anderen anschlagen, indem sie laufen oder ähnliche kunstvolle Laufschritte ihnen aneignet. Dieses verbunden damit, daß die Finger geschickt gemacht werden, fördert in hohem Grade den Zahnbildeprozeß.

Gehen Sie bei uns in der Waldorfschule in unseren Handarbeitsunterricht, so finden Sie da drinnen, daß die Knaben ebenso stricken und häkeln wie die Mädchen, daß alles gleich gemacht wird von Knaben und Mädchen. Sogar die älteren Knaben machen das noch mit Begeisterung, daß sie stricken. Das geschieht alles nicht aus irgendeiner Schrulle heraus, sondern das geschieht darum, weil die Finger geschickt, gelenkig gemacht werden sollen, weil Seele hineingetrieben werden soll in die Finger. Und treibt man in die Finger Seele hinein, so fördert man vor allen Dingen dasjenige wiederum, was mit dem Zahnbildeprozeß zusammenhängt. Es ist nicht einerlei, ob man ein Kind fortwährend sitzen läßt, wenn es faul ist, oder es anleitet, herumzulaufen, ob man ein Kind ungeschickt sein läßt mit seinen Händen oder ob man es fördert in dem Geschicktwerden der Hände. Das ist deshalb nicht einerlei, weil später alles das, was man da unterlassen hat, in dem frühen Zerstören der Zähne zum Vorschein kommt, natürlich bei dem einen mehr, bei dem anderen weniger. Diese Dinge sind individuell, aber sie kommen eben zum Vorschein. So daß man sagen kann: Gerade je früher man mit einer solchen Disziplinierung des Menschen anfängt, desto mehr beeinflußt man von dieser Seite her das Verlangsamen des Zerstörungsprozesses der Zähne. Es ist so schwer, in alles das, was mit dem Zahnprozeß zusammenhängt, irgendwie einzugreifen, daß man schon auf diese Notwendigkeit, scheinbar recht Entferntes zu berücksichtigen, hinschauen muß.

Nun liegt mir hier die Frage vor: Wodurch wird Fluor aufgenommen in den Organismus, durch den Schmelz von außen, durch den Speichel oder durch das Zahnmark oder durch die Blutbahn oder dergleichen?

Nun sehen Sie, das Fluor als solches ist ein menschengestaltender Prozeß, und darüber viel zu grübeln, auf welchem Wege es aufgenommen wird, das ist eigentlich gar nicht das Wichtige. In der Regel braucht man nur den Prozeß zu berücksichtigen, der durch die ganz gewöhnliche Ernährung leitet; in dem werden diejenigen Substanzen, die die Fluorverbindungen enthalten, aufgenommen. Man braucht nur zu verfolgen den ganz gewöhnlichen Ernährungsprozeß, der schon peripherisch die Fluorsubstanz an diejenigen Stellen bringt, wo sie abgelagert werden soll. Das Wichtige ist, daß eigentlich das Fluor als solches viel verbreiteter ist, als man denkt. Viel davon ist vorhanden – natürlich verhältnismäßig viel, denn es wird ja vom Menschen ungeheuer wenig gebraucht – in den verschiedensten Pflanzen. Namentlich aber ist in den Pflanzen der fluorbildende Prozeß vorhanden, so daß es gerade beim Fluor so ist, daß wenn chemisch das Fluor gar nicht nachweisbar ist, so ist der fluorbildende Prozeß – wir werden gleich davon genauer sprechen – in den Pflanzen doch vorhanden. Denn es ist sogar Fluor immer im Wasser vorhanden, in jedem Wasser, das wir trinken, so daß also gar keine Not ist, das Fluor heranzubekommen. Es handelt sich nur darum, daß der Organismus so organisiert ist, daß er wiederum den außerordentlich komplizierten Prozeß bewältigt, der gerade in der Aufnahme des Fluors gelegen ist. Also wenn Sie in der gebräuchlichen Terminologie sprechen wollen, so müssen Sie schon sagen: Das Fluor wird eigentlich durch die Blutbahn an seinen Ort befördert.

Dann liegt die Frage vor, ob der Schmelz der durchgebrochenen Zähne noch ernährt wird. Das wird er eben nicht. Das geht schon hervor aus demjenigen, was ich hier auseinandergesetzt habe. Aber etwas anderes ist vorhanden, und auf das muß das Augenmerk gerichtet werden. Man könnte sagen: Geisteswissenschaftlich untersucht ist in der Gegend der Zahnbildung und auch in der Umgebung eine außerordentlich rege Tätigkeit des menschlichen Ätherleibes vorhanden, die frei ist, die sich gewissermaßen nur locker an die physische Organisation anschließt. Diese Tätigkeit, die da vorhanden ist, die man da ganz besonders beobachten kann, die sozusagen ein fortwährendes bewegtes Organisieren um die Kiefer bildet, diese ätherisch bewegte Organisation, die ist als solche freie Organisation gar nicht vorhanden im menschlichen Unterleibe. Da bindet sie sich im engsten Sinne zusammen mit der physischen, organischen Tätigkeit, und damit hängen die Erscheinungen zusammen, die ich früher angeführt habe. Damit hängt zusammen, daß, wenn nun die Ätherleibstätigkeit, wie bei der Schwangerschaft, losgelöst wird von dem physischen Organismus, das gleich auf dem anderen Pol bedeutsame Veränderungen in der Zahnorganisation hervorruft. Ebenso ist ja das Hämorrhoidalleiden damit zusammenhängend, daß der physische Leib und der Ätherleib in ihren Wirkungen eigene Wege gehen. Aber dasjenige, was an diesem Ende der menschlichen Organisation auftritt, das Selbständigwerden des ätherischen Leibes, das zieht gleich wiederum den Ätherleib auf der anderen Seite in die Organisation hinein, und da ist auf der anderen Seite dann auch die entgegengesetzte Wirkung damit verbunden, die zerstörende Wirkung. Dasjenige, was die organische Tätigkeit erhöht, wie es im gesunden Sinn der Fall ist bei der Schwangerschaft, wie es im kranken Sinn – was aber auch nur eine Erhöhung der organischen Tätigkeit ist – beim Kranken der Fall ist, was da die gesunde Tätigkeit erhöht, die normale Tätigkeit intensiver macht, das wirkt auf der anderen Seite als intensivere organische Tätigkeit, also vorzugsweise bei den Zähnen rückbildend, zerstörend. Das ist dasjenige, was besonders beachtsam ist.

Nun kann man natürlich die Frage aufwerfen: Wenn aber allein nicht dasjenige wirkt, was ich erzählt habe von den, ich möchte sagen, äußeren Fluorwirkungen, wenn das nicht genügend wirkt, da handelt es sich darum, ob man nun ausfindig machen kann – der menschliche Organismus ist so kompliziert, daß natürlich an Stelle der bloßen Erziehung die Heilung eingreifen muß –, ob, wenn man mit der bloßen Erziehung nicht auskommt, man mit der Heilung schon anfangen soll. Denn alles das, was wir an Zusammenspiel von Hände- und Fußwirkungen haben, das sind nämlich makroskopisch angesehen die Fluorwirkungen, die Konstitution, die da entsteht, wenn gelenkig, beweglich die Finger werden, wenn gelenkig die Beine werden, das ist Fluorwirkung, nicht das, was man atomistisch dahinein phantasiert, sondern was im menschlichen Organismus an seiner Oberfläche erscheint, und das da nach innen fortgesetzt wird; dieses innere Fortsetzen desjenigen, was da geschieht an der äußeren Tätigkeit, das ist die Fluorwirkung. Denn wir merken nicht bloß an den Zähnen, daß die Erziehung eine schlechte war, sondern wir merken das auch daran, daß das Kind nichts anfangen, nicht geschickt werden kann. Da handelt es sich dann darum, daß wir gewissermaßen prophylaktisch in den Organismus eingreifen. Da ist es sehr interessant, daß, wenn man den Versuch macht mit einem wässerigen Auszug des Saftes der Roßkastanienrinde, also mit einem Äskulinauszug, und sehr verdünntes Äskulin innerlich nehmen läßt, man dann auch regulierend auf die Zahnkonservation, auf das Zahnkonservieren einwirken kann, wenn man nur nicht zu spät kommt damit.

Das ist wieder ein interessanter Zusammenhang. In dem Saft der Roßkastanienrinde liegt in der Tat etwas von dem, was unsere Zähne aufbaut. Immer ist irgend etwas draußen im Makrokosmos zu finden, was innerlich irgendwie eine organisierende Bedeutung hat. Und das hängt damit zusammen, daß in diesem Äskulin etwas liegt, was aus der Substanz, in der das Äskulin tätig ist, den Chemismus herauswirft. Es wird der Chemismus unwirksam gemacht. Es ist ja merkwürdig, daß, wenn man den Spektrumkegel durch eine Äskulinlösung gehen läßt, dann die chemischen Wirkungen aus dem Spektrum ausgetilgt werden. Dieses Austilgen der chemischen Wirkungen, das ist etwas, was man wiederum sieht, wenn man nun – aber es muß ein Wasserauszug sein – die wässerige Auszuglösung in den Organismus sehr verdünnt einführt. Dann sieht man darinnen, daß dieses Überwinden des Chemismus, dieses Hinarbeiten auf das bloße Mineralisieren eigentlich dasselbe ist wie der Zahnbildungsprozeß im Organismus. Nur ist dasjenige, was sonst beim Auslöschen des Chemismus bloß äußerlich geschieht, noch durchzogen von den organisierenden Kräften, die eben im menschlichen Organismus sind.

Dann in einer ähnlichen Weise, aber bei anderer Behandlung, wirkt sogar das gewöhnliche Chlorophyll. Die Kraft, die gerade bei der Roßkastanie und einigen anderen Gewächsen in der Rinde liegt, liegt etwas anders formiert im ganzen Blattgrün eigentlich. Nur müssen wir dann versuchen, das Blattgrün gewissermaßen in Äther auszuziehen, und dann haben wir nötig nun nicht eine innerliche Anwendung, sondern eine äußerliche Anwendung durch Einreiben des Unterleibes. So daß, wenn wir den Unterleib mit ätherisiertem Blattgrün einreiben, wir dann in einer ähnlichen Weise auf den Organismus wirken nach dem Konservieren der Zähne hin, wie wir wirken, wenn wir die Äskulinwirkung innerlich anwenden. Das sind Dinge, die ausprobiert werden müßten, die ganz gewiß, wenn sie der Außenwelt vorgeführt werden in ihren statistischen Ergebnissen, bedeutsamen Eindruck machen würden. Ist einmal das ganze Zahnmark abgetötet, dann muß versucht werden, eben den ganzen Organismus zur Fluoraufnahme geeignet zu machen. Das ist dann keine Sache der allgemeinen Zahnbehandlung.

Nun, aus alledem ersehen Sie, wie stark die Zahnbehandlung, soweit man überhaupt noch die Zähne behandeln kann, zusammenhängt mit allen Wachstumskräften des menschlichen Organismus. Denn das, was ich angeführt habe von Äskulin und Chlorophyll, das führt uns auf Kräfte, die im wesentlichen zusammenhängen mit ganz feinen Wachstumsprozessen, mit Wachstumsprozessen die nach der Mineralisierung hin liegen. Es ist nun schon so, daß der Mensch seine höhere Entwickelung nach dem Geiste hin erkaufen muß mit einer Rückbildung des zahnbildenden Prozesses überhaupt. Auch phylogenetisch ist das so. Es ist gegenüber dem tierischen Zahnbildungsprozeß der menschliche Zahnbildungsprozeß ein Rückbildungsprozeß. Aber diesen Charakter des Rückbildungsprozesses teilt er mit Rückbildungsprozessen, die überhaupt in der menschlichen Hauptesorganisation überall vorhanden sind.

Da habe ich Sie geführt auf Formen des Anschauens, die schon bedeutsam werden können für die Beurteilung des ganzen zahnbildenden Prozesses. Einiges wird sich uns noch ergeben, wenn wir nun noch anderes einfügen, das wiederum eine Basis abgeben kann. Da werde ich jetzt einfügen ein Kapitel, das scheinbar nicht zu der Sache gehört. Das ist nämlich das, was man Diätfragen nennen könnte, die gerade auch mit solchen Dingen zusammenhängen, wie wir sie jetzt eben behandelt haben. Diese Diätfragen, sie sind deshalb so wichtig, weil sie nicht bloß eine medizinische, sondern auch eine soziale Bedeutung haben. Man kann ja viel diskutieren darüber, ob Mazdaznan-Diät oder ähnliche sonderbare Diätformen eine Bedeutung und Berechtigung haben. Man kann das; aber bei all dem kommt doch in Betracht, daß der Mensch in all dem, was ihm so angeraten wird, zum unsozialen Wesen gemacht wird. Da stößt wirklich das Soziale zusammen mit dem Medizinischen. Je mehr wir darauf angewiesen sind, für uns etwas extra haben zu sollen in bezug auf unsere Ernährung, überhaupt in bezug auf die Einwirkung der äußeren Welt, je mehr werden wir unsoziale Wesen. Die Bedeutung des Abendmahles beruht ja nicht darauf, daß der Christus jedem Jünger extra etwas gegeben hat, sondern daß er allen das gleiche gegeben hat. Das Herbeiführen der Möglichkeit, daß man zusammen sein kann als Menschen im Essen oder im Trinken, das hat eine große soziale Bedeutung. Und alles, was darauf hinausläuft, diese gesunde soziale Natur des Menschen zu unterbinden, das muß, möchte ich sagen, doch mit einiger Vorsicht behandelt werden. Denn wenn der Mensch sich selbst überlassen ist, ich meine jetzt nicht bloß in bezug auf das, was ihm bewußt ist, sondern in bezug auf alles das, was organisch in ihm wirkt, so bekommt er eigentlich alle möglichen Appetite und Antiappetite. Es ist gar nicht so sehr wichtig für den Menschen, in dem Sinne auf diese Appetite und Antiappetite hinzuschauen, wie man das gewöhnlich tut. Denn wenn – ich meine jetzt nicht nur dem subjektiven Appetit gegenüber, sondern der ganzen Konstitution nach – der Mensch es dahin gebracht hat, etwas, was er eigentlich nicht verträgt, ertragen zu lernen, wenn er also überwindet einen Antiappetit im weitesten Sinne – ich meine das ganz auf das Organsystem ausgedehnt –, dann hat er mehr für seine Organisation gewonnen, als wenn Sie noch so lange dasjenige, was seinem Antiappetit entspricht, von ihm abhalten. In der Überwindung von etwas, das man nicht erträgt, und in dem Überwundenhaben liegt geradezu – nicht einmal bloß vergleichsweise gesprochen, sondern ganz richtig gesprochen – die Aufrichtung eines entweder zerstörten, oder, wenn wir auf das Ätherische hinschauen, sogar neuen Organes. Die organbildende Kraft liegt nämlich in nichts anderem als in der Überwindung der Antiappetite. Durch das Den-Appetiten-Frönen von einem gewissen Punkte an dient man nicht den Organen, sondern hypertrophiert sie, man bringt sie zur Entartung, so daß, wenn man zu weit geht im Nachgeben gegenüber dem, was der Organismus durch seine Schädigungen von sich fernhalten will, man die Organisation schädigt. Wenn man aber versucht, den Menschen nach und nach an das zu gewöhnen, was ihm nicht geeignet erscheint, stärkt man immer die Organisation.

In dieser Beziehung hat ja unsere moderne Naturwissenschaft fast alles, was uns nötig wäre zu wissen, zugedeckt. Denn dieses äußere Prinzip des Kampfes ums Dasein und der Auslese ist ja wirklich zunächst etwas ganz Äußerliches. *Roux* hat es noch übertragen auf den Kampf der Organe im Menschen. Das ist aber wirklich etwas sehr Äußerliches. Das gewinnt erst eine Bedeutung, wenn man das, was eigentlich innerlich vorgeht, wirklich betrachten kann. Und da muß man sagen, daß eigentlich die Verstärkung eines menschlichen Organs, überhaupt eines Organs in der phylogenetischen Reihe, immer herrührt von der Überwindung einer Antipathie. Die Gestaltung, die Organgestaltung wird der Überwindung von Antipathien verdankt, während das Wachsen eines schon vorhandenen Organs dem Den-Sympathien-Frönen verdankt wird – es darf aber eben einen gewissen Punkt nicht überschreiten. Sympathie und Antipathie sind nicht nur auf der Zunge oder im Auge, sondern von Sympathie und Antipathie ist der ganze Organismus durchtönt. Jedes Organ hat seine Sympathien und Antipathien. Ein Organ bekommt eine Antipathie gegen dasjenige, was es aufgebaut hat in einem gewissen Zustande. Es verdankt nämlich dem, wogegen es, wenn es fertig ist, eine Antipathie bekommt, gerade seinen Aufbau. Das ist etwas, was viel mehr hinunterführen würde in die Phylogenie, wenn man das berücksichtigen würde, wie die Außenwelt zunächst so wirkt, daß sich das Innere dagegen wehrt, in Antipathie entlädt und daß gerade dadurch die immer weitergehende Vervollkommnung der Organisation zustande kommt. Der besteht im Organismenreiche den Kampf ums Dasein am besten, der am meisten imstande ist, innere Antipathien zu überwinden und Organe an ihre Stelle zu setzen. Das gehört zu dem organfortbildenden Prozesse.

So bietet sich gerade, wenn man dieses betrachtet, ein Anhaltspunkt dafür, auch wiederum hinzuschauen auf die Dosierung der Heilmittel. Sie sehen ja im organbildenden Prozesse selber ein fortwährendes Hinundherpendeln zwischen Sympathie und Antipathie. Die Genesis der Organisation hängt im wesentlichen mit dem Bilden von Sympathie und Antipathie zusammen und von dem Wechselspiel zwischen Sympathie und Antipathie ab. So wie sich Sympathie und Antipathie im Organismus verhalten, so verhalten sich niedrigere Dosierungen, also substantiell als Substanz Verwendetes, zu dem, was in hoher Potenz verwendet wird. Die hohe Potenz hat die gegenteilige Wirkung der niedrigen Potenz. Das hängt zusammen mit der ganzen organisierenden Kraft. Und in einem gewissen Sinne ist auch das richtig, worauf ich übrigens schon gestern von anderem Gesichtspunkte aus hingedeutet habe, daß dasjenige, was in der ersten Lebensepoche in einer bestimmten Weise im Organismus wirkt, seine Wirkung umkehrt in späteren Lebensepochen, daß aber das, was da wirkt im Organismus, verschoben werden kann. Darauf beruht, wie ich Ihnen gestern gesagt habe, auf der einen Seite die Dementia praecox, auf der anderen Seite das Auffinden der isolierten Seelenbezirke, die dann im späteren Alter die Organisation ergreifen, da sie sie nicht ergreifen sollten.

Über diese Dinge wird man erst zurecht kommen, wenn unsere Wissenschaft selber wiederum ein wenig spiritualisiert sein wird, wenn wir dahin kommen werden, nicht mehr sogenannte Geisteskrankheiten auf einem geistig-seelischen Wege heilen zu wollen, sondern wenn wir die Frage werden aufwerfen wollen: Wo ist etwas in den Organen nicht in Ordnung, wenn diese oder jene sogenannte Geistes- oder Seelenkrankheit vorliegt? – Umgekehrt, so sonderbar das klingt, hat man sogar viel mehr Veranlassung, bei sogenannten physischen Krankheiten auf das Seelische zu schauen als just bei Seelenkrankheiten. Bei Seelenkrankheiten ist der seelische Befund kaum viel mehr als diagnostisch helfend. Man muß ihn studieren, um durch das Anschauen seiner herauszubekommen, wo der Fehler liegen kann in dem Organismus. Die Alten haben in dieser Beziehung in der Terminologie schon vorgesorgt. Wahrhaftig, die Alten haben das Seelenkrankheitsbild der Hypochondrie nicht umsonst mit einem rein materialistisch klingenden Namen, mit «Unterleibsknochigkeit» oder «Unterleibsknorpeligkeit», «Hypochondrie» zusammengebracht. Sie hätten niemals den Tatbestand, der im Psychischen vorliegt, primär in etwas anderem gesucht – wenn selbst die Hypochondrie sich bis zum Wahnsinn steigerte – als in einer Erkrankung des Unterleibes. Man muß natürlich so weit kommen, daß man zuerst alles sogenannte Materielle als Geistiges anzusehen in die Lage kommt.

Wir leiden ja heute ungeheuer dadurch, daß der Materialismus die Fortsetzung der katholischen Askese in der Denkweise ist. Diese

Askese, die hat die Natur verachtet und durch Naturverachtung den Geist erringen wollen. Die heutige Weltanschauung, die hat sich das herausgenommen aus dieser asketischen Richtung, was ihr gerade gefällt, und meint, dasjenige, was im Unterleibe vorgeht, ist grob materiell, das braucht man nicht zu berücksichtigen. Das ist es eben nicht so in Wirklichkeit, sondern in allen diesen Dingen wirkt der Geist drinnen, und man muß wissen, wie der Geist da drinnen wirkt. Wenn ich den Geist, der im Organismus wirkt, zusammenbringe mit dem Geist, der in irgend etwas draußen wirkt, dann wirkt Geistiges und Geistiges zusammen. Wir müssen abkommen von der Naturverachtung. Wir müssen gerade dazu kommen, die ganze Natur wieder vergeistigt uns vorzustellen. Denn finden Sie es nicht auffallend und gerade für die ganze Reform des medizinischen Denkens ungeheuer bedeutsam, daß gerade just in der Hochflut des Materialismus die Sucht aufgetreten ist, auf den Menschen mit sogenannten abnormen Zuständen mit allerlei Hypnose und Suggestion zu wirken? Dinge, die vom Materiellen scheinbar abliegen, die sind ja aufgetreten gerade in der Zeit des Materialismus, und man hat die Möglichkeit verloren, sich über das Geistige von Merkur, von Antimon, von Gold, von Silber zu unterrichten. Das ist das Wesentliche: man hat die Möglichkeit verloren, sich über das Geistige des Materiellen zu unterrichten, und deshalb will man das Geistige als solches behandeln, gerade so auch, wie in der Psychoanalyse, wo man das Geistige als solches dirigieren will. Gesunde Anschauungen müssen wieder Platz greifen über die geistigen Eigenschaften der Materie.

Es gehört wirklich nicht zu den geringsten Verdiensten, die gerade in der homöopathischen Tradition durch das neunzehnte Jahrhundert heraufgekommen sind, daß rege erhalten worden ist dieses Bekenntnis zu der Geistigkeit der äußeren materiellen Substanzen. Das gehört sogar zu dem Allerwichtigsten, denn die äußere allopathische Medizin hat leider sich immer mehr und mehr dem Glauben zugewandt, daß man es nur zu tun habe mit dem Materiellen, eben äußerlich materiellen Wirkungen in den außermenschlichen Substanzen. Das aber führt dazu, auf der einen Seite beim Diagnostizieren von sogenannten physischen Krankheiten gerade seine Aufmerksamkeit zu wenden auf den seelischen Tatbestand, und umgekehrt, wenn ein abnormer seelischer Tatbestand stark hervortritt, die physischen Schädigungen aufzusuchen. Physische Erkrankungen, sie sollten eigentlich immer die Frage hervorrufen: Welchen Temperamentes ist der Mensch, bei dem sie auftreten? – Finden wir, daß der Mensch, bei dem sie auftreten, hypochondrischer Natur ist, dann wird uns allein seine gewöhnliche hypochondrische Natur darauf hinleiten, daß wir ihn zu behandeln haben so, daß wir auf seinen unteren Menschen stark wirken, daß wir ihn also zu behandeln haben im materiell Wirksamen, also mit niederen Potenzen. Finden wir, daß ein Mensch sonst außerhalb der Krankheit aufgeweckten Geistes oder sanguinisch ist, dann wird von vornherein notwendig sein, zu höheren Potenzen seine Zuflucht zu nehmen. Kurz, der seelische Tatbestand ist etwas, was nunmehr gerade der physischen Erkrankung gegenüber herausgearbeitet werden muß. Dieser gesamte seelische Tatbestand, der tritt uns ja in einer gewissen Weise schon entgegen beim Kinde, und es wird nicht leicht eine Dementia praecox auftreten, wenn nicht das Kind schon die Neigung, die Disposition zum Phlegma zeigt, wenn wir nicht beim Kinde schon deutlich wahrnehmen können diejenige Temperamentsanlage, die eigentlich erst im späteren menschlichen Lebensalter auftreten sollte, wenn auch da in eingeschränktem Maße. Aber von besonderer Wichtigkeit ist die Unterscheidung mit Bezug auf die innere Aktivität oder innere Passivität. Das kommt sehr in Betracht. Denken Sie nur, wenn wir bei unseren sogenannten psychischen Heilweisen mit Suggestion wirken, so stellen wir da den Menschen ganz in die Einflußsphäre eines anderen Menschen, wir unterbinden seine Aktivität. Und das Unterbinden der Aktivität, das Unterbinden der inneren Initiative des Menschen zeitigt aber schon im äußeren Leben etwas, was für den Lebenslauf wichtig ist und was, wenn wir es entsprechend – wir wollen dann morgen weiter darüber reden – beim Kinde beobachten, nun gerade wiederum in die Zahngeschichte hineinspielt, auch wiederum für das spätere Leben.

Ich kann zum Beispiel notwendig erachten für mich – nach dem, was ich vorhin gesagt habe, ist es ja wichtig, so etwas zu berücksichtigen – gewisse Nahrungsmittel zu vermeiden, anderen mich mehr zuzuwenden. Ich kann notwendig erachten für mich eine gewisse Diät. Die kann sehr gut sein für mich. Aber es ist ein ganz beträchtlicher Unterschied, ob ich durch eigenes Ausprobieren zu dieser Diät komme dadurch, daß ich selber auf das oder jenes komme, oder indem ich sie mir einfach vom Arzte vorschreiben lasse. Bitte, nehmen Sie mir nicht übel, daß ich das so ganz trocken sage. Nicht wahr, es schaut vor der materialistischen Gesinnung so aus, als ob es denselben Dienst tut, wenn die für mich gute Diät von mir selber instinktiv gefunden ist, ich sie mir erarbeitet habe, vielleicht unter der Anleitung des Arztes erarbeitet habe, selber dabei Initiative entwickelt habe, oder ob ich sie mir einfach vom Arzte verschreiben lasse. Das letzte Ende, möchte ich sagen, dieser Wirkungen zeigt sich darinnen, daß mir ja die vom Arzte vorgeschriebene, befolgte Diät zunächst nützen wird, aber sie hat leider das Schädliche, daß sie mich im Alter leichter zur Vertrottelung führt, als ich sonst käme, daß sie zum Altersschwachsinn führt, während das aktive Mitarbeiten bei der Diät mich bis ins Alter hinein – natürlich kommen andere Faktoren, durch die das bedingt ist, hinzu – leichter geistig beweglich erhält. Und dieses Spielen von Aktivität und Inaktivität, das wird ganz besonders beeinträchtigt bei allen Suggestionskuren, wo ich mich ganz in die Abhängigkeit nicht nur dahin ergebe, daß ich mich meines Urteils begebe, das tue, was der andere vorschreibt, sondern sogar die Anleitung meines Willens in die Beurteilung des anderen gebe. Daher sollten Kuren, die sich auf Hypnose und Suggestion stützen, womöglich eingeschränkt werden. Nur wenn man sich sagen kann: die Beeinträchtigung des Willens, die bei jedem Menschen, den man so behandelt, vorliegt, schadet bei dem betreffenden Menschen aus anderen Gründen nicht und man erweist ihm doch einen größeren Gefallen, wenn man ihm eine Zeitlang hilft auf suggestivem Wege, dann kann man solche Dinge anwenden. Aber im allgemeinen handelt es sich darum, daß gerade Geisteswissenschaft auf das Heilende desjenigen hinweisen muß, was in den Substanzwirkungen, in den atmosphärischen Wirkungen, in den Bewegungswirkungen des menschlichen Organismus, kurz in alledem liegt, was nicht eben unmittelbar geistige Beeinflussung ist, sondern was entweder aus dem Bewußtsein oder aus dem Unterbewußten aktiv mit Initiative aus dem Menschen selbst hervorgehen muß.

Diese Dinge sind deshalb von so großer Wichtigkeit, weil gerade im materialistischen Zeitalter gegen diese Dinge am allermeisten gesündigt wird und weil, angesteckt von den Ansichten, die da herrschen, man heute sogar schon das Schreckliche erleben kann, daß allerlei Hypnotisiertendenzen und Suggeriertendenzen in die Pädagogik hineingetragen werden. Dieses Hineintragen dieser Tendenzen in die Pädagogik, das ist etwas Furchtbares, und man wird vielleicht erst klar in dieser Richtung sehen, wenn man sich die Frage beantworten wird: Wie wirken demgegenüber solche Betätigungen des menschlichen Organismus, die ihn zum Aufwecken bringen statt zum Einschlafen? Geradeso wie der Mensch, wenn er einschläft, in der Vorstellung Bewegungen ausführt, die von den Aktionen seines Willens nicht gefolgt werden, wie da der Mensch gewissermaßen der äußeren Welt gegenüber in Ruhe kommt, während er in seinen Bewußtseinserlebnissen in Bewegung ist, so ist das Umgekehrte bei der Eurythmie der Fall. Bei der Eurythmie wird gerade das Umgekehrte vom Einschlafen bewirkt: es wird ein stärkeres Aufwachen gegenüber den gewöhnlichen Bewußtseinserscheinungen bewirkt. Es werden die Hypertrophien des Vorstellens, wie sie im Traume vorliegen, weggenommen und dafür eine gesunde Ausbildung des Willens in die Glieder getrieben. Der Wille in seiner Organisation wird in die Glieder eingetrieben. Und wenn man dann anfängt zu studieren, wie anders zum Beispiel das eurythmische Vokalisieren wirkt auf den unteren Menschen und auf den oberen Menschen und wiederum das konsonantenbildende Eurythmisieren auf den unteren Menschen und auf den oberen Menschen, dann sieht man, daß man auch ein bedeutsames therapeutisches Element schon in der Eurythmie suchen kann.

ACHTZEHNTER VORTRAG

Dornach, 7. April 1920

Ich denke, es ist doch notwendig, daß in unser naturwissenschaftlich-medizinisches Studium dasjenige hineindringt, was man das Zurückgehen auf die wahren Ursprünge der pathologischen Erscheinungen nennen könnte. Es ist in der neueren Zeit immer mehr und mehr die Tendenz wirksam geworden, von den eigentlichen Ursprüngen abzusehen und die Dinge ins Auge zu fassen, die sich an der Oberfläche abspielen. Und mit diesen Dingen, mit diesem Hängenbleiben an der Oberfläche hängt es zusammen, daß man eigentlich heute meistenteils in der landläufigen Medizin, in der landläufigen Pathologie, wenn man anfängt, die Beschreibung irgendeines Krankheitstypus zu lesen oder zu hören, dann unterrichtet wird, was für ein Bazillus eigentlich diese Krankheit hervorruft, was da in den menschlichen Organismus eingezogen ist. Nun ist es natürlich furchtbar leicht, Einwände gegen dieses Einziehen der niederen Organismen zurückzuweisen aus dem einfachen Grunde, weil man ja nicht mehr nötig hat, erst darauf hinzuweisen, daß diese niederen Organismen da sind. Da sie sich auch wirklich in einer spezifischen Gestalt für verschiedene Erkrankungen zeigen, so ist es auch wiederum sehr begreiflich, daß auf diese spezifische Gestalt hingewiesen wird und geradezu ein Zusammenhang zwischen einer Krankheitsform und dieser spezifischen Bakteriengestalt aufgezeigt wird.

Nun tritt schon, rein oberflächlich betrachtet, durch diese ganze Anschauung ein Irrtum ein, der darinnen besteht, daß man eigentlich von dem Primären dabei ganz abgelenkt wird. Denn bedenken Sie nur, wenn im Verlaufe irgendeiner Krankheit in irgendeinem Körperteile Bazillen in größerer Menge auftreten, ist es ja natürlich, daß diese Bazillen Erscheinungen hervorrufen, wie jeder Fremdkörper im Organismus Erscheinungen hervorruft, daß infolge des Vorhandenseins dieser Bazillen allerlei Entzündungen auftreten. Schreibt man nun alles der Wirksamkeit dieser Bazillen zu, so lenkt man die Aufmerksamkeit tatsächlich nur auf dasjenige, was eigentlich die Bazillen machen. Man lenkt dabei aber diese Aufmerksamkeit ab von dem eigentlichen Ursprung der Erkrankung. Denn jedesmal, wenn im Organismus niedere Organismen einen geeigneten Boden für ihre Entwickelung finden, so ist eben dieser geeignete Boden durch die eigentlichen primären Ursachen schon geschaffen. Auf dieses Gebiet der primären Ursachen muß einmal die Aufmerksamkeit gelenkt werden. Dazu muß ich Sie noch einmal zurückführen zu den Betrachtungswegen, die wir ja schon eingeschlagen haben und die noch einmal kurz unsere Aufmerksamkeit in Anspruch nehmen sollen.

Betrachten Sie noch einmal die die Erde bedeckende Pflanzenfläche, das heißt die Summe alles dessen, was zur Vegetation der Erde gehört. Wir müssen uns klar sein darüber, daß diese ganze Vegetation der Erde, wie sie von der Erde aus dem Weltenraum entgegenwächst, nicht bloß aus der Erde heraus diesem Weltenraum entgegengeschickt wird, sondern daß sie hinausgezogen wird durch Kräfte, daß also, wie wir ja schon gehört haben, überall hier Kräfte wirken, welche zum Pflanzenwachstum genau ebenso gehören wie die Kräfte, die von der Erde aus in die Pflanze hineinwirken. Es ist eine fortwährende Wechselwirkung zwischen den Kräften, die von der Erde aus in die Pflanze hineinwirken, und zwischen den Kräften, die aus dem außerirdischen Kosmos auf die Pflanze wirken. Nun, worinnen besteht diese Wirkungsweise, die ja eigentlich in unserer Umgebung fortwährend vorhanden ist? Würde es dazu kommen, daß diese Kräfte, die da aus dem Kosmos hereinwirken, voll zum Ausdruck kommen, daß sie also ganz die Pflanze ergreifen könnten, würden nicht die Planeten dafür sorgen, daß sich diese Kräfte auch wiederum zurückziehen können, daß sie also nicht voll die Pflanze umfassen, so würde die Pflanze, wenn sie vom Stengel aus der Blüte und dem Samen entgegenwächst, immer die Tendenz haben, zum Tiere zu werden. Es ist die Tendenz vorhanden der Tierwerdung. Das, was da aus dem Kosmos hereinwirkt, dem wirkt auf der anderen Seite wiederum entgegen aus der

Erde herein bei der Pflanze die Tendenz, das Pflanzensein zu unterdrücken und innerhalb des Pflanzenseins sich zu mineralisieren.

Also ich mache darauf aufmerksam, daß eigentlich das Pflanzensein die Mitte hält zwischen dem Hinneigen zum Versalzen, zum Ablagern von Mineralien in der Pflanzensubstanz, zum Mineralisieren und zum Sichentzünden, zum Tierwerden. Das ist etwas, was fortwährend vorhanden ist in der äußeren Natur.

Dies aber, was ich Ihnen jetzt beschrieben habe, ist auch fortwährend vorhanden verinnerlicht, zentralisiert in dem menschlichen Organismus selber. Der menschliche Organismus ist dadurch, daß er eine Lunge hat, eine richtige kleine Erde, und alles dasjenige, was von der Lunge aus wirkt, wirkt geradeso im menschlichen Organismus nach unten, wie von der Erde aus in den Pflanzenorganismus nach oben die Kräfte hineinwirken, die eben von der Erde aus in den Pflanzenorganismus hineingehen. Und alles dasjenige, was durch die Atmung und Herztätigkeit dem inneren Lungenstoffwechsel und so weiter entgegenkommt, das wirkt so wie dieses Kosmische draußen (siehe Zeichnung Seite 330).

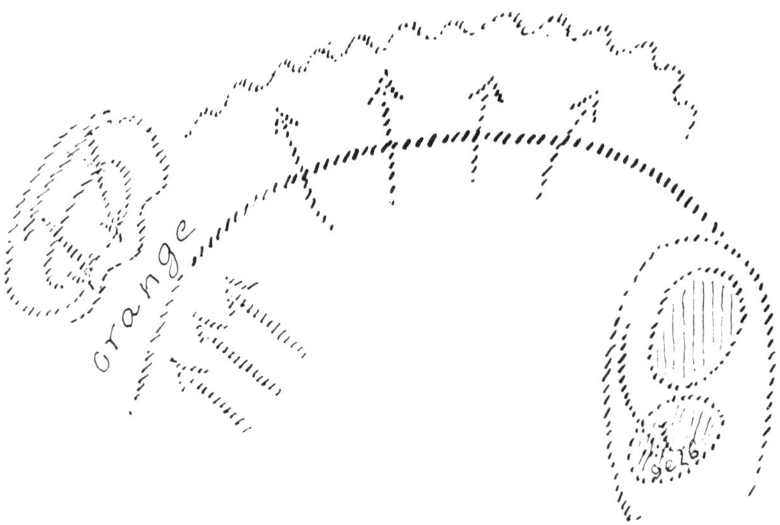

Nun besteht eine Notwendigkeit im menschlichen Organismus. Es besteht die Notwendigkeit, daß alles dasjenige, was sich zuletzt konzentriert vom Organismus aus in der Herztätigkeit, ferngehalten wird dem, was sich organisiert, sich zuletzt konzentrierend in dem inneren Stoffwechsel der Lunge. Diese zwei Tätigkeiten, die dürfen nicht anders aufeinander wirken, als daß zwischen ihnen gewissermaßen – wenn ich mich des Ausdrucks bedienen darf – ein ätherisches Zwerchfell ist oder ein astralisches Zwerchfell. Diese beiden Tätigkeiten müssen auseinandergehalten werden. Und wir müssen die Frage aufwerfen: Ist dieses Zwerchfell – ich gebrauche das Wort nur, um ein Bild anzudeuten – wirklich vorhanden? Gibt es ein solches Zwerchfell, welches abhält die Kopf-, Hals-, Lungentätigkeit, sich zu vermischen mit der Bauch- und Brusttätigkeit anders als durch den äußeren Atmungsrhythmus? – Dieses Zwerchfell gibt es, und es ist der äußere Atmungsrhythmus selber. Und da kommen Sie auf die Ineinanderstimmung des oberen und des unteren Menschen. Dasjenige, das man rhythmische Tätigkeit im Menschen nennt, dieses rhythmische Erzittern, welches sich äußerlich physisch ausdrückt im Atmungsrhythmus, dieses physische Erzittern setzt sich bis in die Äther- und Astraltätigkeit hinein fort und hält die Erdenkräfte des oberen Menschen, die noch in die Lunge hinein sich konzentrieren, und die Himmelskräfte des unteren Menschen auseinander, die durch die Tätigkeit, die im Herzen dann ihren Ausdruck findet, von unten nach oben wirken, so wie sie im Kosmos von der Peripherie nach dem Zentrum der Erde hin wirken.

Stellen Sie sich nun vor, daß der Rhythmus, der da in Betracht kommt, nicht ordentlich wirkt, dann ist das Zwerchfell, das ich hier bildlich gebrauche, das ja nicht physisch da ist, das aber eben durch das Aufeinanderschlagen der Rhythmen bewirkt wird, nicht in Ordnung. Dann kann das eintreten, welches analog ist einer zu starken Tätigkeit der Erde für die Pflanzen. Wenn die salzende Tätigkeit der Erde auf die Pflanzen zu stark würde, würden die Pflanzen zu mineralisch werden. Dann tritt das ein, daß gewissermaßen die Ätherpflanze, die eingebaut ist in die Lunge, die herauswächst aus der Lunge, wie die physische Pflanze aus der Erde herauswächst, der Anlaß wird, sagen wir, zur Lungenverhärtung. So daß wir in der Tat finden, daß diese Mineralisierungstendenz der Pflanze zu stark werden kann auch im menschlichen Organismus.

Aber es kann auch die Tierwerdetendenz zu stark werden. Wenn die Tierwerdetendenz zu stark wird, dann wird da im Organismus, im oberen Teil des Organismus eine Sphäre geschaffen, die nicht da sein sollte. Es wird eine Sphäre geschaffen, in die diese Organe eingebettet sind wie in eine Äthersphäre und die dem günstig ist, was nicht begünstigt werden darf im Organismus, dem Leben von kleinen Pflanzentieren. Da wird eine Sphäre geschaffen, welche günstig ist den kleinen Pflanzentieren. Woher die kommen, braucht uns gar nicht zu interessieren. Das muß uns interessieren, wodurch für sie eine günstige Lebenssphäre geschaffen wird. Diese günstige Lebenssphäre darf nicht da sein. Sie muß so wirken im Organismus, daß ihre Tätigkeit sich über den ganzen Organismus ausdehnt. Sie darf nicht als eine besondere Einschlußsphäre hier entstehen. Wenn sie sich über den ganzen Organismus ausdehnt, so unterhält sie das Leben des ganzen Organismus. Macht sie sich geltend als eine kleine Einschlußsphäre, so wird sie die Atmosphäre für die Lebensbedingungen kleiner Pflanzentiere, die wir dann nachweisen können in allem, wenigstens in vielem, was den oberen Menschen erkranken macht.

So müssen wir eben in dem Zurückgehen auf die rhythmische Tätigkeit und ihre Störung das Schaffen einer besonderen Sphäre statt der allgemeinen über den Organismus verbreiteten Sphäre suchen und uns das Rätsel des Bazilleneinflusses in dem menschlichen Organismus lösen. Aber ohne daß man auf die geistigen Ursachen zurückgeht, kommt man nicht dazu, dieses Rätsel zu lösen.

Genau dasjenige, was hier vorgeht für das Pflanzenleben – ich meine jetzt zunächst in dem Äußeren der Erde –, das geht vor in dem Äußeren der Erde für das äußere Leben der Tiere und des Menschen selber. Auch da wirken auf Menschen und Tiere außen gewisse Kräfte ein, die aus dem außerirdischen Kosmos kommen und die entgegenwirken den Kräften, die von innen kommen (siehe Zeichnung Seite 330, orange). Die Kräfte, die von dem Innern der

Erde kommen, die sind für den Menschen lokalisiert in gewissen Organen des oberen Menschen, während die Kräfte, die von außen hereinströmen, lokalisiert sind beim Menschen in Organen, die dem Unterleib angehören. Wiederum muß, wenn ich so sagen darf, eine Scheidewand zwischen diesen beiden Betätigungen, die hier in Betracht kommen, geschaffen werden. Die normale Regelung dieser Scheidung ist bewirkt durch die Milztätigkeit des Menschen. Wir sehen auch da wiederum den Rhythmus in dem menschlichen Organismus tätig. Nur ist dieser Rhythmus jetzt ein anderer als der Atmungsrhythmus. Der Atmungsrhythmus erfolgt in kleinen Schwingungen und läuft durch das ganze Leben des Menschen, muß in Ordnung sein, damit nicht obere Krankheiten entstehen oder solche Krankheiten, die nur mit dem Oberen des Menschen zu tun haben. Denn es können auch im Oberen des Menschen Krankheiten sein, die von unten verursacht werden, weil ja die Verdauung sich nach oben erstreckt und ebenso auch nach unten. Das muß unterschieden werden. Wir können uns nicht schematisch den Menschen gegliedert denken, sondern die einzelnen Glieder einander durchdringend. Aber es muß eine Scheidewand sein zwischen dem, was von oben aus wirkt, wie wenn es von der Erde her käme, und dem, was von unten heraufwirkt, wie wenn es aus dem himmlischen Raum käme. Wir schicken in der Tat den Kräften, die aus unserem oberen Menschen kommen, die Kräfte unseres unteren Menschen entgegen, und ein geregelter Rhythmus für jede einzelne menschliche Individualität muß bestehen zwischen beiden, der sich ausdrückt in dem richtigen Verhältnis zwischen Wachen und Schlafen. Jedesmal, wenn wir wachen, ist in einer gewissen Weise der eine Ausschlag dieses Rhythmus da, wenn wir schlafen, ist der andere Ausschlag dieses Rhythmus da. In diesen Rhythmus Wachen–Schlafen, Wachen–Schlafen ordnen sich, wie kleinere Wellenberge des Rhythmus bewirkend, andere rhythmische Abläufe ein, welche einfach dadurch herbeigeführt werden, daß wir auch im Wachzustande mit unserem Oberen des Menschen wachen und mit unserem unteren Menschen schlafen. Es findet eine fortwährende rhythmische Tätigkeit zwischen dem oberen und dem unteren Menschen statt, die nur, ich möchte sagen, in größeren Rhythmen eingefangen wird durch die Abwechslung von Wachen und Schlafen.

Denken Sie sich nun, es kommt zu einer Durchbrechung dieser Grenze, die in dem Rhythmus in dieser Art zwischen dem oberen und dem unteren Menschen besteht. Was geschieht dann? Dann geschieht in der Regel das, daß von oben her in den Unterleib die obere Tätigkeit des Menschen einbricht. Dann kommt ein ätherischer Durchbruch zustande. Es dringt dasjenige, was bloß im Oberleibe des Menschen ätherisch tätig sein soll, in den Unterleib ein. Ein Durchbruch feinerer Kräfte findet statt. Dadurch aber, daß ein Durchbruch feinerer Kräfte in den Unterleib stattfindet, wird hier eine solche Sphäre geschaffen, die wiederum nicht da sein soll, welche verbreitet sein soll über den ganzen Menschen, nicht im Unterleibe lokalisiert sein soll. Als die Folge eines solchen Durchbruches tritt sogar eine Art Vergiftung, Intoxierung des Unterleibes ein. Die Tätigkeit des Unterleibes kann nicht mehr in ordentlicher Weise ausgeführt werden, wenn die Tätigkeit des Oberleibes in dieser Weise eintritt. Aber außerdem ist dasjenige, was hier als eine neue Sphäre geschaffen wird, eine Atmosphäre für niedere Organismen tierpflanzlicher Art zumeist. Und Sie können daher folgendes sagen. Sie können sagen: Durch den Durchbruch von oben wird im Menschen hervorgerufen das, was im Menschen wird zum abdominalen Typhus. Dadurch, daß als Begleiterscheinung eine solche Atmosphäre auftritt, die lokalisiert ist im Unterleibe, wird für den Typhusbazillus das geschaffen, was seine Lebensbedingungen sind.

Da haben Sie reinlich auseinandergehalten dasjenige, was primär ist, und dasjenige, was sekundär ist, und Sie werden, wenn Sie so reinlich auseinanderhalten, sagen wir, das, was primär ist, und das, was sekundär ist, dann auch sich sagen: Man muß unterscheiden zwischen dem, was die ursprünglichen Gründe für eine solche Erkrankung sind, und zwischen dem, was etwa als entzündliche Erscheinungen einfach dadurch entsteht, daß dieses ganze Heer einer Darmfauna oder -flora auftritt, besonders im Dünndarm. Alles dasjenige, was physisch im Dünndarm auftritt einschließlich der Bazillen – wir brauchen uns wiederum nicht über ihre Herkunft zu unterhalten, denn sie können nicht da vegetieren und animalisieren, wenn ihnen nicht die Atmosphäre geschaffen ist dazu –, alles dasjenige, was da als eine Tätigkeit dieser vegetabilisch-animalischen oder animalisch-vegetabilischen Wesenheiten eintritt, alles das ist die Reaktion auf den Vorgang des Durchbruches der oberen Tätigkeit in die untere Tätigkeit des menschlichen Organismus. Alles das ist schon Folgeerscheinung. So daß es sich darum handeln wird, den Heilungsprozeß zu suchen nicht dadurch, daß man auf das Sekundäre geht, sondern dadurch, daß man auf das Primäre geht. Darüber wollen wir dann noch sprechen, denn über diese Dinge läßt sich eigentlich nur sprechen, wenn man in der Lage ist, auf ihre wahren Ursachen zurückzugehen. Das ist der heutigen landläufigen Medizin, der offiziellen landläufigen Medizin, fast gar nicht gut möglich, weil sie ja eine Betrachtung ausschließt, die von dem materiellen Prozeß zu dem geistigen Prozeß übergeht. Allem Materiellen liegt aber das Geistige zugrunde. Sie werden mit Leichtigkeit sich das Krankheitsbild, sagen wir, gerade von Typhus abdominalis bilden können, wenn Sie das ins Auge fassen, was hier eben auseinandergesetzt worden ist. Denken Sie doch nur, daß diese Erkrankung sehr häufig verknüpft ist mit katarrhalischen Erscheinungen der Lunge, auch mit Bewußtseinsstörungen. Die katarrhalischen Erscheinungen in der Lunge kommen davon her, daß dem oberen Menschen entzogen wird, was im unteren Menschen auftritt. Das ist ja gar nicht mehr darinnen enthalten, was im unteren Menschen auftritt, wenn der Durchbruch geschehen ist. Ebenso können die Organe, welche das Bewußtsein vermitteln im oberen Menschen, nicht mehr ordentlich wirken, wenn der Durchbruch dessen, was ihre Tätigkeit vermitteln sollte, in den unteren Menschen hinein erfolgt ist. Das ganze Bild des Typhus abdominalis tritt Ihnen vor die Seele, wenn Sie diese primäre Ursächlichkeit wirklich ins Auge fassen.

Ich möchte sagen, dasjenige, was man sonst immer nur von außen anschaut, das Zusammenhalten der äußerlichen, nicht zusammengehörigen Symptome, das tritt einem so entgegen, daß man, ich möchte sagen, es aus seinen Daseinsbeziehungen malen könnte. Das kann natürlich auch unter Umständen im Unterbewußtsein des Menschen so stark wirken, daß wirklich ein Drang entsteht im Menschen, es zunächst, ich möchte sagen, prophetisch zu objektivieren, bevor es sich in den Organismus selber hineinmalt. Dann wird der Mensch den Drang verspüren, das, was in seinem Oberleibe sich ihm entzieht, durch irgendwelche blauen Farbflecke auf die Wand zu malen, und das, was in seinem Unterleibe sich ihm entzieht, durch rote Farbflecke an die Wand zu malen. Wenn irgendwo ein Individuum herumgeht, das sich berufen fühlt, Künstler zu sein und nicht Schneider oder Schuster, das aber wenig gelernt hat in bezug auf die Technik der Malerei, dann können Sie es erleben, daß, wenn dieses Individuum stark genug, robust genug ist zu gleicher Zeit – wozu man nicht äußerlich robust sein muß –, fortwährend entstehen wollende Unterleibserkrankungen zu unterdrücken, es diese Unterleibserkrankungen an die Wand objektiviert, statt sie in den Leib hineinzunehmen. Sie können in der expressionistischen Malerei die Produkte dieser merkwürdigen Tätigkeit finden. Suchen Sie sich in vielem, was Ihnen in expressionistischen Malereien zutage tritt, in alledem, was in den roten und gelben Farben hervortritt, das Befinden des Betreffenden in bezug auf seinen Unterleib. Und suchen Sie sich aus all dem, was blauviolett dadrinnen ist, einen Vers zu bilden auf sein Befinden in dem Oberleibe, in der Lunge oder in all dem, was mit der Lungentätigkeit nach dem Haupte hinauf rhythmisch sich betätigt. Dann, wenn Sie auf solche Dinge eingehen, dann werden Sie auch einen merkwürdigen Einklang finden zwischen dem, was ein Mensch überhaupt tut, und dem, wie er innerlich organisiert ist. Sie werden sich eine gewisse Intuition schaffen aus der Art, wie ein Mensch sich darlebt, ein Bild zu machen von dem Funktionieren seines Leibes. Denn in der Tat ist es so, daß es ganz falsch ist, zu glauben, daß die seelische Tätigkeit, die der Mensch in der äußeren Welt betätigt, durch sein ganzes Auftreten, durch sein ganzes Tun nur etwa abhinge von seinem Nervensystem. Es hängt vom ganzen Menschen ab. Es ist ein Bild des ganzen Menschen. Man kann es zu einer intuitiven Anschauung bringen, schon beim Kinde beobachten zu können, wie eigentlich dieser intellektuelle Mensch beschaffen ist, wie er dem späteren Alter entgegenstrebt, wenn man sich vergegenwärtigt, wie jemand zum Beispiel, der dazu verurteilt ist, all die Schädigungen zu übernehmen im späteren Alter eines zurückgebliebenen Wachstums, in der Kindheit einfach zeigt, daß dasjenige, was ihn nicht nach oben kommen läßt, ihn veranlaßt dazu, plump, stark aufzutreten. Aus der Art und Weise, ob ein Kind verhältnismäßig leicht auftritt oder ob es stark auftritt, können Sie sich eine intuitive Vorstellung machen von dem, wie es wachsen wird. Zahlreiche ähnliche Erscheinungen, die weisen uns darauf hin, wie die ganze Geste, die ganze Gebärde des menschlichen Auftretens eben nichts anderes ist als eine in Bewegung gekommene Wechselwirkung der inneren Glieder des menschlichen Organismus.

Es wäre schon zu wünschen, daß in das medizinische Studium solche Dinge aufgenommen würden. Denn denken Sie, daß die günstigsten Vorbedingungen für diese Sachen da sind. Ist man ein junger Mensch im Beginne der Zwanzigerjahre, so hat man die größtmögliche Gelegenheit, in solche Dinge sich hineinzuvertiefen. Sobald die Dreißigerjahre erlangt sind, hat man dieses Talent verloren. Da kann man sich nicht mehr so leicht in diese Dinge hineinfinden. Man kann sich erziehen, sehr stark selbst trainieren, um sich in solche Intuitionen hineinzuversetzen. Man kann auch durch gewisse Anlagen, die einem geblieben sind trotz der verheerenden Dressur unseres mittleren und namentlich unseres höheren Studiums, man kann sich durch Zurückversetzen in dasjenige, was einem aus der Kindheit noch an aktiven Kräften geblieben ist, trainieren zu einem solchen Anschauen des Menschen. Aber würde auf die intimere plastische Anatomie und Physiologie im medizinischen Studium der richtige Wert gelegt, dann würde das ungeheuer helfen im ganzen Behandeln der Menschheit.

So müssen nach ihren primären Ursachen diejenigen Erkrankungen auch angesehen werden, die durchaus, trotzdem sie im Menschen so wie geschildert geartete primäre Ursachen haben, epidemisch auftreten können. Denn bei all denjenigen Menschen, die zum Beispiel leicht zu einer Schädigung ihres Kopf-Brust-Rhythmus, der das Gröbste im Atmungsrhythmus hat, neigen, ist eine Disposition vorhanden, gewisse atmosphärische Erscheinungen, auch gewisse außertellurische Erscheinungen, stark auf sich wirken zu lassen. Andere, die von vornherein in gesunder Weise in bezug auf ihr Atmungssystem eingerichtet sind, bei denen wird Widerstand geleistet gegen solche Einflüsse. Denken Sie sich zum Beispiel – ich will etwas herausgreifen: es ist immer natürlich wieder so, daß andere Ursachen wiederum störend eingreifen können, aber verstehen, worauf es ankommt, kann man doch, wenn man in dieser Weise die Sache schildert –, denken Sie sich, man hätte es einmal zu tun in einem Winter mit einer starken Beeinflussung der Sonnentätigkeit – ich sage jetzt nicht der Lichtwirkung, sondern der Sonnentätigkeit – durch die äußeren Planeten Mars, Jupiter, Saturn. Eine solche Winterkonstellation wirkt anders, als wenn die Sonnentätigkeit durch das Fernabstehen von Mars, Jupiter und Saturn für sich allein zur Geltung kommt. Wenn ein solcher Winter da ist – man kann es schon bemerken an den atmosphärischen Erscheinungen, sie sind anders, als sie sonst sind –, dann wird ein starker Einfluß bei dazu disponierten Personen geübt auf die rhythmische Tätigkeit, die zwischen Brust und Kopf verläuft und die ihren gröbsten Ausdruck in der Atmungstätigkeit findet. Man kann sagen: Die Neigung, diesen Rhythmus regelmäßig zu machen, die wird durch eine solche kosmische Konstellation wesentlich verstärkt bei den Menschen, die zum Beispiel herausgeboren sind aus gesunden Verhältnissen, die robust sind in bezug auf ihr Inneres. Sie können dabei äußerlich sehr schmächtig sein. Bei denen ist ein sehr stark geregelter Atmungsrhythmus da, und entsprechend ist der Kopf-Brust-Rhythmus überhaupt dann stark geregelt. Ein solcher innerlich gefestigter Rhythmus, der läßt sich nicht leicht bestimmen von dem, was außen wirkt. Da müssen schon starke Insulte kommen, wenn Sie ihn bestimmen wollen. Bei wem aber schon dieser Rhythmus in einer gewissen Weise unregelmäßig verläuft, auf den wirkt ein solcher Einfluß, wie ich ihn geschildert habe, außerordentlich stark, denn der schon geschädigte Rhythmus hat die Tendenz, sich noch weiter schädigen zu lassen, und alle diejenigen Menschen, die dann auftreten mit solchen Dispositionen an denjenigen Orten der Erde, auf die diese Konstellation des Himmels besonders wirkt, sind zum Beispiel die Kandidaten für die sogenannte Influenza und für die Grippe. Diese Dinge müssen durchaus da sein, wenn der besondere Grund und Boden für so etwas wie für Influenza und Grippe geschaffen werden soll.

Dagegen ist ein etwas Komplizierteres vorhanden in einem anderen Falle. Natürlich, alle rhythmische Tätigkeit des Menschen ist so, daß, trotzdem jeder einzelne Rhythmus für sich eine Einheit bildet, der fortdauernd kontinuierliche Rhythmus in der Atmung seinen gröbsten Ausdruck bekommt und auch derjenige Rhythmus, der dann beeinflußt wird von dem Schlafen-Wachen-Rhythmus, sie alle zusammen wieder eine Einheit in dem ganzen rhythmischen System des Menschen bilden. Und es kann der Fall eintreten, daß dadurch, daß der obere Rhythmus, der Kopf-Brust-Rhythmus, schwach wird, sich der untere Rhythmus relativ zu stark geltend macht. Dann, wenn der obere Rhythmus zu schwach wird, also schon aus seiner richtigen Lage draußen ist, dann hat er eine Neigung, sich durch den unteren Rhythmus noch unregelmäßiger machen zu lassen, und dann wirkt der untere Rhythmus, der ausgeht von der Milztätigkeit und noch anderen Tätigkeiten, auf die wir noch zu sprechen kommen werden, zu stark nach oben, und dadurch wird die Disposition dazu geschaffen, daß gewissermaßen eine Hypertrophie des oberen Verdauungsprozesses hervorgerufen wird mit all ihren Folgeerscheinungen. Und wiederum wird eine besonders günstige Sphäre geschaffen für die Lebensbedingungen gewisser niederer Organismen. Das ganze Bild, das dann auftritt, ist das, daß sich in die obere Organisation entzündliche und auch Lähmungserscheinungen einschleichen, daß sich aber in dieser oberen Organisation sogar die Anfänge von organischen Mißbildungen, organischen Neubildungen zeigen – kurz, wir haben das Krankheitsbild der Diphtherie. Es ist, ich möchte sagen, eine Art Durchbruch von unten nach oben, entgegengesetzt dem Typhusdurchbruch, der von oben nach unten erfolgt, und es ist im wesentlichen hervorgerufen durch das, was ich geschildert habe.

Alle diese Dinge sind natürlich auch so, daß man dabei das Lebensalter des Menschen berücksichtigen muß. Denken Sie doch nur, daß während der Kindheitsepoche des Menschen das ganze Zusammenwirken des oberen und des unteren Menschen, also auch die vermittelnde rhythmische Tätigkeit eine ganz andere sein muß als im späteren Leben. Im Kindheitsalter muß zum Beispiel eine viel stärkere Wirkung des oberen Menschen auf den unteren Menschen ausgeübt werden als im späteren Leben. In Wirklichkeit «denkt» das Kind mehr als der erwachsene Mensch. So sonderbar es klingt, aber wahr ist es doch, nur daß die Gedanken des Kindes nicht bewußt werden, sondern in den Organismus hineingehen und in seinem Wachsen, in seinen Formen auftreten. Besonders in den ersten Lebensjahren ist das sehr stark, daß die Denktätigkeit verwendet wird auf die Bildungskräfte des Leibes. Braucht der Leib nicht mehr so viel für sich zu verwenden von den Bildekräften, dann staut er sie gewissermaßen zurück, und sie werden die Grundkräfte für das Gedächtnis. Das Gedächtnis tritt daher immer erst dann hervor, wenn der Organismus weniger die Bildekräfte in Anspruch nimmt. Denn die Kräfte, die organisch dem zugrunde liegen, sind die umgewandelten Wachstums- und Bildekräfte, die besonders stark in Anspruch genommen werden für die Plastik des Organismus in den ersten Lebensjahren. Alles beruht im Grunde auf der Metamorphose. Dasjenige, was uns als Geistiges entgegentritt, ist nur das Zurückvergeistigte desjenigen, was früher mehr leiblich gewirkt hat, wo der Geist in die Materie eingezogen ist. Daher muß es begreiflich erscheinen, daß starke Abwehrkräfte vorhanden sein müssen gerade in dem Kinde gegen manches, was im Unterleibe auftritt. Im Unterleibe tritt ja besonders dasjenige auf, was himmlisch ist, was also außerirdisch ist. Denken Sie wiederum, es ist eine besondere Konstellation da im Außerirdischen, durch die Stellung der Sonne zu anderen Planeten bewirkt, die so wirkt, daß eine starke Spiegelung dieser Sternkonstellationen in den menschlichen Unterleibern entsteht. Was wird die Folge sein?

Bei Erwachsenen, wo sich, ich möchte sagen, die rhythmische Tätigkeit zwischen dem oberen und dem unteren Menschen schon zu einer gewissen Beruhigung gebracht hat, wird das wenig ausmachen. Bei dem Kinde wird ein starkes Abwehren stattfinden müssen desjenigen, was da aus dem Kosmos im Unterleibe sich spiegeln will. Wenn also durch eine besonders kosmische Konstellation der Unterleib des Kindes sehr stark affiziert wird, so muß sich der obere Mensch des Kindes außerordentlich stark wehren. Dieses krampfhafte Anwenden der Kräfte, die eigentlich nicht so stark angewendet werden sollten in dem kindlichen oberen Menschen, das gibt Meningitis cerebrospinalis epidemica. So daß Sie hier durchaus hineinsehen können in die Art und Weise, wie aus der außermenschlichen Natur in den Menschen diese Dinge hineingeschickt werden. Ich möchte sagen, wenn Sie wiederum das hinter Ihren Anschauungen haben, können Sie das ganze Bild der Meningitis malen bis in die Versteifung der Nackenmuskeln hinein. Denn dadurch, daß eine solche Anstrengung des oberen Menschen beim Kinde stattfindet, müssen einfach entzündliche Erscheinungen eintreten in den oberen Organen, in den Häuten des Rückenmarkes oder des Gehirnes, die dann so wirken, daß sie die anderen Erscheinungen eben im Gefolge haben.

Es ist sehr notwendig, daß vor allen Dingen der Blick geschärft werde für dieses Zusammenschauen des Menschen, erstens in bezug auf die Wechselwirkung seiner eigenen Glieder und in bezug auf die Wechselwirkung desjenigen, was in ihm ist, mit der außermenschlichen und sogar mit der außerirdischen Natur. Ich möchte natürlich durchaus nicht, daß durch solche Dinge gerade Horoskopstellerei und dergleichen, die ich in vieler Beziehung, wie sie heute auftritt, für den größten Unfug halte, überhandnimmt, aber es genügt schon, wenn man das Bewußtsein hat, wovon solche Dinge herkommen. Wir werden namentlich sehen, wie für den Heilungsprozeß dieses Bewußtsein notwendig ist. Denn es kommt ja dabei wirklich weniger an darauf, ob wir sagen können: Durch die Quadratur dieses Sternes mit jenem Stern wird das oder jenes hervorgerufen. – Das kann uns unter Umständen für eine kosmische

Diagnose nützen, aber darauf kommt es nicht an, sondern darauf kommt es an, daß man heilen kann. Da werden wir eben von unserer heutigen Betrachtung dann morgen übergehen zu der Betrachtung derjenigen Substanzen in der außermenschlichen Natur, die Abwehrsubstanzen sind, Abwehrkräfte enthalten für dasjenige, was in dieser Weise hereingeschickt wird in den menschlichen Organismus. Es wäre überhaupt notwendig, daß in dieser Beziehung dieses Erkennen des oberen Menschen und des unteren Menschen mehr Platz griffe in der ärztlichen Wissenschaft, denn ich meine, aus der Kraft dieses Erkennens würde ein Zusammenwirken der Ärzte im Interesse der menschlichen Gesundheit hervorgehen. Wenn sich der Arzt spezialisiert, so verliert er das Interesse für den Gesamtmenschen. Nun will ich gar nicht sagen, daß sich der Arzt nicht spezialisieren soll, weil einfach die Techniken, die auftreten im Laufe der Zeit, diese Spezialisierungen bis zu einem gewissen Grade hervorrufen. Aber wenn die Spezialisierung eintritt, so soll ja wiederum, ich möchte sagen, die Zusammenwirkung, die Sozialisierung der sich spezialisierenden Ärzte immer größer und größer werden.

Das wird ja auch ersichtlich, wenn man so etwas betrachtet wie dasjenige, um das auch gefragt worden ist, ich meine die Pyrrhoea alveolaris, die Eiterung des Alveolarrandes. Wenn das auftritt, so hat man es eigentlich immer zu tun nicht bloß mit etwas Lokalem, was manche glauben, sondern man hat es zu tun mindestens mit einer Disposition des ganzen Organismus, die sich nur lokalisiert eben in der Zahngegend. Würde zum Beispiel zur Gewohnheit werden, daß Zahnärzte, die das Auftreten dieser Krankheit bemerken, irgendwie dafür sorgten, daß andere Ärzte den Gedanken bei sich aufkommen lassen: Der betreffende Mensch, bei dem diese Eiterung aufgetreten ist, ist mit einer gewissen Wahrscheinlichkeit ein Kandidat des Diabetes, dann würde sehr viel Wohltätiges geleistet werden können. Denn dasjenige, was wir ja bis zu einem gewissen Grade schon charakterisiert haben, was in dem Diabetes zum Ausdruck kommt, das ist eigentlich, solange es im oberen Menschen bleibt, leicht zu behandeln, der Keim der Pyorrhoea alveolaris.

Das ist dasjenige, was eben viel zuwenig berücksichtigt wird, daß der untere Mensch auf den oberen Menschen übergreifen kann, daß dann eine Verarmung oder eine Bereicherung, die ungehörig sind, entweder des unteren oder des oberen Menschen eintritt. Tritt einfach die Neigung zum entzündlichen Zustand zunächst im oberen Menschen ein, so gibt es die eine Form der Erkrankung, tritt sie im unteren Menschen ein, so gibt es die entgegengesetzte, die polarische Form der Erkrankung. Darauf kommt so furchtbar viel an.

Es wird daher durchaus auch begreiflich erscheinen, daß der ganze Ätherleib, der ja die Wachstumskräfte des Menschen enthält, in der Kindheit anders wirken muß als im späteren Alter. In der Kindheit muß der Ätherleib viel mehr eingreifen in die physische Funktion. Er muß Organe haben, in denen er gewissermaßen unmittelbar Angriffspunkte hat. Das ist besonders im Fötalleben notwendig, daß der Ätherleib unmittelbar Angriffspunkte hat, um auf den physischen Leib zu wirken. Das ist aber auch noch in der ersten Kindheit der Fall, wo ja nicht nur Formen gebildet werden, sondern gewachsen wird und im Wachsen und Immergrößerwerden zugleich die plastische Kraft ausgeübt werden muß. Daher sind Organe notwendig, wie zum Beispiel die Thymusdrüse, bis zu einem gewissen Grade sogar die Schilddrüse, die ihre größten Aufgaben im kindlichen Alter haben, die dann zurückgebildet werden und in der Rückbildung, wenn sie von den physischen Kräften zu stark ergriffen werden, entarten.

Es ist einfach notwendig, daß im kindlichen Lebensalter ein starker Chemismus stattfindet in der Organisation, der später mehr durch Wärmewirkungen ersetzt wird. Ich möchte sagen, es ist so, daß der Mensch etwas in seinem Leben durchläuft, was durch das Spektrum selber symbolisiert ist, mehr nicht als symbolisiert werden kann, indem wir hinschauen auf den mehr chemischen Teil des Spektrums (Blau, Violett), dann hinschauen auf den Lichtteil des Spektrums (Grün, Gelb) und hinschauen auf den Wärmeteil des Spektrums (Rot). Der Mensch macht eine Organisation durch, die eigentlich diese Richtung hat (siehe Zeichnung Seite 344). Er ist in

der Kindheit mehr angewiesen auf die chemisch wirkenden Tätigkeiten, geht dann über auf die lichtwirkenden und dann später auf die wärmewirkenden Tätigkeiten. Die Organe, die dem Ätherleib es möglich machen, den Chemismus im physischen Leibe zu fördern, das sind solche Drüsen wie die Schilddrüse, die Thymusdrüse und die Nebennieren. Deshalb hängt auch, weil an diese Organe in einem gewissen Sinne der Chemismus gebunden ist, das Inkarnat des Menschen mit der Tätigkeit dieser Organe, das heißt der dahinterliegenden ätherischen Tätigkeit in hohem Maße zusammen. Unter den Funktionen der Nebennieren ist zum Beispiel diese eine: ob sie den Menschen blaß oder rotbackig machen und so weiter. Entarten die Nebennieren, so muß das in der Farbengebung der Haut zum Ausdruck kommen. Sie brauchen sich nur zu erinnern an die sogenannte Addisonsche Krankheit, die auf einer Entartung der Nebennieren beruht, wo der Mensch braun wird, und Sie werden tief in diese Zusammenhänge hineinschauen können. Das alles weist uns auf einen gewissen Chemismus des Organismus hin. Er ist dasjenige, was namentlich im Fötalleben geltend ist, während die Lichtwirkungen mehr in Betracht kommen für das Leben, sagen wir, vom vierzehnten Jahre hin aufwärts. Dann treten mehr ein diejenigen Tätigkeiten, die für das Wärmeleben in Betracht kommen.

Darinnen liegt ein wichtiger, ein außerordentlich wichtiger Fingerzeig auf den menschlichen Lebenslauf überhaupt. Es ist schon so, daß das kindliche Leben, ganz besonders das Fötalleben eine Art von überwiegendem Salzprozeß darstellt, das mittlere Leben, aber mehr nach der Kindheit zu gelegen, eine Art Merkurialprozeß und das ältere Leben in dieser Beziehung, die ich jetzt charakterisiert habe, eine Art von Sulphurprozeß darstellt, respektive es ist so, daß man zu achten hat im kindlichen Alter am meisten auf den Salzprozeß, im mittleren Alter am meisten auf den Merkurialprozeß und im späteren Alter am meisten auf die sulphurigen oder phosphorigen Prozesse und diese geregelt werden müssen. Wenn Sie ins Auge fassen, daß im menschlichen Organismus auch diese Dreiheit vorhanden ist von organisiertem Chemismus, organisiertem Lichtprozeß, organisiertem Wärmeprozeß, organisiertem Salzprozeß, Merkur-, Sulphurprozeß, so werden Sie auch eine Vorstellung davon bekommen, wie das ganze Leben auf den Menschen eigentlich organisierend wirkt. Die Lebensweise – ich meine jetzt nicht etwa bloß die Ernährung, sondern das ganze Tun des Menschen – wirkt beim Kinde chemisierend, stark intim in den Organismus eingreifend. Der, ich möchte sagen, stärkere Lichtprozeß wirkt beim ganz jungen Menschen auf den ganzen Organismus so eingreifend, daß da der Keim gelegt wird zu all dem, was auch seelische Störungen hervorrufen kann. Man ist, möchte ich sagen, in dem jugendlichen Alter am empfänglichsten für Eindrücke der Außenwelt. Ob uns in diesem Lebensalter stark entgegentritt ein äußeres Leben, das unlogisch aufgebaut ist, oder ein äußeres Leben, das logisch aufgebaut ist, das hat für die ganze Seelenkonstitution des späteren Lebenslaufes eine große Bedeutung. Von diesen Dingen werden wir dann morgen weitersprechen, namentlich von dem Pathologischen, das wir heute besprochen haben, dann auf das Therapeutische übergehen.

NEUNZEHNTER VORTRAG

Dornach, 8. April 1920

Ich werde suchen so viel wie möglich heute und morgen aufzuarbeiten. Es handelt sich ja bei einer solchen allerersten Anregung – und es ist ja eine erste Anregung, wie sie in diesem Kursus hat gegeben werden können – hauptsächlich darum, den Weg kennenzulernen im Genaueren, wie ihn die Geisteswissenschaft geben kann, den die außermenschlichen Substanzen im menschlichen Organismus nehmen, und wiederum um ihre Gegenwirkungen. Hat man nämlich eine vollständige Übersicht über die Art der Wirkung irgendeiner Substanz, dann hat man ja eine Wegleitung zur Anwendung derselben als Heilmittel, und man kann selbst urteilen. Und das ist viel besser, als wenn man Vorschriften beobachtet, dahingehend, das eine ist für das, das andere ist für jenes. Nun werde ich heute wiederum von etwas scheinbar sehr Entlegenem ausgehen müssen, um zu etwas sehr Naheliegendem zu kommen. Unter den Fragen, die gestellt worden sind, tauchte ja immer eine auf, die Sie selbstverständlich alle interessieren muß, das ist die Frage nach der Erblichkeit, nach der Vererbung. Sie spielt bei der Beurteilung sowohl des gesunden, oder wenigstens relativ gesunden, und des kranken Menschen eine außerordentlich große Rolle.

Nun muß man sagen, diese Erblichkeit, diese Vererbung wird eigentlich in der gegenwärtigen materialistischen Naturwissenschaft nur sehr abstrakt studiert, sie wird durchaus nicht so studiert, daß sich für das Leben viel Praktisches daraus ergeben kann. Man findet aber gerade, wenn man im Ernste daran geht, so etwas zu studieren wie die Vererbung, daß es doch höchst merkwürdig ist – mehr für den Exoteriker, während es für den Esoteriker eine ihm anschauliche Gesetzmäßigkeit ist –, daß alles dasjenige, was dem Menschen wichtig ist über Weltzusammenhänge zu wissen, an irgendeiner Stelle ziemlich äußerlich sichtbar zur Offenbarung kommt. Irgend etwas zeigt durch eine äußere Offenbarung immer, welche verborgenen, aber im Menschen sehr wirksamen Kräfte in der Natur vorhanden sind. An diese muß man sich ganz besonders bei dem Studium der Vererbung halten. Denn auf der anderen Seite wird alles dasjenige, was mit der Vererbung zusammenhängt, fortwährend beeinträchtigt, mit Illusionen umkleidet, so daß man es nicht richtig beurteilen kann. Man kann sich einmal ein Urteil bilden über die Vererbung, dann stimmt es wiederum nicht mit anderen Erscheinungen. Das rührt eben davon her, daß gerade die Vererbungstatsachen außerordentlich stark in Illusionen gekleidet sind, und das hängt damit zusammen, daß an der Vererbung beteiligt ist in einer ganz gesetzmäßigen, aber schwer regulierbaren Weise das Männliche und das Weibliche. Gesetzmäßig ist die Sache, aber so wie das Gesetz auftritt, ist es nicht immer möglich, daß eine anschauliche Regulierung auch da ist. Die Vererbungserscheinungen sind also gesetzmäßig, aber schwer regulierbar. So wie das Waagrechthalten des Waagebalkens auf einer Gesetzmäßigkeit beruht, aber, wenn man links und rechts immer auflegt, nach der einen oder der anderen Seite ein Ausschlag kommt, ist dadurch die strenge Gesetzmäßigkeit schwer regulierbar. So ist es ungefähr auch mit den Vererbungserscheinungen. Sie haben eine ähnliche Gesetzmäßigkeit wie die, die den Waagebalken horizontal drängt. Aber diese Gesetzmäßigkeit zeigt sich in einer starken Variabilität ihres Auftretens, und das rührt davon her, weil an der Vererbung immer beteiligt sind das Männliche und das Weibliche, und zwar das Männliche und das Weibliche so, daß das Männliche in dem Vererbungsvorgang gerade immer dasjenige überträgt, was der Mensch dem irdischen Dasein verdankt, was er Erdenkräften verdankt, während der weibliche Organismus mehr darauf hin orientiert ist, dasjenige zu übertragen, was aus dem außerirdischen Kosmos kommt. Man könnte sagen: auf den Mann macht fortwährend die Erde ihre Ansprüche, sie organisiert ihn durch ihre Kräfte. Sie ist ja auch die Ursache der Entstehung der männlichen Sexualität. Auf die Frau macht fortwährend, wenn wir so sagen dürfen, der Himmel seine Ansprüche. Er bewirkt fortwährend ihre Gestaltung. Er ist es, der in allen inneren Organisationsprozessen den überwiegenden Einfluß hat. Das deutet ja wiederum zurück auf etwas, was ich schon gesagt habe. Dadurch entsteht aber das Folgende. Denken Sie sich, es entwickelt sich durch die Konzeption ein weibliches Wesen, so neigt dieses weibliche Wesen dahin, immer mehr und mehr sich einzugliedern in die außerirdischen Prozesse. Es neigt immer mehr und mehr dazu, wenn ich mich so ausdrücken darf, vom Himmel aufgenommen zu werden. Wenn sich ein männliches Wesen entwickelt, so neigt es immer mehr und mehr dazu, von der Erde in Anspruch genommen zu werden. Also es wirken tatsächlich Himmel und Erde zusammen. Denn das, was ich sage, ist nicht so, daß man es etwa wiederum interpretieren darf: auf das Weib wirkt der Himmel und auf den Mann wirkt die Erde, sondern beide wirken auf beide, und bei dem Weibe schlägt der Waagebalken nach dem Himmel aus, beim Manne schlägt der Waagebalken nach dem Irdischen aus. Es ist eine strenge Gesetzmäßigkeit; die ist aber variabel. Dadurch tritt aber eine gewisse Folge ein. Durch dasjenige, was die Frau in ihrem Organismus birgt, wird in ihr fortwährend bekämpft dasjenige, was irdisch ist. Aber das Eigentümliche besteht: es wird nur bekämpft in ihrem ihr zu eigen gehörigen Organismus, nicht in ihrem Keime, nicht in dem Samen. Also dieser Kampf des Himmels mit der Erde, der beschränkt sich beim weiblichen Organismus auf alle Organisationsprozesse, die außerhalb der Samenbildung liegen, also außerhalb der Eibildung, außerhalb desjenigen, was sich gerade in die Fortpflanzungsvorgänge eingliedert, so daß sich das Weib fortwährend den dem Fortpflanzungsprozesse eingeborenen Kräften mit seiner Organisation entzieht. Mit dem um die Fortpflanzung Herumgelagerten, da entzieht es sich fortwährend, so daß man sagen kann: Es besteht die Tendenz, durch den Mann dasjenige, was in den Fortpflanzungskräften liegt, was also vererbt werden kann, zu vererben. Bei der Frau besteht die Tendenz, sich selbst dieser Vererbung zu entziehen. Aber sie hat dafür die stärkere Vererbungstendenz in ihren eibildenden Kräften.

Man wird daher die Frage stellen können: Wie wird man in der menschlichen Gesellschaft entgegenwirken können den verheerenden Kräften der Vererbung? – Nicht wahr, daß die Vererbungskräfte nicht haltmachen vor dem sogenannten Geistigen und vor dem sogenannten Physischen, das zeigt sich ja einfach in einer Erscheinung, wie die ist, daß in Familien, in denen Geisteskrankheiten herrschen, in der Generationenfolge sehr leicht die Zuckerkrankheit auftreten kann, so daß also die Metamorphose von der einen Seite nach der andern Seite hinüberschlägt. Also es ist schon eine außerordentlich wichtige Frage: Wie entzieht man den Menschen den verheerenden Wirkungen der Vererbung? – Gegen diese gibt es kein anderes Mittel, als erstens dafür zu sorgen, daß die Frauenwelt möglichst gesund erhalten wird, denn dann wird durch die Frauenwelt der außerirdische Einfluß in unseren Erdenprozeß hereingezogen, und es wird auch das eintreten, daß fortdauernd diejenigen Prozesse, die dahin wirken, durch den Keim die Schädigungen der Vererbung zu übertragen, vom Frauenorganismus aus bekämpft werden. Also in einer Gesellschaft, in der gut darauf gesehen wird, daß die Frauen gesund sind, kämpft man gegen den schädigenden Einfluß, der von den Erdenkräften ausgeht mit Bezug auf die Vererbungsprozesse, weil man eben einen Appell richtet an die Wirksamkeit der vom Außerirdischen hereinwirkenden ausgleichenden Kräfte, die gewissermaßen ihren irdischen Akkumulator nur in der Frauenorganisation haben. Das ist etwas, was außerordentlich wichtig ist zu berücksichtigen.

Dasjenige, was ich jetzt gesagt habe, ist etwas, was für alle irdischen und außerirdischen Kräfte gilt, das ist etwas sehr Universelles. Aber es tritt augenscheinlich zutage dann, wenn man es zu tun hat mit Hämophilen, mit Bluterkrankungen. Es muß eben darauf hingewiesen werden, daß man über die Vererbungserscheinungen nicht so im allgemeinen herumreden soll, sondern daß man da studieren soll, wo die konkreten Tatsachen handgreiflich auf die Vererbung weisen. Studieren Sie einmal diese Vererbungserscheinungen bei den Blutern. Da finden Sie eine höchst eigentümliche Erscheinung, die Ihnen ja allen bekannt ist und die nur ein äußerer Ausdruck dessen ist, was ich jetzt eben auseinandergesetzt habe: Sie finden, daß im Blut der Familie die Übertragung des Bluters nur vorkommt bei männlichen Individuen, daß sie dagegen nur übertragen wird durch die weiblichen Individuen, daß also ein Weib, das Tochter eines Bluters ist, dazu neigt, auf ihre männlichen Nachkommen die Bluterkrankheit zu übertragen, auch wenn sie sie selber gar nicht hat; sie bekommt sie ja natürlich dadurch, daß sie in der Familie ist. Dagegen werden die Männer Bluter. Wenn sie aber Frauen heiraten, die nachweislich nicht aus Bluterfamilien stammen, so wird die Bluterkrankheit nicht übertragen.

Da haben Sie dasjenige, wenn Sie es analysieren, was Ihnen ein deutlicher äußerer Ausdruck dessen ist, was ich jetzt gesagt habe, und die Erscheinungen bei Hämophilen zeigen viel deutlicher als alle Versuche von *Weismann,* die vor kurzer Zeit gemacht worden sind, wie eigentlich die Dinge laufen in bezug auf die Vererbung. Das ist dasjenige, was man nun aber auch wichtig finden muß für eine Gesamtbeurteilung der menschlichen Organisation, und danach müssen wir ja die menschliche Organisation beurteilen, was auf sie einen Einfluß ausüben kann.

Worauf beruht denn eigentlich die Bluterkrankheit? Es zeigt sich ja schließlich bei der oberflächlichen Betrachtung, worauf sie beruht. Es ist die Gerinnungsfähigkeit des Blutes nicht vorhanden, so daß also bei der geringsten Öffnung nach außen der Mensch verbluten kann, durch bloßes Nasenbluten, bei irgendeiner Zahnoperation, daß solche Dinge, die sonst einfach beim Menschen zur Gerinnung des Blutes an der Wundstelle führen, bei Blutern nicht dazu führen. Darauf beruht ja eigentlich die ganze Wirkung, auf der mangelnden Gerinnungsfähigkeit des Blutes. Es muß also das Blut etwas in sich haben, was entgegenwirkt der Gerinnungsfähigkeit, und wenn das, was es da in sich hat, zu stark wirkt, so wird es eben durch diejenigen Kräfte nicht aufgehoben, die von außen dann beginnen einzuwirken, wenn das Blut gerinnt. Wenn das Blut gerinnt, haben wir es zu tun mit Kräften, die von außen einwirken. Ist im Blute etwas, was diese Kräfte gegen sich nicht aufkommen läßt, so ist eben eine zu starke Verflüssigung des Blutes, eine zu starke Verflüssigungstendenz des Blutes vorhanden.

Sie werden leicht finden, daß eine solche starke Tendenz zur Verflüssigung des Blutes zusammenhängt mit der ganzen menschlichen Ich-Bildung. Aber sie hängt nicht so ganz oberflächlich wiederum zusammen mit der menschlichen Ich-Bildung; sie hängt zusammen mit dem, was im menschlichen Ich als Wille wirksam ist, nicht mit dem, was im menschlichen Ich als Vorstellung wirksam ist. Also mit all dem, was im Menschen den Willen stärkt oder schwächt, mit all dem hängt jene Organisation zusammen, die also beim Blute die zu starke Verflüssigungsfähigkeit hervorruft. Ich möchte sagen, da hat die Geschichte einen schönen Fall hingestellt, welcher wiederum zeigt, wie man bei richtiger Interpretation auf gewisse Geheimnisse der Natur kommt. Nicht jetzt die Natur allein, sondern die Geschichte hat ja den berühmten Engadiner Fall hingestellt, der Ihnen ja bekannt sein kann, der berühmte Fall der Engadiner Jungfrauen. Jene zwei Engadiner Jungfrauen haben geradezu etwas hingestellt, welches, ich möchte sagen, gründlich aufklärend wirken kann auf die Menschenerkenntnis, wie sie die Medizin braucht. Diese Engadiner Jungfrauen stammten aus Bluterfamilien, und sie haben den starksinnigen Entschluß gefaßt, nicht zu heiraten, so daß also diese Engadiner Jungfrauen in der Geschichte dastehen als persönliche Bekämpfer des Übertragens der Bluterkrankheit.

Nun muß man in einem solchen Falle eben auf das Rechte hinschauen. Es ist ganz gewiß nicht die Eigentümlichkeit aller aus Bluterfamilien stammenden Mädchen, in dieser Weise sich dem Fortpflanzungstrieb zu entziehen. Dazu gehört die Ausbildung eines starken subjektiven Willens, gerade jenes starken subjektiven Willens, der im Ich wirkt, der nicht im astralischen Leib wirkt. Der muß also bei ihnen vorhanden gewesen sein. Das heißt, die Sache ist so, daß das, was diese Frauen in ihrem Ich, in ihrem Willen gehabt haben, in einer gewissen Weise zusammenhängt mit denjenigen Kräften, die in einer gewissen Weise wirksam sind gerade bei den Blutern. Wenn sie in bewußter Weise gestärkt werden, so können sie leichter gestärkt werden, als sie bei Nichtblutern gestärkt werden können. Das ist nun etwas, was, in der richtigen Weise erkannt, darauf führt, etwas in die Kräfte hineinzuschauen, die nun eigentlich dem Blute eigen sind, zu erkennen, wie da eine

Wechselwirkung mit dem Außermenschlichen stattfindet. Man kann, indem man so hinschaut auf diejenigen Kräfte im Blute, die mit dem bewußten Willen zusammenhängen, finden, wie überhaupt der Zusammenhang des menschlichen Willens ist mit außermenschlichen Kräften. Nun ist ja die Sache so, daß gewisse außermenschliche Kräfte diejenige innere Verwandtschaft haben mit den menschlichen Willenskräften, welche darauf beruht, daß im Laufe der Entwickelung in dem Naturreiche ausgeschieden worden ist zuletzt dasjenige, was gerade mit dem bewußten menschlichen Willen zu tun hat, mit dem menschlichen Willen überhaupt zu tun hat. Das ist zuletzt in dem Naturreiche ausgeschieden worden.

Nun handelt es sich darum, so etwas zu studieren, was unter den Ausscheidungen des menschenbildenden Prozesses in der Natur draußen ist und was durch seine eigenen Qualitäten zeigt, wie es mit dem menschenbildenden Prozeß in einem Zusammenhang stehen kann. So etwas ist eigentlich in der Natur lange studiert worden, und wie es ist, ist es außerordentlich schwer zu übersehen, weil es schwer ist, die Kräfte, die die atavistische Medizin selbst noch bis ins siebzehnte, achtzehnte Jahrhundert herein bewahrt hat, wieder in dem heutigen intellektuellen Menschen regsam zu machen. Das, was da studiert worden ist, ist nämlich alles, was mit dem Antimon zusammenhängt.

Das Antimon ist nämlich ein höchst merkwürdiger Körper. Deshalb haben wohl diejenigen, die soviel mit dem Antimon zu tun gehabt haben, wie auch der sagenhafte *Basilius Valentinus,* so stark das Antimon studiert. Sie brauchen nur auf gewisse Eigenschaften des Antimons hinzuschauen, dann werden Sie, ich möchte sagen, erkennen, in welch eigentümlicher Weise das Antimon eingespannt ist in den ganzen Naturprozeß. Es ist auf eine eigentümliche Weise eingespannt in den ganzen Naturprozeß. Denken Sie einmal, daß das Antimon in den Naturprozeß so eingespannt ist, daß es erstens – das ist vielleicht noch seine geringfügigste Eigenschaft – eine außerordentliche Verwandtschaft zu anderen Metallen und anderen Körpern hat, daß es also mit diesen anderen Körpern viel zusammen erscheint, namentlich mit Schwefelverbindungen anderer Stoffe. Der Schwefel hat ja diese spezifische Wirkung in der Natur, die wir wenigstens andeutungsweise schon besprochen haben. Die Neigung, die das Antimon hat zu Schwefelverbindungen anderer Stoffe, die zeigt, wie es in den Naturprozeß eingespannt ist. Aber noch mehr zeigt eine andere Eigenschaft des Antimons, wie es in den Naturprozeß eingespannt ist. Das ist nämlich die, daß es, wo es nur in die Möglichkeit versetzt ist, in büschelförmiger Kristallisation auftritt, das heißt in die Linie strebt, weg von der Erde. Da wo das Antimon, ich möchte sagen, sich anhäuft in Linienbildung, da sieht man gewissermaßen äußerlich mit Augen die Kristallisationskräfte, die vom Außerirdischen in das Irdische hereinkommen. Denn die Kräfte, die sonst in einer größeren Regelmäßigkeit auftreten und die kristallbildend sind, die wirken in diesen spießigen und büschelförmigen Bildungen des Antimons. Da verrät geradezu die Antimonsubstanz, wie sie eingespannt ist in den ganzen Naturprozeß. Ebenso weist dasjenige, was im Saigerprozeß vor sich geht, sehr stark darauf hin, wie das Antimon geradezu der Verräter der Kristallisationskräfte ist. Durch den Saigerprozeß bekommt man ja das Antimon in einer solchen Form, daß es feinfaserig ist.

Eine weitere Eigenschaft des Antimons ist dann ja diese, daß es, wenn es geglüht wird, oxydieren kann, verbrennen kann in einer gewissen Weise. Der weiße Rauch, der sich da bildet, zeigt die Eigentümlichkeit einer gewissen Verwandtschaft mit kalten Körpern, wo er sich anklebt und die berühmten Antimonblumen erzeugt – wiederum etwas, wo gewissermaßen in Anlehnung an andere Körper die Kristallisationskraft sich entlädt.

Das Allermerkwürdigste aber ist jene eigentümliche Abwehrkraft, welche das Antimon hat gegen diejenigen Kräfte, die ich ja im Laufe der Tage, in denen Sie hier sind, bezeichnet habe als gewissermaßen unterirdische Kräfte, die Kräfte, die in der Elektrizität und dem Magnetismus spielen. Wenn man durch Elektrolyse Antimon in einer gewissen Weise behandelt und es dann an die Kathode bringt und den Niederschlag des Antimons an der Kathode mit einer Metallspitze berührt, dann explodiert das Antimon, ruft kleine Explosionen hervor. Dieses Wehren des Antimons gegen das Elektrische, wenn man ihm nur etwas zu Hilfe kommt, das ist so außerordentlich bezeichnend für das Antimon. Da sehen wir wirklich hinein beim Antimon, wie ein Körper in den ganzen Naturprozeß sich hineinstellt. Andere Substanzen zeigen das nicht in einer so, ich möchte sagen, aufdringlichen Weise.

Nun kann man nur verstehen, was sich da wiederum an einem anschaulichen Fall in der Natur zeigen will, wenn man davon ausgeht, daß die Kräfte, die in der Natur vorhanden sind, überall wirken; nur, wenn Substanzen sie in besonderem Maße zeigen, so sind eben in diesen Substanzen diese Kräfte besonders konzentriert lokalisiert. Aber was im Antimon wirkt, ist eigentlich überall vorhanden. Überall wirkt, wenn ich den Ausdruck bilden darf, die antimonisierende Kraft. Diese antimonisierende Kraft ist nun dasjenige, was im Menschen auch regulierend wirkt, aber so, daß der Mensch diese antimonisierende Kraft in seinem Normalzustande vom Außerirdischen her bezieht. Gewissermaßen vom Außerirdischen her bezieht er dasjenige, was das Antimon konzentriert herstellt. In normalem Zustande wendet er sich nicht an die antimonisierende Kraft im Irdischen und das, was im Antimon konzentriert ist, sondern er wendet sich an die äußere, außerirdische Kraft des Antimons. Und da liegt es natürlich nahe, jetzt zu fragen: Was ist denn im Außerirdischen diese antimonisierende Kraft?

Sie ist das Zusammenwirken, planetarisch gesprochen, von Merkur, Venus und Mond. Wenn diese nicht jedes einzeln wirken, sondern zusammen wirken, dann wirken sie nicht merkurialisch, nicht silberig, nicht kupferig, dann wirken sie, wie eben in der Erde das Antimon wirkt. Das ist etwas, was ja natürlich einfach dadurch untersucht werden muß, daß man solche Konstellationen in ihrer Wirkung auf den Menschen aufsucht, wo sich die drei Kräfte, die Mondenkraft, die Merkurkraft und die Venuskraft, wo sich diese neutralisieren durch entsprechende Oppositions- und Quadrantenstellung. Wenn sie sich neutralisieren, wenn sie alle drei so zueinander wirken, daß sie sich eben neutralisieren, dann findet dieselbe Wechselwirkung statt, die mit der Antimonwirkung etwas zu tun hat, die im Antimon von der Erde in Anspruch genommen wird. In allem, was Antimon auf der Erde ist, wirkt von der Erde aus dieselbe Kraft, die von diesen drei planetarischen Körpern vom Außerirdischen aus auf die Erde wirkt.

Da komme ich auf etwas, was ich doch erwähnen muß. Nämlich bei der Erdenkonstitution ist es so, daß man eigentlich unrichtig redet, wenn man bei so etwas wie dem Antimon von dem einzelnen Stück bloß redet. Es ist alles Antimon in der Erdenorganisation eine Einheit, wie alles Silber und alles Gold der Erde eine Einheit ist. Es kommt gar nicht so sehr auf das einzelne Stück an. Wenn Sie das einzelne Stück Antimon aus der Erde wegnehmen, so wühlen Sie einfach in dem Gesamtantimonleib der Erde, der ihr eingegliedert ist. Also das gehört dazu zu dem gesamten Antimonleib. Da haben wir also geschildert auf der einen Seite alles dasjenige, was gewissermaßen durch die Antimonwirkung anschaulich wird. Allem Wirken stehen nun in der Natur Gegenwirkungen gegenüber. Gerade durch das Hin- und Herpendeln von Wirkung und Gegenwirkung entstehen immer die gestalteten Körper.

Nun sehen Sie, diese gegenwirkenden Kräfte müssen wir nun aufsuchen. Diese gegenwirkenden Kräfte zeigen sich uns dann, wenn wir erkennen können, durchschauen können, daß ja die Antimonkräfte in dem Augenblick auf den Menschen wirken, wo irgend etwas, was eigentlich im Innern des Menschen geregelt ist, nach außen drängt. Diese Antimonkräfte sind es nämlich gerade, die in der Gerinnung des Blutes wirken. Da drinnen wirkt das Antimonisierende. Überall wo das Blut in seinem Bestande, in seiner Strömung die Tendenz zum Gerinnen zeigt, da ist antimonisierende Kraft. Überall da, wo das Blut sich entziehen will dieser gerinnenden Kraft, da sind die Gegenwirkungen da. So daß wir da, wo uns die Bluter entgegentreten, kurioserweise finden die antiantimonisierenden Kräfte. Da haben Sie die anti-antimonisierenden Kräfte. Diese anti-antimonisierenden Kräfte sind aber identisch mit dem, was ich nennen möchte – wenn ich das Wort bilden darf – die albuminisierenden Kräfte, die eiweißstoffbildenden Kräfte, die so organisierend wirken, daß sie die Bildung des Eiweißes fördern. Denn wiederum dasjenige, was das Blut am Gerinnen verhindert, sind die eiweißbildenden Kräfte.

Auf diese Weise kommen wir zu einer Erkenntnis der Beziehungen des Antimonisierenden und des Albuminisierenden im menschlichen Organismus. Ich muß schon sagen, ich glaube, wenn man dieses Wechselspiel des Antimonisierenden und des Albuminisierenden studieren würde, dann würde man gründliche Erkenntnisse im Erkrankungs- und Heilungsprozesse gewinnen. Denn was sind albuminisierende Prozesse? Es sind diejenigen Prozesse, durch welche alles Plastische, alles Gestaltende in der Natur dem menschlichen und auch dem tierischen Organismus für seine Substanzbildung einverleibt wird. Die antimonisierenden Kräfte sind diejenigen, welche gewissermaßen von außen hereinwirkend die plastischen Künstler sind, die der organbildenden Substanz die Form geben. So haben zu den inneren organisierenden Kräften der Organe die Antimonkräfte eine gewisse Beziehung.

Also, bitte, unterscheiden Sie jetzt die beiden Prozesse – das ist eine wichtige Unterscheidung – bei einem Organ, ich will sagen etwa bei der Speiseröhre. Diese ist ja innerlich organisiert. Sie können gewissermaßen ihre innere Struktur verfolgen, ohne daß Sie zunächst eine Rücksicht darauf nehmen, was für ein Vorgang sich abspielt, wie längs der Speiseröhre der Speisebrei verläuft und so weiter. Dann kommt die Speiseröhre und wirkt zusammen mit dem, was in den menschlichen Organismus hereinkommt. Man kann also trennen im Abstrakten die inneren Vorgänge im Organ und dasjenige, was im Organ geschieht, wenn es zusammenarbeitet mit dem, was dem Menschen von außen zugeführt wird. Das sind zwei verschiedene Prozesse. Da drinnen im Organ selber, da wirkt die antimonisierende Kraft im Menschen. Der Mensch ist eigentlich Antimon, wenn man sich herausdenkt alles dasjenige, was in ihn von außen eingeführt wird. Er ist selbst Antimon. Es handelt sich darum, daß man nicht überladen darf die innere organbildende Kraft im normalen Lebensprozesse mit dieser antimonbildenden Kraft. Man darf diese im normalen Lebensprozesse nicht zuführen, sonst vergiftet man den Organismus, man regt ihn zu stark an. Aber wenn es nötig ist, ihn stärker anzuregen, dann muß man ihm das zuführen, was man ihm normal nicht zuführen darf. Hier kommen Sie zu der Antimonwirkung, die gerade durch die geschilderten Eigentümlichkeiten des Antimons eine spezifisch verschiedene ist, ob Sie das Antimon von außen anwenden oder ob Sie es von innen anwenden. Wenn Sie es von innen anwenden, so müssen Sie versuchen, das Antimon in einer so großen Verdünnung zu bekommen, daß Sie es hineinkriegen in den oberen Menschen. Wenn Sie es hineinkriegen in den oberen Menschen, dann wird das Antimon außerordentlich anregend wirken auf gestörte Organbildungen, innere Organprozesse. Es wird daher schon bei gewissen Formen der Typhusbildung fein potenziertes Antimon eine große Rolle spielen können.

Dagegen ist die Wirkung etwas anders und wird erreicht, wenn man das Antimon in weniger hoher Potenzierung nimmt, wenn es äußerlich geschieht durch Salben und dergleichen. Natürlich kann es sich da auch herausstellen, daß man auch für das Äußere unter Umständen an die Kraft des verfeinerten Antimons appellieren muß. Aber im wesentlichen wird die Wirkung von außen dadurch herbeigeführt werden, daß man die niederen Potenzierungen im allgemeinen nimmt.

Sie sehen daraus, daß ein solches Heilmittel, das zu gleicher Zeit ein wirklich außerordentlich brauchbares Heilmittel ist, sich hineinstellt in das, was ich gesagt habe, in diesen gesetzmäßigen Gang, der aber zu gleicher Zeit immerfort seine Schwingungen zeigt. Und man wird sich daher daran halten müssen, daß man innerlich Antimon vorzugsweise dann anwendet, wenn man es mit sehr willensstarken Menschen zu tun hat, und daß man äußerlich Antimon anwendet, wenn man es mit mehr willensschwachen Menschen zu tun hat. Nach dieser Weise muß man schon spezialisieren. Sie sehen daraus, daß man im Antimon innerhalb des mineralischen Reiches etwas gegeben hat, was eine innere Verwandtschaft mit dem menschlichen Willen hat insofern, als der menschliche Wille, je bewußter er ist, desto mehr sich veranlaßt fühlt, die Gegenwirkung gegen die Wirkung des Antimons hervorzubringen. Der menschliche Wille wirkt zerstörend auf alle diejenigen Kräfte, die ich Ihnen vorhin geschildert habe und die das eigentümliche Verhalten des Antimons bilden. Während alles das, was im Menschen organisierend wirkt, unter dem Einfluß der Gedankenkräfte, aber namentlich der unbewußten Gedankenkräfte, der Gedankenkräfte auch, die im Kinde zum Beispiel noch unbewußt wirken, eigentlich unterstützt wird durch die Antimonkräfte, mit dem wirken die Antimonkräfte zusammen. So daß, wenn ich das Antimon in den menschlichen Organismus in einer beliebigen Weise hineinbringe und es zunächst stark durch seine eigenen Eigenschaften wirken kann, es ein starkes Phantom im Menschen bildet. Es werden gleich die inneren Organkräfte angeregt, und es bleibt nichts mehr übrig für diese Arbeit zusammen mit dem in den menschlichen Organismus Eingefügten: Brechen, Durchfall – was darauf beruht, daß die Wirkung zurückgeht auf die Organe und sich nicht erstreckt auf die Nachbarschaft der Organe. Auch mit der Gegenwirkung zeigt sich das.

Sie können ja, wenn Sie gerade günstig dazu organisiert sind, mit demjenigen Mittel die schädliche Wirkung des Antimons bekämpfen, das sonst auch diejenigen Menschen aus einem gewissen Instinkt heraus bei sich gerne anwenden, denen durch irgend etwas die geregelte Unterhaltung aller ihrer Zirkulations-, ihrer rhythmischen Prozesse sympathisch sein muß. Auf diese rhythmischen Prozesse wirkt ausgleichend der Kaffeegenuß – ich schildere nur die Tatsachen, ich will selbstverständlich nichts anempfehlen, denn es kann ja in einer anderen Beziehung sehr schädlich sein, wenn man dem Ich selber die Regulierung dieser rhythmischen Prozesse abnimmt, aber ich will davon nicht sprechen, ich will nur über die Tatsache sprechen. Der Kaffeegenuß bringt rhythmische Prozesse, wenn der Mensch seelisch nicht stark genug ist, sie zu regulieren, in eine gewisse Regulierung hinein. Daher bei den Vergiftungsprozessen durch das Antimon der Kaffee ein gewisses Gegenmittel ist, weil er den Rhythmus wiederum herstellt zwischen der inneren organischen Wirkung und dem, was äußerlich liegt. Das wird auch unterhalten durch einen bestimmten Rhythmus. Kaffee trinken wir eigentlich aus dem Grunde, damit eine fortwährende Rhythmisierung zustande kommt zwischen unseren inneren Organen und zwischen dem, was also in der Nachbarschaft der Organe geschieht mit den aufgenommenen Nahrungsmitteln.

Das alles führt uns wiederum dazu, auf etwas anderes das Augenmerk hinzulenken, nämlich auf die albuminisierenden Prozesse. Diese werden verstärkt, das heißt alle diejenigen Prozesse werden verstärkt, die nun auf der anderen Seite liegen, auf der Seite, wo die Organe nicht ihre eigene innere Organisationskraft haben, sondern wo verdaut wird durch die äußere Wirkung der Organe, also alles das, was mechanisch in der Bewegung der Gedärme geschieht und was auch sonst geschieht in der Verdauung, das steht wiederum in inniger Wechselwirkung eben mit den albuminisierenden Kräften, den Kräften, die sich wenden an dasjenige, was zu gleicher Zeit die eiweißbildenden Kräfte eben sind, also die entgegengesetzten Kräfte der antimonisierenden Kräfte.

Nun muß ich noch einmal auf etwas hinweisen, auf das ich schon hingewiesen habe. Ein sehr lehrreiches Objekt, meinetwillen auch Subjekt, ist die Auster mit ihrer Schalenbildung. In einem eben geringen Maße ist dasselbe schon vorhanden bei den Kalkabsonderungen der Eier, der Schalbildung der Eier. Was liegt denn da eigentlich zugrunde? Was ist denn das, eine Schale wie die Austernschale oder wie die gewöhnliche Schale der Eier? Das ist ein Produkt, dessen sich die Eisubstanz oder die Auster entledigen muß, das sie nach außen befördern muß, und zwar aus dem Grunde, weil, wenn sie es in sich behalten würde, sie dadurch getötet werden würde. Es beruht einfach diese Schalbildung darauf, die Lebenstätigkeit zu erhalten. Wenn man also Austern ißt, dann ißt man mit – ich darf ja wohl zu Ihnen das so aussprechen, ich müßte natürlich, wenn man, um der heutigen Wissenschaft zu gefallen, sprechen wollte, es in etwas gewähltere Formen kleiden – denjenigen Lebensprozeß, der in der Auster sich gerade in der Schalbildung nach außen zeigt. Diesen Lebensprozeß ißt man mit. Man ißt also mit einen albuminisierenden Prozeß, einen Prozeß, der dem Antimonisierenden entgegengesetzt ist; den ißt man mit. Damit fördert man all das im Menschen, was zu typhösen Erscheinungen hinführt. Es ist dieses Austernessen ein außerordentlich interessanter Vorgang. Dieses Austernessen, das fördert die Gestaltungskraft, die albuminisierende Kraft im menschlichen Unterleibe. Dadurch aber entlastet es, zieht gewisse Kräfte weg vom Kopfe, und der Mensch fühlt sich dann subjektiv, wenn er Austern gegessen hat, nicht so beschwert von den Kräften, die in seinem Kopfe arbeiten wollen. Er macht in einer gewissen Weise den Kopf leer. Wir müssen ja diese albuminisierenden Kräfte fortwährend entwickeln, weil wir den Kopf nicht so beladen lassen können mit gestaltenbildenden Kräften. Aber der Austernesser übertreibt das, er strebt mit aller Leidenschaftlichkeit nach einem leeren Kopfe. Daher vergrößert er auch die Möglichkeit des Durchbruches gewisser Kräfte nach den Unterleibsorganen, die ich gestern charakterisiert habe, fördert also die Neigung zum Typhus. Und daher können Sie denken, wie wiederum mit dieser Neigung, wenn sie da ist, die Antimonbehandlung herausgefordert wird. Man würde daher gute Resultate erzielen, wenn man dasjenige, was da hervorgerufen werden muß, um die Neigung zum Typhus innerlichst zu bekämpfen, dadurch erreichen würde, daß man eine gleichzeitige Innen- und Außenbehandlung mit Antimon einführen würde, vor allen Dingen Einreibungen mit Antimonsalben und zu gleicher Zeit hochpotenziertes Antimon im Innern. Das würde wiederum regulierend zurückwirken, weil es gegenseitig sich regulieren würde auf die Typhusneigung.

Sie sehen, wie man da versucht, den Menschen immerfort in seine ganze universelle Umgebung hineinzustellen. Die Bedeutung von dem zeigt sich dann, wenn Sie die Beziehung des Menschen untersuchen zu so etwas in der Natur, was dadurch entsteht, daß es sich in einer gewissen Weise wehrt gegen die unmittelbaren Erdenkräfte. Pflanzen können sich wehren gegen die unmittelbaren Erdenkräfte. Dann sparen sie viel auf von ihren Bildungskräften für die Zeit, in der es zur Blüten- und Samenbildung kommt. Unsere gewöhnliche Pflanzenbildung, die den eßbaren Pflanzen zugrunde liegt, die beruht ja gerade darauf, daß eine ganz bestimmte

Summe von Erdkräften zur Bildung der Pflanze verwendet wird. Wehrt sich die Pflanze gegen diese Erdkräfte, dann ist sie ausgesetzt den außerirdischen Kräften, wenn es zum letzten Abschlusse der Samenbildung, der Fruchtbildung kommt, und dann wird sie zu einer solchen Pflanze, die eigentlich möchte in die Welt so hinausschauen, wie die höheren, über dem Pflanzenreich liegenden Wesen in die Welt hinausschauen. Dann zeigt sie die Begierde zum Wahrnehmen. Nur hat sie keine Organisation dafür, wahrzunehmen, sie ist Pflanze geblieben und will entwickeln so etwas, wie es im menschlichen Auge liegt. Aber sie kann kein Auge entwickeln, weil sie eben einen Pflanzenkörper, nicht einen Menschen- oder Tierkörper hat. Deshalb wird sie eine Tollkirsche, wird eine Atropa Belladonna. Ich versuchte, Ihnen etwas anschaulich und bildlich diesen Prozeß zu schildern, der da beim Tollkirschenwerden vor sich geht. Sie wird eine Tollkirsche, und sie wird, indem sie zu einer Tollkirsche wird, indem aber schon in ihren Wurzeln diese Kräfte darinnen liegen, die sie dann zuletzt zu der schwarzen Beerenbildung bringen, verwandt mit all dem, was gerade im menschlichen Organismus so wirkt, daß es nach der Gestaltenbildung treibt, daß es nach dem treibt, was eigentlich nur in der Sphäre der Sinne vor sich gehen kann, daß es also den Menschen heraushebt aus der Sphäre seiner Organisation in die Sphäre seiner Sinne. Der Prozeß, der vor sich geht beim Aufnehmen kleiner potenzierter Quantitäten von Tollkirsche, der ist außerordentlich interessant, denn er ist furchtbar ähnlich dem Prozeß des Aufwachens, das mit Träumen durchmischt ist. Da geht gewissermaßen normalisiert dieser Prozeß vor sich. Beim Aufwachen, wenn man gerade noch nicht sinnlich wahrnimmt, sondern wenn die sinnliche Wahrnehmung noch innerlich disponiert ist zum Durchsetztsein des Bewußtseins mit Träumen, da ist eigentlich immer so eine Art Tollkirschenwirkung im Menschen. Und die Vergiftungen durch die Tollkirsche beruhen darauf, daß derselbe Prozeß, der sonst im Menschen verrichtet wird beim Aufwachen, wenn das Aufwachen von Träumen durchsetzt ist, im Menschen hervorgerufen wird durch das Tollkirschengift, aber dauernd gemacht wird, nicht vom Bewußtsein wiederum übernommen wird, sondern diese Übergangserscheinungen bleibend werden. Das ist das Interessante, daß man sieht: Die Prozesse, die auch durch die Vergiftungserscheinungen hervorgerufen werden, sind so, daß, wenn sie mit dem richtigen Zeitmaß im Menschen hervorgerufen werden, sie dann zu der ganzen menschlichen Organisation dazugehören.

Wie ich vorhin charakterisiert habe: das Tollkirschenwerden ist ein tolles Hinstreben zum Menschenwerden. So könnte man sagen: Das Aufwachen des Menschen hat etwas in sich vom Tollkirschenwerden, es ist nur ein abgemildertes Tollkirschenwerden, ein Maßhalten des Tollkirschenwerdens, ein solches, das sich eben auf den Moment des Aufwachens beschränkt. Wollen Sie daher den Körper entlasten von den inneren Albuminisierungsprozessen, wollen Sie ihn so beeinflussen, daß Sie die zu stark wirkenden Albuminisierungsprozesse zurücknehmen, gewissermaßen das Körperliche in das Seelische ableiten, so daß dasjenige, was sonst in den körperlichen Substanzen wirkt, als Halluzinationen wirkt, dann geben Sie potenziert Belladonna. Da legen Sie etwas in die Seele hinein, wovon Sie den Körper entlasten wollen. Das ist dasjenige, was nun ja auch wiederum, allerdings verwirrend und mit Illusionen eben durchdrungen – wie ich am Anfange des Vortrages sagte –, bei der gewöhnlichen makroskopischen Wirkung der Belladonna einem entgegentritt. Natürlich, wenn Sie den Menschen stoßen, daß er nicht aus dem Aufwachezustand in den Wachzustand übergeht, sondern beim Aufwachezustand bleibt, töten Sie ihn gerade. Der Mensch ist immer in Lebensgefahr, wenn er aufwacht. Nur wacht er so schnell auf, daß er diese Lebensgefahr überwindet. Das sind die interessanten Zusammenhänge zwischen demjenigen, was sozusagen normal ist, aber auf das richtige Maß zurückgeführt ist, und was in dem Augenblicke, wenn es über das richtige Maß hinausgeführt wird, antinormal ist.

Das sind die Prozesse, die, wie mir scheint, die alten Ärzte immer wieder und wiederum zu verfolgen suchten. Und wenn die alten Ärzte sprachen von der Erzeugung des Homunkulus, so ist das im Grunde genommen so, daß sie in ihrem noch vorhandenen Hellsehen so etwas schauen konnten, wie es das Phantom des Antimons ist. Da erschien ihnen in dem Bildeprozeß, den sie äußerlich in ihrem Laboratorium vollführten, während das Antimon seine Kräfte entfaltete, hineinprojiziert aus ihrem eigenen Wesen dasjenige, was diese Antimonkräfte als albuminisierende Kräfte bekämpft. Das erschien ihnen gerade als eine Kraft. Dasjenige, was sonst zurückbleibt im menschlichen Organismus, das projizierten sie hinaus, und da sahen sie den Homunkulus, der da erschien, während sich der Prozeß abspielte, in welchem das Antimon seine verschiedenen Formen annimmt. Was da in diesem Abspielungsprozesse erscheint, das sahen sie als den Homunkulus.

ZWANZIGSTER VORTRAG

Dornach, 9. April 1920

Es handelt sich darum, daß, wenn das medizinische Studium in einer der Menschheit heilsamen Weise fortgeführt werden soll, dann wirklich dasjenige Platz greife, was ich versuchte in diesen Vorträgen anzudeuten: das Zusammendenken des ganzen gesunden und kranken menschlichen Organismus mit den außermenschlichen Kräften, Substanzen, Wirkungsweisen überhaupt. Denn dadurch wird die Brücke geschlagen zwischen der naturwissenschaftlichen Richtung, die immer mehr und mehr auf das bloße Erkennen der Krankheiten hinausläuft, und dem Bestreben, Heilmittel und Heilwirkungen zu schaffen. Dazu aber, daß dieser Weg mit Erfolg betreten werden kann, ist es notwendig, eine Gesamtanschauung des Menschen zu gewinnen, ihn gewissermaßen geisteswissenschaftlich zu durchleuchten, von da an, wo der Mensch zunächst, so wie er jetzt als Mensch ist, mit der Außenwelt in einem gewissen Zusammenhange steht. Dieser Zusammenhang mit der Außenwelt tritt ja am weitesten in der Entwickelung vorgeschritten in der Wechselwirkung der äußeren Sinne mit der Außenwelt hervor, die eigentlich nur noch wenig mit physischen Wirkungen im Inneren zu tun haben, wie zum Beispiel die Sinneswirkungen des Auges. Aber sobald wir in das Gebiet der unteren Sinne kommen, in das Gebiet des Geruchs-, des Geschmackssinnes, so sehen wir sogleich, wie das Äußere des Menschen, gewissermaßen der äußere Verkehr des Menschen mit der Umwelt, sich verinnerlicht. Denn bis zu einem gewissen Punkte ist ja die menschliche Verdauung nichts anderes als eine Fortsetzung und Umwandelung der Sinnestätigkeit. Bis zu dem Punkte, wo die Nahrungsstoffe abgegeben werden von der Darmtätigkeit an die lymph- und blutbildende Tätigkeit, und noch sogar im Übergang zu diesem Punkte ist im Grunde genommen alles metamorphosierte, umgewandelte Sinnestätigkeit, die, je niedriger sie selbst ist, um so mehr organisch wirkt. So daß wir eigentlich in dem Verdauungsvorgang bis zu dem Punkte, den ich eben charakterisiert habe, einen fortgesetzten Geschmacksempfindungsvorgang zu erkennen haben.

Würdigt man eine solche Tatsache richtig, dann wird man den Boden sich bereiten erstens für die ganze Diätetik, dann aber auch für die Erkenntnis all des Heilsamen, das notwendig ist, um auf diesem Gebiete gerade zu wirken. Auch Schädigungen, die auf diesem Gebiete eintreten können, die werden dadurch systematisch nach und nach erkannt werden können. Denn bedenken Sie einmal das Folgende: Verfolgen Sie die Wirkung von, ich will sagen, Ammoniaksalz auf den menschlichen Organismus. Der Bekenner der heutigen Naturwissenschaft wird sagen: Zunächst einmal wirken Ammoniaksalze, die etwa in der Form des Salmiaks beigebracht werden – wie man eben sagen müßte im Sinne der heutigen Naturwissenschaft –, auf das muskulös-motorische Herznervensystem etwa.

Nun ist aber dieses ganze Nervensystem, das motorisch sein soll, ein Unding. Es gibt keinen Unterschied, wie ich genügend hervorgehoben habe, zwischen den sensitiven Nerven und den motorischen Nerven. Also die ganze Auffassung ist ein Unding. Dasjenige, um was es sich handelt, ist etwas wesentlich anderes. Das, um was es sich handelt, ist das Folgende: Solange die Ammoniaksalze ihre Wirkung behalten – sagen wir innerhalb des Gebietes, das von dem Geschmacksvorgang reicht bis zu dem Blutbildungsvorgang –, ist auch eine fortgesetzte Geschmackswirkung im Innern da, und diese fortgesetzte Geschmackswirkung ist zugleich ein Vorgang im Astralleibe und löst eine reflektorische Tätigkeit im astralischen Leibe aus, die zum Beispiel besteht in der Absonderung des Schweißes. Sie sehen geradezu hinein in die Absonderung des Schweißes, auch in einer gewissen Weise in die Absonderung des Harnes, wenn Sie in der Lage sind, diese erste Partie, möchte ich sagen, der Verdauungstätigkeit des Menschen als einen fortgesetzten Geschmacksprozeß aufzufassen. Denn ich bitte Sie, die Sache ist ja so: Wenn man auf das hinschaut, was da vorzugsweise stattfindet auf diesem Gebiete, so haben wir es zu tun im wesentlichen mit einer Aufnahme der zugeführten Nahrungsstoffe durch die innerlichen körperlichen Flüssigkeitsabsonderungen. Das ist das Wesentliche. Alles das, was da in Betracht kommt, reduziert sich eigentlich mehr oder weniger auf diese auflösende Wirkung der Körperflüssigkeit auf die Nahrungsmittel. Diese Auflösewirkung, die hat ihre Gegenwirkung. Die Gegenwirkung besteht in der Leber- und Milztätigkeit. Deshalb mußten wir auch die Leber- und Milztätigkeit zuordnen im wesentlichen der Wassertätigkeit, der Flüssigkeitstätigkeit. Aber im Gegensatz zu der Auflösungswirkung im ersten Gebiete der Verdauung hat die Lebertätigkeit die Wirkung des Einhüllenden, des Umhüllenden, des wiederum Zurückverwandelnden dessen, was im ersten Teile des Prozesses getan wird. Es ist im wesentlichen ein Bild zu gewinnen für das, was da vorliegt, wenn man einfach nebeneinander sieht die Tätigkeit, die ausgeübt wird, wenn ich Salz in warmes Wasser werfe. Das Salz verteilt sich lösend im warmen Wasser: Bild der Tätigkeit bis zur Aufnahme der Nahrungsmittel in die Lymph- und Blutgefäße. Ich lege daneben ein paar sich rundende Quecksilbertröpfchen mit ihrem Bestreben zu runden, Abschließendes zu machen, zu organisieren, zu gestalten: Bild alles desjenigen, was beginnt von der Aufnahme der Nahrungsmittel an in die Lymph- und Blutgefäße und was dirigiert wird von der Leber aus mit all ihrer Beziehung zu dem astralischen Leib des Menschen.

Sehen Sie, es ist notwendig, daß man in dieser Weise hineinschaut in das, was da eigentlich vorgeht. Denn dann wird man einfach angeleitet, die Außenwelt zu studieren, wie sie sich verhält in der Salz- und Merkurialbildung. Man liest förmlich an der Außenwelt dasjenige ab, was im Innern des Organismus tätig sein muß. Aber man muß den Menschen immer im Zusammenhang betrachten mit dieser Außenwelt.

Nun verfolgt man dann diese Ammoniaksalze weiter, wenn sie den Übergang finden in die Blutbildung, da alkalisieren sie das Blut. Da sind sie bei weiteren Schritten auf ihrem Wege so angelangt, daß sie nun aus dem unteren Menschen hinüberwirken in den oberen Menschen und in dem oberen Menschen Reaktionswirkungen hervorrufen. Aber das Interessante ist, daß hier nun eine vollständige Umkehrung stattfindet. Eine ganze Umkehrung der Vorgänge findet statt. Diese Umkehrung der Vorgänge kann man etwa so charakterisieren: Während der obere Mensch bei dem unteren Gebiete des Verdauens bestrebt ist, als Sinnesmensch zu wirken, in Geschmackswahrnehmung zu wirken, beginnt jetzt umgekehrt – die ganze Sache kehrt sich um – der untere Mensch mehr nach dem Wahrnehmen hin zu neigen und der obere Mensch mehr nach dem hin zu neigen, was nun auf die Wahrnehmung wirkt. Und die Folge davon ist, daß, während früher eine Art reflektorischer Wirkung eingetreten ist, die ich charakterisiert habe als vom Astralleib ausgehend, jetzt umgekehrt der Vorgang so stattfindet, daß gewissermaßen die reflektierende Wirkung von unten ausgeht, also von unten das kommt, was der Reflexion entspricht, und oben dasjenige beginnt, was der Flexion entsprechen würde. So daß oben angeregt werden – sagen wir, um einen Kunstausdruck zu gebrauchen – die Flimmerepithelien, zum Beispiel in erregtere Bewegung geraten, und die Sekretion der Lunge befördert wird. Die umgekehrte Bewegung gilt da. Erst wird durch das Auflösen die Bewegung der Leber hervorgerufen, dann wird durch die einhüllende Lebertätigkeit das Auflösende, Zerstreuende, Erregende dessen, was über der Lebertätigkeit gelegen ist, der Lungentätigkeit, hervorgerufen, und statt der Auflösung unten die Sekretion in den oberen Organen.

Das ist der Weg, der gemacht wird im menschlichen Organismus von der Aneignung der Stoffe durch die Auflösung, durch die Salzwirkung zu der gestaltenden Wirkung und wiederum zu der zerstreuenden Wirkung, die zu vergleichen ist dem Verdunstungs- und Verbrennungsprozeß. Stellen Sie also hin neben die Quecksilbertröpfchen eine siedende Flüssigkeit, die fortwährend verdunstet, die also in lebhafter Verdunstungswirkung steht – was man eben phosphorige Sulphurwirkung nennen kann –, wo gleichsam das Unorganische entzündet ist, dann haben Sie die Tätigkeit, die entwickelt wird in den Gegenorganen, also in dem unteren Menschen, aber auch in alledem, was im oberen Menschen nun mit der Lunge in Beziehung steht.

Hat man diese innere Tätigkeit, dann hat man auch den Weg, sich Begriffe darüber zu bilden, was in diese Tätigkeiten hereingenommen werden kann von der Außenwelt. Das geht sehr weit; das geht bis zu folgendem. Wenn Sie sich erinnern an das, was wir vor ein paar Tagen gesagt haben, so werden Sie einsehen: Alles dasjenige, was im Zahnbildungsprozeß vor sich geht, ist eine sehr peripherische Betätigung des menschlichen Organismus. Deshalb wird auch diese peripherische Tätigkeit des menschlichen Organismus sehr bald eine völlig äußerliche, mineralisierende, wie ich charakterisiert habe, und ich bitte, das nicht mißzuverstehen. Es ist ein wenig, wie ich glaube, mißverständlich aufgefaßt worden. Ich sagte, weil die zahnbildende Tätigkeit eine so peripherische ist, so ist es berechtigt, dann, wenn schon das Mineralisierende eingetreten ist in dem Zahnbildungsprozesse, wenn man es mit einer Verschlechterung der Zähne zu tun hat, rein technisch äußerlich auch durch die mechanische zahnärztlich-technische Therapie, zur Ausbesserung der Zähne und so weiter zu wirken, weil man von außen nichts mehr tun kann. Man kann also nichts anderes tun als dasjenige, was außen mineralisiert ist, wiederum mechanisch behandeln. Ich rechne dazu alles, was mechanisch vor sich geht, Ausbesserung der Zähne und so weiter. Da ist es also berechtigt, für den Ersatz der Zähne zu sorgen, wenn sie schadhaft geworden sind, denn man kann von einem gewissen Punkte an nicht mehr für die Zähne von innen heraus selber sorgen. Aber man muß für denjenigen Prozeß von innen heraus selber sorgen, der notwendigerweise da sein muß, das ist dieser Fluorbildungsprozeß, der auch für den Organismus notwendig ist. Für das, was die Zähne da tun, solange sie gut sind, muß eben Ersatz geschaffen werden, für den fluorbildenden Prozeß im Organismus. Dieser Ersatz kann in einer gewissen Weise geschaffen werden. Nur muß man jetzt auf diesen Umkehrungsprozeß richtig Rücksicht nehmen, den ich eben charakterisiert habe.

Was ist denn eigentlich diese ganze Zahnentstehung ihrer Realität nach betrachtet? Sie ist eine Bewegung des Mineralisierungsprozesses von innen nach außen. Wenn die zweiten Zähne alle heraußen sind, so ist dieser eben den Mineralisierungsprozeß nach außen drängende Vorgang an seinem Ziele angelangt. Ihm tritt dann entgegen der Sexualisierungsprozeß, der nach innen wiederum treibt. Das sind zwei entgegengesetzte Prozesse, die wie im Rhythmus einander entgegenwirken: der Zahnbildeprozeß und der Sexualisierungsprozeß. In demselben Maße, als der Zahnbildungsprozeß fertig wird, geht der Sexualisierungsprozeß nach der anderen Seite vor sich. Aber wenn Sie die Sache so ansehen, werden Sie auch einsehen, daß ein anderer Prozeß im Menschen, der die Richtung nach innen und rückwärtig hat, polarisch entgegengesetzt ist dem Zahnbildebewegungsprozeß, und er hat in der Tat sehr viel damit zu tun. Das ist die peristaltische Bewegung des Gedärmes. Das sind zwei Prozesse, die innig miteinander zusammenhängen. Also alles, was zu dieser peristaltischen Bewegung gehört, hängt innig zusammen mit dem, was nach der anderen Seite die Zahnbildung besorgt. Dieser Bewegungsprozeß des Gedärmes hängt innig zusammen mit der Verwertung des Fluors im menschlichen Organismus. Man kann sagen: Einfach wenn dieser Prozeß der Darmbewegung schneller, intensiver vor sich geht, als er vor sich gehen sollte, nach der Individualität eines Menschen, dann wirkt das zurück auf die Verschlechterung der Zähne, aber namentlich auf all dasjenige, was das Fluor im menschlichen Organismus normalerweise tun sollte. Daher wird es nötig sein, daß der Zahnarzt die Anweisung gibt, wenn er bemerkt, daß die Zähne sehr schadhaft sind, daß die ganze verdauungsbewegende Tätigkeit des Menschen etwas weniger intensiv gemacht wird, sei es dadurch, daß er rein äußerlich mechanisch Ruhe anordnet, wenn es beim Beruf des Menschen sein kann, sei es dadurch, daß er die Verdauung beruhigende Mittel gibt, also nur um etwas, nicht um viel heruntersetzt die Intensität der Bewegungen der Därme insbesondere.

Aber die Regulierung dieser Tätigkeit ist von einer besonderen Bedeutung, und sie wird befördert durch eine regelmäßigen Gesetzen gehorchende Tätigkeit der Glieder, auf die ich schon hingedeutet habe, der Arm- und Handglieder und der Bein- und Fußglieder, die ja insbesondere durch eurythmische Regelung der Bewegungen befördert werden können, weil die eurythmischen Bewegungen die Bewegungen durchseelen. Wenn das Turnerische aber zu stark in das bloß Physiologische übergeht, dann schnappt, ich möchte sagen, das Pendel nach der falschen Richtung hinüber, und man kann sehr leicht nach dem Gegenteil hin wirken. Deshalb ist es auch begreiflich, daß diejenigen Betätigungen, wie gewöhnliche Tanzbetätigungen, denen insbesondere Mädchen unterworfen werden, nun auch wiederum in schädigender Weise wirken können auf den zahnbildenden Prozeß, daß man also durchaus nicht sagen darf: Ja, wie kommt es denn, daß Mädchen, die doch viel tanzen, schlechtere Zähne haben als Knaben? – Es kommt darauf an, daß dieses Tanzen eben auch beseelt wird, nicht übertrieben wird. Auf der anderen Seite, was die Bewegung der Hände betrifft, so braucht nur dasjenige, was im Stricken und Häkeln zum Vorschein kommt, eben auch übertrieben zu werden, und wir haben die gegenteilige Wirkung von dem, was da ist bei einer richtigen Verwendung dieser Tätigkeit beim Menschen.

So sieht man also, wie in der Tat schon auf diesem Gebiete, ich möchte sagen, der mechanisch-sichtbaren Bewegung eine Umkehrung stattfindet. Erstens ist umgekehrt der Zahnbildungsprozeß zum Verdauungsprozeß. Dann aber ist wiederum ganz wichtig, daß überhaupt umgekehrt gerichtet ist zur menschlichen Bewegung, zur Fortbewegung des Menschen, zur Fähigkeit, sich vorwärts zu bewegen, die Bewegung, die in den Verdauungsprozeß hineingelegt wird. In dem ist ungeheuer viel gelegen für den Aufbau des Menschen. Daß der Mensch vorwärts gehen kann, und daß rückwärts die Anregung zu seiner Verdauung vor sich geht, daran ist ungeheuer viel gelegen. Sogar damit kann man etwas erreichen, daß man einen Menschen, der eine zu träge wirkende Verdauung hat, daran gewöhnt, turnerisch viel rückwärts zu gehen. Man wird dann fördernd wirken auf seine Verdauungstätigkeit. Alle diese Dinge, möchte ich sagen, werden aus rein empirischen Notizensammlungen etwas, was man innerlich durchdringen kann, wenn man den Menschen in bezug auf seine ganze Konstitution geisteswissenschaftlich durchleuchtet.

Ich will Sie auf etwas anderes noch aufmerksam machen. Sehen Sie, es ist doch gewiß die wunderbare Wirkung da beim Menschen, wenn wir auf das übergehen wollen, von Nux vomica. Worauf beruht diese Wirkung? Nux vomica braucht man bloß bei einer gewissen Gelegenheit zu studieren, und man wird auf ihre Wirkung kommen, innerliche Einsicht in ihre Wirkung bekommen. Sie brauchen Nux vomica bloß beim Katzenjammer zu studieren, dann werden Sie sehen, was sie für eine Wirkung hat. Alle übrigen Wirkungen lassen sich in einer gewissen Weise leichter übersehen, wenn man bei katzenjämmerlichen Menschen die Wirkung von Nux vomica beobachtet. Da ist eine richtige Umkehrung der ganzen menschlichen organischen Tätigkeit beim Katzenjammer vorhanden. Der Katzenjammer ist ja die Fortsetzung eines Prozesses, der sich gar sehr abspielt im ersten Trakt der Verdauungstätigkeit. Er tritt ein, wenn dasjenige, was sich bei der Wein- oder Bier- oder bei der Champagnerschwelgerei abspielt bis zur Aufnahme der Stoffe in die lymph- und blutbildenden Vorgänge, in diese Vorgänge übergeht. Dann werden diejenigen Gebiete des menschlichen Organismus, die eigentlich ihren Beruf darinnen haben, aufzulösen, in eine Art Sinnesorgan verwandelt; und statt daß der Mensch nun seine Hauptsinnestätigkeit auf die Außenwelt richtet, mit der Außenwelt in Kommunikation tritt, vor sich draußen die Erde mit ihren Vorgängen hat, zwingt ihn das, was er mit sich angerichtet hat, nach innen hinein wahrzunehmen, denn jetzt hat er da drinnen eine sehr, sehr der äußeren Erdentätigkeit ähnlich gewordene Tätigkeit. Da fängt er an, die Drehung der Erde zu verspüren, und sein Bett fängt an zu kreisen. Da jenseits seiner Darmtätigkeit, in der Lymph- und Blutbildetätigkeit, liegt jetzt, ich möchte sagen, eine Art Erdentätigkeit, eine Art Außenwelt, eine innere Außenwelt. Der Mensch hat sich zur inneren Außenwelt gemacht und nimmt schrecklich wahr dadrinnen dasjenige, was ihn gar nicht stört, wenn er es außen wahrnimmt, denn sein Inneres ist nicht dazu geeignet, eine Erde zu werden, sein Inneres soll sich gerade der Erde entziehen. Jetzt aber konstruiert er sich da drinnen eine richtige Erde, etwas, was eigentlich viel besser dazu geeignet wäre, wenn man es ganz herausnehmen könnte und ringsherum Sinneswahrnehmer hätte, die das von außen anschauen könnten. Er aber wird jetzt veranlaßt, mit einem mehr nach außen gelegenen Innern wahrzunehmen.

Gegen das alles, was da eintritt, wirkt Nux vomica aus dem Grunde, weil zunächst, so lange bis – in diesem Falle tritt ja meistens ein starker Naturheilungsprozeß ein – der Naturheilungsprozeß eintritt, die Empfindlichkeit für dieses äußere Innere durch Nux vomica unterdrückt. Dadurch, daß es unterdrückt wird, wird zu gleicher Zeit der innen gelegene äußere Prozeß nicht gestört, und es ist schon eine Art Heilwirkung von Nux vomica damit verbunden, die aber ausgeht davon, daß eigentlich die Fortsetzung des metamorphosierten Schmeckvorganges abgeschwächt wird, nicht mehr störend wirkt auf dasjenige, was jenseits dieses fortgesetzten Schmeckvorganges liegt. Dadurch wird eine Art Heilung hervorgerufen. Nehmen Sie an, daß nun das Umgekehrte vorhanden ist. Es findet nicht eine Steigerung des fortgesetzten Schmeckvorganges, also der Auflösungstätigkeit, statt, sondern eine Herablähmung, es wird die Auflösung nicht weit genug getrieben. Nehmen wir an, es wird also die Sache so im menschlichen Organismus, daß, statt daß im richtigen Maße das, was von der Außenwelt aufgenommen wird, aufgelöst und in den Salzbildungsprozeß einbezogen wird, sich dieses Innere zu schwach erweist, um es in den Salzbildungsprozeß einzubeziehen. Es wirkt dieses, was das erste Gebiet der Verdauungstätigkeit ist, schon so, wie man es haben will, wenn man Nux vomica gibt, es wirkt schon von Natur aus so durch irgendeinen anderen Prozeß; dann werden sich die nicht bis zur genügenden Lösung getriebenen Stoffe ihm anzupassen suchen. Sie können ja nicht, wenn sie nicht bis zu einem Ausweg gekommen sind, hinübergehen über dieses Ufer, welches da besteht zwischen der Geschmacks- und Verdauungstätigkeit und der blutbildenden Tätigkeit, sie können dieses Ufer nicht überschreiten. Sie suchen sich daher einen Weg in entgegengesetzter Richtung, und all dasjenige kommt zustande, was dann bekämpft werden kann, indem man einfach die auflösende Wirkung befördert, während man sie herabdämpft durch die Wirkung von Nux vomica. Und all dem, was da sich einen falschen Weg sucht, dem tritt man kämpfend entgegen mit Thuja. Da haben Sie auch die polarische Gegensätzlichkeit zwischen Nux vomica und Thuja aus der menschlichen Natur heraus entwickelt. Das zeigt aber auch, daß man immer hinschauen sollte auf die Gesamtorganisation des Menschen, denn diese Gegensätzlichkeiten, die im menschlichen Organismus sind, sind von einer ganz und gar nicht zu unterschätzenden Bedeutung.

Die Tätigkeiten, welche namentlich so wirken, daß sie alles dasjenige, was im unteren Menschen vorgeht, hinauftreiben nach dem oberen Menschen, sind ja alle gesteigert im Schlafe. Man muß sehr vorsichtig sein, wenn man den Schlaf charakterisieren will. Denn es ist richtig: der Schlaf ist eines der besten Heilmittel, aber nur dann, wenn er gerade so lang geübt wird, nicht länger und nicht kürzer, als für die betreffende Individualität des Menschen notwendig ist. Ein für die betreffende Individualität zu langer Schlaf ist krankmachend. Da kommt durch einen zu langen Schlaf eine zu starke Durchsiebung durch dieses Ufer, was ich eben bezeichnet habe; es geht zu viel hinein von dem ersten Gebiet der Verdauung in die lymph- und blutbildende Tätigkeit. Dem ist der Mensch überhaupt immer ausgesetzt. Der untere Organismus schläft ja fortwährend, so daß der Mensch fortwährend ausgesetzt ist der Erkrankung seines Blutes durch den unteren Organismus. Da trägt aber der Mensch sein eigenes Heilmittel in sich, das nur natürlich abgestimmt ist auf den normalen menschlichen Organismus. Dieser normale menschliche Organismus hat schon das Bestreben, sich durch den Schlaf fortwährend krank zu machen. Aber dieses Bestreben wird völlig ausgeglichen durch den Eisengehalt des Blutes. Das Eisen ist zunächst das dem Menschen wichtigste Metall, das in seinem Innern wirkt und das einfach ausgleichend wirkt nach dieser Richtung, das normalisiert alles dasjenige, was in überflüssiger Weise von dem einen Prozeß in den anderen hinein geschieht. Ebenso wie Sie die Erkrankungen durch Eisenmangel im Blute verstehen werden aus dem, was ich eben jetzt gesagt habe, so werden Sie auf der anderen Seite, wenn Sie das Eisen in genügender Verdünnung verwenden, so daß es wirklich verwandt wird mit dem jedesmal vor sich gehenden Homöopathisieren des oberen Menschen, immer dem Organismus helfen, seine störenden Prozesse, die von unten nach oben gehen, zu überwinden. Die anderen für den Menschen hauptsächlich in Betracht kommenden metallischen Prozesse sind, wie Sie gesehen haben, ersetzt durch die menschlichen Tätigkeiten.

Ich möchte in dieser Richtung dasjenige, was aus dem ganzen Geist meiner Vorträge hervorgeht, noch einmal kurz zusammenfassen. Wir haben heute auch wiederum hingedeutet auf diese lymph- und blutbildende Tätigkeit im Menschen. Sie ist das Polarische von dem, was auftritt in dem Mineralisierungsprozeß beim Kupfer. Daher besteht eine Verwandtschaft dieser Vorgänge mit dem Kupfer. Die Aufgabe würde darinnen bestehen, sich klarzumachen, daß diese Vorgänge ja noch dem unteren Menschen angehören, nur der obersten Partie des unteren Menschen, und daß also dadurch eine solche Verwandtschaft mit dem Kupfer vorhanden ist, die sehr stark nach der kupferbildenden Kraft selber, so wie sie ist auf der Erde, hinzielt. Denn alles dasjenige, was mit unserem unteren Menschen zusammenhängt, hängt mit den irdischen Prozessen zusammen. Wollen wir daher durch Kupfer da wirken, so handelt es sich darum, uns wie eine goldene Regel zu sagen: Hier lassen wir das Kupfer im allgemeinen so anwenden – natürlich indem wir es nicht in schädigend großen Dosen für den Menschen verwenden –, daß es niedrig potenziert ist, also seinem Verhalten auf der Erde noch ziemlich ähnlich ist.

Ebenso verwandt nun wie der innere lymph- und blutbildende Vorgang dem Kupfer ist, so verwandt ist alles dasjenige, was auf dem Übergange steht, was gewissermaßen hinüberbefördert den äußeren Verdauungsprozeß in den inneren blutbildenden, lymphbildenden Verdauungsprozeß, mit der Leber und vor allen Dingen dem Merkur. So verwandt, wie der andere Prozeß dem Kupfer ist, so ist er verwandt dem Merkur, nur müssen wir beim Merkur die Vorsicht üben, daß er eigentlich etwas Rundes, Ausgleichendes hat, also gewissermaßen schon mit der Wechselwirkung der beiden Prozesse zusammenhängt. Diejenigen Prozesse aber, die der Mensch auch ausbilden muß, damit nicht zuviel ins Blut übergeht, die gerade erzeugt werden durch die Nux-vomica-Wirkung und die bekämpft werden durch die Thujawirkung, werden reguliert durch die Silberwirkung.

Nun eröffnet sich dann das Feld, die äußere Natur nach diesen Bestandteilen zu untersuchen und sie gleichsam als einen auseinandergelegten Menschen aufzufassen, um so den Menschen ganz hineinzustellen in seinen gesunden und kranken Zuständen in seine Umgebung, mit der er ja gerade durch seinen unteren Menschen innig zusammenhängt. Also das, was nun von dem unteren Menschen in den oberen Menschen aufsteigt durch die mit dem Cuprum verwandten Prozesse, das wird eben reguliert, ausgeglichen durch das entgegenstehende Eisen. Daraus sehen Sie schon, daß der Mensch Eisen nötig hat, daß immer ein Überschuß vorhanden sein muß bei ihm an Eisenprozessen, jetzt chemisch aufgefaßt, an Eisen. Alle anderen Metalle sind eben im Menschen selbst vorhanden als Prozesse. Der Mensch ist gewissermaßen ein siebengliedriges Metall. Nur das Eisen ist eben als Eisen vorhanden, die anderen Metalle sind nur als Prozesse vorhanden.

Ebenso wie all das, was in den Organen zusammenwirkt mit der lymph- und blutbildenden Tätigkeit, mit dem Kupfer verwandt ist, so ist all dasjenige, was eben von der Lunge ausgeht, nach außen sich öffnet bis zum Kehlkopf hin und so weiter, eben verwandt dem Eisen.

Und wiederum diejenigen Partien, die es zu tun haben mit den Partien im Gehirn, die mehr der inneren Tätigkeit dienen, die mehr, ich möchte sagen, der Verdauungstätigkeit des Gehirnes ähnlich sind, die also wechselweise zugehörig entsprechen dem Übergangsprozesse vom Darm in die Lymph- und Blutgefäße, diese Tätigkeiten sind verwandt mit dem zinnbildenden Prozeß. Die zinnbildenden Prozesse wirken so, daß sie, ich möchte sagen, den Verdauungsprozeß auf dem Gebiete, wo ich ihn eben charakterisiert habe, durchseelen und dadurch regeln.

Dagegen ist alles dasjenige, was mehr zusammenhängt mit den Fäden der Nerven, mit den Organen, die im Innern des oberen

Menschen die Fortsetzung der Sinne sind, verwandt dem Blei, und das ist dasjenige, was wiederum entspricht all dem, was schweiß- oder harnartige Absonderung ist.

Das sind die Dinge, die so den Menschen, ich möchte sagen, durchleuchten und die zu gleicher Zeit ein Hinweis darauf sind, wie man aus den Substanzen, die den Menschen umgeben, aus Gegenwirkungen Heilwirkungen herausholen kann. Wir müssen uns nur klar sein, daß gerade Geisteswissenschaft darauf hinweisen muß, wie sogenannte Geisteskrankheiten in den Organen in vieler Beziehung ihren Sitz haben und wie organische Erkrankungen schon sehr stark zusammenhängen mit seelisch-geistigen Wirkungen. Das ist ein schwieriges Kapitel. Der Materialismus, der auf der einen Seite bei sogenannten physischen Krankheiten ganz mechanisch oder chemisch vorgeht, der also den Menschen mehr oder weniger nur wie einen Apparat behandelt, der ist auf der anderen Seite angekommen, bei der Charakteristik der sogenannten Geisteskrankheiten im Grunde genommen eine bloße Beschreibung der psychischen Symptome geben zu können, weil diesem Materialismus eine Überschau über den Zusammenhang des Geistig-Seelischen und des Physisch-Leiblichen verlorengegangen ist.

Dieses innige Verbundensein, das zeigt sich ja gerade, wenn wir das Ineinanderspielen des seelischen und des körperlichen Befindens konkret untersuchen. Fragen wir uns: Was ist denn eigentlich fördernd für Geisteskrankheiten? – Wenn der Mensch zunächst erkrankt, so treten subjektive Symptome auf, Schmerzsymptome, andere Befindenssymptome und so weiter. Diese Symptome, die bei akuten Erkrankungen ja am deutlichsten wahrzunehmen sind, die sich bei chronischen Erkrankungen eigentlich verwandeln, sind, ich möchte sagen, zunächst dasjenige, was der geistig-seelische Mensch tut, wenn er irgendeine Schädigung eines Organes hat: Er zieht sich daraus zurück. Der Schmerz ist nichts anderes, als daß Ich und astralischer Leib von dem physischen und Ätherleib sich zurückziehen, das natürlich verbunden sein kann gerade mit einem Zurückziehen des Ätherleibes. Aber das Wesentliche der Schmerzempfindung liegt ja im astralischen Leib und im Ich. Da ist in der Regel das Ich noch so stark, daß es den ganzen Gegenprozeß, den subjektiven, den bewußten Gegenprozeß desjenigen wahrnimmt, was in dem physischen Organe vorgeht. Wird die Krankheit eine chronische, dann zieht sich allmählich der Vorgang aus dem Ich zurück, und die Folge davon ist, daß dasjenige, was seelisch vorgeht, eigentlich nur noch auf den astralischen Leib sich beschränkt, daß also das Ich nicht teilnimmt an dem, was der astralische Leib mit dem Ätherleib zusammen leidet. Da kann zunächst die chronische Organerkrankung vor sich gehen; das Akute geht in ein Chronisches über. Wir haben es zu tun mit sich zurückziehenden bewußten psychischen Symptomen. Wir müssen, wenn wir Symptomatologie treiben wollen, schon auf das Tiefere des Menschen eingehen. Wir müssen, statt daß wir ihn fragen, wie er sich befindet, wo es ihm wehtut, ihn fragen, ob er gut oder schlecht schläft, ob er Arbeitslust hat. Also wir müssen dasjenige, was sich mehr über größere Zeiträume erstreckt, was mehr mit dem Werden des Menschen zusammenhängt, als Symptome ansehen, während wir das augenblicklich subjektive Empfinden als Symptom bei akuten Krankheiten ansehen können. Wir müssen gewissermaßen mehr auf den Lebenslauf des Menschen hinschauen als auf die Symptome, wenn es zum Chronischen kommt.

Nun aber kommt es zur gewöhnlichen physischen chronischen Erkrankung, wenn der ganze Vorgang so im Organ gehalten werden kann, daß astralischer Leib und Ätherleib richtig ihren Anteil nehmen an der Organwirkung und so viel als nötig ist, in die Organwirkung hineinsenden. Ist der Kranke so konstituiert, daß er ertragen kann ein unordentliches Hereinwirken des astralischen Leibes auf dem Umweg durch den Ätherleib in sein Organ, ist der Kranke also so geartet, daß er den abnormen Zusammenhang seines astralischen Leibes mit seiner Leber über einen gewissen kritischen Punkt hinwegbringt, so daß gewissermaßen die Leber nicht merkt, daß der astralische Leib nicht ordentlich in sie hineinwirkt, dann, ich möchte sagen, erholt sich die Leber, aber sie gewöhnt sich an das unordentliche Hineinwirken des astralischen Leibes. Das braucht dann nur lange genug fortzuschreiten und es macht den umgekehrten Weg in das Seelische hinein. Das, was die Leber aufnehmen sollte ins Physische, schiebt sie in das Seelische hinein, und wir haben die Depression, so daß also in einer gewissen Weise dadurch, daß der Mensch chronische Krankheiten über einen gewissen Punkt hin bis zu der abnormen Beziehung zum astralischen Leib hin übersteht, die Anlage gegeben wird zur sogenannten geistigen Erkrankung.

Wenn man diese Dinge einmal so betrachten wird, dann wird man über das Stadium der Pathographie hinauskommen. Heute redet man sehr viel von dem unregelmäßigen Verlauf der Vorstellungen, dem unregelmäßigen Verlauf der Willenshandlungen und so weiter. Aber solange man nicht weiß, wie durch das merkwürdige Zusammenwirken von Leber, Milz und den anderen Unterleibsorganen eigentlich dasjenige gestützt wird, was zuletzt in seiner höchsten seelischen Form als der menschliche Wille erscheint, so lange wird man nicht dazu kommen, das entsprechende physische Gegenbild für eine Pathographie wirklich zu finden. Man sollte schon gerade bei sogenannten Geisteskrankheiten daran denken können, die physische Behandlung einzuleiten. Das ist scheinbar ein Widerspruch, daß Geisteswissenschaft führen muß bei sogenannten Geisteskrankheiten auf physische Behandlung, während sie darauf hinweisen muß bei physischen Erkrankungen wiederum auf die Mitwirkung des Seelischen bei der Gesundung. Aber es hängt das zusammen mit dem gewaltigen Gegensatz zwischen dem unteren und dem oberen Menschen. Das hängt zusammen mit dieser Umkehrung, die eintritt, wenn die von außen eingeleitete Sinnestätigkeit so zur inneren Sinnestätigkeit wird wie in dem fortgesetzten Geschmacksvorgang, oder dann, wenn dasjenige, was da im Inneren ist, sich nach außen wiederum entlädt in der Flimmerbewegung oder in der veranlagten Flimmerbewegung. In diesem liegt dasjenige, was dann, wenn es richtig durchschaut wird, schon zu einem gewissen Ziele führen kann.

Nun habe ich mich ja bemüht, gar mancherlei vor Ihnen in diesen zwanzig Vorträgen aufzurollen. Als ich daran ging, diese Vorträge zu halten, da sagte ich mir, wenn ich überschaute all dasjenige, was eigentlich in Betracht kommt: Diese Vorträge zu halten ist schwer, denn wo soll man beginnen? – Beginnt man beim Elementaren, so kann man natürlich in zwanzig Vorträgen nicht sehr weit kommen, man kann nur eine Wegleitung, eine andeutende Wegleitung geben. Beginnt man beim obersten Stockwerk und führt gewissermaßen lauter okkulte Tatsachen an, dann ist zur heutigen Medizin nach gewisser Richtung hin nicht leicht eine Brücke zu schlagen, und man braucht dann erst recht viel mehr Zeit. Es ist ja so, daß man überall, wo man heute die ja schon weit fortgeschrittenen Schädigungen des Materialismus sieht, auch die Notwendigkeiten beachtet, nun von der anderen Seite diesen Schädigungen entgegenzuwirken. Ich bitte Sie, wirklich dasjenige, was ich sage, nach keiner Richtung hin parteimäßig, sondern freundschaftlich aufzufassen. Ich will nicht nach irgendeiner Richtung Partei nehmen, sondern ich möchte nur die Tatsachen objektiv darstellen. Allein das darf und muß eigentlich gesagt werden: Wenn man die heutige allopathische Medizin überschaut, so sieht man überall bei ihr dasjenige, was auf ihrem Weg kommen muß, die Hintendenz zur Beurteilung des kranken Menschen nach gewissen Nebenwirkungen der Krankheit, die in der Bazillentheorie zum Vorschein kommt, das Ablenken auf das Sekundäre. Wenn man die Bazillennaturgeschichte bloß zu Hilfe nähme für das Erkennen, so würde sie ja außerordentlich nützlich sein. Man kann viel aus der Bazillenart erkennen für dasjenige, was da ist, weil eben eine gewisse Bazillenart immer auftritt unter dem Einfluß ganz gewisser primärer Ursachen. Daß man das sehen kann, dazu ist immer genügend Gelegenheit gegeben. Aber in diesem Hintendieren, das Sekundäre für das Primäre zu nehmen, zum Beispiel die Wirkung der Bazillen anzuschauen auf die menschlichen Organe, statt den menschlichen Organismus anzuschauen, inwiefern er ein Träger der Bazillen werden kann, ist dasjenige, was nicht nur in der Bazillentheorie in der allopathischen Medizin zum Vorschein kommt, sondern in der ganzen anderen Betrachtungsweise schon drinnen liegt und dadurch ihre Schädigungen bewirkt, die ich ja vielen von Ihnen im einzelnen nicht aufzuzählen brauche, weil Sie sie ja vielfach werden bemerkt haben.

Aber sehen Sie, man kann nicht sagen, daß man deshalb einfach immer – ich bitte, mir das zu verzeihen – befriedigt wird, wenn man die homöopathische Medizin prüfend überschaut, denn die hat ja den Vorzug, daß sie gewissermaßen allerdings auf das Ganze des Menschen hingeht, daß sie ein Bild von den Gesamtwirkungen immer ins Auge faßt, daß sie auch bestrebt ist, die Brücke hinüberzuschlagen zu den Heilmitteln. Aber da tritt etwas anderes auf in der homöopathischen medizinischen Literatur. Wenn man diese Literatur nimmt, so könnte man eigentlich zunächst verzweifeln daran, daß man zum Beispiel, namentlich bei der therapeutischen Literatur, die Mittel hintereinander aufgezählt findet und jedes immer für ein ganzes Heer von Krankheiten hilft. Es ist niemals so, daß man auf das Spezifische leicht kommen kann aus der Literatur. Alles hilft für so und so vieles. Gewiß, ich weiß, daß das zunächst nicht anders sein kann. Aber das ist etwas, was auch ein Abweg ist. Dieser Abweg kann nur bekämpft werden, wenn man in dieser Weise vorgeht, wie es hier wenigstens nun im Elementaren und Andeutenden versucht worden ist. Deshalb habe ich zunächst das Elementare gewählt und nicht schon, ich möchte sagen, das oberste Stockwerk zum Inhalt dieser Vorträge gemacht. Das kann nur verbessert werden, wenn man nun aufsteigt durch eine solche innere Betrachtung der menschlichen und der außermenschlichen Natur zu der, ich möchte sagen, Einengung des Bezirkes eines Heilmittels, zu der Umgrenzung des Heilmittels. Das kann aber nur so geschehen, daß man nun wirklich nicht bloß dasjenige studiert, was eintritt durch ein Heilmittel an dem gesunden oder an dem kranken Menschen, sondern daß man sich nach und nach bemüht, das ganze Universum als eine Einheit zu betrachten und immer den Menschen so zu studieren, daß man – wie ich gestern schon in einem Falle anzudeuten versuchte – den ganzen Antimonisierungsprozeß verfolgt, um dadurch zu sehen, was das Antimon außen tut, und dann das zusammenzuschauen vermag mit dem, was vom Antimon im Inneren des Menschen geleistet werden kann. Dadurch werden auch ganz gewisse, ich möchte sagen, zirkumskripte Gebiete abgegrenzt in der Außenwelt, die dann ihre Beziehungen zum Menschen haben.

Wie gesagt, solche Dinge waren es, die dazu geführt haben, das Elementare zunächst in diesen zwanzig Vorträgen in den Vordergrund zu stellen. Die Naturheilkunde macht es natürlich notwendig, weil sie einem gewissen Instinkte dient, nämlich den Menschen wiederum naturgemäß in seine eigenen Heilkraftwirkungen hineinzustellen, hinzuweisen auf das, worauf diese eigenen Heilkraftwirkungen beruhen. Nämlich auf der Wechselwirkung des Tellurischen und Außertellurischen beruhen sie in Wahrheit. Und die Naturheilkunde ist gerade darauf angewiesen, nicht sich zu stark auf den Materialismus einzulassen. Es ist das schon so, daß es wirklich heute zu sehen ist, wie alle verschiedenen Parteirichtungen nach dem Materialismus hintendieren. Der ist in einer gewissen Weise allen gemeinsam. Daher ist die Vergeistigung dieses ganzen Gebietes dasjenige, worauf es ankommt. Allein, sehen Sie, es ist ja schon nun einmal so, daß die Welt heute wirklich recht sehr diesen Dingen entgegensteht. Es wird schon notwendig sein, daß gerade von fachkundiger und fachbetreibender Seite auch da das Heilmittel gegen den Materialismus auftritt. Denn es wird nicht verwechselt werden dürfen dasjenige, was hier versucht wird und vielleicht eben jetzt erst im Anfange steht, mit irgendeiner Förderung des Dilettantismus. Das ist gerade das, worauf ich den größten Wert legen möchte, daß diejenigen, die da sehen können, wie man sich bemüht, hier richtig wissenschaftlich zu arbeiten, etwas mitwirken zur Bekämpfung desjenigen Vorurteils, das ja wirklich recht schädlich ist, als ob hier nach irgendeiner Seite der Dilettantismus befördert werde. Es wird schon alles dasjenige auch zu Hilfe genommen und auf alles das Rücksicht genommen, was gerade die moderne Wissenschaft bieten kann. Aber man will es wenig sehen, was hier eigentlich gewollt wird. Und daher kommen immer wiederum solche Dinge vor, wie eines, das ich Ihnen zum Schlusse hier als Beispiel anführen möchte. Sehen Sie, man kann ja eigentlich erst dem Arzt ordentlich auseinandersetzen, was zum Beispiel Eurythmie für eine Bedeutung für die menschliche Konstitution hat. Man kann auch nur deutlich auseinanderlegen, warum hier dieser Bau steht, dem Arzt, der dieses ganze Verinnerlichen und wieder Veräußerlichen des menschlichen Organismus durchschaut, was wir hier in diesen Vorträgen dargelegt haben. Man hat heute nötig, aus einem Untergrund heraus zu sprechen, der gar sehr gerade dem Materialismus des Laientums und den veralteten Richtungen, den traditionellen und veralteten Richtungen so sehr widerstrebt. Da kommt wirklich etwas in Betracht, was, ich möchte sagen von fachlicher Seite aus bekämpft werden sollte, sonst mehren sich die Dinge, die sich zeigen in so etwas. Sehen Sie, da hat unser guter Herr von M., der gestern abgereist ist, seinen guten Willen dadurch zu verwirklichen gesucht, daß er an die «Neue Zürcher Zeitung» einen Artikel geschrieben hat über den Dornacher Bau und über die Eurythmie und geglaubt hat, daß er da nun etwas tun kann. Er hat folgende Antwort bekommen:

Geehrter Herr! Schon als Verhöhnung der Landschaft entzieht das theosophische Anthroposopheum mit dem Goethe-Titel... Von der Eurythmie sahen wir hier erledigende Proben. Danke für Zusendung.
H. Trog, Feuilleton-Redakteur

Nun, Sie sehen, wie merkwürdig diese materialistischen Tröge dem entgegenstehen, was eigentlich vom Geiste in die Welt eingehen soll! Das ist dasjenige, was eben heute einmal vorliegt, und man muß ein bißchen die Aufmerksamkeit darauf hinlenken, wie verpestend der Gestank ist, der durch den Inhalt, der durch den schon verfaulenden Inhalt dieser materialistischen Tröge in unsere Nasen hinein sich ergießen kann.

Das ist etwas, was ich gerne am Ende dieses Vortragszyklus sagen möchte. Denn alles das wird ja wohl geeignet sein, ich möchte sagen, die Bitte zu belegen, diesen Vortragszyklus doch wirklich mit aller Nachsicht so anzusehen, daß er ja ein Anfang war, bei dem ich mir sagte, als ich ihn begann: Es ist schwer, aus den Gründen, die ich eben angeführt habe, ihn zu beginnen. Aber jetzt, wo wir am Ende stehen, sage ich: Es ist noch schwerer, aufzuhören! Denn wahrhaftig, das nicht zu sagen, was ich noch zu sagen hätte, das bereitet mir noch mehr Schmerz. Und deshalb bitte ich aus alledem heraus, was zusammenhängt mit dem Diktum, das ich nun zum

Schlusse hinstellen will: Schwer war es, anzufangen, schwerer ist es, heute aufzuhören – alles das, was mit dem zusammenhängt, das bitte ich Sie hineinzunehmen in Ihre nachsichtige Beurteilung desjenigen, was durch diesen Anfang schon hat gegeben werden können, und zu sehen, wie wahrhaftig nicht nur subjektiv, sondern ganz objektiv es in mir begründet ist, wenn ich Ihnen sage, Ihnen, die Sie durch Ihre persönliche Anwesenheit gezeigt haben, wieviel Sie Interesse haben für diesen Anfang, wenn Sie und manche andere gewissermaßen entgegennehmen das, was ich wirklich aus einer nicht nur subjektiven, sondern objektiven Herzlichkeit jetzt sagen möchte: Auf Wiedersehen bei einer ähnlichen Gelegenheit!

Abschlußworte Rudolf Steiners nach der Dankansprache eines Teilnehmers

Es ist ja gewissermaßen, meine lieben Freunde, dieser der von mir gewählte einzige Weg, auf dem ich möchte, daß die Geisteswissenschaft auch der Heilkunst zunutze kommt, denn Sie werden auch in aller Zukunft aus Gründen, die Sie gut einsehen werden, dasjenige befolgt finden, was ich bisher immer getan habe: ich möchte dasjenige, was als Wechselwirkung bestehen muß zwischen der Geisteswissenschaft und dem Heilen, nur zwischen mir und den Heilenden ausgemacht wissen. Ich möchte niemals eingreifen selbstverständlich in irgendeiner Weise selbst in irgendeine praktische Heilung, wie ich das nie getan habe. Das bleibt den praktizierenden Ärzten überlassen. Aber dasjenige, was durch geisteswissenschaftliche Anregung kommen soll, soll eben auf Wechselwirkung zwischen der Geisteswissenschaft und den Ärzten selbst bestehen. Dadurch wird auch alles Vorurteil leichter aus der Welt geschafft werden können, als wenn zu alledem, was schon als Vorurteil besteht, auch noch das hinzukommen würde, daß man sagen könnte: Der beteiligt sich ja auch als Kurpfuscher an dem Kurieren der Menschen. Das ist dasjenige, was ich immer zu vermeiden suchte. – Vielen Dank!

HINWEISE

Zu Seite

16 *Karl Freiherr von Rokitansky:* Geb. 19. Februar 1804, gest. 23. Juli 1878. Professor der pathologischen Anatomie. «Handbuch der pathologischen Anatomie», drei Bände, Wien 1842–1846.

18 *Claudius Galenus:* Geb. 131 n. Chr. in Pergamon, gest. um das Jahr 200. Vollständige Ausgabe der ihm zugeschriebenen Schriften, zwanzig Bände, Leipzig 1821–1833.

19 *Philippus Aureolus Paracelsus Theophrastus Bombastus von Hohenheim:* Geb. 1493 in Einsiedeln, gest. 1541 in Salzburg. Mehrere Gesamtausgaben seiner Werke, z. B. die von Sudhoff.

Johann Baptist van Helmont: Geb. 1577 in Brüssel, gest. 1644.

20 *Georg Ernst Stahl:* 1660–1734. Animismus.

21 *Johannes Müller:* 1801–1858. Professor der Physiologie in Berlin.

Ernst Haeckel: Geb. 16. Februar 1834 in Potsdam, gest. 9. August 1919.

Giovanni Battista Morgagni: Geb. 25. Februar 1682, gest. 6. Dezember 1771. Erste Ausgabe des Werkes, zwei Bände, Venedig 1761. «De sedibus et causis morborum per anatomen indagatis.»

22 *Karl Freiherr von Rokitansky:* Siehe Hinweis zu Seite 16.

Christian Friedrich Samuel Hahnemann: Geb. 10. April 1755 in Meißen, gest. 2. Juli 1843 in Paris. Begründer der Homöopathie. Hauptwerk: «Organon der rationellen Heilkunde», Dresden 1810.

23 *Theodor Schwann:* Geb. 7. Dezember 1810 in Neuß a. Rh., gest. 14. Januar 1882 in Köln. Professor der Anatomie und Physiologie in Lüttich und Löwen. Hauptwerk: «Mikroskopische Untersuchungen über die Übereinstimmung in der Struktur und dem Wachstum der Tiere und der Pflanzen», Berlin 1839.

Rudolf Virchow: Geb. 13. Oktober 1821 in Schivelbein in Pommern, gest. 3. September 1902 in Berlin. Professor der pathologischen Anatomie in Würzburg und Berlin. Begründer des «Archivs für pathologische Anatomie und Physiologie und für klinische Medizin» zusammen mit Froriep. Darlegung der Zellularpathologie in «Vorlesungen über Zellularpathologie in ihrer Begründung auf physiologischer und pathologischer Gewebelehre», Berlin 1859.

34 *Ignaz Paul Vital Troxler:* Geb. 17. August 1780 in Beromünster, gest. 6. März 1860 in Bern. Werke: «Blicke in das Wesen des Menschen», Aarau 1812. «Naturlehre des menschlichen Erkennens oder Metaphysik», Aarau 1828. «Vorlesungen über Philosophie, über Inhalt, Bildungsgrenze, Zweck und Anwendung derselben aufs Leben», Bern 1835.

37 *Dr. Karl Schmid:* «Über Herzstoß und Pulskurven», Vortrag gehalten in der Monatsversammlung des Vereins der Ärzte Steiermarks zu Graz am 26. Oktober 1891, abgedruckt in der «Wiener Medizinischen Wochenschrift» 1892, Nr. 15–17.

Zu Seite

56 *in meinem Buche: «Von Seelenrätseln»:* Anthropologie und Anthroposophie; Max Dessoir über Anthroposophie; Franz Brentano. Ein Nachruf; Skizzenhafte Erweiterungen (1917). Bibl.-Nr. 21, Gesamtausgabe Dornach 1976.

59 *Carl Ludwig Schleich:* 1859–1919. Erfinder der Lokalanästhesie. «Besonnte Vergangenheit.» Weitere Schriften: «Vom Schaltwerk der Gedanken», «Bewußtsein und Unsterblichkeit», «Von der Seele; Essays».

77 *M. Ritter:* Rittersche Therapie: siehe «Anleitung zum praktischen Gebrauch von M. Ritter's photodynamischen Heilmitteln», München 1913, und «Die neuro-dynamische Therapeutik im Anschluß an Studien und Erfahrungen über die photo-dynamische Wirkung von Fluorescenz- und Luminescenz-Stoffen auf Zellengebiete und Nervenendigungen», Leipzig 1905.

81 *Elias Metschnikoff:* Geb. 16. Mai 1845 in Charkow, gest. 15. Juni 1916 in Paris. Professor der Zoologie in Odessa, später zweiter Direktor des Instituts Pasteur in Paris.

96 *Und wenn vorgestern hier . . . :* In einem von einem Teilnehmer am Kurs gehaltenen Vortrage.

114 *Emil Adolf Behring:* Geb. 5. März 1854 zu Hansdorf, Westpreußen, gest. 31. März 1917. Tätig am Hygienischen Institut und am Institut für Infektionskrankheiten in Berlin, Professor in Halle, später als Direktor des Hygienischen Institutes in Marburg.

Zum Urteil über Behring:

In der deutschen medizinischen Wochenschrift Nr. 49 vom 4. Dezember 1890 beginnt der Artikel von Behring und Kitasato: «Über das Zustandekommen der Diphtherie-Immunität und der Tetanus-Immunität bei Tieren», mit den Worten: «Bei unseren seit längerer Zeit fortgesetzten Studien über Diphtherie (Behring) und Tetanus (Kitasato) sind wir auch der *therapeutischen* und der *Immunisierungs*frage nähergetreten, und bei beiden Infektionskrankheiten ist es uns gelungen, sowohl infizierte Tiere zu heilen, wie die gesunden derartig vorzubehandeln, daß sie später nicht mehr an Diphtherie bzw. am Tetanus erkranken.

Auf welche Weise die Heilung und die Immunisierung zu erreichen sind, darauf soll an dieser Stelle nur soweit eingegangen werden (Fußnote), als notwendig ist, um die Richtigkeit des folgenden Satzes zu beweisen.» usw.

In der Fußnote steht: «Genauere Mitteilungen hierüber werden in der Zeitschrift für Hygiene erfolgen.»

In diesem Artikel ist weiter nur von Experimenten mit Tetanus die Rede. In Nr. 50 der gleichen Zeitschrift hat Behring Versuche zur Erlangung der Diphtherie-Immunität beschrieben. Über die Therapie schrieb er darin: «. . . und ich betone, daß ich für den Menschen kein Diphtherieheilmittel habe, sondern erst danach suche», was neben den oben zitierten Satz des ersten Artikels gehalten werden muß. Am Schlusse des zweiten Artikels teilt er mit, daß bei tetanuskranken Tieren Seruminjektion Erfolg gehabt hatte. Der Aufsatz schließt: «Die *Möglichkeit* der Heilung auch ganz akut verlaufender Krankheiten ist danach nicht mehr in Abrede zu stellen.»

Die versprochene Veröffentlichung in der Zeitschrift für Hygiene erfolgte erst im Jahre 1892. Vorher ist keine zu finden. Dort sind zwei Versuchsreihen protokolliert mit im ganzen 60 Tieren. Bei 59 davon sind es entweder Immunisierungsversuche, oder es wurde gleichzeitig *mit* der Diphtherieinfektion das Serum gegeben oder schon Tage vorher. *Nur bei einem Tiere* wurden die Vorgänge, wie sie beim Menschen vorkommen, kopiert: Infektion, ein Krankheitstag, am dritten Tag die Seruminjektion. Dieses Tier wurde gesund.

Bei den andern «gesund» gewordenen Tieren hat sich die Krankheit gar nicht entwickelt (Versuchsreihe II Dezember 1891 bis Januar 1892) oder in den meisten Fällen, wo Serum vor der Infektion gegeben wurde, trat der Tod ein (Versuchsreihe I September bis Dezember 1891).

Daß die laute Publizität in Ärztekreisen jener Zeit übel vermerkt wurde, geht aus einem Heft hervor, in dem kritische Aufsätze zur Diphtherieserumfrage gesammelt sind («Ärztliche Stimmen über und gegen Behring und sein Heilserum», herausgegeben von Dr. Carl Gerster, A. Zimmers Verlag 1895).

129 *Wie ich im vorgestrigen öffentlichen Vortrage gesagt habe:* Vortrag vom 24. März 1920, «Anthroposophie und gegenwärtige Wissenschaften», in: Methodologisches der naturwissenschaftlichen Weltanschauung. Geisteswissenschaft und die Lebensforderungen der Gegenwart, Heft V, Dornach 1950.

131 *nordischer Gelehrter... Geschichte der Alchemie:* Theodor Svedberg, schwedischer Chemiker. Vermutlich handelt es sich um das Werk «Die Materie» (1912), 1914 in deutscher Übersetzung erschienen.

Blei-Prozeß: im Manuskript steht nur «Es ist ein... Prozeß». Sinngemäß wurde eingefügt «Blei»; siehe «Samenbildungsprozeß».

136 *Hahnemannschen Richtung:* Siehe Hinweis zu S. 22.

169 *...Verbrennungsprozeß in den Pflanzen zu bewirken:* «zu bewirken» fehlt in den Nachschriften und wurde analog zum nachfolgenden Satz vom Herausgeber ergänzt.

171 Nach den Worten «... *hinter den Sinnesvorgängen*» steht in einer Nachschrift: «(Vorstellungen sind die Nahrung für das Seelische, dazwischen gliedert sich der Atmungsprozeß ein)».

179 ... *für die Entwickelung der Leber das Schmecken:* «das Schmecken» fehlt in den Nachschriften und wurde sinngemäß aus den folgenden Schilderungen ergänzt.

186 *Was uns gestern... vorgeführt worden ist:* in einem von einem Teilnehmer am Kurs gehaltenen Referat.

210, 211, 212 Vorträge von Teilnehmern am Kurs.

212 *Rittersche Zubereitung:* siehe Hinweis zu Seite 77.

238 Van Helmont, siehe Hinweis zu Seite 19.

Paracelsus, siehe Hinweis zu Seite 19.

239 Galen, siehe Hinweis zu Seite 18.

Zu Seite

240 *im Verlaufe der Darlegung der Geisteswissenschaft:* «der Darlegung» ist eine notwendige Einschiebung.

283 *Weltverständnis:* in einer Nachschrift steht «Weltverhältnis».

307 *«Die Erziehung des Kindes vom Gesichtspunkte der Geisteswissenschaft»:* (1907), in «Luzifer-Gnosis», Gesammelte Aufsätze 1903–1908, Bibl.-Nr. 34, Gesamtausgabe Dornach 1960; wurde außerdem mehrmals als Einzelbroschüre aufgelegt, zuletzt 1976.

321 *Wilhelm Roux:* Geb. 9. Juni 1850 in Jena, gest. 15. September 1924 in Halle. 1895–1921 Professor in Halle. «Der Kampf der Teile im Organismus», Leipzig 1881; «Über die Zeit der Bestimmung der Hauptrichtungen im Froschembryo», Leipzig 1883; «Über die Entwicklungsmechanik der Organismen», Wien 1890.

327 *... therapeutisches Element schon in der Eurythmie:* Siehe Rudolf Steiner «Heileurythmie», Bibl.-Nr. 315, Gesamtausgabe Dornach 1966. Dieser Kurs wurde gehalten ein Jahr später während des zweiten Ärztekurses «Geisteswissenschaftliche Gesichtspunkte zur Therapie» vom 12.–18. April 1921.

349 *mit Bluterkrankungen:* Gemeint ist wohl: Bluter-Erkrankungen (ungenau im Stenogramm).

350 *August Weismann:* geb. 17. Januar 1834 in Frankfurt am Main, gest. am 5. November 1914 in Freiburg im Breisgau: «Die Kontinuität des Keimplasmas als Grundlage einer Theorie der Vererbung», 1885.

351 *Fall der Engadiner Jungfrauen:* Im Engadin ist kein entsprechender Fall auffindbar. Hingegen in Tenna, im Safiental, ebenfalls in Graubünden, spielte der Fall, auf den hier wohl hingewiesen ist. Vergleiche auch Ernst Zahns Novelle: «Die Frauen von Tannò» (dichterische Umgestaltung des Ortsnamens Tenna).

352 *Basilius Valentinus:* Lebte um die Wende des 14. zum 15. Jahrhundert. Werke: «Der Triumphwagen des Antimons», «Vom großen Stein der uralten Weisen», «Apocalypsis chimica».

377 *... was mehr mit dem Werden des Menschen zusammenhängt, als Symptome ansehen ...:* nach «Symptome» ist wohl sinngemäß «bei chronischen Krankheiten» einzufügen.

382 *Dornacher Bau:* Das erste Goetheanum, welches in der Silvesternacht 1922/23 durch Brand vernichtet wurde.

RUDOLF STEINER GESAMTAUSGABE

A. SCHRIFTEN

I. *Werke*

Goethes Naturwissenschaftliche Schriften, eingeleitet und kommentiert von R. Steiner, 5 Bände (1883/97, Neuausgabe 1975); separate Ausgabe der Einleitungen (1925)

Grundlinien einer Erkenntnistheorie der Goetheschen Weltanschauung (1886)

Wahrheit und Wissenschaft (1892)

Die Philosophie der Freiheit (1894)

Friedrich Nietzsche, ein Kämpfer gegen seine Zeit (1895)

Goethes Weltanschauung (1897)

Die Mystik im Aufgange des neuzeitlichen Geisteslebens und ihr Verhältnis zur modernen Weltanschauung (1901)

Das Christentum als mystische Tatsache und die Mysterien des Altertums (1902)

Theosophie. Einführung in übersinnliche Welterkenntnis und Menschenbestimmung (1904)

Wie erlangt man Erkenntnisse der höheren Welten? (1904/05)

Aus der Akasha-Chronik (1904/08)

Die Stufen der höheren Erkenntnis (1905/08)

Die Geheimwissenschaft im Umriß (1910)

Vier Mysteriendramen (1910/13)

Die geistige Führung des Menschen und der Menschheit (1911)

Anthroposophischer Seelenkalender (1912)

Ein Weg zur Selbsterkenntnis des Menschen (1912)

Die Schwelle der geistigen Welt (1913)

Die Rätsel der Philosophie in ihrer Geschichte als Umriß dargestellt (1914)

Vom Menschenrätsel (1916)

Von Seelenrätseln (1917)

Goethes Geistesart in ihrer Offenbarung durch seinen «Faust» und durch das Märchen von der «Schlange und der Lilie» (1918)

Die Kernpunkte der sozialen Frage in den Lebensnotwendigkeiten der Gegenwart und Zukunft (1919)

Aufsätze über die Dreigliederung des sozialen Organismus und zur Zeitlage 1915–1921

Kosmologie, Religion und Philosophie (1922)

Anthroposophische Leitsätze (1924/25)

Grundlegendes für eine Erweiterung der Heilkunst nach geisteswissenschaftlichen Erkenntnissen (1925). Von Dr. Rudolf Steiner und Dr. Ita Wegmann

Mein Lebensgang (1923/25)

II. *Gesammelte Aufsätze*

Aufsätze aus den Jahren 1882–1902

Aufsätze aus den Jahren 1903–1908

Aufsätze aus den Jahren 1911–1925

III. *Veröffentlichungen aus dem Nachlaß*

Wahrspruchworte, Fragmente, Entwürfe, Briefe und Aufzeichnungen

B. VORTRÄGE

I. *Öffentliche Vorträge*

II. *Vorträge vor Mitgliedern der Anthroposophischen Gesellschaft*

Vortragszyklen und Vorträge allgemein-anthroposophischen Inhalts

Vorträge zur Geschichte der anthroposophischen Bewegung und der Anthroposophischen Gesellschaft

III. *Vorträge und Kurse zu einzelnen Lebensgebieten*

Vorträge über Kunst: Eurythmie, Sprachgestaltung, Musik, bildende Künste und Kunstgeschichte

Vorträge über Erziehung

Vorträge über Medizin

Vorträge über Naturwissenschaft

Vorträge über das soziale Leben und über die Dreigliederung des sozialen Organismus

Vorträge für die Arbeiter am Goetheanumbau

Das Vortragswerk umfaßt annähernd 6000 Vorträge, von denen zum größten Teil Nachschriften vorliegen

C. REPRODUKTIONEN UND VERÖFFENTLICHUNGEN AUS DEM KÜNSTLERISCHEN NACHLASS

Die Bände sind nicht numeriert, jedoch in den einzelnen Gruppen einheitlich ausgestattet. Sie sind einzeln erhältlich

---

Rudolf Steiner · Das literarische und künstlerische Werk
Eine bibliographische Übersicht 1961/1966